ELIZABETH MAPSTONE

WARUM MÄNNER UND FRAUEN SICH NICHT VERSTEHEN

Elizabeth Mapstone

WARUM MÄNNER UND FRAUEN SICH NICHT VERSTEHEN

Aus dem Englischen von
Sylvia Höfer

LICHTENBERG

Titel der Originalausgabe: *War of Words. Women and Men Arguing*
Originalverlag: *Chatto & Windus Limited*

Für John Tyerman Williams, der den Beweis geliefert hat,
daß sich das Stachelschwein-Dilemma lösen läßt

Die Deutsche Bibliothek – CIP-Einheitsaufnahme

Mapstone, Elizabeth:
Warum Männer und Frauen sich nicht verstehen : das Stachelschwein-Dilemma /
Elizabeth Mapstone. Aus dem Engl. von Sylvia Höfer. –
München : Lichtenberg, 1998
Einheitssacht.: War of words <dt.>
ISBN 3-7852-8441-1

Die Folie des Schutzumschlags sowie die Einschweißfolie
sind PE-Folien und biologisch abbaubar.
Dieses Buch wurde auf chlor- und säurefreiem Papier gedruckt.

Umschlaggestaltung: Casa Nova corporate communications, München
Umschlagillustration: Helge Glatzel-Poch
Satz: Brigitte Apel, Hannover
Umbruch: Ventura Publisher im Verlag
Druck und Bindearbeiten: Clausen & Bosse, Leck
Printed in Germany
ISBN 3-7852-8441-1

2 4 5 3 1

INHALT

Worum es in diesem Buch geht 7
Meine Untersuchungsmethode 15
Danksagung 17

TEIL I *Streit und Goggelmoggel* 21

1 Debatte oder Kampf: Männer definieren, was Streit ist 26
2 Freundschaft, Furcht und Wut:
Frauen reden über Zwistigkeiten 30
3 Goggelmoggel und die Suche nach der Wahrheit 35
4 Streit und Arbeitsteilung 40

TEIL II *Das Stachelschwein-Dilemma* 45

5 Freundschaft: Von Frau zu Frau 51
6 Freundschaft: Von Mann zu Mann 62
7 Zoff zwischen Liebenden 68
8 Das Problem mit der Wut 83
9 Von Familien und Fehden oder Der schlichte Mutterhaß 104
10 *Eisenhans* und die Flucht zum Vater 123
11 Von Familien und Fehden: Einige Schlußfolgerungen 132

Teil III *Janusgesichtig in einer »postfeministischen« Welt* 137

12 Streit in der Freizeit 143
13 Streit mit einem Fremden 168

14 Wer war der Mörder? 184
15 Mein Herr, Sie sind mein gehorsamer Diener 198
16 Mit Fremden leben 221
17 Machtpositionen und Machtspielchen 225
18 Sich der Zukunft stellen 230

TEIL IV *Das Spiel der Geschlechter am Arbeitsplatz* 235

19 Frauen, die meinen, auf seiten der Sieger zu stehen 242
20 Der Chef 249
21 Die weibliche Vorgesetzte 260
22 Der Blick von unten: Wenn man einen weiblichen Chef hat 278
23 Der Blick von unten: Wenn man einen männlichen Chef hat 286
24 Gleichgestellte: Männer schwächen ihre weiblichen Kollegen 298
25 Gleichgestellte: Wie Frauen sich mit ihren männlichen Kollegen auseinandersetzen 308
26 Gleichgestellte: Wie Frauen sich mit Frauen auseinandersetzen 316
27 Gleichgestellte: Männer kämpfen mit Männern 321
28 Streit vor vollen Bänken 330
29 Über den Abgrund rufen 345

TEIL V *Eine goldene Brücke bauen* 351

30 Die Macht der frühen Erfahrungen 357
31 Machtspiele 361
32 Ein Aufruf zum Waffenstillstand 370

Anmerkungen 373
Bibliographie 381

Worum es in diesem Buch geht

»Wo Meinungen aufeinanderprallten und Streit begann ...«
P.G. Wodehouse, 1933[1]

»Nein, gerade Tatsachen gibt es nicht, nur *Interpretationen.*«
Friedrich Nietzsche[2]

In diesem Buch geht es um die Psychologie des Streits und insbesondere um die Frage, ob die Bedeutung eines Streits vom Geschlecht der Beteiligten abhängt. Ich werde untersuchen, wie wir alle jene Diskussionen, Debatten und Wortwechsel interpretieren, in die wir Tag für Tag verwickelt werden, und belegen, daß die geschlechtsspezifische Rolle *(Gender)* dabei von wesentlicher Bedeutung ist.

Ich beschäftige mich hier nicht mit den Worten, die wir miteinander wechseln, und auch nicht damit, wie wir streiten. Es gibt eine Unmenge von Büchern über unterschiedliche Gesprächsstile und unzählige einschlägige linguistische Studien. Vielmehr befasse ich mich mit der Frage, was geschieht, wenn die Worte verklungen sind und wir sozusagen Inventur machen.

Im Gegensatz zu dem, was man gemeinhin annimmt, kommt es im Alltagsleben nicht so sehr auf das an, was die Menschen tatsächlich sagen, sondern auf das, was sie davon im Gedächtnis behalten.

Überlegen Sie doch einmal. Während Sie mit jemandem streiten, sind Sie höchst aktiv: Sie nehmen die Worte der Gegenseite auf, trennen die versteckten von den offenen Implikationen, suchen Schwachpunkte beim Gegner, bauen Ihre eigene Verteidigung auf, durchkämmen Ihr Gedächtnis nach nützlichen Informationen und konstruieren aus dem Material, das Ihnen zur Verfügung steht, eine möglichst unangreifbare Position. Wenn es bei der Debatte um Wichtiges geht, können Sie intensiv nach Berührungspunkten suchen, manchmal sogar einen Teil Ihrer eigenen Argumentation über den Haufen werfen, um sich das Beste aus der des anderen zu eigen zu machen. Sie können auf die Körpersprache und den Tonfall des anderen achten, Ihre eigenen Antworten dementsprechend anpassen, um Ihrer Interpretation der Absichten und Aussagen Ihres Gegenübers einen Sinn zu geben und gleichzeitig Ihre eigenen mitzuteilen. Das heißt, Sie sind genauso eifrig beschäftigt wie die Gegenseite.

Die Wichtigkeit und Bedeutung eines Streits kann erst nach seiner Beendigung eingeschätzt werden. Tatsächlich aber erinnert sich in dieser Phase selten jemand an mehr als ein paar Satzfetzen, die gewechselt wurden. Man klammert sich vielleicht an einige empörende Behauptungen und wiederholt sie gegenüber Dritten (»Stellen Sie sich vor, er hat doch tatsächlich gesagt ...«). Oder Sie erinnern sich möglicherweise noch an aufmunternde Worte wie: »Ich bin vollkommen Ihrer Meinung«, oder an einen entscheidenden Wortwechsel, der die Debatte auf den Punkt brachte. Aber in der Regel werden Sie sich wahrscheinlich nicht mehr an die Abfolge der Worte, an die Körpersprache und die nonverbalen Signale erinnern, die wir alle irgendwie mitbekommen. Woran Sie sich erinnern, ist ein allgemeines Gefühl hinsichtlich dessen, was geschehen ist, warum es überhaupt zu dem Streit kam und wie erfolgreich Sie dabei Ihre eigenen Ansichten übermitteln konnten. Es ist also diese Art von Interpretation, die Ihnen im Gedächtnis bleibt und die Ihre nachfolgenden Handlungen beeinflußt.

In diesem Buch geht es nicht um Logik oder um die Frage, was einen rationalen Streit eigentlich ausmacht, und ich werde Ihnen auch nicht erklären, wie Sie bei einem Streit die Oberhand gewinnen. Andererseits können Sie, wenn Ihnen klar wird, was sich abspielt, wenn Menschen miteinander streiten, diese Erkenntnis vielleicht als nützlich empfinden, und am Schluß werde ich auch ein paar Tips geben, wie man dieses Wissen nutzen könnte. In diesem Buch wird weder untersucht, wie Menschen miteinander streiten, noch befaßt es sich mit den Worten, die sie dabei verwenden – zu diesem Thema gibt es bereits viele Bücher. Es beschäftigt sich vielmehr mit der Frage, wie die Menschen einen Streit im nachhinein *interpretieren* und wie sie seine Bedeutung rekonstruieren.

Im wirklichen Leben finden Streitigkeiten nicht im luftleeren Raum statt. Sie entstehen zwischen Menschen, und Menschen sind soziale Wesen mit Rollen, Erwartungen und Beziehungen. Man kann sich unmöglich zwei Menschen vorstellen, die sich Wortgefechte liefern und die nicht in irgendeiner Art von

Beziehung zueinander stehen, und sei es auch nur als Fremde. Aber natürlich sind auch einander Unbekannte von ihren geschlechtsspezifischen Rollen geprägt. Ich werde nachweisen, daß bei der Interpretation von Meinungsverschiedenheiten Beziehungen eine wichtige Rolle spielen. Es ist nicht nur von Bedeutung, wie gut Sie die andere Person kennen, ob Sie miteinander vertraut sind, ob Sie ihn oder sie mögen oder nicht oder wer von Ihnen den höheren Status besitzt – in jedem Fall erweist sich die geschlechtsspezifische Rolle als einer der wichtigsten Faktoren.

In unserer Gesellschaft wird, wie ich belegen werde, die Tatsache weithin akzeptiert, daß es zwischen dem Wunsch, einen Standpunkt zu verteidigen, und der Rücksicht auf die Gefühle anderer eine grundlegende Unvereinbarkeit gibt. Einerseits halten die Menschen einen Streit als rationale Debatte und als Meinungsaustausch prinzipiell für eine gute Sache. Andererseits kann ein wirklicher Streit sehr unangenehm sein, und eine Meinungsverschiedenheit wird häufig als persönlicher Affront interpretiert. Selbst an Universitäten, wo die akademische Debatte als Fundament jeder Gelehrsamkeit gilt, kann Uneinigkeit Zorn und Groll auslösen. Da ein Streit in der Praxis oft als Verletzung freundschaftlicher und herzlicher Gefühle empfunden wird, hat man den Streit traditionell der männlichen Domäne zugeordnet, während man von Frauen erwartet, daß sie ihn durch eine versöhnliche Grundhaltung vermeiden. Wir werden sehen, daß diese überkommenen Geschlechtsrollenerwartungen selbst noch an der Schwelle zum 21. Jahrhundert alle Berichte durchziehen, die uns die Teilnehmer unserer Befragung über ihre Alltagsstreitigkeiten lieferten.

Ich werde zeigen, daß sich Männer gern solcher »Gender«-Stereotype bedienen, um die abweichenden Meinungen und Streitigkeiten von Frauen in allen Beziehungen abzuqualifizieren.

Damit soll nicht gesagt sein, daß *alle* Männer die Streitigkeiten *aller* Frauen leichthin abtäten. Das ist nicht der Fall. Vielmehr bedeutet es, daß die Geschlechterrollen ein solches Verhalten *ermöglichen*, weil sie einen sozial akzeptablen Rahmen liefern, innerhalb dessen die Streitfälle der Frau zufriedenstellend interpretiert werden können, ohne daß der Mann von seiner Position abrücken muß. Daß viele Männer dies zu ihrem Vorteil nutzen, wird wohl niemanden überraschen. Überraschen, ja sogar schockieren mag hingegen, wie tief die Auffassung verwurzelt ist, Frauen seien zu einem logischen und rationalen Streit nicht fähig.

Wie gern hätten wir geglaubt, daß diese uralten Vorurteile überholt und vergessen seien, doch leider scheinen sie das Geheimnis des ewigen Lebens entdeckt zu haben! Das erkannte schon Virginia Woolf, als sie versuchte, »den Engel im Haus« zu töten: »Ihre fiktive Natur war ihr eine große Hilfe. Es ist viel schwieriger, ein Phantom umzubringen als eine Realität.«[3]

Und die Klischees, auf die man sich beruft, wenn man Frauen, die versuchen, ihre Meinung offen zu äußern, abwertet, sind fiktive Phantome, die uns noch heute verfolgen, obwohl wir sie längst für tot und begraben hielten. Deshalb schreibe ich dieses Buch. Was ich bei meiner Forschungsarbeit herausgefunden habe, steht in so krassem Gegensatz zu dem, was wir gern glauben würden, daß es kaum zu fassen ist.

Dies hatte ich tatsächlich nicht vorhergesehen. Bis Mitte der achtziger Jahre, als ich mit meinen Untersuchungen über die Psychologie des Streits begann, waren die Kategorien Geschlecht und Geschlechtsrolle nur in den Versuchsplan aufgenommen worden, um Unterschiede zwischen den Geschlechtern zu beweisen.

Viele Forscher scheinen diese Begriffe in unterschiedlicher Weise zu verwenden. Ich verwende den Begriff »Geschlecht« *(sex)* hier im biologischen Sinne, d.h., er steht für jene Attribute, die festlegen, ob ein Neugeborenes als »Junge« oder »Mädchen« bezeichnet wird. Im Zusammenhang meiner Analysen halte ich die Zuordnung zu Gruppen, die als »Frauen« oder »Männer« bezeichnet werden, für unproblematisch. In den meisten Fällen haben die Leute, die in die Analysen einbezogen wurden, ihr Geschlecht selbst definiert, d. h., sie kreuzten auf dem Fragebogen entweder »weiblich« oder »männlich« an. Den Begriff »Geschlechterrolle« *(Gender)* verwende ich hingegen, um die kulturellen und sozialen Beziehungen zwischen den Geschlechtern zu bezeichnen. Ich selbst glaube, daß die meisten Unterschiede, die zwischen Frauen und Männern festgestellt werden können, soziale Konstrukte, also eher kultur- bzw. erziehungs- als naturbedingt sind. Dieser Standpunkt ist natürlich nicht ganz unumstritten, doch werde ich ihn in Teil V in aller Ausführlichkeit verteidigen. Ich verwende den Begriff der »Geschlechterrolle« also immer dann, wenn von Unterschieden zwischen Frauen und Männern in ihren Einstellungen zu und in ihren Berichten über Streitigkeiten die Rede ist.

In meine Untersuchung habe ich bewußt die gleiche Anzahl von Frauen und Männern einbezogen. In der Überzeugung, daß die Klischees der Vergangenheit angehörten, wollte ich beweisen, daß es dann keinen Unterschied zwischen Männern und Frauen gibt, wenn es zu Unstimmigkeiten kommt und sie sich über diese offen aussprechen wollen. Deshalb war ich, als ich ganz eindeutige Unterschiede in der Einstellung zu Meinungsverschiedenheiten und in ihren Berichten über Streitigkeiten feststellte, richtiggehend schockiert. In meinem Material zeichnen sich diesbezüglich klare Muster ab, die sich nur so deuten lassen, daß Männer den Forderungen der Frauen nach Gleichbehandlung Widerstand entgegensetzen.

Diese Erkenntnisse haben auch andere schockiert. Als ich in einer wissenschaftlichen Zeitschrift einen theoretischen Artikel veröffentlichte, erregte er zu meinem Erstaunen in den Medien ziemliches Aufsehen.[4] Der Titel meines Aufsatzes lautete: »Arbeitsteilung in der sozialen Konstruktion von Streit«, und er war, wie man sich denken kann, nicht gerade als Aufmacher für die populäre Presse gedacht. Aber ein freier Journalist hatte hinter diesem unauffälligen Titel einige kontroverse Ideen gewittert, und dank seiner Anfrage und der Story, die er für die *Daily Mail* abfaßte, stand mein Telefon eine Woche lang nicht still. Britische Blätter mit hoher Auflage wie *Daily Mail*, *Daily Express*, *Independent on Sunday*, *Guardian* und *The People* veröffentlichten allesamt Artikel mit Kommentaren zu meinen Forschungsergebnissen, und ihre Überschriften waren Variationen ein und desselben Themas: »Ständig im Unrecht«, »Selbst wenn sie recht haben, können Frauen in keinem Streit die Oberhand gewinnen«, »Warum Frauen in jedem Streit den kürzeren ziehen«. Männliche Journalisten von Zeitungen und Rundfunkstationen im ganzen Land (am Anfang waren die Interviewer ausschließlich Männer) tappten in die Falle. Tatsächlich war in meinem Aufsatz überhaupt nicht von Sieg oder Niederlage in einem Streit die Rede gewesen, sondern ich hatte mich nur mit Einstellungen und Interpretationen beschäftigt. Ja, in meiner gesamten Untersuchung hatte ich nicht ein einziges Mal danach gefragt, ob jemand in einem Streit tatsächlich den *Sieg* davontrug, sondern mich nur dafür interessiert, ob die Gegenseite das Gesagte auch tatsächlich gehört hatte. Ich hatte also nicht geschrieben, daß Frauen in einem Streit niemals die Oberhand gewinnen. Dennoch handelte es sich um eine logische Extrapolation aus dem, was ich *tatsächlich* gesagt hatte – nämlich, daß Männer dazu neigen, die Äußerungen von Frauen abzuqualifizieren, die anderer Meinung sind als sie selbst.

Ein Artikel des Journalisten Reg Little in der *Oxford Mail* schien die weitverbreitete Einstellung von Männern zusammenzufassen. Little wies frisch-fröhlich darauf hin, daß »Frauen im Krieg der Worte die Unterlegenen sind«, und zitierte – übrigens im wesentlichen korrekt – aus unserem Telefoninterview. Er behauptete in seinem Artikel, daß mein »Aufsatz in der Zeitschrift der British Psychology Society einen heftigen Streit entfache«. In einem eigenen Kasten fragte er quer über den unteren Rand der Seite: »Aber, meine Herren, würden Sie sich mit diesen Typen auf einen Streit einlassen?« Bei »diesen Typen« handelte es sich um eine Photogalerie von Frauen, die absichtsvoll grausam charakterisiert wurden. Da hieß es zum Beispiel über Jo Brand, sie sei »fett, laut und fuchtig«, und über Margaret Thatcher: »Das schrille Organ der Eisernen Lady löste selbst bei den Ministern ihres Kabinetts Panikattacken aus.« Für männliche Leser war dies zweifellos amüsant. Aber natürlich handelte es sich um kein wirklich ernst zu nehmendes Argument. Die Frage: »Aber, meine Herren, würden Sie sich mit diesen Typen auf einen Streit einlassen?« zielte eigentlich nur darauf ab, männlichen Lesern die Chance zu geben, sich aus der Affäre zu ziehen. Die Galerie bekannter Gesichter bestärkte sie nur in ihrer Überzeugung, daß jede Frau, die sich »in einem guten Wortgefecht behaupten kann« (Originalton Reg Little), entweder hirnrissig oder ein männermordendes Weib sein muß. Deshalb brauche niemand die Forschungsergebnisse dieser Psychologin ernst zu nehmen.

Es war für mich interessant festzustellen, daß im Lauf dieser Woche so mancher männliche Journalist und Mitarbeiter von Rundfunk und Zeitungen meine Behauptung bestätigte, daß Männer keine Neigung verspüren, eine Frau ernst zu nehmen. Aber einen Mann gab es, der den Bericht über meine Untersuchungsergebnisse durchaus ernst nahm, und das war Geoffrey Wheatcroft, der Verfasser einer regelmäßig erscheinenden Kolumne im *Daily Express*. Er hatte meinen wissenschaftlichen Artikel tatsächlich gelesen und war zu der Ansicht gelangt, daß ich recht haben könnte. Er schrieb: »Ich glaube, daß jeder vernünftige und rational denkende Mann, der aufhört, sich auf seine eigenen Gefühle zu konzentrieren, einräumen wird, daß sie recht hat. Wir schrecken instinktiv vor Frauen zurück, die uns in einem Streit überlegen sein könnten.«[5]

Unter der Überschrift »Ein Argument für eine sachliche Debatte zwischen den Geschlechtern« meinte er dann, das Problem bestehe nicht darin, daß Männer Frauen in Klischees pressen – obwohl er einräumte, daß dies geschehe –, sondern darin, daß die meisten Menschen wie kleine Kinder stritten. Er kam zu folgendem Schluß: »Unser Problem ... ist der neue Infantilismus, bei dem jeder sich so fies, hysterisch und aggressiv verhält wie im Kindergarten und niemand ruhig und ohne persönliche Verunglimpfungen über eine Sache streiten kann. Dr. Mapstone meint, Männer sollten aufhören, Frauen in Klischees zu zwängen ... Und ich glaube, wir sollten alle erwachsen werden.«

Er hat recht. Aber ich will mich ja gerade mit den Klischees auseinandersetzen und sie nicht einfach beiseite schieben. Ich habe festgestellt, daß die von Wheatcroft verwendeten Adjektive – fies, hysterisch, aggressiv – normalerweise auf Frauen gemünzt werden, und daß andererseits viele Frauen behaupten, sie würden sich sehr bemühen, ein Verhalten zu vermeiden, das auf irgendeine Weise solche Urteile auslösen könnte.

Uneinigkeit und Streit zwischen Frauen und Männern berühren uns alle in unserem tiefsten Innern; denn die geschlechtsspezifische Rolle ist ein grundlegendes Element unserer Psychologie. Wir alle definieren uns als Menschen mit einer kulturell determinisierten Geschlechterrolle, als Mann oder als Frau. Einige Menschen sind mit dem biologischen Geschlecht, mit dem sie zur Welt kamen, nicht glücklich und erleben einen Konflikt zwischen ihrer Biologie und der geschlechtsspezifischen Rollenzuschreibung; manche nehmen sogar große Opfer auf sich, um ihre Geschlechtsmerkmale zu ändern. Doch unabhängig davon, für welche sexuelle Orientierung wir uns entschieden haben oder ob wir mit den uns gegebenen biologischen sexuellen Merkmalen zufrieden sind – unsere geschlechtsspezifische Rolle ist ein Aspekt unserer Psyche, dem tatsächlich zentrale Bedeutung zukommt.

Beziehungen mit Menschen des anderen Geschlechts sind für die meisten von uns ebenfalls ein wichtiger Teil des Lebens. Wir möchten unsere Partner lieben, ein glückliches Familienleben führen, mit unseren Kollegen am Arbeitsplatz gut auskommen und Freunde haben können, ohne ständig befürchten zu müssen, daß das, was wir sagen, »falsch verstanden«, »falsch ausgelegt« oder zu Streitigkeiten oder gar Zerwürfnissen führen wird.

In einigen erfolgreichen Büchern wird erklärt, daß Frauen und Männer deshalb Kommunikationsprobleme haben, weil sie in verschiedenen Kulturen aufwachsen, ja sogar, daß Frauen und Männer aus verschiedenen Welten stammen. Vom Ansatz her wäre dies nur dann interessant, wenn die beschriebenen Unterschiede unveränderlich wären. Sie sind aber *kulturell* bedingt und können daher verändert werden.

Ich möchte noch weiter gehen und versuchen herauszufinden, warum diese Unterschiede entstanden sind, warum sie in der Vergangenheit nützlich waren, sich jetzt aber ändern müssen. Ich werde meine Erklärungen psychologisch begründen. Doch werde ich mich nicht nur auf eine Reihe von wohlbegründeten psychologischen Theorien stützen, sondern bei meinem Versuch, eine neue Theorie der Beziehungen zwischen Frauen und Männern aufzustellen, auch philosophische, soziologische und ökonomische Theorien berücksichtigen. Mein Ziel ist dabei, mich so klar und unkompliziert wie möglich auszudrücken. Ich bin der festen Überzeugung, daß wir versuchen müssen zu verstehen, wie unser jetziger Status quo zustande kam, warum wir mit ihm so unzufrieden sind und was wir erreichen könnten, würden wir nur einen Versuch wagen. Wenn wir nicht bereit sind, die theoretischen Grundlagen unseres Verhaltens zu überprüfen, bleiben wir vielleicht stecken und glauben am Ende gar, daß die Unterschiede, die wir zwischen Frauen und Männern festgestellt haben, biologisch bedingt sind, und daß jeder Versuch einer Änderung zum Scheitern verurteilt ist.

Wenn Sie das Wort »Theorie« einschüchtert, dann vergessen Sie bitte nicht, daß Sie im Hinblick auf andere ständig Ihre eigenen Theorien anwenden. Das tun wir alle. Wir alle müssen unsere eigenen Theorien darüber entwickeln, was in anderen vorgeht, um uns als tüchtige Mitglieder der Gesellschaft erweisen zu können, doch diese Theorien bleiben implizit. Das heißt, wir müssen uns ihrer nicht unbedingt bewußt sein oder sie in Worte fassen können. Aber unsere Urteile über andere beruhen immer auf unseren Erfahrungen mit Menschen im allgemeinen und unserer Einschätzung, inwiefern ein bestimmtes Individuum in die allgemeinen Muster paßt. Tatsächlich nehmen Psychologen heute an, daß autistische Kinder deshalb so große Probleme haben, weil sie diese impliziten Theorien über andere Menschen *nicht* entwickelt haben und daher nicht verstehen, daß andere Menschen denkende und fühlende Wesen sind.[6] Die meisten von uns *wissen*, daß andere Leute denken, planen und Beweggründe haben. Psychologisch ausgedrückt: Wir haben »eine Theorie des Denkens und des Fühlens«, auch wenn sie uns vielleicht niemals richtig bewußt ist.

Wir alle haben also implizite Vorstellungen über Menschen, und insbesondere haben wir alle Theorien über die Beziehungen zwischen Frauen und Männern. In diesem Buch werde ich Menschen über die Meinungsverschiedenheiten zu Wort kommen lassen, die sie mit Frauen und Männern in unterschiedlichen Beziehungen hatten. Manchmal werden Sie dabei vielleicht das Gefühl haben, daß die Befragten die Dinge genauso beschreiben, wie Sie sie sehen, und ein andermal würden Sie vielleicht bestreiten, daß die Dinge so sind, wie sie dargestellt werden. Alle in diesem Buch zitierten Personen haben freiwillig an meinen Untersuchungen mitgearbeitet. Da ich den Beteiligten Anonymität zugesichert habe, weisen Vornamen auf ein Pseudonym und Vornamen in Kombinationen mit Nachnamen auf eine wirkliche Person hin, die mit der Nennung ihres vollen Namens einverstanden war. Alle Zitate sollen belegen, daß wir zwar über alles unterschiedlicher Meinung sein können – und es tatsächlich auch sind –, daß aber die meisten Menschen, zumindest in den englischsprachigen Ländern, über Frauen und Männer ähnliche implizite Theorien haben. Zweck dieses Buches ist es, implizite Theorien *explizit* und damit möglichen Veränderungen zugänglich zu machen.

Unter jüngeren Menschen herrscht heute eine neue, zuversichtliche Stimmung, und Männer wollen, ebenso wie Frauen, neue Möglichkeiten der Kommunikation entdecken. Da wir an der Schwelle zu einem neuen Jahrtausend stehen, ist es an der Zeit, die alten Vorstellungen über die Beziehungen zwischen den Geschlechtern endgültig über Bord zu werfen, die eigentlich schon vor fast hundert Jahren, zusammen mit Königin Victoria, ins Grab hätten sinken sollen. 1835 zitierte der Verfasser eines Buches mit dem merkwürdigen Titel *Woman: as she is, and as she ought to be* beifällig einen berühmten Philosophen: »Streit und Diskussion sind rein männliche Angelegenheiten. Es wäre zuviel zu behaupten, daß recht haben ein männliches Vorrecht sei, aber sich im Recht fühlen oder dieses Gefühl offen an den Tag zu legen, ist mit feiner Weiblichkeit unvereinbar.«[7] Wer würde heutzutage etwas so Lächerliches auch nur denken?

Aber diese archaischen Vorstellungen, die dem modernen Menschen so absurd erscheinen, wirken, wie ich zeigen werde, immer noch unterschwellig in unser alltägliches Leben hinein, und zwar weil sie niemals aufgedeckt und dem klaren Licht des späten 20. Jahrhunderts ausgesetzt wurden. Mein Buch ist ein ernsthafter Versuch, diese versteckten Vorstellungen, die die Beziehungen zwischen Frauen und Männern schwer belasten, ja sogar zerstören, ans Tageslicht zu holen und ihnen ein Ende zu bereiten.

Meine Untersuchungsmethode

Dieses Buch beruht auf einer 1984 begonnenen Studie über die Frage, wie Menschen sich an Streitigkeiten in unterschiedlichen Beziehungen *erinnern* und wie sie diese *interpretieren*. Ich befragte mehr als 600 Personen (hauptsächlich in Großbritannien und den Vereinigten Staaten), die mir Interviews gaben, Tagebuch führten, Fragebögen ausfüllten und sich an einigen Experimenten beteiligten.

Eine kurze Erklärung zur Analyse ihrer Aussagen (qualitative Analyse) findet sich in den Anmerkungen.[1]

1. Ich führte drei Arten von Interviews durch:
(a) Informelle Befragungen, in denen ich eher beiläufig über meine Forschungen erzählte und die Gesprächspartner um Kommentare bat. Da Streit ein universelles Phänomen ist, waren die Leute in der Regel gern bereit, über ihre Ansichten, Einstellungen und Erfahrungen zu sprechen. Über 200 Personen steuerten Anekdoten und andere Details bei, die in dieses Buch aufgenommen wurden.
(b) Formelle Befragungen: Ich bereitete eine Reihe von geschlossenen und offenen Fragen vor, um Vergleiche anstellen und Schlußfolgerungen ziehen zu können. Die Befragten wurden aufgefordert, sich in einer Reihe verschiedener Beziehungen an einen bestimmten Streit zu erinnern und Fragen über diese besonderen Auseinandersetzungen zu beantworten. Komplette Interviews kamen mit 49 Frauen und mit 40 Männern zustande, während 119 Personen unvollständige Daten lieferten.
(c) Tonbandaufnahmen: Ich führte auch mit 23 Personen längere Interviews, die ich auf Tonband aufnahm. Darunter befinden sich jene, deren Geschichte ich hier erzähle, aber auch eine Reihe anderer Befragter, deren Meinungen meine Untersuchung bereicherten, jedoch nicht in jedem Fall zitiert werden.

2. Tagebücher
In meiner Dissertation[2] berichtete ich über 5 Tagebücher, die mir 38 Frauen und 26 Männer einsandten. In diesem Buch wurden Tagebucheintragungen von weiteren 146 Personen berücksichtigt.
Die Tagebuchschreiber wurden aufgefordert, über jeden Streit, in den sie im Laufe einer Woche verwickelt waren, Buch zu führen, wobei »Streit« definiert wurde als »eine Situation, in der zwei Menschen über einen Punkt nicht einer Meinung sind und in der jeder das Gegenüber von seinem eigenen Standpunkt überzeugen möchte«. Einige führten über zwei Wochen Tagebuch. Das Tagebuchschreiben erwies sich als schwierig, und die Betroffenen erwähnten häufig, daß sie etwas vergessen hatten und daß sie viele Auseinandersetzungen nicht aufzeichneten. Es war auch besonders interessant festzustellen, daß Leute, die in einem Haushalt lebten (Ehepaare, Eltern mit erwachsenen Kindern), in der Regel nicht denselben Streit festhielten. Deshalb können aus diesen Daten keine Schlüsse auf die Häufigkeit gezogen werden. Außerdem fanden viele, die sich freiwillig gemeldet hatten, diese Aufgabe zu schwierig, insbesondere dann, wenn es sich um sehr beschäftigte Menschen oder um Leute handelte, die in einer problematischen Beziehung

lebten, in der es »einfach zu viele Streitereien über immer dasselbe Thema« gab. Daher stammen die Tagebücher von einer Freiwilligengruppe und müssen, um ein allgemeines Bild zu bekommen, durch Daten aus Interviews und anderen Quellen ergänzt werden.

Statistische Analysen, die in diesem Buch zitiert werden, sind der ersten Gruppe von 54 analysierten Tagebüchern entnommen. Um Verzerrungen durch Personen mit idiosynkratischen Verhaltensmustern zu vermeiden, werden Vergleiche dadurch angestellt, daß ein einzelner Streit nur für jede Person in einer gegebenen Beziehung (nämlich die erste mit vollständigen Daten) herausgegriffen wird.[3]

3. Experimentelle Untersuchungen

In einem Versuch wurden Streitigkeiten zwischen Paaren ausgelöst. Anschließend wurde festgestellt, inwieweit jeder den anderen beeinflußte. Nach dem Experiment wurden mittels Fragebögen auch die Einstellungen der Teilnehmer zu ihren jeweiligen Partnern ermittelt. Der Versuch fand mit Menschen statt, die einander nicht kannten, sondern nur aufgrund ihres Alters und Bildungsniveaus zusammengeführt wurden: 12 rein männliche, 12 rein weibliche und 12 gemischte Paare, das heißt insgesamt 72 Personen. Ferner nahmen 36 Freundespaare, also ebenfalls 72 Personen, an dem Experiment teil.

4. Fragebögen

Der Mapstone Attitude to Argument Questionnaire (MAQ) wurde 152 Mitgliedern des Oxford Subject Panel (81 Frauen, 71 Männern) sowie 64 Teilnehmern an der Tagebuch-Untersuchung (38 Frauen, 26 Männern) vorgelegt.

Danksagung

Mir ist inzwischen klargeworden, warum so viele Bücher einen Abschnitt enthalten, in dem sich die Autoren für die Hilfe und den Zuspruch anderer bedanken. Es ist unmöglich, ein auf wissenschaftlichen Untersuchungen beruhendes Buch zu vollenden, ohne in der Schuld vieler Menschen zu stehen, und ich möchte diese Gelegenheit nutzen, um wenigstens einigen meiner Helfer öffentlich Dank zu sagen.

Zuerst muß ich mich bei den über 600 Menschen bedanken, die einen Beitrag zu dieser Untersuchung leisteten. Die meisten derjenigen, die mir Tagebücher zusandten, taten dies anonym, und selbst wenn sie mir gegenüber ihre Identität aufdeckten, habe ich ihnen versprochen, diese nicht öffentlich preiszugeben. Deshalb kann ich mich bei der Mehrzahl derer, denen ich zu Dank verpflichtet bin, nur ganz pauschal bedanken. Ich danke ihnen dafür, daß sie bereit waren, mir ihre persönlichen Erfahrungen mit Streitigkeiten mitzuteilen. Vielen danke ich auch ausdrücklich dafür, daß sie meine Bitten um Tagebucheintragungen an Freunde und Bekannte weiterreichten und es mir so ermöglichten, Menschen aller Altersstufen, aus allen Teilen des Landes und aus allen Schichten und Berufen in meine Untersuchung einzubeziehen.

Viele engagierten sich noch mehr und sandten mir lange Briefe mit Ideen, Vorschlägen, Zeitungsausschnitten sowie Bücher und wiesen damit eindeutig nach, daß die Psychologie des Streits für viele von uns wichtig ist. Andere antworteten ausgiebig auf meine Fragen – einige, indem sie relevantes Material ausfindig machten, andere dadurch, daß sie bereit waren, sich für lange Tonbandinterviews zur Verfügung zu stellen. Den meisten öffentlich zu danken ist schwierig, weil ich den Beteiligten Anonymität zugesagt habe, aber den größten Dank schulde ich Lesley Riddoch und Clare Short, die soviel Zeit für mich erübrigten, obwohl sie so viel anderes zu tun hatten, und sich so lange mit mir unterhielten; Margaret Godel, die Computerrecherchen für mich durchführte, mir viele nützliche Informationen zusandte und mehrere Kapitel kommentierte; Mary Boyle und Maryon Tysoe für ihre hilfreichen Kommentare zu einigen Kapiteln; Adrian Coyle, der mir Referate und eine auf Band aufgenommene Diskussion überließ; David Wilcox, der mich über lange Jahre mit vielen Informationen versorgte und Diagramme für den dritten Teil anfertigte; Ian Norwell für alle seine Anmerkungen und Zeitungsausschnitte; Margaret und Malcolm Yee für ihre Unterstützung und die vielen freundschaftlichen Streitgespräche; Gertrude Rieger, Pit Lucking, Stephan Garnett, Jean und John Davis, Lyn Carver, Phyllis und Bill Stigall und Stephanie May, die mir Briefe schrieben und Geschichten und Zeitungsausschnitte zuschickten, sowie Chuck McKee und all jenen auf der Odyssee nach Oxford, die mir so liebenswürdig ihre Hilfe anboten und mir gleichzeitig versicherten, daß ich das Thema »Streit« aus einer amerikanischen Perspektive sähe.

Streit gehört so sehr zur psychologischen Forschung, daß es unmöglich wäre, sich an jeden einzelnen zu erinnern, der im Laufe der letzten zwölf Jahre dazu einen Beitrag geleistet hat. Auf jeden Fall aber möchte ich folgenden Wissenschaftlern meine Dankbarkeit bekunden: Jos Jaspars und Donald Broadbent, beide bedauerlicherweise verstorben; Bob Abelson, Michael Argyle, Mick Billig, Peter Collett, Muriel Egerton, Ralph Exline, Gillian Finchilescu, Paul Harris, Olle Hogberg, Phil Johnson-Laird, Celia Kitzinger, Sonia Livingstone, Patrick McGee, John Medcof, Don Mixon, Ben Slugoski, Tim Smithin und Maria Yapp für ihr Interesse und ihre Vorschläge sowie Rom Harré, der so viel von seiner Zeit opferte und mich vom Sinn meiner Arbeit überzeugte. Da Statistik meine Achillesferse ist, bin ich Francis Marriot, der alle meine Berechnungen überprüfte, zu besonderem Dank verpflichtet, ebenso Phil Levy, James Reason, Les Prince und Peter Lunt, die mich großmütig an ihren Kenntnissen und Erfahrungen teilhaben ließen.

Unweigerlich hat auch meine eigene Familie an diesem Projekt teilgenommen, und tatsächlich leistete jedes Mitglied zu irgendeinem Zeitpunkt einen Beitrag. Mein besonderer Dank richtet sich an meinen Sohn Michael Abbott, der ein Computerprogramm erstellte, um mir bei der Datenanalyse behilflich zu sein; an meine Töchter Lise Kelly und Akita Grinnall, die zahlreiche Entwürfe lasen und kritisierten, über Ideen diskutierten und viele nützliche Informationen beisteuerten, sowie an meine Mutter Renée Norris, meine Schwester Penny Manders und meine Nichten Dinah Loasby und Sarah Knafler für ihre Beiträge, ihr Interesse und ihre Unterstützung.

Zu guter Letzt möchte ich meinen tief empfundenen Dank jenen beiden Personen aussprechen, die im Leben eines Autors die wichtigste Rolle spielen: meinem Agenten Michael Thomas, der an mich glaubte, während andere das nicht taten, und meiner Lektorin Alison Samuel, die mich während der neun Monate, die ich mit diesem Buch schwanger ging, ermutigte und unterstützte und als literarische Hebamme meiner Spätgeburt auf die Welt verhalf.

In diesem Buch ist oft die Rede von Männern, die die Frauen in ihrem Leben als unbegreifliche, irrationale und unbedeutende Wesen behandeln. Ich freue mich, sagen zu können, daß die Männer, denen ich an dieser Stelle gedankt habe, wenige Symptome zeigten, die solchen Klischees entsprachen – ein weiterer Beleg dafür, daß man aus Statistiken nicht auf den einzelnen schließen darf.

TEIL I

STREIT UND GOGGELMOGGEL

»Aber ›Glocke‹ heißt doch gar nicht ein ›einmalig schlagender Beweis‹«, wandte Alice ein.
»Wenn *ich* ein Wort gebrauche«, sagte Goggelmoggel in recht hochmütigem Ton, »dann heißt es genau das, was ich für richtig halte – nicht mehr und nicht weniger.«
LEWIS CARROLL, *Alice hinter den Spiegeln*

Alle Menschen streiten. Wir alle sehen die Dinge aus unserer Perspektive, und das bedeutet zwangsläufig, daß andere Leute Dinge sagen, mit denen wir nicht einverstanden sind. Das kann eine ganz einfache Ursache haben, wie etwa die Tatsache, daß man etwas falsch versteht. Laura zum Beispiel stritt sich in ihrem Büro mit Sandra über die Frage, in welcher Straße der Waschsalon liegt. Es ging dabei sehr zivil und freundschaftlich zu, und sie klärten die Sache am Ende durch einen Blick ins Telefonbuch, und man kann sich fragen, warum sie sich überhaupt über eine solche Sache in die Haare kriegten. Aber wie Laura sagte: »Wenn man *weiß*, daß man recht hat, muß man den anderen einfach davon überzeugen.«

Viele alltägliche Streitigkeiten ähneln diesem Streit: Es handelt sich um Meinungsverschiedenheiten über Tatsachen, zum Beispiel über die Frage, wann der Briefkasten geleert wird, über die Bedeutung eines Wahrzeichens oder selbst über den Namen eines Schokoriegels. Viel öfter drehen sich Streitigkeiten jedoch um praktische Fragen. Wenn die Bewohner Englands aufgefordert würden, über ihre Meinungsverschiedenheiten Tagebuch zu führen, beträfe über die Hälfte aller aufgezeichneten Auseinandersetzungen praktische Probleme, ob nun innerhalb der Familie, am Arbeitsplatz oder mit irgendwelchen Beamten, Geschäftsleuten und Spezialisten. Die Liste der Themen ist endlos: Wer abwaschen oder das Abendessen besorgen soll, welches Fernsehprogramm man sich ansehen, wo man den Wagen abstellen, wie man die Produktionskosten senken, wie man ein Projekt durchführen soll, was bestimmte Statistiken bedeuten, wie man eine Sitzung abhalten soll, ob man die Bücher aus der Bibliothek verlängern lassen soll, um wieviel Uhr der Klempner anrufen wird oder »die Beschwerden des Nachbarn über meine Katze.«[1] Einige dieser Auseinandersetzungen können für die Betroffenen von großer praktischer Bedeutung sein; deswegen werden selbst die friedliebendsten Menschen gelegentlich in einen Streit verwickelt.

Beachten Sie, daß in dieser Aufzählung nicht notorisch aufwühlende Themen wie Politik, Religion und Sex enthalten sind. Über diese Dinge wird oft gestritten, aber vielleicht gerade wegen ihrer Brisanz sind manche Menschen besonders bemüht, sich nicht in Diskussionen dieser Art hineinziehen zu lassen – es sei denn, sie können sich einigermaßen sicher sein, es mit Freunden zu tun zu haben, die ihre Werte teilen. Wie der amerikanische Psychologe Fritz Heider schreibt: »Wir fassen am ehesten Zuneigung zu Menschen, die dieselben Vorstellungen und Einstellungen haben wie wir, und wenn wir jemanden mögen, wünschen wir, daß er genauso denkt wie wir.«[2] Heider glaubt, dies würde zwangsläufig zu Konflikten führen, da jeder versucht, den anderen zu überreden, »die Wirklichkeit so zu sehen wie er selbst«. Viele versuchen daher, ihnen wichtige Menschen – einen Freund, einen Partner, einen Ehemann, ein Kind – zu überzeugen, die Dinge so zu sehen wie sie selbst.

Das Problem ist, daß wir dann, wenn jemand anderer Meinung ist als wir, allzu gerne glauben, der andere würde sich von uns distanzieren, und je mehr er sich von uns zu entfernen scheint, desto weniger suchen wir seine Gesellschaft. Unterschiedliche Meinungen über wichtige Werte können ein ungutes Gefühl hervorrufen, denn sie beweisen, daß andere die Welt anders sehen als wir, und sie scheinen nahezulegen, daß unsere Sicht der Wirklichkeit falsch ist. Dieses Gefühl kann eine solche Wut erzeugen, daß Menschen manchmal gar nicht erst zu sagen wagen, was sie denken, weil sie befürchten, irgendwie zu weit zu gehen. Und wenn über Werte gestritten wird, kommt es sehr leicht zu Überreaktionen. »Wir möchten, daß andere Menschen unsere Werte teilen. Wenn [die andere Person] meine Werte mißachtet, ist sie ein Stachel in meinem Fleisch, denn sie erkennt das, was für mich Wirklichkeit ist, nicht an.«[3]

In einigen Gegenden der Welt kann ein Streit über Politik und Religion bekanntlich fatale Folgen haben. So sagte mir eine Südafrikanerin in dem Jahr, bevor Nelson Mandela aus dem Gefängnis entlassen wurde: »In Südafrika […] ist so etwas wie ein oberflächlicher Streit ein Ding der Unmöglichkeit. Man vermutet überall versteckte Bedeutungen. Gemeinsame Werte und Annahmen bieten die Möglichkeit zur Kommunikation und erlauben es einem, abweichende Meinungen zuzulassen, weil es einerlei ist.«

Sie denken jetzt natürlich, daß dies alles nichts mit Ihnen zu tun hat. Vielleicht halten Sie auch an der Überzeugung fest, daß »nette Leute nicht streiten« und daß Sie selbst es niemals tun. Aber in einer wichtigen Hinsicht streiten Sie bereits mit *mir*, auch wenn Sie Ihre abweichende Meinung nicht offen aussprechen. Selbst wenn Sie niemals Ihre eigene Meinung *äußern*, sind Ihre eigenen Gedanken Teil dessen, was unter der anfangs geäußerten Behauptung (»Alle Menschen streiten«) zu verstehen ist. Wenn Sie – und sei es noch so heim-

lich – anderer Meinung sind als jemand anders, streiten Sie insgeheim mit dieser Person, eben weil Sie das *denken*, was Sie denken.
Streiten ist Teil des Denkens. Es gehört zur Natur des Menschen, einer Aussage, die man gehört hat, nicht ohne weiteres zuzustimmen und nach Widersprüchen und Ausnahmen von jeder Regel zu suchen. Tatsächlich vertreten einige Psychologen die Ansicht, Denken sei im wesentlichen ein Dialog mit sich selbst, eine Art innere Debatte[4]. Wir alle kennen die Karikaturen, in denen jemand einer Versuchung ausgesetzt ist. Während ein Engel in das eine Ohr »Tu's nicht!« flüstert, raunt der Teufel auf der anderen Seite »Tu's!« Uns kommt die Situation bekannt vor, weil wir alle schon einmal mit einem inneren Konflikt zu kämpfen hatten, bei dem ein Teil von uns wollte, was ein anderer für falsch hielt. Aber bei inneren Auseinandersetzungen geht es nicht immer um so schwerwiegende Fragen wie gut oder böse. Im Prinzip kann alles eine innere Debatte auslösen, weil wir uns auf diese Art und Weise unsere Gedanken über die Welt machen.
Alle Menschen streiten, aber nicht jeder tut es laut. Besser gesagt: Jeder streitet in Gedanken, und jeder besitzt das Potential, anderen gegenüber abweichende Meinungen zu äußern. Ich erforsche seit zwölf Jahren die Psychologie des Streits und bin noch nie jemandem begegnet, der nicht wenigstens hin und wieder einmal in einen Streit verwickelt war. Meinungsverschiedenheiten, Diskussionen und Zwistigkeiten sind Teil unseres tagtäglichen Lebens, und alles, was jemand anders sagt, kann einen Streit auslösen. Ob der Streit eine innere Angelegenheit bleibt oder offen zum Ausbruch kommt, scheint sehr stark davon abzuhängen, wie die verschiedenen, in die Sache verwickelten Menschen auf die Tatsache reagieren, daß sie uneins sind, ob es ihnen tatsächlich wichtig ist, was der andere denkt, und was sie von dem Streit selbst halten. Doch hauptsächlich scheint es darauf anzukommen, ob es sich bei dem betreffenden Menschen um eine Frau oder um einen Mann handelt und wer die andere Person ist.

1

Debatte oder Kampf: Männer definieren, was Streit ist

Streit ist ein sehr stark emotionsgeladenes Wort. Sie haben vielleicht bemerkt, daß ich mich ein bißchen wie Goggelmoggel verhalte, wenn ich darauf bestehe, daß ein Wort das bedeutet, was es meiner Meinung nach bedeutet, wobei ich allerdings versuche, das Wort in seiner weitesten Bedeutung zu verwenden. Die Menschen interpretieren das Wort auf die unterschiedlichste Weise und verhalten sich dabei ebenfalls wie Goggelmoggel.

Als ich mit meinen Studien über die Psychologie des Streits begann, fragte ich Leute, was ihnen zum Thema Streit einfiel und ob Streit ihrer Meinung nach eine gute Methode sei, Menschen dazu zu bringen, den eigenen Standpunkt verständlich zu machen. Aus den Antworten ging hervor, daß Frauen Streit ganz anders bewerteten als Männer.

Für die meisten Männer, die ich interviewte, war Streit eine Debatte, bei der Leute ihre Ansichten austauschten und ihre Meinungen gegenseitig beeinflußten.

»Ein Streit ist für mich ein Austausch von Gedanken, ein Hin und Her von Argumenten.« (Steve)

»Diskussion und Debatte sind gute Möglichkeiten, andere dazu zu bewegen, einen selbst zu verstehen.« (Ben)

»Streit bedeutet den Versuch, den anderen von deinem Standpunkt zu überzeugen, und das Gegenüber tut genau dasselbe.« (Jon)

»Streit ist ein einziges Gefeilsche. Man muß die Ziele des anderen verstehen und dann, wenn die Gegenseite ein wirklich gutes Argument vorträgt, bereit sein, vom eigenen Standpunkt abzurücken.« (Mark)

Einige Männer gehen die Sache allerdings etwas aggressiver an:

»Beim Streit geht es um Sieg oder Niederlage. Ich lege immer Wert darauf, der Überlegene zu sein.« (Hank)

»Ein Streit ist ein Kampf, den man gewinnen muß. Wenn man sich aus der Fassung bringen läßt, ist das ein Zeichen von Schwäche. Im Grund muß man sich selbst verkaufen und das Argument des anderen heruntermachen. Fang erst gar nicht an, seinen Standpunkt zu verstehen, sonst bist du verloren.« (Homer)

»Ich merke, daß ich aggressiver werde, wenn die Gegenseite nicht nur stark ist, sondern auch hart bleibt. Ich mag einfach nicht besiegt werden. Es [...] würde mich diebisch freuen, wenn ich das Argument einer Person, die mich geärgert hat, in der Luft zerreißen könnte. [...] Wer sich auf Streit einläßt, muß eine Kämpfernatur sein.« (Henry)

Noch einen Tick beunruhigender:

»Ein Streit ist eine Meinungsverschiedenheit, die zu einem Schlagabtausch führt, sei es mit Worten oder mit Fäusten.« (Grant)

(Selten ist von Streitigkeiten die Rede, die in Gewaltanwendung ausarteten, doch ein Mann sagte, daß dies seiner Erfahrung nach am ehesten unter angetrunkenen Männern vorkomme. Über Meinungsverschiedenheiten, die bis zur Anwendung von Gewalt eskalierten, wurde in den Tagebüchern kein einziges Mal berichtet.)
Ob sie es als verbalen Kampf ansehen oder nicht – viele Männer behaupten, sie würden einen Streit genießen:

»Ich finde einen Streit anregend. Bringt dein Adrenalin auf Touren und hilft dir beim Denken.« (Bill)

»Es macht mir Spaß, selbst dann den Advocatus Diaboli zu spielen, wenn ich eigentlich die Meinung der Gegenseite teile.« (Les)

»Bei einem guten Streit habe ich einfach Spaß am Hauen und Stechen.« (Stewart)

Manche Männer sind bereit einzuräumen, daß der Standpunkt der anderen Person respektiert werden muß und daß dann, wenn jemand dazu bewegt werden soll, seine oder ihre Meinung zu ändern, die Beziehung zwischen den Beteiligten eine wichtige Rolle spielen kann.

»Die Beziehung ist ganz wichtig. Der andere braucht Zeit und Raum.« (Dhuleep)

»Wenn man jemanden überzeugen will, ist die Beziehung ebenso wichtig wie die rationale Evidenz. Es kommt darauf an, ob einem die Beziehung wichtiger ist oder der Streit.« (Leslie)

»Ich lasse mich mit jedem, der eine andere Meinung äußert als ich, auf einen Streit ein, aber wenn man keinen gemeinsamen Nenner findet, schlage ich vor, daß wir uns darüber einigen, unterschiedlicher Meinung zu sein. Ich würde wegen eines Streits niemals eine Beziehung oder eine Freundschaft aufs Spiel setzen.« (Jack)

Mark ist anderer Meinung:

»Ich glaube nicht, daß man die Beziehung über alles stellen sollte, denn früher oder später kommt deine Meinung sowieso raus. Streit ist die einzige Möglichkeit, mit gegensätzlichen Standpunkten umzugehen.«

Die meisten Männer scheinen zu glauben, daß dann, wenn eine Beziehung zum Gegenüber besteht und man bereit ist, ihm zuzuhören, Streit ein unvermeidlicher, ja sogar ein angenehmer Bestandteil alltäglicher Beziehungen ist und keinesfalls etwas, vor dem sie Angst haben oder dem sie aus dem Weg gehen würden.
Einer Minderheit unter den Männern macht das Streiten allerdings weniger Spaß. David zum Beispiel möchte keinen Freund gegen sich aufbringen. Er erklärt, daß man nicht zu streiten brauche, um die Meinung anderer zu ändern:

»Ich habe festgestellt, daß sich meine Art zu denken im Laufe der Jahre verändert hat und daß das auf das Konto meiner Freunde geht, denn weil mir ihre Freundschaft am Herzen liegt, mußte ich meine Einstellungen ändern. Daß jemand, den man nicht mag, solche Änderungen bewirkt, ist höchst unwahrscheinlich. Einen Freund sollte man am besten nicht gegen sich aufbringen, aber die anderen Leute sind mir egal.«

Darren geht noch ein Stück weiter und vermeidet Streitigkeiten aus Prinzip:

»In einer Situation, in der ich das Gefühl habe, meine Bemerkungen könnten wie Zündstoff wirken, sage ich gar nichts. Ich riskiere niemals einen Streit, bloß um zu widersprechen. Wenn ich mir etwas von der Seele reden muß, wende ich mich an Dritte. Ich versuche nur im Rahmen einer ruhigen Debatte, andere zu überzeugen. Normalerweise geht das eher mit einem Zufallsbekannten als mit einem Freund. Mir ist daran gelegen, gute Beziehungen aufrechtzuerhalten.«

Darren ist eine Ausnahme. Er war zwar einer der ersten Männer, die ich interviewte, doch insgesamt bin ich sehr selten Männern begegnet, die sagten, sie würden lieber den Mund halten als eine Beziehung aufs Spiel setzen. Andere Männer äußern sich in dieser Hinsicht vielleicht weniger eindeutig und verhalten sich dennoch vorsichtig, aber die allermeisten Männer halten Streit für etwas Unvermeidliches und Nützliches, ja sogar für etwas mit einem gewissen Unterhaltungswert.

2

Freundschaft, Furcht und Wut: Frauen reden über Zwistigkeiten

Noch interessanter ist die Tatsache, daß diese Bemerkung eines Mannes (»Ich möchte gute Beziehungen aufrechterhalten«) exakt die Einstellung vieler Frauen widerspiegelt. Tatsächlich haben alle Frauen, die ich im Laufe der letzten zwölf Jahre interviewt habe, ausnahmslos ihre Bedenken darüber geäußert, daß eine Meinungsverschiedenheit wichtige Beziehungen gefährden könnte. Frauen haben eine sehr zwiespältige Einstellung zu Streitigkeiten. Einerseits möchten sie ihre Meinung offen sagen dürfen, ohne Ärger zu bekommen:

»Wenn ich akzeptiere, daß mein Gegenüber einen wirklichen Standpunkt hat, dann sollte sie oder er bereit sein, sich auch den meinen anzuhören, ohne sich gleich angegriffen zu fühlen.« (Sarah)

Und viele Frauen sprechen von gemeinsamen Werten oder Beziehungen, in denen man getrost unterschiedlicher Meinung sein könne.

»Es macht in einer Freundschaft viel aus, wenn man im wesentlichen dieselben Wertvorstellungen hat. Dann kann man ruhig auch mal miteinander streiten.« (Beryl)

»Wenn man gemeinsame Werte hat, kann man in der Regel seine Ansichten verteidigen, ohne sich am Schluß gegenseitig zu hassen. Aber wenn man wirklich unterschiedliche Wertvorstellungen hat, hat Streiten keinen Sinn. Wenn man es nicht wagen kann zu streiten, dann ist die Freundschaft nicht viel wert. Ich glaube, dann lohnt sich die Mühe vielleicht gar nicht.« (Irene)

»Man braucht schon irgendwie einen gemeinsamen Nenner. Wenn man ähnliche Wertvorstellungen hat, kann man Unterschiede überwinden. Wenn das nicht der Fall ist, können Meinungsverschiedenheiten eine Beziehung in den Grundfesten erschüttern. Wenn ich meine Meinung nicht sagen könnte, wäre es für mich keine Freundschaft.« (Valerie)

Andererseits behaupten viele Frauen, sie würden Streit am liebsten vermeiden: Irgendwie wird Streit – wenn auch nicht offen – mit Feindseligkeit assoziiert. Das ist zumindest dann der Fall, wenn Frauen versuchen, sich so lange zurückzuhalten, bis sie wirklich in Rage geraten.

»Ich streite nicht oft, erst wenn ich dazu gezwungen werde, wenn man mich herausfordert und wenn ich mich richtig aufrege. Wenn es um etwas geht, was mir sehr wichtig ist, wie zum Beispiel um religiöse Fragen, dann müßte ich einfach fortgehen. Es gibt bestimmte Dinge, da heißt es bei mir: bis hierher und nicht weiter.« (Jane)

»Ich kann Konfrontationen nicht leiden und gehe ihnen dadurch aus dem Weg, daß ich einfach klein beigebe. Ich habe nie das Gefühl gehabt, daß ich mit anderen herumstreiten sollte, weil sie ja womöglich besser Bescheid wissen als ich. Anders ist es, wenn es um wirklich wichtige Dinge geht, wie zum Beispiel um Ungerechtigkeit. Ich glaube, es ist nicht falsch, über Ungerechtigkeit zu streiten.« (Rena)

»Ich streite überhaupt nur über Dinge, über die ich wirklich intensiv nachgedacht habe, und auch nur dann, wenn es sich um etwas wirklich Wichtiges handelt. Ich kann richtig wütend werden, wenn ich versuche, etwas zu sagen, über das ich mir echt Gedanken gemacht habe, und mein Gegenüber mir einfach nicht zuhört. Warum ist denn nicht auch meine Meinung wichtig?« (Kathy)

Warum glauben so viele Frauen, daß sie sich zurückhalten und ihre Meinung nicht klar und deutlich sagen sollten? Warum haben manche Frauen das Gefühl, es wäre für sie »nicht richtig« zu streiten; höchstens dann, wenn es um »wirklich wichtige Dinge« geht, sei Streiten »nicht falsch«? Warum verstehen die meisten Männer unter einem Streit eine Debatte, während die meisten Frauen dazu neigen, das Wort im Sinne von »Konflikt«, ja sogar von Krach, zu interpretieren? Viele Frauen würden wohl Rebecca zustimmen, wenn sie sagt: »Beziehungen sind wichtiger als jede Streitfrage.«

»Ich lasse mich auf keinen Streit ein.«

Alle meine Interviewpartner wußten natürlich, daß ich ihre Einstellung zu Streitigkeiten untersuchte und daß ich sie über ihre Erinnerungen an irgendwelche Meinungsverschiedenheiten in verschiedenen Beziehungen befragen würde.[5] Wie ich schon sehr bald merkte, mußte ich irgendwie klarstellen, daß ich mich nicht nur für Streitigkeiten und Querelen interessierte, sondern für alle Meinungsverschiedenheiten – ob sie nun freundschaftlich oder feindselig ausgetragen wurden. Ich entschied mich also für folgende Definition des Begriffs »Streit«:

Unter einem Streit ist eine verbale Auseinandersetzung zwischen zwei Menschen zu verstehen, von denen jeder den anderen von der Richtigkeit ihres/seines Standpunkts überzeugen will.

Da jeder Beteiligte mit dieser Definition konfrontiert wurde und sich alle damit einverstanden erklärt hatten, über ihre Erinnerungen an verschiedene Streitigkeiten zu sprechen, war es besonders interessant festzustellen, daß einige Frauen behaupteten, sie würden sich niemals auf einen Streit einlassen. Kathleen sagte sehr leise:

»Ich streite nicht gern, das regt die Leute nur auf. Ich lasse mich auf keinen Streit ein.«

Als sie darauf hingewiesen wurde, daß es sich um eine Untersuchung handelte, die sich mit der Erinnerung einzelner Personen an Streitigkeiten beschäftigte, fuhr sie fort:

»Ich frage andere Leute nach ihrer Meinung und sage ihnen meine eigene – das kann zu einem richtigen Hin und Her von Meinungen führen. Nicht zu einem richtigen Streit. Ich könnte einen vernünftigen Kompromiß herstellen, mit dem die Gegenseite zufrieden ist, wissen Sie, eine Formel finden, die sie verstehen kann. Das ist eine gute Möglichkeit, Leute zu überzeugen – einfach das eigene Argument in einen anderen Rahmen stellen. Es muß in ihre eigenen Motivationen passen.«

Kathleen zufolge haben also der Austausch von Meinungen und der Versuch, den anderen zu überzeugen, nichts mit einem Streit zu tun, auch wenn dies Teil der vorgegebenen Definition war.

Patricia lieferte ebenfalls eine neue Definition von »Streit«, indem sie eine witzige Variante der »offiziellen« Definition präsentierte:

»Ein Streit ist eine erregte Auseinandersetzung zwischen zwei Leuten, die nicht einer Meinung sein wollen.«

Sie gestand, anderer Meinung zu sein als ich, meinte aber, daß dies kein Streit sei, sondern

»ein freundschaftlicher Prozeß, über verschiedene Meinungen zu reden. Ich glaube, es gibt keinen Streit, wenn man den anderen dazu bringt, den eigenen Standpunkt zu begreifen. Das ist eine Frage von Moral und Respekt.«

Marion, eine Lehrerin, die ich auf einer Party kennenlernte und die großes Interesse an meiner Untersuchung bekundete, sagte mir: »Ich lasse mich niemals auf einen Streit ein.« Zum allgemeinen Vergnügen fuhr sie dann fort, ihre eigene Position zu schwächen, indem sie mir auseinandersetzte, daß meine Definition von Streit völlig abwegig sei, weil es sich bei Streit um »Zoff« handele. Ich erklärte ihr, warum ich den Gegenstand meiner Untersuchung möglichst umfassend definieren wollte. Sie sagte, daß ich das nicht tun könne. Darauf erwiderte ich, daß es *meine* Untersuchung sei und ich deshalb wohl mein eigenes Thema definieren könne, und fragte sie, wie ich es ihrer Meinung nach hätte besser machen können. Sie wiederholte, daß ich auf dem falschen Dampfer sei, weil Streit einfach nicht in diesem Sinne interpretiert werden könne. Ich wies darauf hin, daß wir gerade schon mitten im schönsten Streit seien, der sich aber keineswegs wie Zoff anlasse. »Nein«, sagte sie. »Ich lasse mich nie auf einen Streit ein.« Und war aufrichtig erstaunt, als die Umstehenden losprusteten.
Dann gingen wir etwas zur Seite, um noch einmal miteinander zu reden, denn wir waren beide etwas verärgert, daß das, was als angenehmer Meinungsaustausch begonnen hatte, in eine Sackgasse geführt hatte. Und außerdem wollte ich keinesfalls, daß sie sich irgendwie veräppelt vorkam. Sie räumte ein, daß der Gedanke, soeben gestritten zu haben, ihr sehr unangenehm sei, weil er nicht zu ihrem Selbstbild passe. Sie hält sich für vernünftig und für durchaus imstande, sich in Gesellschaft anderer zu behaupten, glaubt aber nicht, daß sie sich jemals auf einen Streit einlassen würde, wenn sie nicht wüßte, ob sie sich dabei auch durchsetzen könne.

»In der Schule erlaube ich den Kindern nie, mit mir herumzustreiten. Auch meine Tochter weiß, daß sie sich daran halten muß.«

»Macht es Ihnen denn wirklich keinen Spaß, mit anderen, sozusagen von gleich zu gleich, Meinungen auszutauschen?«

Sie blickte mich erstaunt an, und nachdem die Spannung raus war, lachte sie plötzlich auf.

»Ich weiß, es stimmt, wenn ich anderer Meinung bin, vertrete ich meine eigenen Ansichten mit zuviel Nachdruck. So wie jetzt. Aber der Gedanke, daß ich selbst streitsüchtig sein könnte, gefällt mir nicht. Wir müssen entweder ein anderes Wort finden, oder wir können den ganzen Abend so weitermachen.«

Kathleen, Patricia und Marion scheinen sich darüber einig zu sein, daß »nette Leute nicht streiten«. Marion faßte das, was sie tatsächlich tat, nie in Worte, während Kathleen und Patricia beide sagten, daß sie nicht stritten, wenn sie unterschiedlicher Meinung seien, sondern nur »über Differenzen redeten«.

3

Goggelmoggel und die Suche nach der Wahrheit

Wäre es möglich gewesen, Marion durch die Verwendung eines anderen Wortes zu beruhigen, hätte ich das getan, denn der Begriff »Streit« hat für viele Frauen einen negativen Beigeschmack. Aber aus verschiedenen Gründen bleibe ich bei diesem Wort.

Erstens ist Streit der allgemeinste aller verfügbaren Begriffe, da er unter anderem Diskussion, Debatte, Unterredung, Erörterung, Meinungsverschiedenheit, Disput und Zwist bedeutet.[6]

Zweitens hat die abendländische Kultur verschiedene Theorien des Streits entwickelt, die immer dann zum Tragen kommen, wenn die Menschen feststellen, daß sie – eigentlich über alles und jedes – unterschiedlicher Meinung sind. Und der Streit hat insofern einen besonderen Stellenwert, als er bestimmt, wie Menschen sich miteinander auseinandersetzen und wie sie das Verhalten anderer bei einem Streit interpretieren, je nachdem, welcher Theorie jeder einzelne anhängt. Ja, er kann sogar selbst Gegenstand von Streit sein. Wie wir gesehen haben, können Menschen auch über die Bedeutung von Streit streiten, also auch darüber, ob das, worauf sie sich eingelassen haben, tatsächlich ein Streit ist oder nicht.

Drittens ist Streit ein wichtiger Aspekt der Art und Weise, wie Frauen und Männer miteinander kommunizieren oder aneinander vorbei kommunizieren. Meiner eigenen Theorie zufolge sind Streittheorien ein wichtiger kultureller Faktor, der bestimmt, daß Frauen und Männer unterschiedliche Einstellungen zum Streit und unterschiedliche Gesprächsstile haben. Heutzutage, da die Rollen von Frauen und Männern im Wandel begriffen sind, erweisen sich diese Unterschiede häufig als unproduktiv und können zu Mißverständnissen führen, ja sogar großen Kummer verursachen. In jüngerer Zeit ist viel über die unterschiedliche Sprache von Frauen und Männern geschrieben worden. Meiner Ansicht nach ist die Analyse der Art und Weise, wie wir mit Meinungsverschiedenheiten und Streitigkeiten umgehen, unerläßlich, um verstehen zu können, inwiefern sich Frauen und Männer in ihren Einstellungen zur Kommunikation voneinander unterscheiden und welchem Zweck diese Unterschiede in der Vergangenheit gedient haben. Solange wir nicht untersuchen und begreifen, wie die Menschen denken und wie sie sprechen, können sich auch unsere Einstellungen nicht ändern.

Wie wir aufnehmen, was andere sagen, hängt entscheidend von unseren Denkgewohnheiten ab, und diese wiederum werden von unseren Erfahrungen in der Vergangenheit und von unseren Erwartungen an die Zukunft bestimmt. Erwartungen und Interpretationen anderer beruhen auf dem, was wir in unserem persönlichen Leben gelernt haben, sowie aus den Dingen, die man uns – in der Schule, in Büchern, im Fernsehen, in Filmen und im Radio – beigebracht hat. Alle Gesellschaften verfügen über Theorien, die bestimmen, wie ihre Mitglieder über Schlüsselfragen denken und reden, und die Theorie des Streits ist keine Ausnahme. Wir alle lernen von frühester Kindheit an etwas über das Streiten, und wir alle lernen bestimmte wichtige Vorstellungen darüber, auch wenn wir uns ihrer nicht bewußt sind.

Zu verstehen, wie die Menschen verschiedene Aspekte der Theorie des Streits in Abhängigkeit von den jeweiligen Umständen aufnehmen, ist ein wichtiger Schritt, um überhaupt nachvollziehen zu können, warum Frauen und Männer so oft Kommunikationsprobleme miteinander haben. Ich muß deshalb zuerst kurz skizzieren, was ich darunter verstehe. Die Theorie des Streits kann man in drei Bereiche gliedern: Streit als rationales Mittel der Wahrheitsfindung, Streit als feindselige Konfrontation und Streit als Rhetorik. Letzteres gehört zwar nicht zwingend in diesen Zusammenhang, ist aber dennoch mit den beiden anderen Bereichen verknüpft.

Streit als rationales Mittel der Wahrheitsfindung

Möglicherweise sind die griechischen Philosophen für die weitverbreitete Vorstellung verantwortlich, daß Streit ein rationales Mittel sei, die Wahrheit herauszufinden.[7] Abendländische Denker haben lange geglaubt, daß Aristoteles' Analyse der Formen des logischen Denkens ein Mittel liefere, die Rationalität einer Behauptung zu überprüfen, und so wurde Streit als Weg der Wahrheitssuche mit Hilfe der Logik Teil der akzeptierten Vorstellung aller gebildeten Menschen.[8]

Dieser Ansicht zufolge gibt es dann, wenn zwei Leute unterschiedlicher Meinung sind, eine richtige und eine falsche Schlußfolgerung: Es werden Beweise geführt, und man kann über die logischen Implikationen und Konsequenzen dieses Beweismaterials diskutieren, aber am Ende können diese durch Anwendung der anerkannten Gesetze von Ursache und Wirkung und unter Bezugnahme auf die äußere Wirklichkeit logisch hergeleitet werden. Die Wahrheit gilt als frei von logischem Widerspruch, oder wie es der Philosoph Anthony Flew formuliert: »Wenn Widerspruch toleriert wird, dann ist, ganz wörtlich gesehen, alles möglich. Diese Situation muß jedem, der wirklich daran interessiert ist zu erfahren, was tatsächlich wahr ist, vollkommen unzumutbar erscheinen.«[9]

Streit als konstruktiver kognitiver Konflikt ist zentraler Bestandteil der Entwicklungstheorien des Schweizer Psychologen Jean Piaget. Er erklärte die Fähigkeit des einzelnen, abstrakte Prinzipien der Logik auf sämtliche Aspekte des sozialen Handelns und des abstrakten Denkens anzuwenden, als Folge eines Prozesses der Akkommodation an kognitive Konflikte und als Assimilation der Bedeutung ihrer Lösung. »Dem sozialen Bedürfnis, die Vorstellungen anderer zu teilen und unsere eigenen Vorstellungen anderen erfolgreich mitzuteilen, liegt unser Bedürfnis nach Bestätigung zugrunde. Am Ende des Streits steht der Beweis.«[10]

Eine ähnliche Auffassung von Streit vertritt der Philosoph Stephen Toulmin, der den Streit mit der Darstellung eines Falles vor Gericht vergleicht und die Disziplin der Jurisprudenz zum Modell nimmt. Streitigkeiten werden dann mit Gerichtsverfahren verglichen, und mit seiner Analyse versucht er, den sogenannten »rationalen Prozeß« zu charakterisieren, indem er die Verfahrensweisen und Kategorien aufzählt, mit deren Hilfe für bestimmte Forderungen plädiert wird und Ansprüche geregelt werden.

Toulmins Analyse des juristischen Modells des Streits setzt voraus, daß Logiker die wirkliche Welt und die verschiedenen Arten von Streit berücksichtigen, die in verschiedenen Bereichen der Untersuchung angemessen sind. Seine Schlußfolgerung, daß »Logik und Erkenntnistheorie ... nicht zwei, sondern nur ein Thema werden«, legt nahe, daß eine objektive Beurteilung widerstreitender Argumente zur Entdeckung der Wahrheit der wirklichen Welt führen kann.[11]

Streit als feindselige Konfrontation

Doch ist es keineswegs das Ziel von Rechtsstreitigkeiten, »die Wahrheit« zu finden. Ein Gericht ist, vor allem unter dem englischen System des Common Law, »eine Arena, in der verschiedene Versionen der Wirklichkeit miteinander konkurrieren. Die juristische Wahrheit ist keine entdeckbare Wesenheit, die außerhalb des Gerichtsverfahrens existiert – sie ist einzig und allein ein Ergebnis des Gerichtsverfahrens selbst.«[12]

Diese kämpferische Herangehensweise an den Streit ist ein wichtiger Teil unseres Denkens, das nicht nur in die Gerichtssäle, sondern auch in die Politik, ins Parlament, in den Wahlkampf, in die Zeitungen, ins Fernsehen und in den Rundfunk hineinwirkt. Wie der Psychologe Roger Brown deutlich macht, werden diese Streitigkeiten, die zu unserer Unterhaltung inszeniert werden, jedoch niemals gelöst: »Das Ergebnis ist ein Konflikt zwischen Personen, aber nicht ein Konflikt innerhalb von Personen. Irgendwie wissen wir, daß ... keiner der Beteiligten seine Meinung ändern, noch irgendeinen starken Druck, sie zu ändern, verspüren wird.«[13]

Noch schlimmer ist, daß sich die Position der Gegenseite durch einen Streit verhärten kann.[14] Tatsächlich gehört es zu den faszinierendsten Aspekten des Streits als Forschungsgegenstand, daß er zwar ein weitverbreitetes Phänomen ist, sich offenkundig aber wenig dazu eignet, Menschen zu einer Änderung ihrer Meinung zu bewegen. So stellte der Humorist Miles Kington in einer seiner Sendungen die Frage: »Warum streiten wir überhaupt, wenn wir doch aus Erfahrung wissen, daß niemand im Laufe eines Streits je seine Meinung geändert hat?«[15]

Dieser Ansicht zufolge sind Streitigkeiten rhetorische Schlachten zwischen unversöhnlichen Gegnern. Wenn zwei Menschen unterschiedliche Auffassungen vertreten, besteht keine Chance, die korrekte Meinung zu ermitteln, und das Ergebnis hängt davon ab, was die Mehrheit denkt. Kritiker haben diese Art, Streitfragen zu klären, »eine Angelegenheit der Psychologie des Mobs« genannt[16]. Streit kann aber natürlich auch durch die Ausübung von Macht gelöst werden.

Streit als Rhetorik

Streit als Rhetorik ist ideologisch mit beiden Auffassungen von Streit – der rationalen Wahrheitssuche und dem kämpferischen Konflikt – verbunden. Rhetorik ist in den letzten Jahren in den Brennpunkt der psychologischen Forschung gerückt, der Streitcharakter des Denkens klar herausgearbeitet worden.[17] Unsere Fähigkeit zu Streit, Widerspruch, Neudefinition und Schaffung neuer Unterscheidungen ist der positive Aspekt der Rhetorik. Sie versetzt uns in die Lage, einen Standpunkt zu verteidigen, indem wir auf rationale und logische Weise Beweismaterial ins Feld führen und auf die Schwächen in der logischen Position unseres Gegenübers hinweisen.

Doch bei Laien gilt Rhetorik oft als unfaires Mittel, den Zuhörer »auf die eigene Seite« zu ziehen, das insbesondere von solchen Leuten angewandt wird, deren Aufgabe es ist, andere zu überzeugen, wie zum Beispiel Politiker, Verkäufer und Anwälte. Hier wird Streit so interpretiert, als fände er zwischen Vertretern gegnerischer »Lager« statt.

Analytiker haben herausgefunden, daß alle sozialen Gruppen dazu neigen, einen »In-Group«-Jargon (Wörter, Kategorien, Sprechweisen) zu entwickeln, der es ihnen erlaubt, sowohl eine gemeinsame Position auszuhandeln als auch diejenigen als »Out-Groups« zu definieren, die diese Sprache nicht mit ihnen teilen.[18] Hier wird Rhetorik eher als persuasives und separatistisches Mittel denn als Vehikel zur Wahrheitsfindung angesehen.

Lassen Sie mich ein etwas frivoles Beispiel zitieren. Die Journalistin Polly Toynbee schreibt für die *Radio Times* eine wöchentliche Kolumne, die durchaus lesenswert ist. Nur gelegentlich läßt sie sich anmerken, daß sie Schwierigkeiten hat, Stoff dafür zu sammeln.[19] So schreibt sie zum Beispiel einmal: »Man kann Eßgewohnheiten, genau wie Kleidung, soziologisch nach Klassen und Ansprüchen einteilen. Fangen wir mal unten an. Da befinden sich Fertigsoßen in derselben Kategorie wie Kellnerjacken, Kuchen mit Zuckerguß gehören zu Cocktailkleidern, Balti-Speisen zu Bierbäuchen in zu engen Hosen und japanische Sushi zu magersüchtigen Models aus der Oberschicht, die knappe Röckchen tragen.«

Hätten Sie das gewußt? Nein? Das ging jedem so wie Ihnen. Aber jetzt wird für jeden, der Pollys Kolumne gelesen hat, das Essen von Balti-Gerichten, Zuckergußkuchen und Fertigsoßen dann zum Problem, wenn er nicht so sein will wie die Leute, denen sie diese Speisen zugeordnet hat. Wenn genug Leute das, was Polly Toynbee als Witz gemeint hat, lesen, es sich merken und darauf eingehen, kann es sich in ein soziales Phänomen verwandeln. Die rhetorische Macht von Worten, zu teilen und zu herrschen, ist gewaltig.

4

Streit und Arbeitsteilung

»Es fragt sich nur«, sagte Alice,
»ob man Wörter einfach etwas anderes heißen lassen kann.«
»Es fragt sich nur«, sagte Goggelmoggel, »wer der Stärkere ist – weiter nichts.«
LEWIS CARROLL, *Alice hinter den Spiegeln*

Diese unterschiedlichen Auffassungen über den Begriff »Streit« – rationales Mittel der Wahrheitsfindung und kämpferische Konfrontation – sind Teil jener Ideologie, mit der wir aufgewachsen sind. Einige Familien und manche Schulen können natürlich dem einen Aspekt mehr Gewicht geben als dem anderen. So gesehen wird klar, warum die eben zitierten Männer behaupten, für sie sei Streit eine Debatte oder ein Kampf.

Weniger klar ist, warum Frauen eigentlich so große Probleme mit dem Begriff »Streit« haben; warum manche sich entweder »ungefährdet« fühlen müssen oder sogar in Abrede stellen wollen, daß es sich beim »Reden über Differenzen« um Streit handelt.

Um dies zu erklären, müssen wir der Theorie des Streits den Gedanken des Miteinanderauskommens gegenüberstellen. Dies ist im wesentlichen die Vorstellung, daß in einer gegebenen Gesellschaft jeder mit den anderen in Harmonie leben sollte. Vor allem in den Vereinigten Staaten mit ihrem in der Verfassung verankerten Recht auf »das Streben nach Glück« und ihrem gesellschaftlichen Druck zur Konformität gibt es einen starken kulturellen Drang zur Schaffung einer friedfertigen, harmonischen Gesellschaft. Doch der Wunsch, mit der eigenen Familie, den Nachbarn und der Gesellschaft im weiteren Sinne in Frieden zu leben, ist nicht auf die Vereinigten Staaten oder die westliche Welt beschränkt. So sehr es auch den Ambitionen von Demagogen und Diktaturen gegen den Strich gehen mag – Tatsache ist, daß die meisten Menschen in der ganzen Welt gern in Frieden leben würden.

Hier ist ein handfester Konflikt zwischen zwei gegensätzlichen Elementen der menschlichen Psyche zu beobachten. Einerseits wollen wir die Vorzüge des friedlichen und harmonischen Zusammenlebens mit anderen genießen. Andererseits haben wir einen tiefsitzenden Instinkt, jedem feindlich gesinnt zu sein, der nicht »einer von uns«, kein Mitglied unserer »In-Group« ist.

Der Psychologe Henri Tajfel fand heraus, daß wir nicht einmal wissen müssen, wer die Mitglieder »unserer Gruppe« sind – ein einfaches Etikett genügt. Bei Experimenten, die unzählige Male wiederholt wurden, haben Frauen und Männer, Mädchen und Jungen ganz bewußt Aktivitäten entfaltet, um jenen anonymen anderen zu helfen, die »dazugehörten«, und denjenigen zu schaden, die nicht dazugehörten. Wenn zum Beispiel der einzelne aufgefordert wurde zu entscheiden, in welcher Höhe jeder der »anderen« für die Teilnahme an dem Experiment entschädigt werden sollte, entschieden sich die meisten für jene Option, die dem größten Unterschied zwischen der »In-Group« und der »Out-Group« entsprach. Das galt selbst für die Fälle, in denen der einzelne Vorteile gehabt hätte, wenn jedem dasselbe gegeben worden wäre, weil dann zum Beispiel jeder 10 DM bekommen hätte. Es war ihnen also lieber, den Mitgliedern der eigenen Gruppe je 5 DM und denen der »Out-Group« nur 2 DM zu geben, als an alle Teilnehmer unterschiedslos je 10 DM zu verteilen.[20] Im »richtigen Leben« kann man dieselbe Prozedur gelegentlich bei Tarifverhandlungen beobachten, bei denen es manchen Gewerkschaften wichtiger ist, an ihrer »Abgrenzung« zu anderen Gewerkschaften festzuhalten, als für alle das Beste herauszuholen.

Und was hat dies alles mit Streit zu tun?

Da es einen tiefgreifenden Konflikt zwischen zwei gegensätzlichen Elementen unserer Psyche gibt, hat die westliche Gesellschaft versucht, das Problem durch Arbeitsteilung zu lösen. Sie hat die Aufgabe, sich mit dem einen Element zu befassen, den Männern übertragen, und die Aufgabe, sich um das andere Element zu kümmern, den Frauen zugeteilt. Männer sind für die Außenwelt zuständig und müssen entscheiden, wann Feindseligkeiten mit anderen Gruppen angezeigt sind und wie die Gesellschaft im weiteren Sinne zu lenken ist. Aufgabe der Frauen ist es, Frieden und Harmonie unter den Menschen herzustellen: Ganz offensichtlich liegen die intrafamiliären Beziehungen im Verantwortungsbereich der Frau, doch mit der Entwicklung der Gesellschaft ist auch die »In-Group« größer geworden, und von den Frauen wird heute erwartet, daß sie sich um das Wohl der Menschen in der Gesellschaft in ihrer Gesamtheit kümmern. Deshalb werden Frauen als Krankenschwestern und Grundschullehrerinnen, als Sekretärinnen und persönliche Assistentinnen gern akzeptiert, stoßen aber auf Widerstand, sobald sie versuchen, Machtpositionen zu besetzen, von denen aus sie Entscheidungen treffen würden, weil dies eine Aufgabe ist, die die Gesellschaft von Männern erwartet.

Dieser Arbeitsteilung zufolge ist es die Aufgabe von Frauen, Beziehungen innerhalb der »In-Group« zu pflegen und zu schützen; ihre besonderen Eigenschaften sind Wärme, Emotionalität und allgemeine Kompetenz in Sachen »Gefühle«. Männer hingegen sollen praktisch und stark sein, die Schwachen (Frauen und Kinder) beschützen, Führungsqualitäten an den Tag legen und Entscheidungen liefern; die besonderen Eigenschaften der Männer bestehen darin, daß sie nüchtern und rational sind und eine allgemeine Kompetenz in Sachen »Denken« aufweisen.

Diese Eigenschaften haben direkt etwas mit Streit zu tun. Männer, die streiten, üben ihre rationalen Fähigkeiten; es gehört zu ihrer Aufgabe, mit anderen zu debattieren, um den richtigen Weg zu finden und die Gesellschaft zu lenken. Da es sowohl innerhalb der Gesellschaft selbst als auch in den Beziehungen zu »Out-Groups« um Macht geht, überrascht es nicht, daß für viele Männer Streit eine Schlacht ist, die sie gewinnen müssen. Streit gilt in der westlichen Gesellschaft als die eigentliche Aufgabe von Männern, und in der Tat läuft ein Mann, der »sich nicht durchsetzt«, Gefahr, als schwach, weichlich oder als Waschlappen charakterisiert zu werden.

Da die Frauen mit Hege und Pflege betraut sind, erwartet man von ihnen keine Streitbereitschaft. Wenn sie sich dennoch auf Auseinandersetzungen einlassen, beweisen sie, daß sie keine richtigen Frauen sind, denn sie widmen sich nicht der Pflege und kümmern sich nicht um Gefühle. Frauen wissen, daß man von ihnen erwartet, Beziehungen nicht durch abweichende Meinungen aufs Spiel zu setzen; deshalb müssen sie sich »sicher« fühlen, bevor sie überhaupt ihre eigene Meinung äußern. Wie wir gesehen haben, verleitet der uns allen innewohnende Impuls, mit anderen zu streiten, einige Frauen dazu, für das, was sie tun, ein neues Etikett zu finden. »Nette Leute streiten nicht«, heißt es dann, und in der Tat besteht die Hauptaufgabe von Frauen darin, »nett« zu sein. Deshalb können sie, wenn sie ihre abweichende Meinung äußern, nicht »streiten«, sondern behaupten, sie würden lediglich »über Differenzen reden«.

Es wird weithin angenommen, daß diese Arbeitsteilung auf angeborenen, unveränderlichen Unterschieden zwischen den Geschlechtern beruht, und daher kann jeder Mensch, der versucht, außerhalb dieses Erwartungsrahmens zu handeln, als anomal beurteilt werden. Jedes Geschlecht gilt in den Dingen als schwach, in denen das andere stark ist. Das bedeutet, daß die angebliche Unfähigkeit der Frauen, logischen Gedankengängen zu folgen, anderen erlaubt, Meinungsäußerungen von Frauen als unvernünftig, irrational und unlogisch abzutun. Aufgrund des angeblich besonderen Wissens der Frauen um Gefühle können sie als emotional abgewertet werden, und wenn Frauen in ihrer Hauptaufgabe, dem Hegen und Pflegen, versagen, gelten sie als unsympathisch und werden als Hexen, Furien, Drachen oder, vielleicht noch aufschlußreicher, als scharfe Potenzkillerinnen etikettiert.

Da Frauen grundsätzlich nicht streiten sollen, werden darüber hinaus die negativen Aspekte der Theorien des Streits ins Feld geführt, um ihr Versagen in einer typisch männlichen Domäne zu erklären. Frauen wird deshalb oft unfaire Rhetorik vorgeworfen: »Sie sagen nie das, was sie denken«, »Sie arbeiten mit emotionaler Erpressung«, ja sogar: »Sie drücken auf die Tränendrüsen, um das zu erreichen, was sie wollen.« Vor allem am Arbeitsplatz, wo nüchterne Rationalität angezeigt erscheint, werden Frauen, die versuchen zu debattieren, häufig der Aggressivität und Feindseligkeit bezichtigt. Man beruft sich auf die negativen Aspekte des kämpferischen Stils, um die Diskussionsbeiträge der Frauen abzuqualifizieren. Dabei spielt es keine Rolle, daß viele Männer sich in derselben Situation genau desselben Stils bedienen, ohne sich jedoch irgendeiner Kritik auszusetzen. Frauen sollen sich überhaupt auf keinen Streit einlassen, und eine Frau, die versucht, eine abweichende Meinung zu äußern, kann man offensichtlich immer noch sehr wirkungsvoll angreifen, indem man sie der Aggressivität beschuldigt. All diese Beobachtungen stammen aus meiner Forschungsarbeit und werden in den folgenden Kapiteln veranschaulicht.

Diese Arbeitsteilung stets im Auge zu behalten hilft, die Konflikte zu verstehen, von denen in den Berichten von Frauen und Männern über ihre Streitigkeiten die Rede ist. Bei dieser Analyse handelt es sich natürlich um eine andere Methode, die Uralt-Klischees über Frauen und Männer zu untersuchen. Sie soll auf konstruktive Weise klären, warum Frauen und Männer so viele Schwierigkeiten haben, wenn sie miteinander kommunizieren. In Teil V wird die Arbeitsteilung noch einmal unter die Lupe genommen, und dort werden auch Probleme der Macht analysiert. Nur wenn wir imstande sind zu begreifen, was passiert, wenn wir versuchen, uns anderen mitzuteilen und miteinander Meinungen auszutauschen, werden wir auch in der Lage sein, zwischen uns goldene Brücken zu bauen.

TEIL II

DAS STACHELSCHWEIN-DILEMMA

»Doch wenn zwei Menschen in ihrem tiefsten Herzen eins sind, brechen sie selbst Eisen und Bronze.
Und wenn zwei Menschen sich in ihrem tiefsten Herzen verstehen, sind ihre Worte so süß und stark wie der Duft von Orchideen.«
KONFUZIUS[1]

Die spitzen Stacheln des Stachelschweins verursachen bekanntlich schmerzhafte Stiche – eine Tatsache, die Generationen junger Naturforscher veranlaßt hat, über das Liebesleben der Stachelschweine nachzudenken. Verliebte Stachelschweine sind ein perfektes Symbol für die Psychologie des Menschen. Stellen Sie sich zwei Stachelschweine vor, die versuchen, sich zu lieben, und Sie haben eine Vorstellung von dem ewigen Konflikt zwischen unserem Wunsch nach Nähe und dem Schmerz, den dieser auslöst.

Der Schmerz entsteht aus dem »Anderssein« der anderen Person, den schmerzhaften Stichen, die uns von der Wirklichkeit der Gedanken und Wünsche des anderen beigebracht werden, die so wenig mit unseren eigenen Phantasien gemein haben. Das Problem mit unserem Gegenüber ist natürlich, daß sie oder er ebenfalls Phantasievorstellungen hat, in denen uns eine Rolle zugedacht ist. Daher kann es jederzeit und scheinbar aus heiterem Himmel zu Mißverständnissen und Zwistigkeiten kommen. Jeder von uns träumt von Nähe und Liebe, die aber einen allzu schmerzhaften Stich der Wirklichkeit nicht aushalten können.

Die Griechen – so heißt es – stellten sich die menschliche Psyche in zwei Hälften geteilt vor, mit der Folge, daß nun jeder von uns sein Leben lang nach der anderen, der fehlenden Hälfte sucht. So wenig dies mit anderen uns bekannten Aspekten des Lebens im klassischen Griechenland übereinstimmen mag (wo die Männer Frauen nicht annähernd so große Wertschätzung entgegenbrachten wie anderen Männern), scheint doch der Mythos von der »Einheit durch die große Liebe« unsere Träume nach wie vor zu beherrschen. Viele von uns glauben, daß irgendwo »die Richtige« beziehungsweise »der Richtige« auf uns wartet und daß dann, wenn wir sie oder ihn erst einmal gefunden haben, Einsamkeit und Kummer der Vergangenheit angehören. Die oder der Richtige wird uns in allem und jedem verstehen, ohne daß entscheidende Details überhaupt ausgesprochen werden müssen, und niemals wird es Bedürfnisse, Gedanken und Meinungen geben, die mit unseren eigenen kollidieren.

Große Liebende streiten nie. Große Liebende haben zwar Probleme, aber niemals miteinander. Ihre Probleme entstehen, weil die Größe ihrer Liebe Konflikte mit anderen Menschen – autoritären Eltern, eifersüchtigen Rivalen, grausamen Tyrannen – hervorruft, oder sie stellen fest, daß ihre Liebe dort blüht, wo keine Liebe blühen dürfte, und müssen sich gegen die Ansprüche von Familie, Pflicht und Ehrgefühl durchsetzen. Romeo und Julia hatten gar nicht erst die Zeit, irgendeine Unvereinbarkeit ihres Denkens festzustellen, denn sie brachten sich in der vollen Blüte ihrer Jugend aus Liebe um. Natürlich schrieb Dante bis in sein reifes Alter über seine Liebe zu Beatrice; aber vor ihrem frühen Tod hatte er kaum je ein Wort mit ihr gewechselt und hing dann seiner hoffnungslosen Liebe zu dem schönen Mädchen nach, ohne je Gefahr zu laufen, daß sie das Bild, das er sich von ihr machte, dadurch beschädigen könnte, daß sie einmal das Falsche sagte. Nicht einmal Lanzelot und Ginover verbrachten viel Zeit zusammen: Den größten Teil ihres zum Scheitern verurteilten, sündhaften Liebesverhältnisses verbrachten sie getrennt, in brennender Sehnsucht nacheinander und schließlich in bitterer gegenseitiger Reue über ihre Lasterhaftigkeit. In den großen Liebesgeschichten der Welt haben die Liebenden nie genug Zeit, ihre Herzen und Gedanken zu ergründen. Shakespeares Beatrice und Benedick, deren Liebe aus ihrem Wortgeplänkel erwächst, sind *komische* Liebende, die nicht ernst zu nehmen sind.

Um die Psychologin Maryon Tysoe zu zitieren: »Der Mythos hat der gegenseitigen Liebe die Macht eines psychologischen Superkleisters verliehen.«[2] Liebe ist ein mächtiges magisches Band, das einem aus heiterem Himmel geschenkt wird und ewig hält. Und wenn es nicht hält, waren die Liebenden eben nicht wirklich Liebende, haben sich nicht genug geliebt. Liebe ist insofern in ihren Kräften elementar, vielleicht sogar naturgegeben, als sie von uns verlangt, bereit zu sein, in ihrem Dienst auch das Letzte zu opfern.

Jahrhundertelang ist dieses Opfer in erster Linie von der Frau gefordert worden, die ihre Jungfräulichkeit und ihre geistige Unabhängigkeit auf dem Altar der Liebe opfern sollte. Der Schriftsteller D.H. Lawrence nennt die Konsequenzen dieser Auffassung beim Namen. Seiner Meinung nach besteht die einzige Möglichkeit, mit einer Frau zurechtzukommen, darin, die Beziehung auf den primitiven, rein animalischen geschlechtlichen Akt zu beschränken und jeden geistigen Austausch männlichen Freunden vorzubehalten. »Ich bin mir nicht sicher, ob eine mentale Beziehung zu einer Frau es nicht unmöglich macht, sie überhaupt zu lieben. Ich weiß, daß man den Verstand einer Frau letzten Endes hassen wird. Liebe bedeutet ein Verströmen von allem Wissen … sie ist der aufrichtige Zustand vor dem Sündenfall.«[3]

D. H. Lawrence – vom neuen Mann so weit entfernt, wie man nur sein kann, aber als Schriftsteller noch heute bewundert – kam in *Die gefiederte Schlange* zu dem Schluß, daß eine Frau ihre Erfüllung nur durch die Anbetung des großen männlichen Phallus erlangen könne. Als Erich Segal beschloß, seine Theorien über einen potentiellen Bestseller-Roman einem Test zu unterziehen, hatte er mit dem Denken und Fühlen der Frau ebensowenig im Sinn. In seinem Buch, dem er den unvergeßlichen Titel *Love Story* gab, befinden sich die Liebenden zwar in einem Konflikt, aber nicht miteinander, sondern mit dem Schicksal. Sie sind dazu verurteilt, gegen die lebensbedrohliche Krankheit der Frau einen aussichtslosen Kampf zu führen und wie alle wahren Liebenden den Tod durch die Macht ihrer Liebe und ihres Verständnisses füreinander zu transzendieren. Segal schrieb einen Roman, der die Wünsche seiner Leser(innen) erfüllte und in folgender Lüge gipfelte: »Liebe heißt, niemals sagen zu müssen, daß einem etwas leid tut.«

Wie die meisten von uns nur allzu gut wissen, heißt Liebe vielmehr, allzu oft sagen zu müssen, daß einem etwas leid tut. Und wenn man liebt, meint man dies wirklich ernst.

Frauen sind heute weniger geneigt, ihre geistige Unabhängigkeit auf dem Altar der Liebe zu opfern, und zögern, wenn Differenzen zwischen ihnen und ihrem Liebhaber entstehen, weniger, das zu sagen, was sie denken. Auch Männer möchten gern glauben, daß sie mit ihrer Geliebten über wichtige Dinge reden können. Der Hauptunterschied zwischen glücklichen und unglücklichen Langzeitbeziehungen ist – wie uns Experten versichern –, daß »Kränkungen« uminterpretiert werden können und daß selbst der schmerzlichste Wortwechsel in eine »positive Kommunikation« umgedeutet werden kann. Frauen wie Männer *wollen* also miteinander reden und Meinungsverschiedenheiten klären können.

Das Problem ist natürlich, daß dann, wenn man über Differenzen redet, diese Differenzen schon tatsächlich existieren und nicht mehr ignoriert oder fortgewünscht werden können. Wenn das Reden über Differenzen zu Kränkung und Entfremdung führt, scheint die Klärung manchmal nicht der Mühe wert zu sein, insbesondere dann, wenn solche Differenzen zu beweisen scheinen, daß die Liebe überhaupt keine wahre Liebe ist. Diese neue kulturelle Forderung, zu »kommunizieren«, führt zu ganz unerwarteten Schwierigkeiten und löst dann ungute Gefühle aus, wenn diese in Verbindung mit den alten, unbewußt weiterwirkenden Erwartungen auftreten, denen zufolge sich Frauen und Männer unterschiedlich verhalten. Tief in ihrem Inneren sind nämlich viele von uns davon überzeugt, daß Frauen und Männer nicht im gleichen Sinne Mensch sind.

In freundschaftlichen Beziehungen können die spitzen Stacheln des Stachelschweins ebenso schmerzhaft stechen wie in der Liebe. Der Wunsch des Menschen nach Nähe zum anderen kann mit der Wirklichkeit des anderen Menschen zusammenprallen – egal, ob dieser andere Mensch das gleiche Geschlecht hat wie man selbst oder ob die Beziehung sexuelle Liebe mit einschließt. Eine Frau, die wagt, mit einer anderen Frau nicht einer Meinung zu sein, ein Mann, der sich mit einem anderen Mann ein Wortgefecht liefert, Mann und Frau im Streit, Eltern und Kind in einer Auseinandersetzung – unsere Vorstellungen darüber, was diese Situationen im einzelnen bedeuten, sind sehr unterschiedlich und haben sehr wohl etwas mit unseren Erwartungen an die jeweilige Beziehung zu tun.

Das Thema Streit wird hier, in Teil II, in allen intimen Beziehungen ausgeleuchtet. Wir beginnen mit der Freundschaft, begeben uns dann auf das Minenfeld von heterosexueller Liebe und Ehe, um am Schluß auf die Familie zu sprechen zu kommen.

Freundschaft kann jeden, der seine Meinung offen äußert, vor besondere Probleme stellen. Viele Menschen glauben, Meinungsunterschiede könnten einer Beziehung schaden, weil sie schmerzliche Differenzen aufdecken. Andere behaupten, daß Offenheit in jeder wirklich herzlichen und innigen Freundschaft von elementarer Bedeutung sei und daß Verständnis füreinander nur dann erreicht werden könne, wenn man über Unterschiede spricht. Was soll man aber mit solchen Widersprüchen anfangen, wenn Mißverständnisse so verheerende Folgen haben können?

5

Freundschaft: Von Frau zu Frau

»Beziehungen sind wichtiger als jede Streitfrage. Ich glaube, daß es Dinge gibt, die niemals ausgesprochen werden sollten.« Diese Aussage stammt von Rebecca, einer 22jährigen Labortechnikerin.[4] Sie sagte mir:

»Ich lasse mich mit keiner Freundin auf einen Streit ein. Streiten ist nur möglich, wenn man sich unglaublich nahesteht und viel Zeit miteinander verbringen kann. Manchmal hatte ich schon das Gefühl, daß eine Sache so wichtig ist, daß ich streiten muß, aber wenn ich dann versucht habe, meinen Standpunkt deutlich zu machen, war sie gekränkt. Weil wir so gegensätzliche Ansichten hatten. Ich tue dasselbe – ich akzeptiere, was sie sagt, oder dann, wenn ich gekränkt bin, sage ich nichts. Irgendwie verspüre ich nicht das Bedürfnis, ihr zu sagen, wenn ich verärgert bin; wenn ich mit meinem Freund zusammen bin, ist das ganz anders.«

Diese Aussage war erstaunlich und widersprach völlig meinen Erwartungen. Schließlich ist die Auffassung weit verbreitet, daß junge Frauen Streit mit *Männern* aus dem Weg gehen, insbesondere mit jenen Männern, mit denen sie vertrauten Umgang haben, weil ein solcher Streit angeblich das Ego eines Mannes ankratzt. Doch ihren Busenfreundinnen können junge Frauen wirklich alles sagen, weil diese sie verstehen. Ist Rebecca vielleicht eine Ausnahme? Keineswegs! Sie hat höchstens mehr Erfahrung mit Streit als viele der Frauen, mit denen ich gesprochen habe, denn sie stammt aus einer jüdischen Familie, wo freundschaftlicher Streit traditionsgemäß eine Form der Geselligkeit darstellt.[5] Über ihre Familie sagte sie: »Wir stehen uns sehr nahe, und das heißt, daß wir viel miteinander streiten.« Dennoch ist sie sich völlig darüber im kla-

ren, daß Diskussionen über ernste Dinge wie Religion und Politik schmerzliche Gefühle auslösen können und daß ihr die Aufrechterhaltung guter Beziehungen wichtiger ist als jede Streitfrage.
Streit mit Freundinnen hat sich für viele der Frauen, die ich befragt habe, als problematisch erwiesen, und tatsächlich ist es die einzige Beziehung, bei der sich viele von ihnen an überhaupt keinen Streit erinnern konnten. Das ließ sich nicht immer mit der Tatsache erklären, daß sie Streit vermieden. Einige Frauen sagten: »Ich erinnere mich einfach an keinen Streit« oder: »Offensichtlich streiten wir nie.« Jedenfalls bereitet die Vorstellung, mit einer guten Freundin zu streiten, allgemeines Unbehagen, während fast keine Frau Schwierigkeiten hatte, sich an einen Streit mit einem guten Freund oder mit nahen Angehörigen zu erinnern. Wendy, eine 33jährige Psychologin, sagte: »Keine meiner Freundinnen steht mir so nahe, daß ich mit ihr streiten könnte. Ich hätte Angst, die Freundschaft zu ruinieren.«
Die Befürchtung, eine Freundschaft könne zerstört werden, wurde wiederholt geäußert. Jan, eine 23 Jahre alte Sekretärin, ist typisch für viele andere, die sagen, sie würden abweichende Meinungen vermeiden:

»Ich streite nicht gern. Manchmal versuche ich, Frieden zu stiften, aber oft hören die Leute einfach nicht zu. Ich finde es wirklich traurig und deprimierend, wenn die Leute nicht miteinander auskommen.«

Ann, eine 27 Jahre alte Mutter von drei Kindern, ist sich nicht ganz sicher, ob Streit ein Zeichen dafür ist, daß »die Leute nicht miteinander auskommen«. Manchmal macht ihr das Streiten Spaß: Sie ist in einer Familie aufgewachsen, in der Streit eine Selbstverständlichkeit war, und findet den Austausch von Standpunkten sehr stimulierend. Aber sie hat erkannt, daß sie sich mit dieser Haltung gegenüber anderen Frauen nur Nachteile einhandelte:

»Ich ging herum, riß mein Maul auf und sagte geradeheraus, was ich dachte, und erwartete, daß die anderen es sagen würden, wenn sie anderer Meinung waren. Und ich mußte feststellen, daß ich keine Freundinnen hatte. Niemand interessierte sich dafür. Als ich also vor vier Jahren hierherkam, beschloß ich, mich zu ändern. Sie wollten meine Meinung nicht hören? Okay, dann würde ich sie nicht mit meiner abweichenden Ansicht belästigen, sondern sie einfach reden lassen. Und jetzt halten mich alle in meiner Umgebung für großartig! Das Problem ist, daß mich alle für eine tolle Zuhörerin halten; deshalb kommen jetzt alle zu mir und laden ihre Probleme bei mir ab. Dagegen muß ich wohl etwas unternehmen – es ist wirklich aufreibend! Aber es gefällt mir, Freundinnen zu haben, und ich lerne, Dinge ruhig vorzutragen, wenn ich meine, daß es um wirklich Wichtiges geht. Aber es ist schwer. Ich will die menschliche Wärme nicht verlieren – ich kann mich noch erinnern, wie es früher war.«

Anns Erfahrung scheint die Befürchtungen zu bestätigen, die fast jede von mir interviewte Frau äußerte. Wenn junge Frauen mit anderen jungen Frauen streiten, führt das zu Problemen, weil sie offensichtlich meinen, daß sie andere niemals kränken dürfen. Der 25jährigen Akademikerin Valerie zufolge können »Meinungsverschiedenheiten eine Beziehung [zwischen zwei Frauen] in ihren Grundfesten erschüttern«.

Schweigen, keine Zustimmung

Und warum ist das so? Ich glaube, daß diese jungen Frauen in dem gefangen sind, was ich die »Sensibilitätsfalle« nenne. Auf unterschiedliche Art und Weise haben sie alle die Vorstellung verinnerlicht, daß Frauen sich um andere zu kümmern haben und für die zwischenmenschlichen Beziehungen zuständig sein müssen. Also muß jede Frau ihre Fähigkeiten dadurch unter Beweis stellen, daß sie mit anderen Leuten gut zurechtkommt, und wenn sie schon mit einer anderen Frau nicht auskommt, von der ja ihrerseits auch Verständnis erwartet wird, dann muß bei ihr irgend etwas völlig schiefgelaufen sein. Ihre Selbstachtung ist untrennbar mit ihrer Gabe verbunden, Freundschaft zu schließen.

Selbstachtung ist ein weiteres Problemfeld für Frauen, das eng mit ihrer Angst vor offenen Meinungsäußerungen verknüpft ist. Die American Association of University Women hat in einer landesweiten Erhebung 3000 Jugendliche untersucht und in bezug auf ihr Selbstvertrauen eine gewaltige Kluft zwischen männlichen und weiblichen Heranwachsenden festgestellt.[6] 1991 hatten nur 29 Prozent der Schülerinnen amerikanischer Highschools ein positives Selbstbild – ein steiler Absturz von einem hohen Selbstbewußtseinssockel in der Grundschule. *Women & Self-Esteem: Understanding and Improving the Way We Think and Feel About Ourselves* ist der Titel eines Ratgeberbuches, das in den Vereinigten Staaten seit 1984 auf dem Markt ist und das von der Annahme ausgeht, daß »Millionen von Frauen … sich selbst als weniger begabt, weniger intelligent und weniger wertvoll einschätzen, als sie tatsächlich sind«.[7]

In Sue Lees' Studie über Londoner Schülerinnen interpretieren weibliche Jugendliche Meinungsunterschiede zwischen Freundinnen als einen möglichen Hinweis darauf, daß die Freundschaft ohnehin nicht stark ist.[8] Ein Mädchen formuliert das so: »Mit einer Freundin kann man gar nicht streiten.« Sie betonen sowohl das Bedürfnis, einander vertrauen zu können, als auch die Zwänge zur Loyalität, und Lees selbst weist auf folgendes hin:

»Die Frage, wo eine Grenze zu ziehen ist und wo das Risiko liegt, anderer Meinung als die Freundin zu sein, stellt ein glücklicherweise nicht sehr häufiges Problem dar, da Freundschaft generell ein hohes Konsensniveau voraussetzt.«[9]

Aber die Angst vor Streit scheint sehr groß zu sein, und Lees meint, daß sich diese Haltung zum Teil mit einer Angst vor Enttäuschung erklären läßt. Sie fand heraus, daß Mädchen in früher Jugend einen Vertrauensverlust erleiden, weil ihre Identität zunehmend von ihrem sexuellen Prestige abhängt, das ebenso ungewiß wie entscheidend ist. Obwohl Mädchen für Jungen attraktiv sein wollen, besteht in einigen Schulen für jedes Mädchen überall und jederzeit die Gefahr, als Schlampe oder Flittchen bezeichnet zu werden. Deshalb vermeiden es die Mädchen, über sexuelle Wünsche zu sprechen. Lees fand ebenfalls heraus, daß es den Mädchen in Ermangelung eines entsprechenden Vokabulars, mit dem sie ihrerseits die Jungen abqualifizieren könnten, nicht gelang, ihr Selbstvertrauen durch eigenes sexistisches Gerede zu stärken. Im Gegenteil: »Wenn ein Mädchen den Sexismus von Jungen kritisiert, wird es als Männerhasserin oder Lesbe abgestempelt. In keinem Fall stärkt [diese Kritik] ihr weibliches Bewußtsein.«[10]
Ähnlich stellen die amerikanischen Psychologinnen Lyn Mikel Brown und Carol Gilligan fest, daß »heranwachsende und erwachsene Frauen in Beziehungen lieber von sich aus schweigen oder sich zum Schweigen bringen lassen, als einen offenen Konflikt und Zwistigkeiten zu riskieren, die zu Isolierung führen könnten.«[11] Ja, ihrer Ansicht nach kann diese Aufgabe des Mitspracherechts so schwerwiegend sein, daß Mädchen lernen, ihre Gefühle vor sich selbst zu verbergen, und sich so »einer Art psychologischer Fesselung unterziehen«:

»Offener Konflikt und freie Rede … machten verdeckteren Formen der Reaktion auf verletzte Gefühle oder Mißhelligkeiten innerhalb von Beziehungen Platz, so daß manche Mädchen schließlich Anzeichen von emotionaler oder physischer Mißhandlung ignorierten.«

Das ist wirklich stark. Aber wenn wir, um bei diesem Thema zu bleiben, extreme Fälle von Mißhandlung einmal ausklammern und uns nur die durchschnittlichen Erfahrungen derjenigen ansehen, die eine »normale« Kindheit und Jugend durchlaufen haben, dann wird noch immer deutlich, daß Mädchen und junge Frauen lernen, ihre Gedanken und Gefühle zu verbergen. In meinen eigenen Untersuchungen nahmen jene Streitigkeiten mit engen Freundinnen, an die sich junge Frauen erinnerten, ein böses Ende, und die Befragten gestanden ein, daß sie damals eine große Wut hatten, die sie einfach nicht zum Ausdruck bringen konnten. Doreen, eine 25 Jahre alte Ingenieurin, gab zu:

»Ich mußte mit ihr zusammenleben, deshalb habe ich es nicht gewagt, ihr zu sagen, was ich fühlte. Aber ich war schrecklich wütend und brauchte einen ganzen Tag, um darüber hinwegzukommen.«

Auf meinen Einwand, daß das vielleicht beiden gegenüber ein bißchen unfair war, da ja ihre Freundin nicht wissen konnte, wie sehr sie Doreen gekränkt hatte, und daß sie es wieder tun könnte (es ging um Kritik an Eltern, die sich scheiden ließen), wenn sie es nicht gesagt bekam, antwortete Doreen: »Aber ich wollte doch ihre Gefühle nicht verletzen!« Ihre eigenen Gefühle waren verletzt, weil sich ihre Eltern hatten scheiden lassen, als sie ein Teenager war, und sie glaubte, daß ihre Freundin es hätte wissen müssen und so etwas nicht hätte sagen dürfen.
Obwohl Gedankenlesen keine sehr weit verbreitete Begabung ist, erwarten viele junge Frauen von ihren besten Freundinnen, daß sie diese Kunst beherrschen – so, als ob ihre Vertrautheit daran gemessen werden könnte, daß sie niemals offen aussprechen müssen, was sie denken.
Dagegen hatten dieselben jungen Frauen kaum Probleme, über Auseinandersetzungen mit engen männlichen Freunden zu berichten. Einige davon waren natürlich schmerzhaft gewesen, aber die Frauen behaupteten selten, daß sie in solchen Fällen Unstimmigkeiten aus dem Weg gehen wollten, nur um die Beziehung zu retten. Diesen Unterschied zu erklären bereitete der 29 Jahre alten Rosemary, einer allseits beliebten Verwaltungsangestellten, keine Schwierigkeiten: »Freundschaft beruht auf gegenseitigem Einvernehmen, das ist die Basis bei Frauen. Wenn man also über wichtige Dinge uneins wäre, hätte man von vornherein gar nicht an der Freundschaft festgehalten. Aber mit sexuell motivierter Freundschaft ist das etwas anderes. Sie beruht auf sexueller Anzie-

hungskraft, und dann hofft man einfach nur, daß man manches gemeinsam hat.«

Älter werden, kühner werden

Ich habe absichtlich betont, daß diese Frauen sehr jung waren, und tatsächlich scheint das Alter eine große Rolle zu spielen. Eine bemerkenswerte Tatsache ergab sich aus meinen weiteren Forschungen: Bei Frauen über 35 beginnt sich ein anderes Bild abzuzeichnen; sie sagen, sie würden es schätzen, mit ihren Freundinnen streiten zu können, und Frauen zwischen 40 und 60 behaupten gar, der Meinungsaustausch mit anderen Frauen würde ihnen richtig Spaß machen.

Margie, eine Lehrerin in den Vierzigern, vermerkte folgendes in ihrem Tagebuch:

»Wir hatten einen wirklich guten Streit, wenn auch leider keine von uns beiden am Ende genug wußte, um zu einem Schluß zu kommen. Ein Hochgenuß!«

Ellen, eine Bibliothekarin in den Fünfzigern, schrieb:

»Es war ein guter Streit. Wir sind von ganz verschiedenen Standpunkten ausgegangen, und ich hielt ihr Argument für pseudowissenschaftlich. Mit solchem Zeug lasse ich mich immer ködern!«

Maureen, Geschäftsführerin einer Galerie, »fast 60«, erklärte: »Es interessierte mich zu erfahren, warum sie ausgerechnet diese Gefühle hatte.« Isabel, eine pensionierte Lehrerin, sagte: »Es macht mir Spaß, Meinungen zu äußern und mir die von anderen Leuten anzuhören. Das ist Freundschaft für mich.«

Frauen, die mit anderen Frauen zusammen ein Geschäft aufmachen, scheinen sogar zu glauben, der Zwang zur tagtäglichen Zusammenarbeit würde dafür sorgen, daß das Vertrauen zueinander rasch wächst und ein Gefühl der Freiheit entsteht, das es ihnen erlaubt, alles zu sagen, was sie denken. Beachten Sie, daß hier die enge Freundschaft der Schlüssel ist, und nicht die Zusammenarbeit! Wie wir in Teil IV sehen werden, unterscheiden sich Beziehungen zwischen Arbeitskolleginnen von solchen zwischen Freundinnen, und das gleiche gilt für die Einstellungen zum Streit. Die Modedesignerin Helen Gregory, 31, sagt etwa von ihrer Partnerin Monica Broderick, 31:

»Wir streiten miteinander, aber letzten Endes ist uns klar, daß wir mit demselben Ehrgeiz für denselben kleinen Betrieb arbeiten, und so kommen wir am Ende zur selben Meinung.«

Und Monica meint:

»Wir sind uns so nahe, daß wir keine Tabus kennen. Wir reden über alles.«[12]

Dies sind alles Frauen, die mit anderen Frauen streiten und sich durch Meinungsunterschiede nicht mehr bedroht oder verletzt fühlen. Wie Ellen sagt: »Es macht mir einfach Spaß, in einer Debatte meinen Verstand zu schärfen.« Sie haben ihr Mitspracherecht zurückgewonnen und betonen, daß sie sich über diese wiederentdeckte Freiheit freuen.

Doch keine von diesen Frauen behauptet, daß sie gern mit einem Mann streiten würde. In allen meinen Untersuchungen gab es keine Frau, die behauptet hätte, sie würde einen Streit mit einem Mann genießen, und kein Mann hat spontan gesagt, es würde ihm Spaß machen, mit einer Frau zu streiten. (Auf eine direkte Frage werden viele Männer antworten, daß sie an einem Streit mit ihrer Frau oder ihrer Partnerin »natürlich« Spaß haben, aber aus ihren Tagebucheintragungen könnte man das niemals folgern. Frauen neigen dazu, skeptisch dreinzuschauen, wenn sie direkt gefragt werden, und vom Thema abzuschweifen.)

Wahrscheinlich schränkt der gesellschaftliche Zwang, daß Frauen mit Männern Paare bilden sollen, die Freiheit sehr junger Frauen in ihren Beziehungen zueinander ein. Die amerikanischen Psychologinnen Linda Sanford und Mary Ellen Donovan meinen, der »heterosexuelle Imperativ« zwinge Frauen dazu, ihre weiblichen Freunde im frühen Erwachsenenalter abzuwerten; andere Frauen würden dann als Rivalinnen im Konkurrenzkampf um die Männer betrachtet, als nicht vertrauenswürdig und als Nebenbuhlerinnen empfunden, auf deren Unterstützung man sich nicht verlassen könne.[13] Doch wenn Frauen älter oder selbständiger werden, scheinen sie wiederzuentdecken, was sie in der Kindheit kannten: die menschliche Wärme und Freiheit, wagen zu können, man selbst zu sein, offen zu reden und mit den Gedanken anderer Frauen zu spielen.

Ähnliche Entdeckungen haben auch Frauen in der Frauenbewegung gemacht. Dale Spender beschreibt in ihrem wichtigen Buch *Man Made Language* das Hochgefühl, das Frauen in den bewußtseinserweiternden Gruppen der siebziger Jahre empfanden.[14] Sie betont die Stilunterschiede zwischen Frauen und Männern und behauptet, Frauen würden gut kooperieren und jeder Frau ein Mitspracherecht einräumen. Frauen, die zu Frauen sprechen, könnten ihre eigene Wirklichkeit in einer Weise definieren, wie das in einer gemischten Gruppe, in der sich die dominierende männliche Wahrnehmung stets durchzusetzen scheint, unmöglich sei. Sie zitiert eine Frau, die behauptete, in einer Unterhaltung mit einem Mann niemals dasselbe »hohe« Niveau erreichen zu können:

»Alle anregenden, interessanten, intellektuellen Gespräche führe ich mit Frauen.«

Nicht alle älteren Frauen haben die Hemmungen ihrer Jugend abgelegt, und mich hat vor allem die Tatsache beeindruckt, daß einigen vierzig- bis sechzigjährigen Amerikanerinnen der Gedanke, daß sie mit engen Freundinnen streiten könnten, Angst einflößte. Sie sagten, sie würden Konfrontationen vermeiden, und erklärten: »Wir lassen uns niemals auf einen Streit ein.« Wenn sie sich überhaupt an einen Streit erinnerten, dann war von unausgesprochener Wut die Rede. Alle diese Aspekte ähneln denen, die die oben zitierten jüngeren Britinnen ansprachen.
Linda, eine erfolgreiche, amerikanische Geschäftsfrau zwischen 40 und 50, sagte:

»Sie hat zwei Dinge gemacht, die mich sehr geärgert haben. Und ich bin noch immer wütend. Ich weiß nicht, ob ihr klar ist, daß sie mich so gekränkt hat. Sie hat meine Freundschaft ausgenutzt. Nein, ich habe mit ihr nicht darüber geredet. Ich glaube, ich hatte immer schon Schwierigkeiten, mit Frauen zu kommunizieren.«

Doch wenn ein Mann sie kränkte, würde Linda in jedem Fall protestieren, und sie hat auch keine Probleme, am Arbeitsplatz ihren Standpunkt zu vertreten. Und tatsächlich schien sie auch überhaupt keine Schwierigkeit zu haben, deutlich zu machen, daß sie bei mehreren, durchaus angenehmen Gesprächen über Frauen und Streit anderer Ansicht war als ich. Als ich ihr das klarmachte, lachte sie und sagte: »Das ist etwas anderes.« Und das stimmte natürlich – wir waren gute Bekannte weiblichen Geschlechts, aber keine engen Freundinnen.
Carol, eine Highschool-Lehrerin in den Fünfzigern, sagte mir, sie würde mit ihrer guten Freundin sehr selten streiten und könne sich daher nur an eine einzige ernsthafte Konfrontation erinnern, bei der sie ihrer Freundin vorwarf,

sie im Stich gelassen zu haben. Das war, als sie, Carol, und ihr Mann beschlossen, sich zu trennen. Zu diesem Streit sagte Carol:

»Das war keine Meinungsverschiedenheit, das war ein Krach … Ich streite nicht gern und versuche eher, mich herauszuwinden. Ich neige nur zur geistigen Auseinandersetzung. Wir haben über Bücher und Politik und über Abtreibung gestritten, aber so etwas nenne ich nicht Streiten. Das sind Diskussionen, bei denen beide Standpunkte vorgetragen werden.«

Ich wies darauf hin, daß sie mir, als ich sie nach einem Streit mit einem guten männlichen Freund gefragt hatte, etwas von einer Kontroverse über ein politisches Thema (den Vietnamkrieg) erzählt hatte. Warum sprach sie im Zusammenhang mit einem Mann von einem Streit, während sie in bezug auf Frauen keinen Streit zuließ? Sie lachte und sagte, das sei eben »etwas anderes gewesen«.

Wie die in Teil I zitierten Frauen neigen Linda und Carol dazu, an regelrechte Kräche zu denken, wenn man sie auffordert, sich an einen Streit mit einer engen Freundin zu erinnern, doch wenn man sie drängte, besannen sie sich, »über Meinungsverschiedenheiten geredet« zu haben. Wir sehen wiederum, daß Frauen die Vorstellung zu »streiten« ablehnen – doch nur dann, wenn es um Freundinnen geht. Beide Frauen konnten sich unschwer an Streitigkeiten mit ihren Ehemännern, Schwestern und Töchtern erinnern, obwohl es sich bei keiner dieser Auseinandersetzungen um einen wirklichen Krach handelte.

»Habe ich was Falsches gesagt?«

Was können wir aus diesem kurzen Überblick über Streitigkeiten zwischen intimen Freundinnen schließen?

Zunächst einmal: Junge Frauen haben die Klischees über die Frauen allgemein sowie die Forderung verinnerlicht, daß Frauen einfühlsam und fürsorglich sein müssen. Insbesondere in engen Freundschaften mit anderen jungen Frauen sind sie darauf bedacht, nichts zu sagen, was die Gefühle der anderen verletzen könnte. Diese Rücksicht, die sie selbst bewußt üben, erwarten sie auch von der anderen Frau. Und wenn die Freundin unabsichtlich ihre Gefühle verletzt, sind sie enttäuscht.

Im *Guardian* stand einmal ein Bericht, der auf Briefen von Frauen beruhte, die eingestanden, daß sie Freundinnen verloren hatten, ohne zu wissen warum.[15] Die Verfasserinnen, die alle ihr tiefes Bedauern über diese Tatsache zum Ausdruck brachten, lieferten verschiedene mögliche Erklärungen. Der Titel des Features lautete: »Habe ich etwas Falsches gesagt?« Höchstwahrscheinlich ja. Vor allem junge Frauen tappen gern in die Sensibilitätsfalle, die ihnen verbietet, jemals Ansprüche an andere zu stellen, irgend etwas zu sagen, was andere verletzen könnte, und sich selbst wichtiger zu nehmen als andere. Das ist eine schwierige Aufgabe, die wenige von uns wirklich erfolgreich bewältigen können, aber Frauen erwarten von ihren engsten Freundinnen, daß sie imstande sind, sich *ihnen* gegenüber so zu verhalten. Sie bemühen sich sehr, ihrer besten Freundin zu zeigen, daß sie ihnen wirklich am Herzen liegt, und erwarten das auch von ihr.

Sie wollen enge Freundschaften, und in der Tat scheinen sie zu glauben, daß ihre Freundinnen sie wahrscheinlich besser verstehen, als ihre männlichen Freunde dies jemals könnten. Aber ihre Einstellung, ihre Gedanken lieber nicht zu äußern, wenn sie Schaden anrichten könnten, deutet auf einen Verlust an Selbstachtung hin. Hinzu kommt der Glauben an jenen anderen Mythos, dem zufolge enge Freundschaft bedeutet, daß man nie laut zu sagen brauche, was man denkt, weil die andere ohnehin die eigenen Gedanken lese. Eine junge Frau *sollte* imstande sein, die Gedanken ihrer Freundin zu lesen, denn sie ist ja eine Frau.

Zweitens können ältere Frauen die Freuden der Selbstdarstellung, die sie als Kinder kannten, neu entdecken und feststellen, daß es Spaß machen kann, mit einer Freundin zu diskutieren und zu streiten. Tatsächlich bemerken viele Frauen, daß sie, wenn sie älter werden, nach anderen Frauen Ausschau halten, weil sie es genießen, Gedanken miteinander zu teilen: Meinungsverschiedenheiten mit einer guten Freundin stellen kein Problem mehr da. Paule Marshall schreibt, daß ihre Mutter, die von Barbados in die Vereinigten Staaten eingewandert war und als Hausangestellte arbeitete, die Spätnachmittage damit verbrachte, in ihrer Küche mit ihren Freundinnen zu schwatzen. »Sie konnten die Tatsache ihrer Unsichtbarkeit, ihrer Ohnmacht nicht ertragen. Und sie wehrten sich, indem sie die einzige Waffe benutzten, die ihnen zur Verfügung stand: das gesprochene Wort.«[16]

Ich möchte unterstellen, daß ältere Frauen in der westlichen Gesellschaft heute aus dem gleichen Grund das Bedürfnis nach der Präsenz anderer Frauen verspüren. Sie haben gelernt, daß sie einer anderen Frau, die sie mag, sagen *dürfen*, was sie denken, und daß sie ihnen zuhört, während Männer oft wenig Neigung verspüren, einer Frau zuzuhören.

Drittens haben Frauen aller Altersstufen denselben menschlichen Wunsch, ihre Gedanken zu äußern, offen zu sagen, was sie denken, und sie möchten, daß ihre Meinungen mit Respekt behandelt werden. Sie wollen, wenn sie sich sicher fühlen, einer engen Freundin gegenüber auch einmal eine abweichende Meinung vertreten können. Manchmal sorgt schon die Tatsache, daß sie diese Meinungsverschiedenheiten als »Reden über Differenzen« deklarieren, für genügend Sicherheit. Schließlich haben Frauen gelernt, daß sie nicht streiten sollen, weil es ihre Aufgabe ist, »nett« zu sein.

Meines Wissens gibt es nur wenige Untersuchungen zum Thema Uneinigkeit und Konflikt zwischen solchen Frauen, die eine sexuelle Partnerschaft eingehen, aber das vorhandene Material läßt den Schluß zu, daß sie sich in diesem Zusammenhang gegenüber heterosexuellen Paaren im Vorteil befinden.[17] Während heterosexuelle Paare feststellen, daß die stereotypen Erwartungen an männliche Rationalität und Dominanz sowie an weibliche Konzilianz ihre Versuche, die Unterschiede zu überwinden, vereiteln können, besteht bei lesbischen Paaren nicht von vornherein eine derartige Schieflage. Wenn sie in die Sensibilitätsfalle geraten, bleibt der Zwang, herzlich und fürsorglich zu sein, und anfänglich wird sie dieselben Auswirkungen auf beide haben, wie dies in engen Freundschaften der Fall ist. In der Tat sprechen Psychotherapeutinnen, die Lesben betreuen, von den Gefahren der »Verschmelzung« und »Fusion« in lesbischen Liebesaffären sowie von der Notwendigkeit, daß jede Partnerin lernen muß, wie sie sich von der anderen abgrenzt.[18] Doch Liebesverhältnisse erfordern in der Regel größere Kommunikationsanstrengungen als gewöhnliche Freundschaften, und auch bei lesbischen Paaren wird es aufgrund des Widerstreits zwischen der Fürsorglichkeit und dem Bedürfnis, die eigene Meinung deutlich zu sagen, zu Konflikten kommen. Auch wenn viele Paare Uneinigkeit und Streit »sehr beängstigend« finden, stehen sie, ähnlich wie Frauen, die zusammen ein Geschäft aufmachen, immerhin auf derselben Ebene, wenn sie abweichende Ansichten vertreten und miteinander streiten. Die Intimität ihrer Beziehung bedeutet zugleich, daß sie einander einfach zuhören und verstehen *müssen*.

6

Freundschaft: Von Mann zu Mann

Bei jungen Männern scheint es fast umgekehrt zu sein wie bei jungen Frauen: Ihnen macht es *Spaß*, mit guten männlichen Freunden zu streiten, aber viele sind wenig geneigt, sich in Auseinandersetzungen mit nahen Freundinnen hineinziehen zu lassen.

Die große Mehrheit der Männer, mit denen ich sprach, glaubt, daß Streit und Debatte mit einem Männerfreund im wesentlichen etwas Positives ist – manchmal einfach auch deshalb, weil sie in ähnlichen Kategorien denken.

»Wir sind auf derselben Wellenlänge, haben dieselben Grundeinstellungen.« (Charles)

Oder Streit kann helfen, Meinungsunterschiede zu überwinden und auf neue Ideen zu kommen. Wie Alan, ein 26 Jahre alter Programmierer, sagte:

»Ich meine, daß ein Streit über Ideen beiden hilft, die beste Lösung zu finden. Wir debattieren immer miteinander, wenn wir feststellen, daß wir unterschiedlicher Meinung sind. Normalerweise sind wir am Ende wieder einer Meinung. Mit Ausnahme des Themas Politik, weil er auf diesem Gebiet leider etwas verbohrt ist.«

Und Ian, ein 30jähriger Psychologe, sagte:

»Den Leuten macht es Spaß zu streiten ... Man muß ja nicht unbedingt gegensätzliche Ziele haben; es gehört einfach zur wirklichen Psychologie von Beziehungen.«

Spaß ist ein wichtiges Thema für viele Männer, besonders für die jüngeren, die es offensichtlich genießen, wenn sie ihren Verstand an dem anderer messen können. Der Radiojournalist Mike Dickin Shaw erklärt, daß er manchmal absichtlich einen extremen Standpunkt einnimmt, um einen Streit mit Freunden zu provozieren, und zwar einfach nur, »weil es Spaß macht«: Zum Beispiel behauptet er einfach, daß die Erde eine Scheibe ist, und führt alle logischen Folgen dieser Prämisse ins Feld, um seinem »zugegebenermaßen absurden« Streit Zündstoff zu geben. »Es bringt die Leute auf die Palme«, sagt er nicht ohne Häme.[19]

Zwar treibt es nicht jeder so weit, doch viele Männer berichten, daß sie auch dann gern mit anderen Männern streiten, wenn es um wichtige Fragen geht. Der folgende Bericht von Winston, einem 30jährigen Lehrer, ist ganz typisch:

»Viele Diskussionen beginnen als eine Art Meinungsverschiedenheit; aber dann loten wir das Thema aus, und am Ende erreichen wir etwas, das beide Seiten zufriedenstellt. Es gibt also eigentlich zwei Gewinner, nur ohne Konkurrenten.«

Und Ewen, ein Marketing-Manager, schrieb:

»Wir beide wollten den Streitpunkt klären und verstehen ... je mehr wir ihn klärten, desto besser, weil wir einander verstanden.«

Männer sprechen von wachsendem Verständnis füreinander, und es stört sie nicht, wenn sie am Ende immer noch ganz unterschiedlicher Meinung sind.

»Wir haben völlig unterschiedliche Perspektiven und streiten die ganze Zeit. Das gehört zu unserer Beziehung.« (Jim)

»Wir haben uns mit der Frage auseinandergesetzt, warum wir unterschiedliche Grundeinstellungen haben, und wir haben uns nach und nach immer besser verstanden, selbst wenn wir immer noch leidenschaftlich unsere unterschiedlichen Auffassungen vertreten.« (Paul)

Dennoch macht sich eine kleine Zahl junger Männer Gedanken darüber, wie sich Meinungsverschiedenheiten auf eine Freundschaft auswirken können, auch wenn der 22 Jahre alte David meint, daß Streit diese besondere Freundschaft nicht belaste:

»Es machte mir nichts aus, anderer Meinung zu sein als er, und ich konnte mich daher klar und deutlich äußern.«

Darren, den wir aus Teil I kennen, geht Streit möglichst aus dem Weg. Er würde »nie« mit einem engen Freund streiten (obwohl er über einen Streit mit einer guten Freundin berichtete):

»Wenn eine Situation entsteht, in der ich das Gefühl habe, daß meine Bemerkungen das Gegenüber reizen könnten, schweige ich lieber.«

Darren erklärte, er habe als Sechzehnjähriger gelernt, daß Streit katastrophale Folgen haben kann. Damals hatte er einen Riesenkrach mit seinem Vater.

»Er war bereit, mich aus dem Haus zu werfen, und ich hatte Lust, ihn zu schlagen. Das hat mich wirklich schockiert. Da habe ich begriffen, daß es sich nicht lohnte, auf meinem Standpunkt zu beharren, wenn ich mir damit die Beziehung zu meinen Eltern kaputtmachte. Sie sind einfach zu wichtig. Und Freunde sind zu wichtig, als daß man riskieren sollte, sie wegen einer Meinungsverschiedenheit zu verlieren.«

Darren ist allerdings eine Ausnahme – sowohl im Hinblick auf seine Einstellung zum Streiten als auch im Hinblick auf seine Reaktion auf den Wutausbruch seines Vaters. Zwischen Männern und ihren heranwachsenden Söhnen kommt es nicht selten zu heftigen Konfrontationen, aber zumeist sind weder Vater noch Sohn zum Nachgeben bereit. Aber Darren gab nach und ähnelt in dieser Hinsicht eher den jungen Frauen, mit denen ich gesprochen habe und die meinten, daß Streit mit nahestehenden Personen schmerzhafte Auswirkungen haben könne, die sie lieber vermieden.
Andererseits scheinen Männer mit zunehmenden Alter immer weniger Spaß am Streiten zu haben, und in meinem ersten Bericht über die Tagebuch-Untersuchung[20] gab es von über 35 Jahre alten Männern keine einzige Eintragung über einen Streit mit einem engen Freund. Doch in den Interviews und in späteren Tagebuchberichten fanden sich einige Mitteilungen über Streitigkeiten zwischen älteren männlichen Freunden. Streitlust scheint sich bei manchen Männern zu einem richtigen Charakterzug zu entwickeln, wenn sie selber wie auch ihre Frauen äußern, daß sie mit jedermann über alles zu streiten bereit sind, sobald auch nur eine Bemerkung falle. Doch je älter sie sind, desto weniger scheinen sie diese Gefechte zu genießen, und berichten, daß sie sich

über die »absurden« und »kleinkarierten« Ansichten männlicher Freunde ärgerten. Ashley, der zwanzig Jahre in Afrika gelebt hat und jetzt Ende Fünfzig ist, erklärte, wieso er so viel und so aggressiv streitet:

»Wenn sie meinen Standpunkt angreifen, bin ich jederzeit bereit, die Herausforderung anzunehmen ... Wer sich auf einen Streit einläßt, muß eine Kämpfernatur sein. Meine Gefühle werden nicht verletzt, ich werde nur schrecklich wütend und versuche dann, mich irgendwie zurückzuhalten.«

Er räumt ein, »ein Typ mit dezidierten Ansichten« zu sein, der »aggressiv sein kann«, glaubt aber nicht, daß sich das jemals zu einem Problem auswachsen könne:

»Ich habe einige interessante Freunde, die viele meiner Auffassungen nicht teilen, aber dennoch meine Freunde sind.«

Ältere Männer stellen mit großem Nachdruck fest, daß ihre Ansichten »gerechtfertigt« seien, und behaupten in ihren Tagebüchern, daß mit Sicherheit »jeder vernünftige Mensch« ihre Auffassung teilen würde. Sie wollen, daß ihre eigenen Ideen angehört und verstanden werden, scheinen aber ihrerseits weniger bereit als in früheren Jahren, den Meinungen anderer zuzuhören. Doch wie Henry es ausdrückte: »Das Thema und nicht die Person steht auf dem Prüfstand. Man streitet mit Freunden und bleibt Freund.«

»Ein Kampf mit zwei Siegern«

Im großen und ganzen hat es den Anschein, als empfänden Männer die Stacheln des Stachelschweins dann, wenn es um einen Meinungsaustausch mit einem Freund geht, als weniger schmerzhaft. Ältere Männer mögen sich über die »absurden« oder »kleinkarierten« Ideen ärgern, die der andere vorbringt, aber fast alle ziehen eine klare Trennungslinie zwischen dem Streit über ein Thema – unabhängig davon, welchen Stellenwert es für sie hat – und dem Angriff auf einen Freund.

Vor allem jüngere Männer bestätigen, was wir in Teil I festgestellt haben: Sie wissen, daß Streit in ihre Domäne fällt, und sie fühlen sich wohl dort. Ja, viele von ihnen heben hervor, daß es bei einer Freundschaft gerade darum geht, Gedanken auszutauschen, zu diskutieren und sogar gefährliches Terrain wie Politik und Religion zu erkunden. Wenn zwei Männer über Fragen streiten, die

Fremde voneinander trennen und zwischen Nationen sogar zu Kriegen führen, und sie zugleich wissen, daß ein solcher Streit ihre Freundschaft nicht gefährdet, dann schafft dies für sie ein positives Gefühl des Wohlbefindens und der Bestätigung ihres eigenen Wertes. Es ist in der Tat ein Kampf, aus dem zwei Sieger hervorgehen.

Die Fähigkeit, mit einem anderen Mann laut zu denken, bestätigt beide in dem Bewußtsein, daß sie die Kunst des Streitens beherrschen. Denken *ist* debattieren, streiten, Gedanken überprüfen, mit Möglichkeiten spielen, Widerspruch anmelden. Spaß haben, scherzen, darüber streiten, daß »die Erde eine Scheibe« ist, »den Advocatus Diaboli spielen« – das alles sind Gelegenheiten, bei denen Männer ihr Gefühl, Herr über die Elemente einer Debatte zu sein, bestätigen können. Sie wissen, daß sie rationale Wesen und imstande sind, logische Argumente vorzutragen, um mit ihnen jede Position, und sei sie noch so absurd, zu untermauern.

Ein weiterer entscheidender Punkt ist, daß Männer, die mit männlichen Freunden streiten, wissen, daß es beim Streit, im Gegensatz zur Freundschaft, nicht um Gefühle geht. Weil Männer wissen, daß sie rational sind und ihre Gefühle unter Kontrolle haben, lassen sie normalerweise keine emotionalen Reaktionen zu, die ihr Bewußtsein, daß ein Streit mit einem Freund kein Angriff gegen den Freund ist, trüben könnten.

Mir sind auch kaum Untersuchungen über Streitigkeiten zwischen Männern, die zu Sexualpartnern werden, bekannt. Aber ich befragte dazu Adrian Coyle und Martin Milton von der University of Surrey, deren Forschungen und Veröffentlichungen sich mit einer Reihe von Themen über lesbische und schwule Psychologie, einschließlich Beziehungsfragen, befassen.[21] Als wir über Streit zwischen homosexuellen Männern diskutierten, bestätigten sie, daß Männer, die eine Sexualpartnerschaft eingehen, dazu neigen, Regeln über die Beziehung selbst aufzustellen, so daß Streit über dieses Thema von vornherein ausgeschlossen wird. Doch die praktischen Alltagsprobleme, die Reibungen zwischen zwei in einem Haushalt lebenden Menschen verursachen können, sind nicht in diese Regeln eingeschlossen: Während manche Männer versuchen, Konflikte zu vermeiden, sich zurückziehen oder schmollen, kämpfen andere um die Macht, und »keiner von beiden würde auch nur einen Fingerbreit nachgeben«. Beide vertraten übereinstimmend die Auffassung, daß es kein für schwule Beziehungen typisches Verhaltensmuster zu geben scheint; »zwei Männer in engem Kontakt« würden einfach miteinander Regeln und eine Struktur für ihr Zusammenleben aushandeln.

Es gibt jedoch Unterschiede zwischen dem, was Frauen und Männer über enge Freunde sagen. Frauen reden mit intimen Freundinnen niemals über Macht und das Aushandeln von Regeln oder Strukturen. Während sowohl Frauen als auch Männer Martin Milton zustimmen würden, wenn er sagt: »Was jeden aufregt, ist mangelnder Respekt oder nicht ernst genommen zu werden«, sprechen Frauen davon, *zuzuhören* oder *angehört zu werden*, während Männer von *Verhandlungen* und *Herausforderungen* sprechen und davon, wer der *Sieger* ist.

7

Zoff zwischen Liebenden

»Liebe ist die Vorbotin des Kummers –
Wenn es doch bloß nicht so wäre!«
DOROTHY PARKER[22]

Männer sehen also im Streit ganz allgemein eine Möglichkeit, die Freundschaft mit einem anderen Mann zu vertiefen, während Frauen befürchten, daß Streit die Freundschaft mit einer anderen Frau beschädigen könnte. Was geschieht, wenn diese beiden unterschiedlichen Einstellungen aufeinandertreffen, wenn also eine Frau und ein Mann, die sich lieben, feststellen, daß sie nicht einer Meinung sind?

Dann kommt es zwangsläufig zum Konflikt, und die Stacheln des Stachelschweins tun weh. Nur bei außergewöhnlichen, gut informierten Menschen beruht eine Liebesaffäre nicht beiderseitig auf tiefverwurzelten Vorstellungen über die Fähigkeiten und Funktionen von Frauen und Männern. Beide »wissen«, daß Streit männlich und rational ist; beide »wissen«, daß Frauen fürsorglich und liebevoll sind. Es handelt sich um tiefsitzende kulturelle Klischees, die von beiden verinnerlicht sind und dann wirksam werden, wenn es zum Streit mit Freunden kommt, die das gleiche Geschlecht haben wie man selbst.

Vivian ist beinahe 30 und Sekretärin in einem Universitätsinstitut. Sie und Simon leben seit langem zusammen. Als sie am Dienstagmorgen im selben Bett aufwachten, erzählte sie ihm von ihrer Absicht, am Mittwoch mit einer Freundin in ein Konzert zu gehen. Dies löste einen »heftigen« Streit aus:

»Er reagierte wütend, weil er sich ausgeschlossen fühlte. Als ich vernünftig auf ihn einredete, beruhigte er sich und sah ein, daß er zu besitzergreifend war.«

Sie empfand »große Wut, aber nur für zwei Minuten oder so« und gab sich selbst die Schuld an dem Streit, weil »ich normalerweise schon morgens streitlustiger bin«.

Doch ihre Tagebucheintragungen für den Rest der Woche zeigen, daß es mit dieser Meinungsverschiedenheit nicht getan war und sie eine ganze Reihe von Streitereien über Banalitäten hatten, zum Beispiel darüber, daß sie sich eine Tüte Milch auslieh, ohne ihn vorher zu fragen (was, wie sie einräumte, nicht zu entschuldigen war). Am Donnerstagabend berichtete sie über einen immer wütenderen und heftigeren Streit, der sich immer länger hinzog.

»Alles, was ich machte oder jemals gemacht habe, wurde kritisiert, jedenfalls schien es so. Ich habe mich zunächst mit der Kritik abgefunden, weil ich wußte, daß er schlechter Laune war, und ich glaubte, es würde sich legen. Aber das war nicht der Fall, und ich wurde böse, weil es einfach nicht gerechtfertigt war.«

Dann hatten sie am Freitag einen »Riesenkrach«, weil er sie aufforderte, ihn zum Mittagessen zu treffen, und sie darauf bestand, an ihrem vorher vereinbarten Termin mit ihrer Arbeitskollegin festzuhalten.

»Mir war nicht klar, wie wichtig es für ihn war, daß ich bei diesem besonderen Anlaß mit ihm Mittagessen ging – hätte ich das gewußt, wäre ich gegangen.«

Die gegenseitige Wut und der Ärger setzten sich über das Wochenende fort, und Vivian gibt sich wegen ihrer »Ungeduld« und ihrer »Nörgelei« selbst die Schuld.

Was geht hier vor sich? Vivian und Simon sind eindeutig nicht in der Lage, miteinander zu kommunizieren, und jeder Außenstehende kann erkennen, daß Simon sich zurückgesetzt und nicht genügend respektiert fühlt. Aber warum ist Vivian außerstande zu sehen, was wir sehen? Und warum beschuldigt sie sich selbst der Reizbarkeit und der Streitsucht? Warum hört sie nicht heraus, daß Simon verärgert ist? Warum kann Simon ihr nicht vermitteln, was er fühlt?

Hier spielen drei wesentliche Faktoren eine Rolle. Erstens, die Schwierigkeiten, die Frauen und Männer in Beziehungen erleben, haben ebensoviel mit ihren konfligierenden Vorstellungen voneinander und über Streit zu tun wie mit den unterschiedlichen Gesprächsstilen, die Linguisten dokumentiert haben. Zweitens wissen wahrscheinlich beide, daß Paare, die auch in Zukunft glücklich zusammenleben wollen, lernen müssen, miteinander zu kommunizieren. Das ist in bezug auf unsere kulturelle Mythologie relativ neu, doch seit den achtziger Jahren ist in Zeitungen, Zeitschriften und Ratgeberbüchern so häufig über Beziehungen geschrieben worden, daß man von denjenigen, die heute eine neue Bindung eingehen, vielleicht die »Erkenntnis« erwarten darf, daß Liebe Kommunikation bedeutet. Und Kommunikation bedeutet dann, wenn man anderer Meinung ist, zu sagen, was man selber denkt und fühlt. Um die Psychologin Maryon Tysoe und ihr Buch *Love isn't Quite Enough* zu zitieren: »Nicht der Meinungsunterschied selbst ist destruktiv, es ist das Unterlassen einer für beide zufriedenstellenden Klärung, ohne auf dem Weg dorthin allzusehr auf dem Ego des anderen herumzutrampeln.«[23]

Wahrscheinlich *möchten* also beide imstande sein, miteinander zu reden und Differenzen zu klären. Aber über Differenzen zu sprechen, kann außerordentlich schmerzhaft sein, und selbst wenn wir bereit sind, uns mit dem Gedanken anzufreunden, daß wir »an unseren Beziehungen arbeiten müssen«, wissen nur wenige von uns tatsächlich, wie man dies bewerkstelligt.

Drittens gibt es die für junge Liebende entscheidenden, kulturbedingten Mythen über die Liebe. Wie wir zu Beginn dieses Abschnitts gesehen haben, soll der »Superkleister« Liebe zwei Liebende zusammenhalten und durch irgendeine geheimnisvolle Osmose Konflikt in Verständnis verwandeln.

Vivian glaubt, daß Männer im Grunde nüchtern, rational und logisch sind, weil unsere Kultur uns das so lehrt. Als Simon versucht, seine gekränkten Gefühle darüber zum Ausdruck zu bringen, daß sie lieber mit einer Freundin als mit ihm ins Konzert gehen möchte, redet Vivian »vernünftig auf ihn ein«. Während sie bei einer Frau sicher ohne weiteres erkannt hätte, daß ihre Freundin sich verletzt fühlt, und gesagt hätte: »Es tut mir wirklich leid, daß du dich ausgeschlossen fühlst«, erzählt Vivian uns, sie habe mit Simon gestritten, um ihn davon zu überzeugen, daß es falsch von ihm sei, sich »allzu besitzergreifend« zu verhalten.

Simon seinerseits glaubt, Frauen seien »für Gefühle zuständig«, und deshalb sollte Vivian »wissen«, wann er gekränkt ist. Der Streit zieht sich über Tage hin, weil Simon meint, daß sie über seine verletzten Gefühle hinweggeht, obwohl sie beteuert, ihn zu lieben. Vivian wiederum findet, daß der Mann, der doch nüchtern, ruhig und rational sein soll, sich irrational und unvernünftig verhält. Der weitverbreitete Mythos, daß Männer »von Gefühlen nichts verstehen«, wirkt sich dann besonders schädlich aus, wenn es um Gefühle geht, weil Männer wie Simon es vielleicht schwierig finden, zu sagen – oder manchmal sogar, sich überhaupt nur bewußtzumachen –, was sie fühlen. Deshalb tritt die Kränkung als Wut in Erscheinung. Frauen wie Vivian nehmen an, daß Männer im Gegensatz zu Frauen keine Probleme mit Gefühlen haben, weil Männer eben kühl und nüchtern sind. Als er sich einen Moment über ihren Konzerttermin ärgert, wird das ganz schnell auf der rationalen Ebene angepackt. Sie »redete vernünftig auf ihn ein«, und er begriff, daß er unrecht hatte. Doch Vivian weiß, daß es ihre Aufgabe ist, ihre Beziehung zu schützen; daher beschließt sie, sich am Abend nach dem Konzert »mit seiner schlechten Laune abzufinden, weil sie sich schon legen wird«. Andere Frauen schreiben im Zusammenhang mit ähnlichen Situationen: »Er war müde«, »Er hatte Ärger am Arbeitsplatz«, »Er war frustriert« – Erklärungen, die deutlich machen sollen, wie verständnisvoll sie auf äußere Zwänge reagieren, die sich irgendwie auf ihre Beziehung auswirken könnten. Es kommt Vivian nicht in den Sinn – wie es wahrscheinlich der Fall wäre, wenn sie mit einer Freundin konfrontiert wäre –, daß Simons schlechte Laune mit der Art zusammenhängt, wie sie ihn behandelt, denn sie hat das Gefühl, ihm unmißverständlich gezeigt zu haben, daß sie ihn liebt, und ihm außerdem ihre Liebe dadurch zu bekunden, daß sie bereit ist, sich mit seiner üblen Laune abzufinden. Das Angebot, das Frauen Männern machen, läuft darauf hinaus, die Verantwortung für negative Gefühle zwischen ihnen zu übernehmen; deshalb gibt sie sich die Schuld daran, daß beide wütend werden. »Ich bin morgens reizbar«, schreibt sie (Mittwoch), »Ich war ungeduldig, und er hat recht, wenn er sich ärgert« (Samstag), und: »Ich habe nur herumgenörgelt« (ebenfalls Samstag).

Manche Leser mögen sich fragen: Kann Vivian wirklich nicht wahrnehmen, daß Simon unglücklich ist? Wenn wir uns schon auf der Grundlage dieser sehr kurzen Auszüge aus ihrem Streittagebuch ein ganz klares Bild machen können – wie ist es dann möglich, daß sie die Situation dermaßen falsch einschätzt und es zu einem Riesenkrach über das Mittagessen am Freitag kommt? Sie schreibt: »Wenn ich gemerkt hätte, wie wichtig das für ihn war ...«, dann hätte sie ihren Termin abgesagt. Warum also hat sie nicht begriffen, wie wichtig es war?

Ohne mehr über die Beteiligten zu wissen, denke ich, daß hier verschiedene Faktoren eine Rolle spielten. Ersten ärgerte sich Vivian selbst über Simon und sein angeblich besitzergreifendes Verhalten, und sie war wütend, weil er wie selbstverständlich davon ausging, er könnte sie anrufen und von ihr erwarten, daß sie alles stehen- und liegenließ, nur um mit ihm zusammenzusein. Die Psychologinnen Toni Falbo und Letitia Peplau stellten fest, daß es für Frauen heute sehr wichtig ist, andere Freunde beizubehalten und ohne ihre Partner auszugehen.[24]

Zweitens war Simons eigener spontaner Einfall, daß ein gemeinsames Mittagessen ein Vergnügen sei, für ihn mit dem Gefühl verbunden, ein solcher Akt gehöre zu jenen Dingen, die große Liebende tun – die meisten von uns möchten sich hin und wieder gern wie große Liebende fühlen, und große Liebende wollen eben gern zusammensein. Die Tatsache, daß Vivian nicht richtig reagierte, bestätigte ihn nur immer mehr in dem Gefühl, daß zwischen ihnen irgend etwas von Anfang an schiefgelaufen war. Die Wut, die sie an den Tag legte, als er versuchte, seine Gefühle zu äußern, erzeugte in ihm fast notgedrungen ein Gefühl der Enttäuschung (sie war keine wahre Liebende) und einen immer stärker werdenden Fluchtgedanken: Der Widerstand, den er über das folgende Wochenende ihr gegenüber entwickelte, und ihre Interpretation dieser Tatsache als einfache Reaktion auf ihre eigene Reizbarkeit und Nörgelei bedeuten, daß die Kommunikation zwischen den beiden tatsächlich schwer gestört ist.

Was hätten sie also tun können? Vivian hat recht, wenn sie erklärt, daß ihr sein Ärger über ihren Entschluß, mit einer Freundin ins Konzert zu gehen, als Besitzanspruch erscheint – wenn sie es so empfindet. Simon hat recht, wenn er erklärt, daß er sich dadurch unerwünscht vorkommt, und sich ärgert – wenn er es so empfindet. Hier geht es um Emotionen, nicht um Logik und Rationalität. Liebende müssen einander sagen können, wie es ihnen ums Herz ist, und diese Gefühle müssen respektiert werden. Leider scheint das Tagebuch nahezulegen, daß zwar beide ihre Gefühle zum Ausdruck brachten, Simons Gefühle aber nicht als legitim anerkannt wurden. Da er ein Mann ist, wird von ihm erwartet, mit seinen Gefühlen rational umzugehen. Deshalb sollen sich, wenn Vivian vernünftig auf ihn einredet und ihm erklärt, er sei besitzergreifend, die Gefühle verflüchtigen. Doch so mächtig ist die Vernunft nicht.

Das mag so aussehen, als würde die Schuld nur der Frau zugeschoben. So verhält es sich indessen nicht. Wenn Schuld hier überhaupt eine Rolle spielt, dann ist es die unserer Mythen.

Es ist ein Mythos, daß Männer rational und nicht emotional sind. Wenn Liebende imstande sind, sich gegenseitig Emotionen zuzubilligen, werden sie sich zumindest dem stellen, was einen der Partner oder beide wirklich deprimiert. Wenn Liebende in einer bestimmten Situation unterschiedliche Gefühle haben, wie hier im Fall von Simon und Vivian, dann haben sie ein Problem, das sie gemeinsam lösen müssen. Und dies kann viel eher dann bewerkstelligt werden, wenn jeder die Gefühle äußert, die er empfindet, als wenn man – auf angeblich rationale Weise – *über* Gefühle streitet. Wie der Psychologe John Rowan sagt, ist nichts Irrationales daran, unterschiedliche Gefühle auszudrücken, denn sie sind für unsere Beziehungen mit anderen Menschen und für unser eigenes Wohlbefinden von vitaler Bedeutung.[25] Worauf ich hinweisen möchte, ist, daß man die Gefühle des einen nicht als wichtiger bewerten sollte als die des anderen, daß also Simons Gefühle der Kränkung ebenso wichtig sind wie Vivians Gefühl, daß er sich besitzergreifend verhalten hat. Wenn man imstande ist, die Gefühle des anderen als *Gefühle* und daher als wichtig anzuerkennen, scheint ein Zauber wirksam zu werden, der die Tür zu einer Lösung öffnet. Sobald beides anerkannt ist, finden es die Menschen wirklich einfacher, sich über eine Möglichkeit zu einigen, das heißt, den Konflikt so zu überwinden, daß beide sich wieder im Gleichgewicht fühlen.

Vernünftige Männer und konziliante Frauen

Natürlich geht es nicht bei allen Konflikten zwischen Liebenden um Gefühle, obwohl sich Streitigkeiten sehr oft in Konflikte über Gefühle auswachsen können. Wenn sich ein Streit um ein Thema dreht, das rational abgehandelt werden kann, verlangen die Mythen von der Frau, konziliant zu sein. Und sie wird es versuchen, vor allem dann, wenn der Mann ihr wirklich am Herzen liegt (und insbesondere dann, wenn sie selbst jung oder die Beziehung neu ist): Sie wird vorsichtig sein und ihre Kommentare mit Redensarten wie »Ich weiß wirklich nicht« oder »Ich habe vielleicht unrecht« einleiten.

Aber – und das ist ein wichtiges Aber – sie erwartet nicht, daß ihr Liebhaber diese Selbstherabsetzung für bare Münze nimmt, weil ihre besondere Beziehung bedeutet, daß er es besser wissen sollte. Er sollte die von ihr errichteten Schutzwälle als das erkennen, was sie sind – als Signale, daß sie nicht mit ihm kämpfen will, sondern nach Anerkennung für ihren abweichenden Standpunkt sucht.

Wenn der Partner ihren Standpunkt anerkennt, ist sie durchaus bereit, seinen guten Eigenschaften Tribut zu zollen. Wendy, die 33 Jahre alte Psychologin, die niemals wagt, mit einer guten Freundin zu streiten, sagte über ihren Mann: »Ich habe Vertrauen in ihn, deshalb lasse ich mich nicht einschüchtern und kann meine Meinung äußern. Er respektiert meine Meinung und ist immer bereit, mir zuzuhören.«

In Interviews und Tagebüchern über Streit mit engen männlichen Freunden erklären Frauen, die glauben, daß der Mann ihnen zugehört hatte:

»Er ist ein vernünftiger Mensch.« (Mary)

»Er ist meistens bereit zuzuhören.« (Vicky)

»Er interessiert sich für meine Meinung.« (Valerie)

Wenn es um etwas sehr Schwieriges geht, schreibt die Frau seine Bereitschaft zum Zuhören der Ernsthaftigkeit ihrer Beziehung zu. Irene berichtete über einen Streit, den sie vor kurzem mit einem neuen Partner hatte, und sagte: »Es ist für uns beide wichtig, einander zu verstehen und Konflikte zu lösen.«
Und Nan schreibt in ihrem Streittagebuch über die Einstellung ihres Freundes zur Geburt: »Wir arbeiten im Augenblick beide schwer daran, uns unsere Meinungsverschiedenheiten mitzuteilen und anzuhören, und wir wollen uns nicht zerstreiten – vor allem dann nicht, wenn es um die Frage geht, ob wir die Geburt gemeinsam durchmachen!«
Wenn der Mann den Standpunkt seiner Partnerin nicht anerkennt, wird dies häufig mit Blick auf die »Werte« erklärt:

»Wir hatten unterschiedliche Wertvorstellungen, verschiedene Vorstellungen von gut und böse.« (Beryl)

»Wir hatten unterschiedliche Wertvorstellungen.« (Kathleen)

»Wir hatten unterschiedliche Ziele, brachten es einfach nicht auf die Reihe. Manche Leute können unterschiedliche Werte tolerieren, aber irgendwie hatte das etwas mit seiner Selbstachtung zu tun.« (Judy)

Was sind diese Werte? Bedenken Sie, daß wir die ganze Zeit davon sprechen, woran sich Menschen erinnern, wenn sie an Streitigkeiten in ihrem wirklichen Leben zurückdenken. Die Beteiligten werden gefragt: »Hat die andere Person gehört, was Sie gesagt haben, auch wenn Sie nicht einer Meinung waren?« Sie werden nicht gefragt, ob sie im Streit die Oberhand »gewannen«, sondern nur, ob es ihnen gelungen ist, »ihren Standpunkt verständlich zu machen«. Sehr oft geht aus dem Rest des Berichtes hervor, daß die Unstimmigkeit zwar fortbestand, die Frau aber das Gefühl hatte, daß ihr Partner ihr »zugehört« hatte. Wenn sie sagt, daß er nicht zuhörte, wertet sie das als Betrug an ihrer besonderen Beziehung. Es ist so, als wäre es grundlegend falsch, wenn ihr

Liebhaber nicht »zuhört« und damit die Stichhaltigkeit ihres Arguments nicht anerkennt. Er mag anderer Meinung sein, aber er soll zuhören. Auch wenn Frauen in ihren Tagebüchern selten auf »Werte« eingehen, sprechen Frauen in allen englischsprachigen Ländern dann von »unterschiedlichen Werten«, wenn irgendeine wichtige und ihnen nahestehende Person ignoriert, was sie sagen. Meiner Ansicht nach sind die Werte, auf die sie sich beziehen, genau die Werte, die sie der Beziehung selbst beimessen.

Wenn Frauen über Werte sprechen, versuchen sie, mit dem Konflikt fertig zu werden, der zwischen der Notwendigkeit, ihren eigenen Standpunkt verständlich zu machen, und dem Wert entsteht, den die Beziehung für sie selbst hat und den der Mann, wie sie befürchten, nicht genauso hochhält wie sie.

Doch der Mann denkt während eines Streits gewöhnlich nicht an die Beziehung. Wenn eine Frau anderer Meinung ist als er, glaubt er höchstwahrscheinlich, daß sie sich emotional und unlogisch verhält, weil er überzeugt ist, daß sie zwar über Gefühle Bescheid weiß, daß er sich aber – im Gegensatz zu ihr – mit der Logik auskennt. Die Aussagen, mit denen sie sich selbst herabsetzt und die ihm signalisieren sollen, daß sie auf seine Gefühle Rücksicht nimmt, bestärken ihn nur in dem Glauben, daß sie sich nicht auf einen Streit einlassen sollte. Warum streitet sie herum, wenn sie doch »nichts davon versteht«? Offensichtlich ist es seine Sache, ihr das klarzumachen – was er dann auch mit freundlichen, aber dezidierten Worten tut. Daraufhin fühlt die Frau sich herabgesetzt, denn er hält ihr Argument eindeutig für nicht stichhaltig. Wenn ihr die Sache wichtig ist, findet sie es vielleicht unmöglich, nüchtern damit umzugehen, weil ja seine Einstellung ihren Wert in Frage zu stellen scheint – und jede Eskalation des Streits wird den Mann nur in seinem Glauben an ihre im wesentlichen unvernünftige Emotionalität bestärken.

Bemerkungen, mit denen sie ihren Standpunkt relativiert, können nützliche Signale dafür sein, daß die Frau nicht drohen will, aber die meisten Männer nehmen sie für bare Münze, das heißt, sie interpretieren sie eher als Inkompetenz denn als Besorgtheit. Eine Frau, die will, daß ihr Partner zuhört, erreicht dies wohl am ehesten dann, wenn sie sich bewußt macht, daß er Streit für seine Domäne hält und von ihr nur Emotionalität erwartet. Sie muß also darauf achten, daß sie die Stimme nicht erhebt, ihren Standpunkt ruhig vorträgt und ihm viel Raum läßt, zu sagen, was er denkt. Wenn eine Frau möchte, daß ihr Partner hört, was sie sagt, dann will sie, daß er künftig über Streitigkeiten so denkt wie die nachfolgend zitierten Männer, die sich an Auseinandersetzungen mit ihren Geliebten erinnern:

»Sie ist ein vernünftiger Mensch, bereit, zuzuhören und zu verstehen.« (Ian)

»Sie verstand es auf logischer Ebene. Sie verteidigte nur einen anderen.« (Mark)

»Sie zeigt immer ihre Bereitschaft, vernünftig zu sein und die Richtigkeit meiner Argumente zu akzeptieren, obwohl sie schon stur sein kann.« (Charles)

Beachten Sie das Wort »stur«, auch wenn es in einem positiven Kontext steht. Männer haben Schwierigkeiten zu akzeptieren, daß Frauen dann, wenn sie sie überzeugen wollen, die Dinge so zu sehen, wie sie selbst, die Dinge immer noch anders sehen. Das wird fast durch die Bank mit irgendeinem Defizit der Frau erklärt – es sei denn, der Mann kann einen besseren Grund dafür finden, daß sie ihre Meinung nicht ändert, wie das bei Mark der Fall war. Selbst Männer, die ansonsten Streitigkeiten vermeiden, wie zum Beispiel unsere alten Bekannten David und Darren, haben Auseinandersetzungen mit ihren Partnerinnen und erklären ihr Scheitern, ihre eigenen Ansichten verständlich zu machen, so:

»Sie war sehr aufgeregt, und deshalb wollte sie einfach nicht verstehen.« (Darren)

»Sie war unvernünftig. Ich wollte es nicht zu weit treiben.« (David)

Viele Männer sagen, daß sie bei einem Streit mit ihrer Partnerin »klein beigeben«. Viele Ehemänner behaupten, sie würden ihren Frauen »nachgeben«. Unlängst kam ich zu dem Schluß, daß dies vielleicht nur eine andere Methode von Männern ist, nicht ernst zu nehmen, was eine Frau sagt. Wie bei der Erörterung von Streit außerhalb freundschaftlicher oder intimer Beziehungen ganz deutlich werden wird, neigen Männer dazu, die Argumente von Frauen als unwichtig abzutun (siehe Teil III und Teil IV). Könnte es sein, daß Partner und Ehemänner sogar der wichtigsten Frau in ihrem Leben gegenüber eine ähnliche Einstellung haben? Immer, wenn ein Mann mir sagte, er »lasse sie [Ehefrau oder Lebensgefährtin] gewinnen«, fragte ich ihn: »Könnte es sein, daß Ihnen die Sache im Grunde egal war? Daß sie für Sie gar nicht so wichtig war?« Die Frage wurde meistens mit einem Lachen und einem »Ja« beantwortet. Hier einige andere Bemerkungen, die ich zu hören bekam:

»Wenn ich ihr ihren Willen lasse, habe ich meine Ruhe.« (Geoff)

»Es hat keinen Sinn, über Dinge zu streiten, die mir wirklich nicht wichtig sind. Sie ist in vielen Dingen engagierter als ich, deshalb insistiere ich nicht, wenn ich glaube, daß wir unterschiedlicher Meinung sind.« (William)

»Sie regt sich viel mehr auf als ich. Meistens gebe ich nach.« (Bob)

Daraus kann man folgendes schließen: Wenn eine Frau darauf beharrt, ihren Partner dazu zu bewegen, dem »zuzuhören«, was sie sagt, wird der Mann zunehmend davon überzeugt sein, daß sie sich aufregt, und zieht sich zurück. Auch er will keinen Streit, um ihrer Beziehung nicht zu schaden, und er weiß nicht, was er tun soll, wenn sie – aus seiner Sicht – emotional wird.

Gefühlsverwirrungen

Klare Kommunikation zwischen Liebenden ist ein Ideal. Wir wissen leider, daß dieses Ideal selten vorkommt und daß es dann, wenn die Streitfrage für einen von uns wirklich wichtig ist, angesichts der heranwogenden Flut von Gefühlsverwirrungen zusammenbricht.

Tony, ein 28 Jahre alter Buchhalter, berichtet über einen telefonischen Streit mit seiner 25jährigen Partnerin Cathy »über die Frage, ob wir eine Flasche Champagner öffnen sollten, die ich ihr zu Weihnachten geschenkt hatte«. Für Cathy war der Champagner ein Symbol der Liebe: Als sie vorschlug, an diesem Abend die Flasche zu öffnen, muß er es wohl so verstanden haben, daß sie den Champagner nicht allein trinken wollte. Tonys Reaktion: »Bitte, wenn du willst«, klang für sie verletzend. Er meinte dagegen, sie hätte *sagen* sollen, was sie eigentlich wollte. Er schreibt:

»Um das Öffnen der Flasche ging es erst in zweiter Linie. Ich dachte, sie würde Spaß machen, aber sie wollte an diesem Abend einfach nur zu mir kommen. Leider habe ich das erst begriffen, als es schon zu spät war. Ich hatte zwar den ›wirklichen‹ Grund geahnt, wollte aber eine ausdrückliche Begründung hören und hielt mich statt dessen an die ›Spielregeln‹.«

Jeder erwartet vom anderen, daß er seine »Gedanken liest«.

Tony lehnt es ab, die Andeutungen aufzugreifen, die er tatsächlich wahrnimmt, weil er die Tatsache, »daß Frauen nie das sagen, was sie denken«, ermüdend findet. Außerdem erwartet er von ihr, daß sie ihm ihre Gedanken ausdrücklich mitteilt.

Ihrer Meinung nach sollte er *wissen*, was ihr der Champagner bedeutet; jedenfalls hat sie ihm genügend Hinweise gegeben. Wenn er diese ignoriert, dann nur, weil er sich nichts aus ihr macht. Wenn sie unmißverständlich erklärt hätte: »Ich möchte zu dir rüberkommen und mit dir heute abend den Champagner trinken«, hätte sie ja nicht wissen können, ob es sich bei seiner Zustimmung um Nachgiebigkeit um des lieben Friedens willen handelte oder ob das auch wirklich seinen Wünschen entsprach. Sie haben kein Vertrauen zueinander.

In ihrem vielgelesenen Buch *Du kannst mich einfach nicht verstehen* vermutet die Linguistin Deborah Tannen, daß Männer sich auf die einfache »Mitteilung« konzentrieren, während Frauen sich auf die »Metamitteilung« einstellen und sich fragen: Was bedeutet dieser Streit für unsere Beziehung? War dies hier der Fall?

Sicher, ein außenstehender Zuhörer hätte denken können, daß Tony sich auf die direkte Frage: »Sollte sie die Flasche jetzt öffnen?« konzentrierte, während Cathy eher damit beschäftigt war herauszufinden, was seine Antwort auf diese Frage *bedeutete*, das heißt: War es ihm wirklich egal? Doch Tonys Tagebucheintragung stellt klar, daß er sich der Metamitteilung bewußt war und sich absichtlich weigerte, sie aufzugreifen, solange sie sich nicht aufraffte, diese klar und deutlich zu äußern. Warum war das so?

Ein Teil der Begründung ist bereits angedeutet worden: Der Mythos von der Liebe sagt uns, daß die Kommunikation zwischen Liebenden niemals Probleme aufwerfen sollte, daß andernfalls an ihrer Liebe etwas faul ist. Ein anderer Teil der Begründung ist, daß Männer erwarten, eine Frau dominieren zu können, und eine Möglichkeit, Macht über sie auszuüben, besteht darin, ihre Gefühle zu manipulieren. Frauen nähren diesen Glauben, indem sie sich so lange konziliant zeigen, bis sie sich mit einem Konflikt konfrontiert sehen, der die Beziehung selbst in Frage zu stellen scheint.

Dominanz

Dieser Wunsch, andere zu dominieren, tritt in instabilen Liebesbeziehungen oder in unglücklichen Ehen am deutlichsten zutage, und bei den Streitpunkten, die den Konflikt auf die Spitze treiben, kann es sich sowohl um schwerwiegende als auch um völlig belanglose Dinge handeln.

Debbie stellte zum Beispiel fest, daß sie und ihr Freund, als sie nach sechs Jahren zusammenzogen, anfingen, über allerlei Banalitäten zu streiten, wie etwa über die Art, wie man Kreuzworträtsel löst. Sie erklärt:

»Wir wollten das Kreuzworträtsel gemeinsam lösen, aber ich habe mich von ihm so herablassend behandelt gefühlt. Weil er schneller ist als ich, sagt er die Wörter nicht, sondern versucht, mir Anhaltspunkte für die richtige Lösung zu geben. Mir wäre es lieber, gleich das gesuchte Wort einzusetzen, auch wenn mir dann nicht viel zu tun bliebe; aber er hat natürlich gesagt, daß ich dann keine Chance hätte. Da das den Tatsachen entspricht, wäre es mir lieber, wenn er mir auch keine Hinweise gäbe.«

Dies wirkt wie ein perfektes Beispiel für einen Mann, der seine Überlegenheit dadurch demonstriert, daß er sich »hilfsbereit« zeigt. Sie schreibt: »Wir konnten beide verstehen, was der andere dabei empfand«, aber wenig deutet darauf hin, daß er auf ihre Gefühle Rücksicht nehmen wollte. Sein Wunsch, auf einem Gebiet zu dominieren, in dem er eindeutig besser Bescheid weiß, wird durch seine Behauptung hervorgehoben, daß sie dann, wenn er ihr nachgäbe, »keine Chance [hätte]«. Beide glaubten, sie seien »emanzipiert« und er sei ein neuer Mann; aber sobald sie zusammen wohnten, stellten sie fest, daß ihre langjährige Freundschaft den Gefahren dieser und ähnlicher Versuche seinerseits, sich die Vorherrschaft durch allerlei Listen zu sichern, nicht standhalten konnte.
Auch eine ansonsten glückliche Beziehung kann an einem einzigen Streit scheitern, wenn die Frage, um die es geht, beiden Partnern wichtig ist. Sandra und Wilf sind zum Beispiel beide in der Forschung tätige Sozialwissenschaftler. Solange sie nicht über das Thema »Forschungsmethoden« reden, leben sie ganz glücklich miteinander. Dann aber versucht Wilf, Sandras Arbeit unter seine Kontrolle zu bringen, indem er behauptet, daß sie ihre Forschung nur durchführen könne, wenn sie seinen Ansatz zugrunde lege. Da er vor kurzem an eine andere Universität ging und sie nur noch an den Wochenenden zusammensein können, hat es den Anschein, als versuche Wilf noch energischer, Sandra zu dominieren. Sandra sagte mir:

»Wir streiten viel über seine Idee, daß Etatanalyse das A und O ist. Natürlich ist sie wichtig, weil sie etwas mit der Arbeit zu tun hat, aber ich möchte ihn soweit bringen, daß er zugibt, daß es noch andere Möglichkeiten gibt. Okay, sein Ansatz ist eine Möglichkeit, und ich gebe ihm ja recht, daß Etatanalyse eine gute Sache ist. Aber es ist eben nicht die einzige Möglichkeit ... Ich glaube, es ist seine Arroganz. Er glaubt, daß er sich da echt auskennt. Und er hört gar nicht erst zu. Das ärgert mich wirklich. Gewöhnlich enden unsere Streitigkeiten so: Entweder ich sage

›Schluß jetzt! Ich bin wirklich sauer‹, oder er merkt, daß ich mich aufrege, und sagt: ›Genug jetzt! So kommen wir nicht weiter.‹«

Einen Streit abzubrechen, weil er einen aufregt, und sich darauf zu einigen, daß man unterschiedlicher Meinung ist, sind zwei Paar Stiefel. Sandra regt sich auf, weil sie das Gefühl hat, daß Wilf nicht »hört«, was sie sagt, er akzeptiert nicht, daß sie auch dann das gleiche Recht auf eine Meinung hat, wenn diese von seiner abweicht.

Wilf hält sich selbst für einen modernen Mann und wehrt sich gegen jede Unterstellung, daß sich in seiner Haltung in bezug auf die Arbeit seiner Partnerin altmodische, sexistische Attitüden widerspiegeln könnten. Aber im Gespräch mit ihm wird eine unbewußte Prämisse deutlich, nämlich, daß er es einfach besser weiß, und mit leiser Stimme vertraut er mir an: »Sandra ist, was ihre Arbeit anbelangt, emotional engagiert, und das macht es manchmal etwas schwer, [mit ihr] darüber zu reden.«

Wilf scheint das zu tun, was so viele Männer tun, gerade in der Beziehung mit einer Frau, die in ihrem Leben eine wichtige Rolle spielt – ihr Widerstreben, seine Meinung zu akzeptieren, hält er für »emotional« und nicht für die rationale Entscheidung eines intellektuell Ebenbürtigen.

Einige Männer erhalten ihre Dominanz dadurch aufrecht, daß sie sich die Vorstellung, Männer dürften keine Gefühle zeigen, zunutze machen. Stellas Mann sitzt schweigend da, während sie versucht, mit ihm über ihre Bedürfnisse zu sprechen, und sich vergeblich bemüht, zu ihm durchzudringen. Wenn sie vom Reden völlig erschöpft ist, zu schreien anfängt und schließlich in Tränen ausbricht, erklärt er, daß ihre Ansprüche unmöglich zu erfüllen seien. Und was solle er, bitte schön, mit solchen Ausbrüchen anfangen? Sie berichtete mir:

»Männer wollen anscheinend nicht über Gefühle sprechen. Es regt ihn wirklich auf, wenn ich zu weinen anfange, und ich bemühe mich, das zu vermeiden.«

Ihre »unvernünftigen« Ausbrüche macht sie wieder gut, indem sie sich anschließend als besonders liebevoll erweist.

Ein mir bekannter kanadischer Schriftsteller fand heraus, daß er seine junge Frau Betty provozieren konnte, wenn er ihr Aussehen oder ihre Art, sich um die Kinder zu kümmern, kritisierte, worauf sie sich zur Wehr setzte. Wenig originell, aber mit offensichtlichem Vergnügen sagte er: »Sie ist wie eine Tigerin. Ich habe nie eine Frau gekannt, die so gut zurückschlägt.«

Er reizte sie so lange, bis sie auf spektakuläre Weise die Fassung verlor. Daraufhin marschierte er in sein Arbeitszimmer und schrie sie unterwegs an, daß sie ein Aas, eine Schlampe und eine verdammte Hure sei, die sich einen Dreck um ihre Kinder kümmere. Dann hackte er, »von einem guten Fight« angetörnt, wie er sagte, auf seinem Computer herum. In der Zwischenzeit erholte sie sich von ihrem Wutanfall, akzeptierte seine Kritik – *sie* war explodiert, hatte womöglich einen Teller zerdeppert oder eine Tür zugeschlagen –, ging, um alles wiedergutzumachen, mit den Kindern den ganzen Tag aus, damit er seine Ruhe hatte, und kochte am Abend ein besonderes Essen für ihn. Das heißt, er setzte sich auf der ganzen Linie durch ... bis Betty anfing, darauf zu achten, was eigentlich vor sich ging, und aufhörte, seine Kritik zu beherzigen. Damit schwand seine Dominanz. Er stellte fest, daß er vom Stachel eines Streits abhängig geworden war, denn als Betty sich nicht mehr manipulieren ließ, versiegte seine kreative Kraft. Jetzt ist sie schuld daran, daß er nicht mehr schreiben kann.

Das ist kein Einzelfall. Viele Ehemänner versuchen offenbar, ihre Dominanz aufrechtzuerhalten, indem sie ihre Frauen kleinmachen. Dazu trägt die weitverbreitete Ansicht bei, daß eine Frau, die mit einem Mann streitet, als Frau versagt. Dann werden wieder alle diese stereotypen Schimpfwörter hochgewirbelt.

Bei Sanford und Donovan wird eine namentlich nicht genannte Frau zitiert:

»Ich glaube, das Problem ist, daß er nicht mit dem Gedanken fertig wird, daß eine Frau wütend sein kann. Aber obwohl ich weiß, daß er sich dann, wenn er mich beschimpft, nur gegen seine eigenen Gefühle zur Wehr setzt, können mich diese Beschimpfungen manchmal wirklich dazu bringen, an mir selbst zu zweifeln. Wenn man ein Schimpfwort nur oft genug an den Kopf geworfen bekommt, glaubt man am Ende selbst daran.«[26]

Fiona schreibt:

»Mein Mann sagt immer zu mir: ›Du bist so ein Miststück, so unvernünftig.‹ Er nennt mich eine Hexe und eine Xanthippe und behauptet, daß man mit mir unmöglich zusammenleben könne. Wenn ich dann böse werde, grinst er spöttisch und sagt, ich sei eine Rabenmutter, weil ich mich nicht um die Kinder kümmere. Und dann sind die Kinder da, mit offenem Mund, und schauen zu, wie sein Gesicht rot anläuft. Gary hat zu mir gesagt: ›Daddy ist abscheulich zu dir, ich kann ihn jetzt gar nicht ausstehen.‹ Daraufhin habe ich mich erst recht elend gefühlt, so, als ob es wirklich meine Schuld wäre.«

Diese versteckten Klischees in bezug auf Frauen und Männer *können* manche Menschen zu der Ansicht verleiten, daß an allen Beziehungsproblemen in der Ehe wahrscheinlich die Frau schuld ist: Er verdient die Brötchen, und für den ganzen Rest ist sie zuständig.

8

Das Problem mit der Wut

Liebe und Ehe können oft durch die unterschwellig fortlebende Überzeugung von der Unterlegenheit der Frauen torpediert werden, und tatsächlich sind diese Ideen weiter verbreitet, als Frauen gern glauben möchten. Der Therapeut Adam Jukes geht in seinem *Why Men Hate Women* davon aus, daß alle Männer »von Natur aus Verachtung« gegenüber Frauen empfinden, und kommt zu dem überaus pessimistischen Schluß, daß Frauenfeindlichkeit und Ungleichheit zwischen den Geschlechtern womöglich integrale Bestandteile der menschlichen Psychologie sind. Ich werde mich mit diesen erschreckenden Vorstellungen weiter unten in dem Abschnitt über die Familie befassen. Vorerst möchte ich mich auf die Bedeutung der Wut in intimen Beziehungen konzentrieren – sowohl in Ehen, in denen der Ehemann glaubt, daß Frauen minderwertige Wesen sind, als auch in solchen Ehen, in denen die Partner imstande sind, sich gegenseitig als gleichberechtigt anzuerkennen.

Männer, die Frauen verachten, glauben, sie bräuchten ihnen nicht zuzuhören und hätten das Recht, eine Frau zu bestrafen, wenn ihnen das, was sie sagt, nicht gefällt. Tanya, die ihren ganzen Mut zusammennahm, um ihrem gewalttätigen Mann nach zehn Jahren der Mißhandlung endlich den Laufpaß zu geben, erzählte mir:

»Jedesmal wenn ich etwas tat, was ihm nicht paßte, hat er mich angeschrien. Oder wenn die Kinder unordentlich waren, oder ich mit seinem Abendessen zu spät dran war, oder – na ja, bei jeder Gelegenheit. Und wenn ich versuchte, mit ihm zu diskutieren, schlug er mich. Seine Gewalttätigkeiten und Mißhandlungen wurden immer schlimmer. Er sagte mir, ich solle weinen. ›Wenn du nur weinen würdest, dann könnte ich aufhören, dich zu schlagen.‹ Ich wollte nicht zulassen, daß er so große Macht über mich bekam, und weinte nicht. Es war so ungerecht! Ich wollte ihm eine gute Frau und auch eine gute Mutter sein. Schließlich konnte ich es nicht mehr aushalten.«

Für ihren Mann bedeutete Tanyas Weigerung zu weinen, daß sie ihre Missetaten nicht einsah. Die meisten gewalttätigen Ehemänner teilen die Ansicht jenes Mannes, der sagte: »Wenn du dich besser benommen hättest, hätte ich dich nicht bestrafen müssen.«[27]

Es gibt viele Formen von Mißhandlung; allen aber liegt zugrunde, daß der Frau keine individuelle Autonomie und Integrität zugebilligt wird. Wie wir in Paulines Geschichte sehen werden, wird die Frau eines Mannes, der sie insgeheim verachtet, weil sie eine Frau ist, feststellen, daß sie dann, wenn sie ihre Ansichten und Wünsche äußert, nur Geringschätzung und Mißbilligung erntet. Obwohl sie glaubt, daß sie ihn als Frau versöhnlich stimmen muß, stellt sie fest, daß ihre Opfer keine Früchte tragen. So verliert sie ihre Stärke als Individuum und ihr Selbstwertgefühl und verfällt am Ende vielleicht in Schweigen. Die tiefsitzende Wut, die sie angesichts des Verlusts an Selbstachtung empfindet, wird unterdrückt und jede Äußerung ihrer Wut als weiterer Beweis dafür gewertet, daß sie als Mensch keinen eigenen Wert besitzt. Die heimliche Verachtung einer Frau durch ihren Mann kann daher zu einer heimtückischen Form psychologischer Mißhandlung führen, bei der die Frau ihren Verlust an Selbstachtung unbewußt akzeptiert.

Gefährliche Überzeugungen: Paulines Geschichte

»Ich habe das Gefühl, daß ich meistens nicht das sagen darf, was ich denke. Ein Teil von mir glaubt selbst, daß ich gefährlich bin.« (Pauline, 28)

Pauline ist eine rothaarige, blauäugige Frau mit einem sympathischen Lächeln. Auf Fotografien wird deutlich, daß sie, wenn sie will, wirklich auffallend hübsch sein kann. Aber sie will nicht. Was hat das zu bedeuten? Jugend und Schönheit vermitteln ihr kein Gefühl der Stärke, sondern viel eher das Gefühl, eine Gefangene zu sein.

»Fett ist ein *feministisches* Problem. Ohne diese Fettschicht als Schutzschild ist alles, was Männer sehen, ein Sexualobjekt. Im letzten Jahr brachte ich meinen Körper so in Form, wie ich ihn wollte. Ich sah gut aus. Und dann stellte ich fest, daß ich nicht ausgehen konnte. Meine Freundin Jill hat mich eines Abends überredet, in den Pub zu gehen, sie kam einfach rüber und hat mich mitgeschleift, und ich war wirklich ganz froh. Aber als ich dort war, habe ich mich den ganzen Abend nicht getraut, meinen Mantel auszuziehen. Wenn ich dick bin, bin ich ungefährlich. Ich bin für niemanden eine Gefahr.«

Ihr Gefühl, eine Gefahr für andere darzustellen, hängt mit ihrem Bewußtsein eigener Machtlosigkeit zusammen. Andere schreiben ihr Kräfte zu, die sie nicht will – sie möchte nicht als Sexualobjekt angesehen werden, möchte sich nicht von ihren Freundinnen entfremden, weil deren Ehemänner für sie schwärmen, möchte nicht als »scharfe Zicke« bezeichnet werden, wenn sie die offenkundigen Avancen eines Mannes eindeutig zurückweist. Am besten ist, solche Reaktionen gar nicht erst zu provozieren. Sie lasten ihr eine Schuld an, und das tut sie auch ihrerseits.
Die Anziehungskraft, die sie besitzen möchte, ist ihr verwehrt. Pauline ist mit Bill verheiratet, einem Ingenieur, und sie haben vier Kinder. Bill ist der Sohn eines Berufssoldaten, ein großer, robust wirkender Mann mit der Figur eines Rugbyspielers, der offen zu den Prinzipien der Machowelt steht, in der er aufgewachsen ist. Wenn seine Frau von anderen Männern bewundert wird, brüstet er sich mit ihr, denn sie gehört ihm, und er ist sich sicher, daß sie nicht fremdgeht. Sie freut sich, daß er sie wegen ihres Aussehens schätzt, denn sie hat Freude am Sex. Aber sie will auch, daß er ihr zuhört.

»Ich lasse mich überhaupt nur auf einen Streit ein, wenn ich mir über das Thema sicher bin, weil ich nicht ins Schwimmen kommen und mich schämen möchte. Deshalb muß ich fest überzeugt sein, daß meine Meinung richtig ist. Da ich so oft den Mund halte, denke ich lang und angestrengt nach, und das macht meine Äußerungen um so stichhaltiger. Und wenn man mir dann nicht zuhört, ist es wirklich schlimm für mich. Besonders mit meinem Mann. Ich finde es unglaublich schwer, daß er dann, wenn ich etwas sage, wütend reagiert, weil ich *weiß*, daß er dann, wenn jemand anderer es gesagt hätte, zugehört hätte. Es hätten genau dieselben Worte sein können. Auch wenn ich nur einen Vorschlag gemacht habe, hat er mich oft einfach ignoriert. Und ausgelacht, was ich ... wissen Sie, am Ende macht es mich ... Ich kann mich wohl nicht sehr gut ausdrücken.«

Nur Frauen gaben mir gegenüber an, Angst zu haben, in einen Streit verwickelt zu werden, weil sie sich nicht richtig artikulieren können. Natürlich

gibt es auch Männer, die sich nicht ausdrücken können, aber vielleicht bin ich ihnen einfach nicht begegnet, oder sie wollten eine solche Schwäche einer Frau gegenüber nicht eingestehen. Aber viele Frauen sagten, sie seien sich, wenn es zum Streit kommt, ihrer eigenen Unzulänglichkeit bewußt – und dazu gehörten einige sehr gebildete Frauen und sogar Akademikerinnen. Außerdem habe ich festgestellt, daß diejenigen, die ihre eigene Unzulänglichkeit spüren, keineswegs immer diejenigen sind, die tatsächlich Schwierigkeiten haben, ihre Meinung klar und kohärent vorzutragen.
Pauline ist ein bezeichnender Fall. Unsere Gespräche über das Thema Streit waren interessant: Sie ist intelligent, kann sich artikulieren und ist bereit, ganz persönliche Erfahrungen preiszugeben, weil sie glaubt, daß es für Frauen wie sie absolut unerläßlich ist zu lernen, daß man das Recht hat, zu sagen, was man denkt. Zum Schweigen gebracht und abgewertet zu werden, hat immer seinen Preis und kann, wie im Fall von Pauline, schließlich zur Explosion führen.

»Wir wohnten in dieser gräßlichen Wohnung und waren vor einigen Jahren unheimlich gestreßt. Und eines Tages bin ich explodiert und fing an zu toben; ich schlug auf ihn ein; es war wirklich grauenhaft. Er lief davon; es war gefährlich. Ich hatte keine blinde Wut, aber ich habe wirklich nur noch rot gesehen. So weit darf es nicht wieder kommen.«

Was genau gefährlich war, konnte sie nur schwer erklären. Sie hatte Angst vor ihrer eigenen Wut, und doch glaubt sie nicht, daß sie »blind vor Wut« war, sich also nicht mehr unter Kontrolle hatte. Sie befürchtete wahrscheinlich, daß ihre Wut ihrer Ehe irreparablen Schaden zufügen könnte. Möglicherweise hatte sie auch Angst, daß ihr Mann zurückschlagen könnte, und angesichts der Größen- und Kräfteverhältnisse wäre *das* tatsächlich gefährlich gewesen. Sie sprach von seinen »Ausfälligkeiten«, aber nur in vagen Andeutungen: Aus den Tonbandaufzeichnungen mehrstündiger Gespräche geht hervor, daß er sie nicht nur verbal mit Verachtung behandelte, sondern ihr auch mit seiner sexuellen Aggressivität zusetzte.

»Meiner Erfahrung nach läßt sich Freiheit in der Liebe dann, wenn man verheiratet ist, nicht leicht aufrechterhalten, weil es so viel schwerer ist, sich um den Sex herumzumogeln ... Ich weiß nicht, für mich ist das etwas, bei dem ich das Gefühl habe, ich dürfte es nicht verweigern ... Ich habe das alles für mich behalten, weil es unwirklich erscheint, so, als wäre es eine Ausgeburt meiner Phantasie – es war sehr einfach, sich einzubilden, die Dinge würden gar nicht geschehen. Wenn er ganz ausfällig wurde, griff ich zu meinem üblichen Trick und spielte es herunter. Ich vergraulte in einem fort die Leute und stritt mit allen, als ob alle meine Feinde wären. Ich kam mir abscheulich vor. Alle sagen mir, daß er ein wunderbarer Mensch ist, es muß wohl an mir liegen, denn alle anderen haben Freunde. Deshalb habe ich mich geändert. Ich habe kein einziges Wort gesagt.«

Ihre Selbstachtung war schon fast auf den Nullpunkt gesunken. Und doch kann sie lebhaft, witzig, humorvoll und auch eine gute, liebevolle und außergewöhnlich vernünftige Mutter sein (ihre Kinder machen selbst auf Fremde einen gewinnenden Eindruck).
Offensichtlich verurteilte sich Pauline selbst zum Schweigen, als ihr ältestes Kind, heute zehn Jahre alt, noch ein Baby war. Aber den Mund zu halten fällt schwer, vor allem einer Frau, die gelernt hat, wie wichtig Kommunikation in einer modernen Ehe ist. Mehrere Jahre lang hat sie sich bemüht, ihre »Stimme wiederzufinden«, und je mehr sie versuchte herauszufinden, wie sie ihren eigenen Gefühlen und Überzeugungen treu bleiben konnte, desto mehr erkannte sie auch, daß ihre Meinung geringgeschätzt wurde. Schließlich bestand sie darauf, daß ihr Mann auszog.
Wie immer wirkte sich das auf die ganze Familie verheerend aus. Dennoch waren die Folgen im großen und ganzen positiv. Sie fand eine Selbsthilfegruppe, die sie ermunterte, ihre Wahrheit zu sagen und neue Freundschaften zu schließen, die ihr half, ihr ramponiertes Selbstbewußtsein wieder aufzubauen. Ihre Kinder wurden nicht mehr tyrannisiert, weil ihr Vater nicht länger versuchte, seine Herrschaft zu festigen. Er erkannte, was er verloren hatte, und wollte den Grund erfahren. Sie einigten sich darauf, gemeinsam zur Beratung zu gehen.

»Es hatte alles etwas damit zu tun, daß ich mich selbst total unterbewertet habe und auch die Tatsache, Mutter zu sein, unterbewertet habe ... Das ganze Zeug, das ich höre, daß man seine Identität bewahren soll und so weiter, um Gottes willen ja keine Ehe und keine Kinder – tja, und was ist dann mit denen, die genau das wollen? Die heiraten und Kinder haben wollen und das für eine lohnende Beschäftigung halten? Für Leute wie mich scheint es nichts zu geben, an dem wir unser Selbstwertgefühl festmachen können ... Ich werde von der Gesellschaft total unterbewertet, weil ich kein Geld verdiene. Und deswegen bin ich total von Bill abhängig. Und deshalb habe ich sehr lange Zeit geglaubt, keine Rechte zu haben.

Schließlich lernt man nach einiger Zeit, seine Autorität wieder geltend zu machen, aber das ist ein sehr schmerzlicher Prozeß gewesen.«

Ihre Entdeckung, daß sie ein Recht auf die eigene Meinung und auf eigene Gefühle hat, war von entscheidender Bedeutung. Sie hat keine Angst mehr vor ihrer Wut, denn sie weiß ganz genau, daß es einen Unterschied gibt zwischen einem »Wutgefühl« und dem, was man aus diesem Gefühl »macht«.

»Ich hatte das Gefühl, daß die Wut so gefährlich, so destruktiv ist, weil ich gemerkt habe, daß ich in so einer Situation tatsächlich jemanden umbringen könnte. Es hat eine Zeitlang gebraucht, aber jetzt habe ich das Gefühl, daß Wut wirklich ... tja, daß Wut etwas Positives ist, und das habe ich auch meinen Kindern gesagt. Eigentlich ist Wütendsein okay, es geht nur darum, was man daraus macht. Mütter sollen liebevoll und fürsorglich sein, und demzufolge werden wir überhaupt nicht mehr als menschliche Wesen angesehen. Wir müssen lernen, daß diese Dinge in uns allen stecken.«

Die Tatsache, daß ihr Mann imstande war, dies auch einzusehen, hatte eine befreiende Wirkung. Sie schilderte eine kurze Zeit zurückliegende Episode, bei der sie ihre Wut mit Nachdruck äußerte, und die Erleichterung, die sie empfand, als er ihr das Recht auf eigene Gefühle zugestand. Sie hatten über ihr, Paulines, schwieriges Verhältnis zu den Eltern ihres Mannes gesprochen.

»Bill sagte mir, ich würde überreagieren. Mensch, ich war so wütend, daß er es wagte, mir zu sagen, wie ich reagieren sollte oder nicht, daß ich aus dem Zimmer rannte, weil ich glaubte, ich würde gleich ausrasten, deshalb bin ich rausgerannt. Wegen dem ganzen Zeug, das wir angestellt haben, war Bill auf der Hut und vernünftig genug, zu sehen, daß er sich auf gefährlichem Terrain bewegte. Und so kam er in die Küche, wo ich hingegangen war, und sagte: ›Wie ist dir jetzt zumute?‹, und ich sagte: ›Ich habe wirklich eine Stinkwut auf dich.‹
Und anstatt darauf wie üblich zu reagieren, sagte er: ›Okay, dann reden wir drüber.‹
Und dann habe ich wirklich losgelegt. Ich habe gesagt: Du wirst mir verdammt noch mal nie mehr vorschreiben, wie ich zu reagieren habe. Damit werde ich mich nie mehr abfinden. Versuch das nie wieder!
Und dann kannte ich tatsächlich kein Halten mehr [mit tränenerstickter Stimme], und das hat mir so gut getan [leise]. Und als ich fertig war, war alles vorbei. Wirk-

lich vorbei. Und dann haben wir uns umarmt. Der Vorfall hat mich so stark beeindruckt, weil er es einfach akzeptiert hat. Er hat akzeptiert, daß er sich gegen das, was ich empfand, nicht sperren konnte. Wissen Sie, er hat nicht gesagt: Wie kannst du es wagen, auf mich wütend zu sein, oder sowas. Nur: Okay, so ist dir eben zumute. Und ich habe mich so wohl gefühlt.«

Worte sind Handlungen, und hier verwendete Pauline Worte, um ihrem Mann eine entscheidende Botschaft zu übermitteln. Die Worte, die sie benutzte, waren emotionsgeladen und hätten negative Auswirkungen haben können. Glücklicherweise war Bill bereit, die richtige Botschaft aus ihren Worten herauszuhören. Wichtig ist, daß *nicht* jedermann das Recht hat, seine Gefühle auszuleben – was geschähe denn zum Beispiel, wenn jemandem nach Gewalt oder Mord zumute ist? Entscheidend ist, daß jedermann das Recht hat, zu *fühlen*, was er fühlt, wie negativ oder asozial diese Gefühle auch sein mögen. Wenn man nicht sagen darf, daß man Wut oder Mordlust empfindet, ohne sogleich vermittelt zu bekommen, daß man ein abscheulicher, völlig wertloser Mensch ist, hat man keine Redefreiheit.

Wut und Feindseligkeit

Wut ist eine normale menschliche Reaktion auf Herabsetzung und Abqualifizierung. In der heutigen westlichen Gesellschaft kommt ein weitverbreitetes Phänomen hinzu: Frauen wie Pauline, die mit Sachverstand die für die Gesellschaft so nützliche Aufgabe der Kindererziehung übernehmen, fühlen sich abgewertet, weil sie glauben, sie hätten weder ein Recht, sich ihren Männern zu verweigern, noch ein Recht auf freie Meinungsäußerung. Ihre überaus verständliche Wut über diese Ungerechtigkeit bedeutet häufig, daß sie tief in ihrem Inneren das Gefühl haben, schreckliche Menschen zu sein.

Pauline findet einen Weg aus der Sensibilitätsfalle, und dazu gehört, daß sie ihre eigene Gefühle anerkennt und weiß, daß sie das Recht hat, so zu empfinden, wie sie eben empfindet. Sie hat recht. Wütend zu sein ist okay, manchmal, wenn Ungerechtigkeiten wiedergutgemacht werden sollen, sogar unerläßlich. Wichtig ist, wie man selber mit dieser Wut *umgeht*.

Und was meinte Bill zu dem Ganzen? Nun, er bemühte sich. Wirklich. Er sagte mir:

»Wir sind so verschieden! Es ist so, als würde man über eine ganze Schlucht hinweg schreien. Sie scheint anzunehmen, daß sie sagen kann, was sie will, und ich es hinnehme. Okay, sie ist nicht so eine kleine schwache Frau, wie meine Mutter es war, aber manchmal wäre es mir ganz recht, wenn sie ihr etwas ähnlicher wäre. Meine Mum würde niemals so mit meinem Dad reden wie sie mit mir. Was ist denn mit *meinen* Gefühlen? Manchmal glaube ich, ich bin in einer Achterbahn und möchte aussteigen. Wir sehen die Dinge einfach aus unterschiedlicher Warte. Das wird immer so sein. Wenn sie gleichberechtigt sein will, soll sie arbeiten gehen und sich ihren Lebensunterhalt selbst verdienen – dann wird sie schon merken, was es heißt, ein Mann zu sein.«

Pauline lernte, zu ihrer Wut zu stehen, und ließ ihr auf sehr heftige Weise freien Lauf. Doch bevor sie herausgefunden hatte, wie sie ihre Kräfte so kanalisieren konnte, daß sie die Dinge wieder zurechtrückte, statt ihren Mann zu attackieren, verließ er sie endgültig. Er hörte einige Botschaften aus ihren Worten heraus, aber sie standen seinen eigenen Vorstellungen entgegen. Er meinte, daß an seiner eigenen aggressiven Wut ebensowenig etwas Falsches sei wie an seiner Art, die Kinder zu tyrannisieren und gelegentlich gewalttätig zu werden. Die Kinder »müssen lernen zu folgen«, seine Frau »solle ihn nicht provozieren«, sonst »könne er nicht die Verantwortung übernehmen« für das, was er tue. Sechs Wochen bei der Eheberatung reichen nicht aus, um zu verlernen, was in einem 33jährigen Training in Machismo erworben wurde.
Einigen Lesern meines Manuskripts erschien Paulines Wut so extrem, daß sie das Gefühl hatten, es handle sich nicht um eine »normale Frau«. Ich vermute, daß sie zu dieser Einschätzung gelangten, weil Frauen nicht wütend sein sollen, und vor allem, weil sie ihre Wut nicht ausleben dürfen. Wir alle wissen das. In der Tat erinnert Pauline sehr stark an die vielen Frauen, die ihre Wut so lange unterdrücken, bis sie sich in extrem heftiger Sprache oder gar in Gewalt gegen sich selbst, ihre Männer oder ihre Kinder entlädt. In meiner Praxis begegne ich zahlreichen Frauen, die unter Depressionen leiden und feststellen, daß sie endlich das sagen können, was sie zuvor niemals gewagt haben – nämlich, daß sie auf ihre Männer wütend sind. Wir arbeiten dann zusammen einen Plan aus, wie sie ihren Männern ihre Gefühle am besten erklären können, ohne daß es gleich zum Bruch führt. Scheidung ist in vielen Fällen wohl die beste Lösung, aber nicht immer, und zahlreiche Frauen erleben, daß sie schließlich doch sagen können, was sie fühlen, und daß sie auch angehört werden. Und dann bricht für sie nicht gleich die ganze Welt zusammen.
Wut ist ein schwerwiegendes Problem, weil den Menschen nicht beigebracht wird, wie sie produktiv mit ihr umgehen können. Wir sehen Wut immer als

ein negatives Gefühl zwischen zwei Menschen. Aber Wut ist eine starke Kraft, die bewußt so umgelenkt werden kann, daß sich das Problem, das sie ursprünglich ausgelöst hat, letzten Endes von selbst erledigt. Wut ist wie elektrischer Strom – ein guter Diener, aber ein schlechter Herr. Doch es gibt sie nun einmal. Sie existiert und muß deshalb der Kontrolle zugeführt und möglichst produktiv genutzt werden.

Auch Männer können sich herabgesetzt und abqualifiziert fühlen. Besonders verletzlich sind sie, wenn sie nach dem Verlust ihres Arbeitsplatzes unter Minderwertigkeitsgefühlen leiden. Die Psychologen John Archer und Valerie Rhodes fanden heraus, daß ein Mann über diesen Verlust genauso trauern kann, wie wir über den Tod eines geliebten Menschen trauern.[28] Wenn seine Frau kein Mitleid hat und für sein tiefes Gefühl der Isolation kein Verständnis aufbringt, kann er auf zweierlei Weise reagieren: Er kann – wie Pauline – infolge einer unterdrückten Wut ernsthafte Depressionen entwickeln oder eine unkontrollierte Wut ausleben.

Feindseligkeit kann zum Lebensstil werden. Oliver verlor als Vierzigjähriger seine Stelle als kreativer Künstler und kam schließlich bei einer Versicherungsgesellschaft unter. Aus seinem Tagebuch geht hervor, daß er offensichtlich in einem Dauerzustand der Wut verharrt: Jeder, der in seinem Alltagsleben, zu Hause oder bei der Arbeit, mit Oliver zu tun hat, kann bei ihm eine Explosion auslösen, und in allen seinen Konflikten scheint sich der Groll über sein mangelndes Selbstwertgefühl widerzuspiegeln. Er und seine Frau stritten darüber, »ob ich auf den frisch ausgesäten Pflanzen im Garten herumgetrampelt bin oder nicht«, und er erklärt:

»Ich hatte ehrlich das Gefühl, daß ich auf der verdammten Aussaat nicht herumgetrampelt bin! Außerdem *hasse* ich Gartenarbeit.«

Als sie einkaufen gingen, stritten sie darüber, wo sie den Wagen parken sollten. Er schrieb:

»Ich kann Einmischung nicht ausstehen, wenn ich etwas tue, was nur mich etwas angeht. Nur weil jemand anders denkt, die Sache sollte anders gemacht werden, ist das noch kein Grund dafür, daß er seine Nase hineinsteckt.«

Beachten Sie, wie er seine Frau auf Distanz hält: Sie ist nicht eine besondere Begleiterin, sie gilt nur als eine Person aus der Welt der anderen Leute, als »jemand anders ... der seine Nase« in seine Angelegenheiten steckt. Leider konnte ich die Meinung seiner Frau nicht erfahren, da sie sich weigerte, an der Tagebuchstudie teilzunehmen, vielleicht weil die Aufforderung über ihren Mann zu ihr gelangte; vielleicht aber auch, weil sie nicht befragt werden wollte. Die Tagebucheintragungen allein vermitteln den Eindruck, daß ihre Ehe sehr problematisch ist. Die Trauer und die Wut, die er über den Verlust seines Arbeitsplatzes empfand, wurden niemals richtig anerkannt, und sie wirken wie ein Vulkan, der häufig Funken sprüht und von Zeit zu Zeit heiße, geschmolzene Wut ausspuckt.

Wut als normale Reaktion

Doch nicht jede Aggressivität und Wut kann mit dem Gefühl einer fundamentalen Abwertung erklärt werden. Die Wut, die die meisten von uns hin und wieder empfinden, wenn sie mit ihrem Partner streiten, hat sehr wenig mit den oben beschriebenen Arten von – psychischer oder sonstiger – Mißhandlung zu tun. Die meisten von uns wissen, was es bedeutet, wütend zu sein, und die meisten von uns wissen auch, daß wir der anderen Person keinen Schaden zufügen möchten, daß unser verbaler Konflikt nicht in verbale oder physische Gewalt ausarten darf. Wut ist eine normale menschliche Reaktion auf viele Situationen.

Jede Art von Uneinigkeit kann Wut auslösen. Schlimmer noch: Tiefsitzende Meinungsverschiedenheiten darüber, wie Frauen und Männer sich verhalten sollten oder nicht, müssen nicht einmal geäußert werden, um zwischen Partnern Wutgefühle zu wecken. Der amerikanische Eheberater David Mace sagt: »Ehe und Familienleben erzeugen in normalen Menschen mehr Wut als jede andere soziale Situation, in denen sie sich normalerweise befinden.«[29]

Leute, die zusammenleben, haben häufiger Anlässe zur Wut; ihre irritierenden Gewohnheiten kumulieren sich vielleicht, und sie bringen sich damit gegenseitig zur Verzweiflung; sie verspüren oft den starken Wunsch, geliebte Menschen dazu zu bewegen, sich zu ändern, und sie haben das Gefühl, relativ gefahrlos ausdrücken zu können, was sie empfinden.[30] Wir haben bereits gesehen, daß Frauen manchmal sagen, sie müßten sich in Beziehungen, in denen sie es wagen, sich auf einen Streit einzulassen, »ungefährdet fühlen«.

Natürlich ist Sicherheit etwas Relatives: Wer in einer Beziehung seine Wut ungehemmt äußert, macht diese selbst zu einem unsicheren Raum. Das zunehmende Versagen der Ehe als Institution läßt sich zumindest teilweise damit erklären, daß die Leute immer häufiger zu glauben scheinen, Wutgefühle sollten offen ausgedrückt werden: »Friß es nicht in dich rein«, »Laß den Dampf ab, bevor das Ventil platzt.« Man scheint zu glauben, daß es »ehrlicher« ist, »alles rauszulassen« – ungeachtet der Konsequenzen für andere. Wie ein Mann, ein 31 Jahre alter Sänger, der Psychologin Carol Tavris sagte:

»In der Gestalttherapie hat man mir beigebracht, wie ich meine Wut unmittelbar ausleben kann, ohne sie aufstauen zu müssen. Ich war früher jemand, der seine Wut immer so lange unterdrückte, bis er das Gefühl hatte, es sei legitim, die Wut zu äußern – ich mußte bloß meine Beschwerden vorbringen, wenn ich meinte, Grund zur Klage zu haben. Jetzt schere ich mich nicht mehr darum, ob meine Wut legitim ist oder nicht. Wenn ich die Schnauze voll habe, sage ich es.«[31]

Dieser Ansatz kann dazu führen, daß ständig aus dem Hinterhalt geschossen wird. Vielleicht haben so viel Verstimmung und Kummer auch zur Folge, daß einer der Partner – wenn nicht sogar beide – am Ende glaubt, es habe keinen Sinn mehr.

Ehepartnern wird – in Büchern und Zeitschriften sowie von Eheberatern – empfohlen, Wutgefühle zu teilen und zu besprechen, allerdings in Ruhe und nicht in der Erregung des Augenblicks. John Gray, der Berater, dessen Bestseller davon ausgeht, daß Männer und Frauen »aus verschiedenen Welten stammen« (metaphorisch gesprochen), widmet der Frage »Wie kann man einen Streit vermeiden?« ein ganzes Kapitel. Er meint, daß es uns deshalb nicht gelingt, auf liebevolle Weise miteinander zu kommunizieren, weil wir nicht abschätzen können, wie sehr der Stil, in dem wir reden, unser Gegenüber verärgern kann: »Nicht das, *was* wir sagen, tut weh, sondern *wie* wir es sagen.«[32]

»Wenn ich mich mit jemandem in die Haare kriege, weiß ich, wie ich der Sache schnell ihre Brisanz nehmen kann« gehörte zu den fünf größten Stärken, die US-Amerikaner in einer landesweiten Untersuchung in den siebziger Jahren nannten.[33] Die Psychiaterin Carol Zisowitz Stearns und der Historiker Peter N. Stearns vermuten, daß alle US-Amerikaner den Wunsch entwickelt haben, nicht nur ihr Wutverhalten, sondern auch das Wutgefühl als solches unter Kontrolle zu halten.[34]

Andererseits geben Experten den Rat, daß Angst vor Wut mehr Schaden anrichten kann als ihr offenes Ausleben. Desmond Morris, Autor von *Der nackte Affe*, behauptet, wie anderswo zitiert[35], daß sich die Unterdrückung starker Gefühle gesundheitsschädigend auswirken könne.

»Früher waren meine Frau und ich immer nett zueinander. Dann stellten wir fest, daß es schlecht war, Dinge in sich hineinzufressen, und jetzt sind wir so weit, daß wir uns, wenn wir uns über irgend etwas ärgern, anschreien und regelrecht aus der Haut fahren. Wir kennen keine Hemmungen, und das tut unserer Beziehung gut. Und auch unserer Gesundheit.«

Viele britische Zeitungen und Zeitschriften haben Artikel veröffentlicht, in denen behauptet wird, daß »Krach guttut« und »Streiten eine Form ist, Spannungen zu lösen«.[36] Sally, die mit ihrem Mann zusammen ein Geschäft betreibt und den ganzen Tag mit ihm verbringt, sagt:

»Es gibt nichts Schlimmeres als eine Atmosphäre, die man mit dem Messer schneiden kann, und genau das ist das Ergebnis, wenn man seine Gefühle ständig unter dem Deckel hält. Nur zum Spaß zu streiten, ist ziemlich witzlos, aber wenn es etwas gibt, über das man sich beschweren will – dann los. Sonst beginnt man am Ende noch zu grollen, und dann haben wir den Salat.«

Wie wir gesehen haben, hing auch bei Pauline die Entdeckung ihres Selbstwertgefühls eng mit ihrer Fähigkeit zusammen, ihre Wutgefühle zuzulassen und auszudrücken.
Was soll man nun mit so widersprüchlichen Ideen anfangen?
Tatsache ist, daß Wut ein Gefühl ist, das zu der Person gehört, die sie empfindet; sie gehört nicht zur anderen Person; die andere Person ist nicht einmal für das Auslösen dieses Gefühls verantwortlich. Wenn man wütend ist, spürt man selbst seine eigene Wut. Nicht die andere Person hat einen »wütend gemacht«. Diese Vorstellung ist nicht leicht verständlich, da die meisten Menschen vollkommen davon überzeugt sind, daß sie sich dann, wenn die Wut sie packt, in der Rolle des Opfers befinden – so, als ständen sie voller Unschuld am Strand und würden plötzlich von einer Wutwelle überrollt. Aber diese Gefühlswoge kommt aus *Ihrem* Inneren: Es ist Ihre Reaktion auf das, was die andere Person sagt oder tut. Es ist Ihre persönliche Interpretation, die Sie wütend macht. Ihre Wut gehört Ihnen allein. Das bedeutet nicht, daß Sie nicht das empfinden sollen, was Sie empfinden – Gefühle kennen keine Gebote, sie sind einfach da. Sie haben das Recht, Wut zu empfinden. Doch das berechtigt Sie nicht, das Selbstwertgefühl des anderen herabzusetzen oder zu zerstören. Und natürlich hat der andere ebenfalls das Recht, Wut zu empfinden.
Und wie soll man nun das Ganze in den Griff bekommen? Seine Wut einfach

herauszulassen, wie das Rezept des amerikanischen Sängers lautet, und zwar ohne Rücksicht auf den anderen, erinnert an die Wutanfälle kleiner Kinder. Aber die eigene Wut zu äußern heißt nicht (unbedingt), einen Wutanfall zu bekommen. Der Unterschied liegt darin, daß man die Verantwortung für die eigene Wut übernimmt und *erklärt*, was man fühlt: »Ich bin wütend« gestattet es der anderen Person zuzuhören, während: »Du machst mich wütend« den anderen in die Defensive drängt.

Zwei wütende Leute, die sagen können: »Wenn du X machst, werde ich böse (oder unglücklich oder wütend oder ähnliches)«, statt: »Du machst mich so wütend, wenn du X machst«, werden feststellen, daß dies wie eine Zauberformel wirkt, die die Gemüter beruhigt. Über Gefühle kann man nicht streiten. Wenn Sie, meine liebe Leserin, mein lieber Leser, zu mir sagten: »Wenn Sie behaupten, daß dies eine wirksame Zauberformel ist, dann rege ich mich wirklich auf«, *kann* meine einzige Antwort nur lauten: »Es tut mir leid, daß Sie das so empfinden.« Niemand kann über die Gefühle von irgend jemand anderem streiten – obschon manche Leute wahrscheinlich versuchen werden, Ihren Standpunkt zu ändern, indem sie behaupten, daß Sie solche Gefühle einfach nicht haben sollten. Dagegen muß man sich zu Wehr setzen. Gefühle gibt es. Äußern Sie, was Sie empfinden, ohne den anderen zu attackieren. Sätze wie: »Du bist …«, »Du tust …« entsprechen einem Luftangriff und veranlassen das Gegenüber, den ganzen Apparat der Flugabwehr in Bewegung zu setzen.

Wut kann für verschiedene Menschen unterschiedliche Bedeutung haben. Einige halten Wut für einen Klärungsprozeß, bei anderen löst sie Angst aus; manche erleben Wut als Machtzuwachs, andere als Kontrollverlust. Zwei Menschen, die miteinander streiten, haben vielleicht völlig widersprüchliche Vorstellungen von dem, was geschieht, wenn Wut geäußert wird, und wenn Ehemann und Ehefrau gegenteiliger Meinung sind, vermehrt das die Schwierigkeiten, die sie ohnedies bei der Kommunikation haben.

Beachten Sie, daß ich von »Menschen« gesprochen habe, die wütend sind, und daß ich auch nicht behauptet habe, Wut hätte »für Frauen und Männer unterschiedliche Bedeutung«. Viele Leser haben vielleicht erwartet, daß geschlechtsspezifische Unterschiede hier eine Rolle spielen, denn es gibt viele Mythen über die unterschiedlichen Einstellungen von Frauen und Männern zur Wut, und daß *dies* erklären würde, warum sich einige Streitereien ewig hinziehen. Von Frauen heißt es, daß sie eher depressiv als wütend reagieren; daß sie ihre Gefühle verstecken, weil ein Wutausbruch nicht »ladylike« ist;

daß sie abfällige Bemerkungen machen, weil sie niemals zu sagen wagen, was sie wirklich meinen, und daß sie Angst haben, ihre Gefühle zu offenbaren. Von Männern dagegen sagt man, daß sie Wut empfinden dürfen, daß sie sogar ermuntert werden, aggressiv zu sein, und im Rahmen der männlichen Rolle ihre Wut ausleben dürfen. Carol Zisowitz Stearns und Peter N. Stearns bemerken, daß im 19. Jahrhundert einige Elternberater davon ausgingen, daß kleine Mädchen gar keine Wut empfänden: Knaben mußten lernen, ihre Wut unter Kontrolle zu halten, während Mädchen lernen mußten, fröhlich zu sein. Und dennoch handelt es sich hier um einen geschlechtsspezifischen Unterschied, der mit Sicherheit keiner Überprüfung standhält. Die meisten von uns, Frauen und Männer gleichermaßen, haben mit Sicherheit persönlich erlebt, daß sowohl Frauen als auch Männer den Kopf verlieren, und die Psychologin Carol Tavris hat in ihrem Buch *Anger: the Misunderstood Emotion* darauf hingewiesen, daß Männer in bezug auf Wut möglicherweise dieselben Komplexe haben wie Frauen.

Doch diese geschlechtsbedingten Einstellungen zur Wut sind nur ein anderer Aspekt der uns bereits bekannten Arbeitsteilung. Aufgabe der Frau ist es, Beziehungen zu pflegen; daraus folgt, daß sie keine Wut äußern sollte, solange die Beziehung, die ihr am Herzen liegt, gefährdet ist – genau das, was wir in den Tagebucheintragungen über den Streit finden. Aufgabe der Männer ist es, mit Beziehungen zur Außenwelt umzugehen und ihre Lieben zu schützen; daraus folgt, daß Wut unter bestimmten Umständen akzeptabel ist, denn von einem Mann wird erwartet, daß er bereit ist, gegen Feinde zu kämpfen. Weder von Frauen noch von Männern wird erwartet, daß sie im Rahmen ihrer eigenen intimen Beziehung Wut äußeren, aber Zugeständnisse werden wohl auf beiden Seiten gemacht. Ehefrauen werden sagen:

»Ich hätte es [ein praktisches Problem im Zusammenhang mit unserem Haushalt] gar nicht erst auf Tapet bringen dürfen, denn ich wußte ja, daß er müde war.« (Sheila, 34)

»Wenn er nach Hause kommt, ist er nie gut drauf, deshalb war ich selber schuld, daß er [wütend wurde].« (Carla, 28)

»Er macht sich im Augenblick viel Sorgen über die Finanzen. Ich glaube, daß ich, als ich ausgerechnet dann mit der Telefonrechnung ankam, das Faß zum Überlaufen gebracht habe. Normalerweise ist er sehr lieb.« (Liz, 45)

Ehemänner werden stärkere Wutgefühle zugeben, insbesondere, wenn es um etwas geht, das mit ihrer angeblichen Kenntnis der Außenwelt zu tun hat, und dann behaupten, sie hätten einen Rückzieher gemacht:

»Ich habe mich sehr über ihre Vermutung geärgert, daß ich mit den Möbeln ein schlechtes Geschäft gemacht habe. Aber ich hatte nicht die Absicht, irgend etwas zurückzugeben, und deshalb habe ich aufgesteckt.« (Ivan, 33)

»Ich war sehr böse, aber es ging schnell vorbei. Sie hat diese entsetzliche Angewohnheit, andere zu unterbrechen. Der Verkäufer wollte mit mir reden, und ich kann ihren Ärger verstehen – schließlich wollte sie ja das Auto fahren. Aber ich stand schon ziemlich blöd da – und einen Moment lang hätte ich sie umbringen können. Aber natürlich würde ich vor anderen nie ein Wort sagen.« (William, 58)

Wenn die Kommunikation zusammenbricht

Meine Untersuchungen zeigen, daß viele Paare regelmäßig und oft über alltägliche oder praktische Dinge streiten – etwa darüber, wer einkaufen gehen, kochen, putzen, Auto fahren oder abspülen soll, welche Sendung man im Fernsehen anschauen oder wohin man in Urlaub fahren soll –, daß aber solche Meinungsverschiedenheiten nicht unbedingt Unbehagen oder Kummer auslösen.

Frauen neigen dazu, sowohl ihre Liebhaber als auch ihre Ehemänner versöhnlich zu stimmen, es sei denn, die Sache ist wirklich sehr wichtig für sie. Doch die meisten Frauen scheinen ihre Wutgefühle zu verbergen. In welchem Ausmaß dies geschieht, ließ sich messen. Die Tagebuchschreiber wurden aufgefordert, auf einer Fünfpunkteskala erstens anzugeben, wie heftig der Streit war, und zweitens, wie böse sie waren, auch wenn sie sich ihre Wut nicht anmerken ließen. Männer berichteten selten darüber, daß sie ihre Wut für sich behielten; viele behaupteten aber, daß die große Wut, die sie empfanden, rasch wieder verflogen sei. Frauen aber verstecken ihre Wut, vor allem vor ihren Männern: Sie behaupteten, daß die Streitigkeiten »moderat«, sie aber trotzdem wütend waren, und dabei gab es zwischen ihnen einen Unterschied von einem ganzen Punkt. Ehemänner schätzten den Streit im Vergleich zu ihren Frauen heftiger ein, aber nicht so heftig, wie ihre Frauen ihn *empfanden*. Von Riesenkrächen, wie man sie sich so gern vorstellt, war selten die Rede – weder bei Frauen noch bei Männern.

Viele Ehemänner geben gewöhnlich nach, wenn die Streitfrage für sie nicht wichtig ist. Die meisten Ehefrauen streben eine Aussöhnung an und verbergen die Wut, die sie vorübergehend empfinden; aber beide können sich immer noch so frei fühlen, daß sie ihren Standpunkt offen vertreten. Viele Paare fühlen sich auch in der Lage, sogar über so brisante Themen wie Politik, Religion, Geld oder Sex zu streiten.

In *Du kannst mich einfach nicht verstehen* behauptet Deborah Tannen, daß Frauen und Männer unterschiedlich reden: Frauen seien an »Beziehungssprache«, Männer an »Berichtssprache« interessiert. Während dies auf viele Menschen zutrifft, legen meine Untersuchungen nahe, daß sowohl Frauen als auch Männer beide Sprachen beherrschen. Probleme entstehen erst, wenn die Protagonisten nicht synchron agieren – wie in zahlreichen von Tannen zitierten Fällen. Uns allen passiert das irgendwann einmal.

Eine der großen Freuden, die viele Paare entdecken, wenn sie sich im Laufe der Zeit immer besser kennenlernen, ist, daß sie von einer Sprache in die andere überwechseln können, daß sie reden können, um ihre Intimität aufzubauen und weiterzuentwickeln, und daß sie miteinander reden können, um Informationen auszutauschen. »Berichtssprache« und »Beziehungssprache« hängen vom jeweiligen Kontext ab, und für glückliche Paare bedeutet es einen Lustgewinn, auf die eine oder die andere Weise miteinander zu kommunizieren, weil sie die Signale des anderen verstehen können.

Es sei denn, ihre Beziehung ist irgendwie gefährdet. Dann gewinnen die Mythen von den männlichen und weiblichen Denkkategorien wieder die Oberhand. Der Mann hört dem, was die Frau sagt, nicht mehr aufmerksam zu, weil jetzt seine tiefsitzende, möglicherweise unbewußte Vorstellung, daß sie irrational und emotional ist, ins Spiel kommt. Die Frau konzentriert sich auf die »Metamitteilung« (»Was will er wirklich damit sagen?«). Sie glaubt in der Regel, daß er das, was sie zu sagen versucht, verstehen müsse. Deshalb bedeutet seine Weigerung, auf ihre Gefühle Rücksicht zu nehmen, »in Wirklichkeit«, daß sie ihm nicht mehr wichtig ist oder daß er irgendeinen heimlichen Grund für sein Verhalten hat. Sie fühlt sich enttäuscht und wütend – und aufgrund der Gefahr, die für ihre Beziehung besteht, *muß* sie ihre Gefühle klar zu erkennen geben. Eine Frau, die versucht, »gehört« zu werden, kann unter diesen Umständen vielleicht auch schreien oder schimpfen. Der Mann wiederum fühlt sich bedroht, wenn eine Frau versucht, heftigen Gefühlen freien Lauf zu lassen, und daraus kann ein Riesenkrach entstehen. Oder er sagt vielleicht keinen Piep, weil er »weiß«, daß Frauen geheimnisvolle Dinge über Gefühle »begreifen« und ihm das versagt ist, und er weigert sich, auch nur den Versuch zu unternehmen, in »ihrer« Sprache mit ihr zu kommunizieren. Auch er ist wütend. Die Attraktivität gewisser Schriftsteller, die behaupten, wir würden über eine kulturelle Kluft hinweg streiten, ist wahrscheinlich in der Art und Weise begründet, wie solche Streitigkeiten eskalieren und Bestürzung auslösen können. Sobald die Beziehung selbst in Frage gestellt wird, ist kein Streit mehr ungefährlich.

Liebe gilt weitgehend als Vorrecht junger Leute, und doch gibt es genügend Hinweise, die deutlich machen, daß Reife und Erfahrung einer Frau helfen, zu sagen, was sie denkt, und zwar so, daß ihre Meinung auch gehört wird. Junge Frauen zwischen 20 und 30 beklagen sich mir gegenüber oft darüber, daß ihre Männer ihnen »nicht zuhören« oder daß sie »sich bedroht fühlen«, wenn sie ihre Gedanken äußern, und sie gestehen häufig, daß sie selbst es schwierig finden, zu sagen, was sie fühlen. Mit zunehmenden Alter scheinen Frauen sowohl anspruchsvoller als auch unbekümmerter zu werden: Frauen zwischen 30 und 50 scheinen entschlossen, den Ärgernissen der Sensibilitätsfalle auszuweichen. Sie erwarten von ihren Partnern und Ehemännern, daß sie dann, wenn Gefühle im Spiel sind, auf ihre Gefühle Rücksicht nehmen, und sind durchaus bereit, auch drastische Schritte zu unternehmen, wenn etwas schiefläuft. Gleichzeitig dreht sich ihr Leben nicht um Liebe allein, und viele bauen froh und glücklich angenehme Beziehungen mit Männern auf, die gelernt haben, mit ihnen zu reden.

In dieses glückliche Bild passen natürlich nicht alle, und das gilt vor allem für viele Frauen zwischen 50 und 60. Diese Zeit scheint heute für viele verheiratete Frauen ein potentiell katastrophales Lebensjahrzehnt zu sein. Es handelt sich um die Generation der Nachkriegsmädchen und frischgebackenen Ehefrauen der fünfziger Jahre, von denen man noch erwartete, daß sie sich einen Mann »schnappten« und ans Haus banden. Ihre Ehemänner sind die Männer, die mit dem Mythos aufwuchsen, daß sie von der romantischen Liebe in die Ehefalle gelockt würden, die den Mythos der männlichen Menopause erfanden und sich vollkommen im Recht fühlen, ihr eigenes Gefühl jugendlicher Männlichkeit wiederherzustellen, indem sie sich zur Erfüllung ihrer sexuellen Wünsche bereitwilligen jüngeren Frauen zuwenden. Diese älteren Frauen bleiben gestrandet zurück, denn viele von ihnen hatten geglaubt, »selbstlos« sein, sich zunächst um die anderen kümmern zu müssen und dann erst um sich selbst, und haben deshalb nie gelernt, sich zu behaupten.

Margo hat fünf erwachsene Kinder, ist jetzt 58 und Großmutter und hat niemals außer Haus gearbeitet. Vor einigen Monaten fand sie heraus, daß ihr

Mann nicht nur ein Verhältnis hat, sondern daß er seine Geliebte auch mit nach Hause genommen hatte, während sie, Margo, bei einer verheirateten Tochter zu Besuch war, und daß sie zusammen in ihrem Bett geschlafen hatten. Sie hatte also wirklich Grund, empört zu sein.

»Es war nicht so sehr die Affäre, die mir zu schaffen machte, weil ich eigentlich tief in meinem Inneren darüber Bescheid wußte – es war die Kränkung. Wie konnte er es wagen, mit ihr in meinem Bett zu schlafen? Er versprach, sie niemals wiederzusehen, aber das war ebenso eine Lüge wie alle seine anderen Lügen. Meine Söhne wollen, daß ich ihn jetzt hinauswerfe, aber das schaffe ich einfach nicht. Wie würde er zurechtkommen? Und wie könnten wir achtunddreißig Jahre Ehe über Bord werfen?«

Ein ganzes Leben, gewidmet der Fürsorge und der Pflege, reichte nicht aus, um sie zu schützen. Margo und ihr Mann haben »niemals gestritten«. Jahrelang hatten sie nicht richtig miteinander geredet, weil sie nicht wußten, wie man das überhaupt anstellt. Vielleicht haben sie nie miteinander geredet. Jetzt, da sie vor der Scheidung stehen, ist sie am Boden zerstört und fürchterlich beschämt, aber immer noch völlig außerstande, mit ihrem Mann zu reden. Sie sagt, sie habe versagt, und weiß nicht, wie sie mit ihrer Wut und ihrem Schmerz umgehen soll.

Manche älteren Paare, die jetzt in den Siebzigern und Achtzigern sind, berichteten mir von Langzeitdiskussionen, die sich oft jahrelang hinzogen. Ihr Problem war nicht, daß sie »niemals stritten«, denn sie stritten Jahr für Jahr über dieselbe Sache, sondern daß der Konflikt nicht gelöst wurde. Vera und Brian konnten sich nicht einigen, wie sie das Haus, das sie in den sechziger Jahren gemeinsam erworben hatten, einrichten sollten. Vera wollte zwischen zwei Räumen eine Wand einreißen, während Brian das ablehnte, und die Sache wurde jahrelang verschleppt. Vera lud keine Gäste ein, solange »nichts geschah«. Brian sagte: »Sie setzt sich irgendwas in den Kopf, ich weiß nicht, wo sie ihre Ideen her hat, aber sie sind vollkommen unpraktisch.«

Sie meinte, er könne für sie zu Hause das tun, was er im Rahmen seiner beruflichen Tätigkeit für andere bereits gemacht hatte. (»Er ist der Fachmann dafür.«) Aber in Brians Augen war das nur Nörgelei. Zwanzig Jahre später einigten sie sich darauf, das Thema fallenzulassen, und die Zimmer wurden so hergerichtet, wie Brian es wünschte, und Vera war bereit, Leute in ihr Haus einzuladen. Sie erzählte mir:

»Er ist so stur, das können Sie sich nicht vorstellen. Ich habe alles versucht. Aber jetzt habe ich es aufgegeben. Und er hat es doch sehr nett hergerichtet, oder? Wir haben Stunden damit verbracht, die Tapete auszusuchen.«

Dennis nannte es in Gesellschaft immer scherzhaft den »großen Zentralheizungsstreit«, aber erst nach seiner Pensionierung stellte er fest, daß es im Haus tagsüber tatsächlich kalt war, und er erklärte sich einverstanden, die Zentralheizung einzubauen, um die Sarah ihn seit Jahren gebeten hatte. Noch trauriger ist die Geschichte von Margie, die aufs Land ziehen wollte. Aber Fred weigerte sich, auch nachdem er in den Ruhestand gegangen war. Ihr Haus lag an einer Hauptstraße, die im Laufe der Jahre immer stärker befahren wurde und lauter geworden war. Margie litt am Ende unter ständigen Kopfschmerzen, bis zu ihrem Tod – mit Ausnahme der zwei Wochen im Jahr, in denen sie nach Cornwall fuhren. Aber Fred hatte einen großen Garten, der sein ganzer Stolz und seine ganze Freude war, und er hatte kein Ohr für ihre Wünsche. Tatsächlich war er teilweise taub, und deswegen störte ihn auch der Verkehrslärm nicht.

Alle diese Langzeitstreitigkeiten verursachten den Ehefrauen Kummer, weil ihre Männer einfach nicht nachgeben wollten. Das Problem für die Frauen war, daß sie den Status quo ändern wollten, während ihre Männer nicht einsahen, warum sie eine Veränderung gutheißen sollten, die ihnen nicht ins Konzept paßte und Geld kostete. Doch der gravierendste Aspekt dieser Streitereien ist, daß die Männer die Unzufriedenheit nicht wahrnahmen, die ihre Frauen angesichts ihrer Unnachgiebigkeit empfanden. Mein Argument lautet nicht, daß die Ehemänner ihren Frauen hätten »nachgeben« sollen. Ich meine vielmehr, daß die Männer, wenn sie die Verzweiflung all dieser Frauen wirklich »gehört« hätten, einen kreativen Ausweg aus der Sackgasse hätten finden können. Veras Weigerung, Gäste einzuladen, war sicherlich ein Beweis für ihre Unzufriedenheit; Sarah fror ständig, und Margies physisches Leiden blieb auch Außenstehenden nicht verborgen. Aber ihre Ehemänner nahmen Zuflucht zu der Vorstellung, daß »Frauen immer um irgend etwas Wirbel machen und daß man dem nicht allzu große Beachtung schenken sollte«.

Meine Untersuchungen legen nahe, daß junge Paare wahrscheinlich nicht bereit sein werden, sich auf jahrelange Streitigkeiten einzulassen, ohne eine Lösung zu finden. Vielleicht ist das einer der Gründe dafür, daß Ehen so oft vor dem Scheidungsrichter enden. Wenige Frauen unter 50 würden ein kategorisches »Nein« von einem Möchtegern-Pascha akzeptieren, und obwohl Schei-

dung nicht unbedingt eine kreative Lösung darstellt, entscheiden sich viele Menschen für eine Scheidung. Hier sind nur ein paar Beispiele dafür, wie eine Frau mit dem Zwang, nach einer kreativen Lösung zu suchen, umgehen kann. Katherine wurde eine wichtige Beförderung angeboten, die allerdings einen Umzug von Manchester nach Brüssel voraussetzte. Ihr Mann war Sozius in einer großen Anwaltskanzlei und nahm von vornherein an, daß sie das Angebot ohne Diskussion ablehnen würde. Als Katherine sich aber klarmachte, wie unzufrieden sie sein würde, bemühte sie sich sehr, sicherzustellen, daß er ihr *zuhörte* – sie arrangierte für sie beide ein Wochenende außerhalb, so daß sie sich aufeinander konzentrieren konnten. Sie betonte, wie wichtig er ihr sei und wie wichtig es für sie sei, daß sie beide darüber nachdächten. Da die beiden sich liebten und versuchten, miteinander zu kommunizieren, statt einander zu dominieren, fand dieses Paar eine Lösung, die Katherine erlaubte, die Stelle, die sie haben wollte, anzunehmen, und zufällig profitierte auch ihr Mann davon. Sobald er angefangen hatte, über Möglichkeiten der Veränderung nachzudenken, fiel ihm ein, daß ein neuer Sitz seiner Firma in Brüssel auch für ihn von Vorteil sein könnte.
Kreative Lösungsansätze für Streitereien haben nicht immer einen so positiven Ausgang, ermöglichen aber ein Verständnis, das sonst nicht zustande gekommen wäre. Tina, in zweiter Ehe mit einem Landwirt verheiratet, fand heraus, daß ihr eigener geschäftsmäßiger Ansatz, Dinge zu erledigen, zu einer sehr kritischen Einstellung gegenüber ihrem frisch angetrauten Ehemann führte. Er hörte sich zwar ihre Vorschläge wohlwollend an, aber sehr zu ihrem Leidwesen hatten ihre Diskussionen nicht den geringsten Einfluß auf sein Verhalten. Sie meinte, daß er wohl zuviel zu tun habe, und beschloß daher, ihn auf die Felder und in die Ställe zu begleiten, um ihm beim Heckenanlegen, beim Heumachen, bei der Reparatur der Traktoren und dem Ausmisten der Ställe zu helfen. Sie berichtete mir:

»Jetzt weiß ich, warum Sachen nicht erledigt werden. Man kann nicht einfach so auf einem Bauernhof arbeiten, alles ist mit allem anderen verknüpft. Ich fühle mich wirklich wohl. Wir arbeiten jetzt sowohl im wörtlichen als auch im bildlichen Sinne zusammen.«

Die Arbeitsteilung zwischen den Geschlechtern kann auf unterschiedliche Menschen unterschiedliche Wirkungen haben, aber offensichtlich können nur diejenigen, die stereotype Meinungen über die Beziehungen zwischen Frauen und Männern über Bord werfen, in der Liebe auf Dauer Glück finden. Keine Frau kann immerzu liebevoll und fürsorglich sein, keine Frau kann immer konziliant sein, ohne ihre eigenen Bedürfnisse, ihre eigenen Gedanken und ihre eigenen Gefühle zu verleugnen. Und keinen Mann kann man auf Schritt und Tritt versöhnlich stimmen und umhegen, und eine Frau kann nicht jeder seiner Launen nachgeben, ohne daß er seine Fähigkeit verliert, sich in andere einzufühlen und seine emotionale Verantwortung gegenüber anderen anzuerkennen. Ebensowenig kann er immerzu rational und logisch sein und seine Gefühle vom Verstand besiegen lassen. Deshalb scheint zu stimmen, was uns die Beziehungsexperten versichern –, daß nämlich Frauen und Männer bereit sein müssen, über ihre wirklichen Gedanken und Gefühle zu sprechen. Sie müssen riskieren, die Stiche der Wirklichkeit eines anderen Menschen als Schmerz zu spüren, damit sie lernen können, sich an das Anderssein des anderen anzupassen und, wie die Stachelschweine in freier Wildbahn, herauszufinden, wie man sich gefahrlos liebt.

9

Von Familien und Fehden oder Der schlichte Mutterhaß

»Einem Großteil unserer Wut liegt einfach nur ein Haß auf die Mutter zugrunde.«[37] Mit diesen Worten wurde eine Besprechung der Geschichte des Rock'n'Roll im *Observer* eingeleitet, und die Hervorhebung stammte vom Herausgeber. Die Verfasser des rezensierten Buches (Simon Reynolds und Joy Press) hatten sich die ungewöhnliche Aufgabe gestellt, die Texte populärer Rocksongs zu untersuchen, und kamen zu dem Schluß, »daß die Rockmusik in einer virulenten Frauenfeindlichkeit wurzelt, daß es sich beim Rock um eine Flucht vor allem handelt, was mit der Frau zu tun hat, um die Angst vor der Häuslichkeit und die Verachtung emotionalen Engagements ... Das Thema ist stets das gleiche: Der Mann ist ein freier und heroischer Geist und die Frau eine versklavende Nervensäge.«[38]
Die Popularität der Rockmusik scheint also nur eine weitere, jugendliche Manifestation dessen zu sein, was Carol Tavris und Carole Wade »den längsten Krieg« nennen, nämlich den Konflikt zwischen den Geschlechtern.[39] Wie so oft, wird hier Widerstand gegen Frauen mit Haß auf die Mutter gleichgesetzt, obwohl man sich fragen muß, inwiefern der Haß auf eine so wichtige Bezugsperson im Leben eigentlich *»einfach«* sein kann.
Frauenfeindlichkeit ist die gefährlichste Folge der Arbeitsteilung: Sie beschwört nicht nur die Gefahr physischer Mißhandlung bis hin zu Folter und Mord sowie die Gefahr sexueller Belästigung und Vergewaltigung herauf, sie führt auch (wie wir an Paulines Geschichte gesehen haben) zu heimtückischen Formen der psychischen Mißhandlung, bei denen die Frau unbewußt den Verlust ihres eigenen Selbstwertgefühls herbeiführt.

Männern, die Frauen hassen, kommt es gar nicht erst in den Sinn, daß sie einer Frau zuhören müssen. Männer, die Frauen hassen, glauben, sie hätten das Recht, eine Frau zu bestrafen, wenn ihnen das, was sie sagt, nicht paßt. Männern, die Frauen hassen, fällt es leicht zu glauben, daß eine Frau es nicht ernst meint, wenn sie nein sagt, oder sie ignorieren es ohnedies, weil ihre Wünsche nicht zählen, oder handeln nach der Überzeugung, daß jede Frau, die Begierden in einem Mann weckt, dies mit Absicht tut, um ihn zu ärgern, und deshalb verdient, was sie bekommt. Solche Männer befinden sich in illustrer und traditionsreicher Gesellschaft. Schon im Mittelalter glaubte der heilige Bernhard von Clairvaux: »Stets in Begleitung einer Frau zu sein und keinen Geschlechtsverkehr mit ihr zu haben, ist schwieriger, als Tote zu erwecken.«[40] Achthundert Jahre später tat Richter David Wild seine Meinung kund, wonach »Frauen, die nein sagen, nicht immer nein meinen. Es ist nicht nur eine Frage des Neinsagens … Wenn sie nicht will, braucht sie nur ihre Beine zusammenzudrücken, und dann würde die Gewalt, die angewandt werden müßte, Spuren hinterlassen.«[41]

Allein schon im Interesse ihrer eigenen Sicherheit müssen Frauen einen Weg finden, wie sie die Frauenfeindlichkeit an der Wurzel packen können. Und diese Wurzel sind wir – in unserer Rolle als Mütter – angeblich selbst.

Ich stelle mir vor, daß viele Leser sich gegen die Unterstellung verwahren, daß Frauenhaß ein Schlüsselfaktor in der Psychologie des Streits ist. Als Germaine Greer schrieb: »Frauen haben kaum eine Vorstellung davon, wie sehr sie von Männern gehaßt werden«[42], stieß sie auf einhellige Ablehnung und auf Spott. Es ist weder angenehm noch ungefährlich, sich als Frau vorzustellen, daß alle Männer Feinde sind, und der Gedanke mutet ebenso unwahrscheinlich an wie die ergänzende Vorstellung, wonach alle Frauen Männer hassen. Ich selbst habe nicht geglaubt, daß ich der Frauenfeindlichkeit in diesem Buch einen ganzen Abschnitt widmen müßte, bis ich mich einmal zufällig mit meiner Tochter Akita unterhielt. Sie sagte: »Ich finde es sehr schwer, mit solchen Frauen freundschaftlich umzugehen, die ihre Söhne zu Frauenfeinden erziehen.« Ich bat sie, mir zu erklären, was sie damit sagen wollte. Daraufhin erzählte sie mir von Sheila, die sie jeden Tag vor der Grundschule trifft und die ihre beiden Söhne vor allen anschreit und zusammenstaucht:

»Ich meine, es ist, weil sie ihnen zuviel durchgehen läßt, und wenn sie dann ein Machtwort sprechen muß, rastet sie vollkommen aus. Diese Jungs haben keinen Respekt vor ihr, weil sie keine Kontrolle hat, und dann demütigt sie sie vor aller

Augen, und die anderen Frauen rufen: ›Hau drauf!‹ ›Gib ihm eins hinter die Löffel!‹ Diese Jungs werden regelrecht zu Frauenhassern erzogen.«

Sie hat vielleicht recht, weil die Erfahrungen, die ein Junge in früher Kindheit mit seiner Mutter macht, sein späteres Verhältnis zu Frauen in hohem Maße bestimmen werden. Möglicherweise lernt ein Mädchen auf dieselbe Weise zu hassen. Aber das gleiche Argument kann auch auf Väter gemünzt werden: Wenn ein kleines Kind – ob Mädchen oder Junge – physisch oder psychisch von einem Elternteil – ob Mutter oder Vater – mißbraucht wird, fließt dieses Erleben in die Erwartungen des Kindes und in seine Vorstellung von dem ein, was es heißt, eine Frau oder ein Mann zu *sein*. Demütigung kann also eine Quelle der Frauenfeindlichkeit – und auch von Männerhaß – sein.

Psychoanalyse und die böse Hexe

Doch viele Autoren bringen Frauenfeindlichkeit mit viel früheren Erfahrungen mit der Mutter in Verbindung. Der Therapeut Adam Jukes, der Verfasser eines Buches mit dem Titel *Why Men Hate Women*, vermutet, daß alle Menschen mit dem Wunsch konfrontiert werden, ihre Mutter zu vernichten, weil sie in ihren frühesten Jahren eine absolute Herrschaft über sie ausgeübt und sie zwangsläufig Frustrationen ausgesetzt hat. Eine ähnliche Ansicht vertritt die Psychologin Dorothy Dinnerstein.[43] Beide schließen sich Melanie Kleins Meinung an, wonach ein Säugling in den ersten Wochen und Monaten seines Lebens sämtliche Frustrationen auf die Mutter projiziert und die leibliche Mutter »aufgespalten« wird in die »gute Mutter«, die das Kind an der Brust nährt, und die »böse Mutter« oder Hexe, die gefährlich und lebensbedrohlich ist.[44] Jukes schreibt: »Der kleine Junge beschließt, einer Frau nie wieder zu erlauben, soviel Macht über ihn zu gewinnen, wie seine Mutter in seinem ganz frühen Leben über ihn besaß.«[45]

Er stimmt auch Freuds Theorie zu, daß kleine Jungen eine »natürliche Verachtung« für Frauen entwickeln, sobald sie entdecken, daß diese keinen Penis haben. Er kommt daher zu dem zutiefst pessimistischen Schluß, daß Frauenfeindlichkeit und die Ungleichheit der Geschlechter ein unausweichlicher Bestandteil der menschlichen Psychologie sein könnten.

Dinnerstein zufolge wirkt sich die Tatsache, daß die Sorge für das Kind ausschließlich in der Hand von Frauen liegt, sowohl auf die Frauen als auch auf die Männer lähmend aus. Sie glaubt, daß Frauen zu der gegenwärtigen Arbeitsteilung, die ihnen Macht über die Gefühle und den Männern Macht über die Welt gibt, aktiv beitragen. Dieses geheime Zusammenwirken entspricht dem Wunsch der Männer nach Herrschaft, beraubt die Männer aber zugleich der Chance, tiefe Gefühle zu empfinden, die sie sonst in der heterosexuellen Liebe entdecken könnten. Jukes ist mit der Vorstellung, daß der Mann Opfer dieses Arrangements ist, nicht ganz glücklich: »Ich bin mir zwar der Kosten bewußt, doch weit mehr bin ich mir über die Vorteile im klaren, die sich für Männer dadurch ergeben, daß sie das Gesetz der Väter und den Eintritt in die Welt der Männer akzeptieren. Selbstverständlich glaube ich, daß die Vorstellung, Männer seien Opfer, alle Bemühungen untergräbt, die Männer dazu zu bewegen, sich zu ändern. Meiner Erfahrung nach müßten wir als erstes sehen, welche Rolle wir als Unterdrücker spielen, und die Macht, die wir als Männer über Frauen haben, anerkennen. Männer sind eher Opfer der Erwartungen, die Frauen von uns haben, als Opfer des männlichen Rechts.«[46]

Nachdem ich drei eigene Kinder und vier Enkel aufwachsen gesehen und mich mit dem beschäftigt habe, was die experimentelle Wissenschaft über die Entwicklungspsychologie herausgefunden hat[47], finde ich Melanie Kleins Vorstellungen über die Ängste des Säuglings nicht überzeugend. Frühe Erfahrungen sind zweifellos der Schlüssel zur späteren Psychologie des Menschen, denn wir bauen in jeder Entwicklungsphase auf das, was wir bereits gelernt haben. Aber ein Baby kann keine Vorstellung von Gut und Böse haben, sondern nur Lust- und Schmerzgefühle empfinden, und selbst wenn die Mutter in dem sich entwickelnden Denken und Fühlen des Kindes mit beidem assoziiert wird, gibt es keine Anhaltspunkte für die Stichhaltigkeit der Theorie, daß das Kleinkind die Mutter in diese zwei Aspekte »aufspaltet«. Richtig ist, daß ein fünf oder sechs Wochen altes Baby alle Register ziehen kann, wenn die Mutter aus seinem Blickfeld verschwindet, und dann, wenn sie wieder auftaucht, sich beruhigen, ja sogar lächeln kann. Für das einfache Gemüt scheint das Ausdruck einer Freude zu sein, die mit der Anwesenheit der Mutter zusammenhängt, oder ein Ausdruck des Unbehagens, wenn sie *abwesend* ist. Da sich die Sprache nicht vor Ende des ersten Lebensjahres zu entwickeln beginnt und es mehrere Jahre dauert, bis sie voll ausgereift ist, hat das Kind dann ein Alter erreicht, in dem es Entscheidungen treffen kann wie: »Ich werde niemals zulassen, daß eine Frau derartige Macht über mich gewinnt.« Dann aber ist es unwahrscheinlich, daß seine oder ihre Entscheidung viel mit frühen Hungerattacken oder vollen Windeln zu tun hat. Es ist viel wahrscheinlicher, daß solche Entschlüsse auf den Frustrationen beruhen, die daher rühren, daß man sich von einem schützenden oder dominierenden Elternteil fortentwickelt.

Wirklich nachlässige oder grausame Mütter werden das heranwachsende Kind unweigerlich lehren, einer Frau nicht zu trauen, aber sie sind Gott sei Dank eine Seltenheit und können nicht zur Erklärung einer normalen Entwicklung herangezogen werden.

Ich vertrete einen ähnlichen Standpunkt wie die Soziologin Nancy Chodorov in ihrem bekannten Buch *The Reproduction of Mothering*, obwohl ich ihre positive Einstellung zur Psychoanalyse nicht teile.[48] Psychoanalytiker scheinen den Prozeß der Abgrenzung des Selbst von der Mutter immer als ein Problem für das Kleinkind anzusehen, was sie dann mit Theorien erklären, welche die Geschlechterunterschiede, die wir zu verstehen versuchen, fortführen. Außerdem verläßt sich die klinische Praxis auf die verbale Erinnerung, die zwangsläufig nicht auf präverbale Phasen der Entwicklung zurückgreifen kann, das heißt auf jenes erste Lebensjahr, welches den Analytikern zufolge für das Mutterbild des Kleinkindes von so grundlegender Bedeutung ist. Da psychodynamische Theorien nicht zu beweisen sind, enthalten sie eine starke Mischung aus Magie und Mythos.

Chodorov argumentiert, daß heranwachsende Mädchen kein Problem mit ihrem Weiblichkeitsgefühl haben, daß sie sich weiterhin mit ihrer Mutter identifizieren können und mit einer Fähigkeit für Empathie und zwischenmenschliche Beziehungen aufwachsen, die in ihre Selbstdefinition integriert wird. Jungen dagegen haben Probleme: Für sie ist die Männlichkeit problematisch, weil ihr frühes Einssein mit der Mutter sie ausstattet mit »einem unterschwelligen Gefühl der Weiblichkeit, das ständig, gewöhnlich unmerklich, aber manchmal mit Nachdruck, das Männlichkeitsgefühl herausfordert und schwächt ... Zu lernen, was es heißt, männlich zu sein, wird als nicht-weiblich, als nicht-fraulich definiert.«[49]

Jungen wachsen mit einer Neigung auf, alle nicht-männlichen Dinge abzuwerten und Individualismus und Autonomie, die als kulturell wertvoll gelten, in bezug auf ihre Eigenständigkeit und ihr Anderssein im Vergleich zu Frauen zu definieren. Chodorov vermutet, daß Frauenfeindlichkeit ausgerottet werden könnte, wenn Männer sich die Elternrolle mit ihren Frauen teilten.

Aber warum braucht Chodorov eigentlich die Psychoanalyse zur Untermauerung ihrer These? Es reicht sicherlich aus, anzuerkennen, daß Mädchen lernen, Weiblichsein mit ihrer Mutter zu assoziieren (und nicht mit ihrem Vater), während Jungen lernen, daß Männlichsein heißt, so zu sein wie ihr Vater (und nicht wie ihre Mutter), und ferner, daß Männer ein ureigenes Interesse daran haben, Frauen herabzusetzen, um ihre eigene, privilegierte Position zu rechtfertigen.[50] Chodorov betont, daß »Unterschiede hinsichtlich der Geschlechterrolle und der Erfahrungswelt gesellschaftlich und psychologisch geschaffen und festgesetzt« werden und daß sie »als solche nicht existieren«. Die geschlechtsspezifische Rolle ist ein Prozeß, der sich aus den Machtungleichheiten entwickelt und diese reproduziert.[51] Diese Zuflucht zur psychodynamischen Theorie legt nahe, daß diese Unterschiede in unserer frühkindlichen Entwicklung so tief verankert sind, daß sie selbst dann unveränderlich sind, wenn ihre gesellschaftlich konstruierten Ursprünge noch so sehr in Frage gestellt werden. Wie sollten Chodorov zufolge die Männer, die so große Schwierigkeiten hatten, sich von ihren Müttern abzugrenzen, jetzt imstande sein, sich zu ändern und ihren kleinen Kindern gegenüber ein fürsorgliches Pflegeverhalten an den Tag zu legen? Allein schon die Lösung, die sie für das Problem aus ihrer Sicht anbietet, weist darauf hin, daß das psychodynamische Element überflüssig ist.

Männer, die Frauen hassen, sind wahrscheinlich auch in der Erfüllung ihrer Vaterrolle nicht besonders gut. Sie sind auch ziemlich schreckliche Ehemänner. Adam Jukes behauptet – horribile dictu! –, daß alle Männer Frauenhasser sind, aber diese Meinung entspringt wiederum seinem Glauben an die psychodynamischen Ursprünge der Frauenfeindlichkeit. Die Männer, mit denen er es als Therapeut zu tun hat, sind per definitionem Männer, die ihre Frauen schlagen, und wir sind uns wohl alle darüber einig, daß die Fähigkeit einer Frau, unter diesen Umständen mit ihrem Mann zu kommunizieren, nachhaltig zerstört ist. Wir müssen vorsichtig sein und uns davor hüten, den Opfern die Schuld zuzuschreiben, doch Frauen müssen die Verantwortung dafür übernehmen, daß sie zum Frauenhaß der Männer selbst beitragen. Insbesondere Mütter und Lehrerinnen haben Gelegenheit, dem heranwachsenden Jungen zu zeigen, daß Frauen sanft und verständnisvoll sein können (die Eigenschaften der Sensibilitätsfalle, die wir nur zu gut kennen!), daß sie aber auch konsequent, vernünftig und stark sein können (Eigenschaften, die eher mit Männern assoziiert werden). Über Frauen lernen kleine Jungen etwas von ihren Müttern, Tanten, Großmüttern, älteren Schwestern, Lehrerinnen – praktisch von allen Frauen in ihrem Leben. Kleine Mädchen lernen dasselbe – sie lernen von ihren Müttern und anderen wichtigen Frauen in ihrem Leben, was es heißt, eine Frau zu sein. Eine Frau, die ihr Kind hemmungslos anschreit, herunterputzt und es vor seinen Freunden demütigt, beschwört das Bild der bösen Hexe aus unseren Märchenerzählungen herauf. Doch welche Mutter rastet nicht irgendwann einmal aus? Erst wenn das zur Gewohnheit wird, können Groll und Angst in

Haß umschlagen. Sanftheit und Freundlichkeit *sind* wichtige Eigenschaften im Leben von Babys und kleinen Kindern. Es verwundert nicht, daß sie in den Vorstellungen der Erwachsenen von dem, was es heißt, eine Frau zu sein, eine große Rolle spielen.

Das ist nur einer der vielen Gründe, warum Vätern beim Überdenken der traditionellen Arbeitsteilung eine entscheidende Rolle zukommt. In dem Ausmaß, wie sie in die Pflege von Babys und Kleinkindern eingebunden werden, lernen sie, ebenfalls Sanftheit und Zärtlichkeit an den Tag zu legen. Die praktische Übung macht Freude, und je mehr sie für ihre heranwachsenden Kinder sorgen, desto leichter werden sie anderen erlauben, so zu sein, wie sie sein wollen. Aber es ist nicht einfach, und Männer werden in keiner Phase ermutigt, auf jene männliche Macht zu verzichten, die ihnen von Geburt an zugesprochen wird. Jukes glaubt, daß die Männer niemals auf Macht und Herrschaft über Frauen verzichten und deshalb niemals bereit sein werden, »weibliche« Aufgaben zu übernehmen. Gewiß wird der neue Mann mehr zu tun haben als ein weinendes Baby im Auto spazierenzufahren (wie unlängst in einem TV-Werbespot zu sehen war). Eltern könnten ihren Kindern zeigen, daß *beide* Geschlechter sanft und fürsorglich, aber auch konsequent, vernünftig und stark sein können. Wie meine Tochter so überzeugend darlegte, liegt es in der Verantwortung jeder einzelnen Mutter, ihrem Sohn beizubringen, daß eine Frau es ernst meint, wenn sie nein sagt.

Mütter und ihre erwachsenen Söhne

»Es ist witzlos, mit ihr zu streiten, sie hört doch nie zu. Sie ist sowieso zu dumm, um zu kapieren, was ich meine.« (Bob, 24, Buchhalter)

»Sie ist zu blöd, um mir zu widersprechen.« (Jim, 28, Doktorand im Fach Psychologie)

So sprechen junge Männer über ihre Mütter. Worauf beruht diese Einstellung? Die britische Psychologin Halla Beloff hat gezeigt, wie vorherrschend die Überzeugung ist, daß Mütter nicht so klug sind wie Väter – obwohl Psychologen schon vor über achtzig Jahren herausfanden, daß es in bezug auf die allgemeine Intelligenz keine Unterschiede zwischen den Geschlechtern gibt.[52] Beloff forderte Universitätsstudenten auf, ihren eigenen Intelligenzquotienten, den ihrer Mutter und den ihres Vaters zu erraten, und kam im Jahre 1990 zu dem Ergebnis, daß Männer ihren eigenen und den ihres Vaters beträchtlich höher einschätzten als den ihrer Mutter. Angesichts der Tatsache, daß der durchschnittliche IQ für die Gesamtbevölkerung 100 beträgt, schätzten Beloffs 265 männliche Studenten, daß ihr eigener IQ um 127, der ihres Vaters um 125 und der ihrer Mutter um 118 liegt.[53] Es ist erstaunlich, daß Frauen diesen Irrglauben an einen geschlechtsspezifischen Intelligenzunterschied teilen und vermutlich selbst dazu beitragen, ihn zu verstärken: 502 schottische Studentinnen schätzten ihren eigenen IQ und den ihrer Mutter um 120 ein, schrieben aber ihren Vätern einen Wert um 128 zu.

Wie Beloff ausführt, genügt es nicht zu argumentieren, daß diese Einschätzung der Intelligenz der Mutter wahrscheinlich die Wirklichkeit widerspiegelt, das heißt, daß Männer Frauen heiraten wollen, die weniger klug sind als sie selbst (wie der Psychologe John Campion vermutet).[54] Jedenfalls ziehen es Genetiker in der Regel vor, von »Partnerübereinstimmung« zu sprechen, der zufolge die meisten Leute Partner heiraten, die ihnen ähnlich sind. Der entscheidende Punkt ist, daß die jungen Frauen in Beloffs Stichprobe (und in zahlreichen anderen Untersuchungen) offensichtlich ebenfalls der Meinung sind, Frauen seien weniger intelligent als Männer.[55] Sie schätzten nicht nur den IQ ihrer Mutter sowie ihren eigenen IQ niedriger ein als den ihres Vaters, sondern glaubten auch, daß ihr eigener IQ unter den Selbsteinschätzungen lag, die ihre männlichen Kommilitonen vorgenommen hatten. Beloff versichert den Skeptikern, daß sich in diesen Ergebnissen die Wirklichkeit an der Universität Edinburgh nicht widerspiegelt. (Nebenbei sei bemerkt, daß in Schottland seit 1984 Mädchen bedeutend bessere Examensnoten erzielt haben. In Nordirland zeichnet sich seit 1989/90, in England seit 1994 ein ähnliches Bild ab.[56]) Wenn man objektive Maßstäbe anlegt, so sind Beloffs Studentinnen keineswegs weniger intelligent als ihre männlichen Kommilitonen. Sie haben das nur geglaubt, und die Männer haben zugestimmt.

Die generell niedrige Plazierung der Mütter auf der IQ-Skala erklärt vielleicht, warum so wenige der Männer, die mir Streittagebücher zusandten, über Streitigkeiten mit ihren Müttern berichteten. Viele Tagebuchschreiber sagten, daß sie aus verschiedenen Gründen »außerstande« seien zu kommunizieren, und aus den wenigen Berichten, die ich dazu erhielt, sprach großes Unbehagen. Roger, ein 39 Jahre alter Buchhändler, verwickelte sich in einen Streit mit seiner Mutter über ihren »geplanten Kauf einer Möbelgarnitur«, aber »ich schaffte es nicht, die Gründe, wieso ich Bedenken hatte, ehrlich darzulegen«. Peter, ein 27 Jahre alter Programmierer, schrieb:

»Es ist schwer, mit ihr zu reden. Sie regt sich immer gleich so auf, daß ich von vornherein versuche, nicht mit ihr aneinanderzugeraten.«

Ihre Erregbarkeit ist eine Standardkritik an Frauen. Viele Männer scheinen anzunehmen, jeder Streit mit ihrer Mutter werde damit enden, daß sie versucht, über Gefühle zu reden. Mehrere Frauen sagten mir: »Männer scheinen nicht über Gefühle reden zu wollen«, und das trifft wirklich zu. Graham, ein 30jähriger Ingenieur, hatte mir erklärt, daß ihn beim Streiten mit seiner Mutter immer ein Unbehagen befiele, und ich bemerkte daraufhin, daß er bei allem, was er sagte, Gespräche über Gefühle voraussetzte. Deshalb fragte ich ihn: »Und wie ist es, wenn Sie über Ideen streiten?«

»Ach, über Ideen kann jeder reden. Es gibt einen wichtigen psychologischen Unterschied zwischen Gefühlen und Ideen. Sie versucht, Gefühle zu sezieren, und darauf hab' ich wirklich keinen Bock.«

Ob er denn jemals mit seiner Mutter über Ideen streite? Er bejahte dies, aber es klang etwas zweifelnd. »Ich bin immer bereit, mit jedem über Ideen zu reden ...«, äußerte er und verstummte. Offensichtlich werden Mütter und Ideen nicht so leicht miteinander in Verbindung gebracht wie Mütter und Gefühle.
Viele Männer zwischen 20 und 40 bekennen, »ein schwieriges Verhältnis« zu ihren Müttern zu haben, und ein Vermessungsingenieur sagte: »Ich kann nicht mit ihr reden.« Manche Männer gehen sogar so weit, ihren Müttern emotionale Erpressung vorzuwerfen. Es hat häufig den Anschein, daß jeder Kommentar einer Mutter als abfällige Bemerkung oder als Versuch interpretiert wird, den Sohn zu manipulieren und ihn zu beeinflussen. Emotionale Erpressung wird gewöhnlich dahingehend gedeutet, daß die Mutter versucht, die Machtbefugnisse wiederherzustellen, die sie über ihren Sohn hatte, als dieser noch ein Kind war. Leslie, ein 30 Jahre alter Universitätslektor, klagte:

»Sie hat gehört, was ich sagte, aber sie ist nicht darauf eingegangen. Was ich meinte, wurde als belanglos abgetan. Sie glaubt immer noch, daß sie Macht über mich ausüben kann.«

Die Schwierigkeit scheint zum Teil folgenden Grund zu haben: Männer haben ein Problem mit der Tatsache, daß ihre Mutter sie auf eine so intime Weise kennt, wie das kein anderer Mensch könnte. Warum dies ein Problem aufwerfen sollte, ist nicht klar, da die frühe Vertrautheit mit einer Pflegeperson auf jedes menschliche Wesen zutrifft. Vielleicht hat dieses geheimnisvolle Gefühl, von einem mächtigen Anderen gekannt zu sein, auch für die weitreichende Akzeptanz der Psychoanalyse gesorgt, die davon ausgeht, daß die Abgrenzung von der Mutter unumgänglich ist. Ein Mann um Mitte Dreißig sinnierte:

»Ich vermute, daß ich mich bei meiner Mutter verwundbar fühle. Ich fühle mich verwundbar, weil sie meine Mutter ist, sie kennt mich in- und auswendig. Ja, das ist lange her, aber ich spüre es noch immer.«

Junge Männer ärgern sich offensichtlich, wenn ihre Mütter »versuchen, sie herumzukommandieren«. Ihr Bedürfnis, ihre Unabhängigkeit zu behaupten, setzt natürlich schon im frühen Teenageralter ein und kann zu einem notorischen Widerstand führen, der sich schwer brechen läßt.

Es ist schon möglich, daß viele Mütter herrschsüchtig sind, aber wahrscheinlicher ist, daß Mütter sich nach wie vor um das Wohlergehen ihrer Söhne sorgen. Wenn sie weiter gehen, als dieser Sorge einfach nur Ausdruck zu verleihen, und versuchen, gutgemeinte Empfehlungen und Ratschläge zu erteilen, wird das als Herrschsucht in Verbindung mit der Manipulation von Schuld- und Pflichtgefühlen *interpretiert*. Ein anderer 30jähriger Mann gab zu:

»Immer wenn sie versucht, mir zu sagen, was ich zu tun habe, reagiere ich gereizt. Es ist so, als würde sie denken, ich wäre ihr was schuldig.«

Wenn ein Mann die Dreißig erreicht hat, scheint die Annahme begründet, daß er seine Mutter nicht braucht, um zu wissen, was er tun soll. Aber einfache Kommentare können leicht als Einmischung, Hilfsangebote als Übergriffe gedeutet werden. Simon, ein Programmierer, bemerkte:

»Meine Mutter hat immer versucht, mir zu sagen, wie ich mein Leben organisieren soll, sie hat mich wirklich gereizt. Es scheint jetzt aber seltener vorzukommen, denn jetzt gibt es ja Emma, die mich an ihrer Stelle herumkommandiert.«

Macht es diesem Mann *Spaß*, eine Frau zu haben, die ihn herumkommandiert, oder interpretiert er die Empfehlungen seiner Lebensgefährtin bloß als

Herrschsucht? Um das herauszufinden, müßte man schon Mäuschen spielen …
Die Mütter neigen dazu zu glauben, daß sie behutsam sind und das Recht ihrer erwachsenen Kinder respektieren, selbständig zu denken und zu handeln. Ellen machte sich Sorgen, weil ihr zwanzig Jahre alter Sohn, »ein junger und begeisterter Christ«, ein übereifriger Missionar wurde.

»Ich habe angedeutet, daß das ein bißchen impertinent sein kann und nur im Rahmen einer echten Freundschaft versucht werden sollte … Er wußte, daß ich ihn ›nicht ausschimpfte‹, sondern ihm nur Ratschläge erteilte, denen er bereitwillig zuhörte.«

Gillians älterer Sohn war an der Universität (sie selbst ist Landwirtin):

»Es macht mir wirklich ziemlich viel Spaß, daß ich dann, wenn er zu Hause ist, über Dinge diskutieren und streiten kann. Wenigstens hört er zu – selbst dann, wenn er meint, ich würde mich irren, was mehr ist, als mein Mann je tut. Wir können sogar über Politik streiten, auch wenn wir uns darüber nie einig werden. Wenigstens läßt er mich sagen, was *ich* denke, und das ist doch auch schon was!«

Doch leider kann die Kommunikation oft weniger effektiv sein, als viele Mütter glauben. Gewisse Anzeichen deuten darauf hin, daß junge Männer ihre Mütter einfach reden lassen. Malcolm, ein Elektriker, erklärte:

»Meine Mutter hat wirklich Langeweile, und ich mache ihr eine Freude, wenn ich sie besuche – und das geschieht nicht oft. Wenn sie über Politik oder gar darüber reden will, wie ich meinen Betrieb führen soll, stimme ich ihr zu. Dann läßt sie ein bißchen Dampf ab, und mir schadet es ja nicht.«

Und Patrick, ein Hoch- und Tiefbauingenieur, sagte:

»Sie regt sich nur auf, wenn sie glaubt, wir würden mit den Kindern etwas falsch machen. Ich weiß also, daß sie nichts Böses im Sinn hat. Wissen Sie, sie will ihren Senf dazugeben, wie man Kinder bestraft oder so was, und das treibt einen schon auf die Palme. Aber ich laß sie reden; schließlich ist sie dagewesen, und ich weiß, daß sie es gut meint.«

Mütter und ihre Töchter

Mütter und Töchter haben es heute weniger schwer, da der Feminismus allen klargemacht hat, daß sie Freundinnen sein können und nicht Feinde sein müssen. Jeder Vater, jede Mutter und jedes Kind scheinen ein Horrorjahr durchmachen zu müssen. Ein Spruch, den ich mir gemerkt habe und der mir über die Pubertät meiner eigenen Töchter hinweghalf, lautete: »Die beiden schlimmsten Jahre im Leben einer Frau sind, wenn sie selbst dreizehn ist und wenn ihre Tochter dreizehn ist.« Es half zu wissen, daß auch andere das durchgestanden haben.

Doch Töchter können es nicht ausstehen, wenn ihre Mütter mit ihnen streiten – auch dann noch nicht, wenn sie von zu Hause ausgezogen sind, eine berufliche Laufbahn eingeschlagen und eine eigene Familie gegründet haben. Sie scheinen jede abweichende Meinung oder gutgemeinte Bemerkung mit Blick auf die sogenannte »Machtfrage« zu interpretieren. Sie fürchten, von anderen kontrolliert zu werden, und ärgern sich über jede Bemerkung, daß sogar die Mutter (»die doch Quelle von Liebe, Hilfe, Trost und Glück sein sollte«) ihnen das Recht auf unabhängiges Denken abspricht.[57]

In Tagebüchern berichten Töchter, daß sie sehr große Wut empfinden, wenn sich der Streit um Bagatellen dreht. Töchter von Anfang Zwanzig berichten über hitzige Debatten über Fragen wie »wieviel Uhr es war«, »ob meine Mutter meiner Cousine eine Geburtstagskarte geschickt hat«, über »meine Pläne für den nächsten Urlaub«, oder sogar, »warum ich glaubte, daß sie mir ihren Staubsauger ausleihen sollte«. In all diesen Tagebucheintragungen steckt eine Spur von Unreife. Eine Lehrerin, die noch zu Hause wohnt, schreibt:

»Meine Eltern haben begriffen, daß sie mich mehr in Ruhe lassen sollten. Ich war sauer, weil sie mir was Besonderes zum Essen dagelassen haben, bevor sie in Urlaub fuhren.«

Und die Schwesternschülerin, die den Staubsauger ihrer Mutter borgen wollte, schreibt:

»Ich habe meine Ansichten immer wiederholt und einfach ignoriert, was sie sagte. Mein Stiefvater hat sich in den Streit eingemischt, obwohl er nichts damit zu tun hatte. Das hat mich geärgert, weil er gar nicht wußte, worum es ging. Meine Reaktion war, daß ich noch heftiger mit meiner Mutter stritt, dann in Tränen ausbrach und schließlich wegging.«

Wie die Söhne im vorangegangenen Abschnitt, sind auch manche Töchter davon überzeugt, daß ihre Mütter ohnehin dumm sind:

»Die Unfähigkeit meiner Mutter, logischen Argumenten zu folgen, hat mich wirklich geärgert. Sie verbringt so viel Zeit damit, herumzustöhnen und zu quasseln, daß sie niemals richtig zuhört. Was ich sagte, war eine wichtige Information, aber sie konzentriert sich nur auf die belanglosen Aspekte. Das paßt zu ihrem üblichen Verhalten, und genau das wollte ich ihr sagen.« (Gemma, 20)

Und Rita, eine junge Trainee, berichtet über einen »Riesenkrach« mit ihrer Mutter, weil »sie sich weigerte zuzuhören, sich weigerte, das zu akzeptieren, was ich ihr über das Gesagte berichtete.«
Andere Töchter schreiben, daß sie, seitdem sie erwachsen sind, selten mit ihren Müttern streiten. Louisa, eine 20jährige Studentin, schreibt:

»Zu Hause lasse ich mich sehr selten auf einen Streit ein. Ich glaube, das hängt damit zusammen, daß es meistens einfacher ist, eine (familieninterne) Sache zu akzeptieren und meine Arbeit zu tun, als herumzustreiten und das Gefühl zu haben, selbstsüchtig und untätig zu sein – egal, wie eingespannt oder müde ich mich fühle. Ich habe auch nicht das Gefühl, daß es wirklich noch mein Zuhause ist, und deshalb habe ich bei dem, was hier vor sich geht, nicht mehr viel zu sagen. Bei Streitfragen, bei denen es um mehr geht, neige ich dazu, grundsätzlich meiner Familie zuzustimmen, und da ich die meiste Zeit nicht daheim bin, gibt es nicht viel Gelegenheit, über irgend etwas ausführlich zu diskutieren. Und auch wenn sich eine solche Gelegenheit bietet, schließe ich mich gewöhnlich meiner Schwester an, und sie wird dann ihren Standpunkt überzeugender vertreten als ich.«

Louisas Schwester Nell (22) führte ebenfalls Tagebuch: Sie hatte soeben ihr erstes juristisches Examen abgelegt, wohnte zu Hause bei ihrer Mutter und hatte eine zeitlich befristete Forschungsstelle inne. Sie erinnerte sich an verschiedene Auseinandersetzungen mit ihrer Mutter über Politik und andere soziale Fragen. Die meisten waren nicht heftig, sondern werden als »harmlose Diskussionen« beschrieben:

»Wir haben im Grunde dieselbe politische Einstellung, gelangen aber über etwas unterschiedliche Vorstellungen/Werte/Hintergründe dorthin, deshalb kommen wir bei jeder Diskussion nur zu relativ geringfügigen Abweichungen. Das ist Teil einer normalen Diskussion, hauptsächlich zum Sondieren unserer politischen Ansichten, aber auch nur eine akademische Übung. Es ist nicht wirklich gegensätzlich.«

Doch bei bestimmten Themen wird es »hitzig«:

»Darüber [Sexualität] sind wir völlig unterschiedlicher Meinung und versuchen gar nicht erst, miteinander zu streiten, weil wir wissen, daß wir nicht einer Meinung sind. Aber manchmal wird das Thema angeschnitten, und dann haben wir eine freundschaftliche Auseinandersetzung ohne den ernsthaften Versuch, einander zu beeinflussen.«

Diese Familie hat eine Streittradition, und eine junge Frau, die hofft, eine Laufbahn als Juristin einschlagen zu können (wie Nell), sollte auch imstande sein, ihre Sache mit Bedacht zu verteidigen. Aber in anderen Familien fällt es manchen Müttern und Töchtern schwer, freundliche, liebevolle Beziehungen aufrechtzuerhalten, wenn es Meinungsunterschiede über wichtige Angelegenheiten wie Politik oder Sexualität oder Frauenrechte oder Kinder gibt. Laura, eine 22jährige Sekretärin, war sehr wütend auf ihre Mutter, als sie mit ihrem Freund zusammenziehen wollte:

»Sie weigert sich zu akzeptieren, daß ich alt genug bin, mich um meine eigenen Angelegenheiten zu kümmern und meine eigenen Entscheidungen zu treffen. Ich hatte das Gefühl, ich müßte sie davon überzeugen, daß es in Ordnung war. Sie war sich so sicher, daß es nicht das Richtige war, daß ich mit ihr streiten mußte, weil es genau das ist, was *ich* will. Ich konnte sie nicht in dem Glauben lassen, daß sie mich auf ihre Seite gezogen hatte.«

Marsha, eine 23jährige Kellnerin, war über die Einstellung ihrer Mutter zu ihrer Schwangerschaft »eher bestürzt als wütend«:

»Wenn man meiner Mutter zuhört, könnte man glauben, daß Männer nie etwas falsch machen. Jedesmal, wenn ich versuche zu erklären, warum ich dieses Baby haben möchte, ohne zu heiraten, fängt sie immer wieder an mit ihrem ›armen Matt‹ und daß ich ihm seine Rechte vorenthalten würde. Das stimmt nicht. Wenn er bereit ist, hierzubleiben, kann er ein guter Vater werden, wenn er will. Ich möchte nur nicht heiraten. Ich will niemals das Eigentum eines Mannes sein, damit er niemals sagen kann: ›Du gehörst mir‹, wie mein Stiefvater das zu meiner Mutter gesagt hat. Ehrlich, man sollte glauben, sie mit ihrer Erfahrung müßte es besser wissen. Aber nein! Immer nur heißt es: ›Denk an den armen Matt‹, bis ich schreien könnte. Ich halte das einfach nicht mehr aus.«

Und Diana, eine Boutiquenbesitzerin in den Dreißigern, sagte mir:

»Ihre Vorstellungen über Juden oder Schwarze oder praktisch über jeden, der nicht Engländer ist, machen mich so krank und wütend, daß ich nicht glauben kann, daß sie meine Mutter ist. Ich versuche einfach, möglichst nicht über solche Dinge zu reden, weil sie nie zuhört, wenn man ihr sagt, daß sie von falschen Tatsachen ausgeht. Damit lebt sie schon länger als ich – aber deswegen hat sie noch lange nicht recht.«

Wieder einmal stellen wir fest, daß Frauen diese Zusammenstöße mit ihren Müttern oder mit ihren Eltern als Paar mit unterschiedlichen Wertvorstellungen begründen:

»Sie ist neuen Argumenten gegenüber nicht aufgeschlossen. Viele ihrer Ideen sind wirklich vernünftig, aber sie kann einfach nicht verstehen, daß Menschen unterschiedliche Wertvorstellungen haben können.«

»Sie haben unterschiedliche Wertvorstellungen.« (Patricia)

»Ein Frontalzusammenstoß unterschiedlicher Werte.« (Valerie)

Diese Streitigkeiten können zu Dauerzwistigkeiten führen, die beide zutiefst unglücklich machen. Frauen, die ein anderes Leben führen, als ihre Mütter es für sie erwartet oder erhofft hatten, *wollen* ihre Mütter immer noch lieben und von ihnen geliebt werden. Alle möchten, daß man ihr Recht, ihre eigenen Entscheidungen zu treffen, anerkennt.
Frauen sind, wie wir wissen, nicht immer zartfühlend und fürsorglich, und Mütter können ebenso gemein und rachsüchtig sein wie alle anderen Menschen auch. Das Problem ist, daß ihre Stacheln tiefer dringen, weil Töchter vielleicht verletzlicher sind als alle anderen und der Schmerz andauert. In einer bewegenden Sammlung von Briefen zwischen Müttern und Töchtern zitiert Karen Payne eine Dreißigjährige:

»Ich glaube, daß das Verhältnis zwischen einer Mutter und ihrer Tochter die destruktivste aller denkbaren Beziehungen sein kann, noch mehr als zwischen Mann und Frau in einer schlechten Ehe. Ich weiß mit Sicherheit, daß das bei mir der Fall war.«[58]

Martha erzählte mir vor kurzem: »Ich denke, dieses Jahr wird es mir gelingen, mich von meiner Mutter scheiden zu lassen. Dann werde ich frei sein.« Sie ist in den Vierzigern.

Meine eigene Mutter hingegen gab mir stets das Gefühl, daß mein Standpunkt berechtigt war. Selbst als ich ein Teenager war, mich also im schlimmsten aller rebellischen Lebensabschnitte befand, versicherte sie mir immer, daß sie mich nicht als Person mißbilligte, auch wenn sie das nicht guthieß, was ich tun wollte, oder nicht mit dem übereinstimmte, was ich sagte. Von einem sehr frühen Alter an lernte ich, zwischen der Person und dem, was diese Person sagt, zu unterscheiden.

Im Laufe des Älterwerdens war ich erstaunt darüber, wie wenige Menschen imstande sind, sich ihr Selbst als etwas von ihren Ideen Losgelöstes vorzustellen. Wie der amerikanische Psychologe Bob Abelson sagt: »Ideen sind wie Besitztümer.«[59] Wenn ich mit Ihnen streite und erreichen möchte, daß Sie Ihre Vorstellungen ändern, haben Sie vielleicht irgendwie das Gefühl, daß ich Ihnen etwas wegnehme. Für mich dagegen existieren Ideen irgendwo »da draußen«, in so etwas wie einer sozialen kognitiven Arena, wo sie unabhängig von denjenigen, die diese Ideen benutzen oder sie überhaupt erst erdachten, miteinander ringen können. Das ist es, wovon Bücher handeln – Bücher sind schriftlich festgehaltene Ideen, die andere lesen und über die sie nachdenken können, ohne auf die Gefühle des Verfassers Rücksicht nehmen zu müssen. Bücher helfen, Ideen zu objektivieren, so daß wir sie nüchtern und in dem uns gemäßen Tempo überprüfen können.

Eine letzten Endes unweibliche Herangehensweise, könnte man sagen, und doch glaube ich, daß ich diesen Ansatz der Einstellung meiner Mutter verdanke. Sie hatte das Gefühl, daß ich mich als heranwachsendes Mädchen und junge Frau nicht herabgesetzt fühlen sollte, wenn sie meine Worte oder Taten kritisierte. Ich bin ihr immer schon dankbar gewesen, daß sie mir das Gefühl vermittelte, geschätzt zu werden, aber erst als ich anfing, dieses Buch zu schreiben, wurde mir klar, wie sehr sie damit aus dem üblichen Rahmen fiel. Wie die Schriftstellerin Ann Scott »… habe ich nie verstanden, wie irgend jemand denken konnte, daß Frauen von Natur aus Männern unterlegen sind.

Daß ich das als Selbstverständlichkeit betrachte, ist sehr tief in mir verwurzelt … Ich habe niemals die konventionelle ›Weiblichkeit‹ von ihr gelernt – und mußte sie deshalb auch nie verlernen.«[60]

Auch Mütter berichten über Streitereien mit ihren Töchtern, doch sie sehen die Dinge etwas anders. Diejenigen, die kleine Kinder haben, erinnern sich an ziemlich heftige Streitigkeiten, insbesondere dann, wenn Töchter – ebenso wie Söhne – sich weigerten, ihre kleinen Aufgaben im Haushalt zu verrichten. Fernsehen, lange aufbleiben und ewiges Telefonieren führen ebenfalls zu hitzigen Auseinandersetzungen, die die Mütter nach eigenen Aussagen »furchtbar böse« machten:

»Meine Tochter sagte, sie wisse, daß sie unter der Woche nicht fernsehen darf, blieb aber trotzdem vor der Glotze sitzen.« (Jenny)

»Er kann Abwaschen nicht leiden, denkt, das sollten seine Schwestern machen. Ich habe gemeint, er solle auch etwas zur Hausarbeit beitragen. Er ist anderer Meinung.« (Maria)

»Wenn die Rechnung hoch ausfällt, wird insofern jeder einen Nachteil haben, als wir an unserem Apparat ein Schloß anbringen müssen, um unnötiges Telefonieren zu verhindern.« (Jill)

Eine Mutter mit Kindern im schulpflichtigen Alter schreibt:

»Ich habe festgestellt, daß ich meine Kinder bei vielen Gelegenheiten anschrie, aber nicht mit ihnen stritt (zum Beispiel darüber, daß sie sich anziehen oder anständig essen sollten). Manchmal kam das sehr häufig vor, und bei solchen Anlässen entsteht der größte Frust. Früher bin ich dann völlig ausgeflippt, aber diese Woche nicht.«

Und Marion, der wir schon in Teil I begegnet sind, sagte:

»Mit meiner Teenager-Tochter lasse ich mich niemals auf einen Streit ein. Ich sage ihr was, und sie weiß, daß das, was ich sage, gilt.«

Wenn Töchter erwachsen werden, spiegelt sich in den Berichten der Mütter die Anerkennung eines eigenen Willens wider, und die Wut und das Bedürfnis, kleinere Kinder zu kontrollieren, lassen nach, aber vielleicht doch nicht in demselben Maße, wie das im Verhältnis zu Söhnen der Fall ist. Oft besteht das Gefühl, daß die Mutter es am besten weiß, insbesondere wenn es um irgendeinen Bereich geht, in dem sie über mehr Erfahrung verfügt. Eva (in den Vierzigern) schrieb über einen »sehr wichtigen« Streit mit ihrer Tochter über »eine praktische Einstellung zur Entbindung«:

»Wir haben in bezug auf diese Sache dieselben Wertvorstellungen. Wir haben dennoch gestritten, weil ich glaube, daß sie nicht realistisch und praktisch genug ist. Ich denke, meine Erfahrung sollte ihr in einer Situation, mit der sie noch nie konfrontiert war, von Nutzen sein.«

Wir können zwar nicht sicher sein, aber aus den anderen Tagebucheintragungen könnten wir den Schluß ziehen, daß Evas Tochter nicht erfreut darüber ist, wenn man ihr auf diese Weise »hilft«, daß sie es als Versuch interpretieren wird, sie zu »kontrollieren«. Man hat uns beigebracht, daß wir es als Mütter verstehen müßten, loszulassen, und diese Tagebücher machen deutlich, wie richtig diese Einstellung ist.
Viele Frauen möchten gerne glauben, daß sie gute Freundinnen ihrer Töchter sind, und Michele (Nells Mutter) bestätigte das Bild von einem Haushalt, in dem politische Diskussionen an der Tagesordnung sind:

»Wir haben viele, recht hitzige Diskussionen – hauptsächlich über Politik und soziale Fragen ... Ein Element verbaler Gymnastik, aber in erster Linie ein echtes gegenseitiges Interesse an der Suche nach Lösungen für ernsthafte soziale Probleme. Diese Diskussionen ... endeten irgendwie einvernehmlich (soweit ich weiß!) und, zumindest meinerseits, ohne eine Spur von Verärgerung.«

Viele Mütter sagen jedoch, daß sie es aus Angst vor einem nachhaltigen Zerwürfnis nicht wagen, mit ihren erwachsenen Töchtern zu streiten. Die Wut, von der so viele Töchter berichteten, legt nahe, daß sie recht haben, wenn sie Streitigkeiten aus dem Weg gehen – zumindest dann, wenn ihre Töchter in den Zwanzigern sind und gerade ihren Platz in der Welt der Erwachsenen finden. Der dreißigste Geburtstag bedeutet eine Trendwende; danach wird es möglich, eine herzliche und andauernde Freundschaft zwischen zwei Frauen zu etablieren. Meine eigene Erfahrung mit meinen beiden Töchtern bestätigt, daß sie es nicht ausstehen konnten, wenn man ihnen sagte, was sie tun sollten, aber daß sie in den Zwanzigern gelegentlich doch um Rat baten, wenn sie sich selbst überlassen waren. Jetzt, da beide über Dreißig sind, sind wir imstande, über fast alles zu diskutieren, und genießen diese Erfahrung.

Frauen können einander ermutigen und inspirieren, können andererseits aber auch jede Initiative bremsen und zunichte machen – nicht nur von Mutter zu Tochter, sondern auch von Tochter zu Mutter. Mütter haben ein Leben, das weitergeht, wenn die Töchter erwachsen sind, und die Kommunikation *kann*, wenn man Glück hat, sich zu etwas für beide Seiten Vorteilhaftem entwickeln. Freundschaft zwischen den Generationen stärkt unsere Kraft und unsere Fähigkeit, auf dem aufzubauen, was von anderen geleistet worden ist.

10

Eisenhans *und die Flucht zum Vater*

»Doch die Griechen kannten und bewunderten eine positive männliche Energie, die auch Autorität akzeptierte. Sie sprachen von der Energie des Zeus, und sie verstanden darunter auch Intelligenz, robuste Gesundheit, mitfühlende Entschlossenheit, Wohlwollen und großzügige Erfahrung. Die Energie des Zeus ist männliche Autorität, die um der Gemeinschaft willen akzeptiert wird.«
ROBERT BLY[61]

Angesichts der Tatsache, daß Robert Blys Vorstellung von einer »gesunden männlichen Kraft« nicht nur die beliebtesten männlich besetzten Stereotype wie Autorität, Intelligenz und Führung, sondern auch jene weithin als »weiblich« bewunderten Eigenschaften des Mitgefühls, der Großzügigkeit und des Wohlwollens umfaßt – angesichts dieser Tatsache also verwundert es kaum, daß sein Buch *Eisenhans* in den Vereinigten Staaten ein Bestseller wurde. Denn er versprach Männern, die sich in einem wahren Ozean von Auseinandersetzungen über die Beziehungen zwischen Frauen und Männern verärgert oder frustriert oder verloren fühlten, daß sie das wiederentdecken könnten, was er als »männliche Energie« bezeichnet.

Bly behauptet, daß junge Männer heute mit einem beschädigten Vaterbild aufwachsen. Diejenigen, die auf Frauen gehört haben, sind zwar fürsorglicher und sanfter, haben aber eine vitale Wildheit verloren und sind »Softies« geworden. Seiner Argumentation zufolge muß sich der Junge von seiner Mutter abnabeln. Er braucht ein positives Bild vom Vater, der ihn veranlassen sollte, den Wilden Mann in sich selbst zu finden. Bly beklagt das Verschwinden männlicher Initiationsriten in unserer Gesellschaft und verwendet das Grimmsche Märchen vom Eisenhans als Parabel für die Phasen, die ein junger

Mann durchlaufen muß, um sich zu voller Reife zu entwickeln. »Das Ziel ist nicht, der Wilde Mann zu *sein*, sondern mit dem Wilden Mann *Kontakt zu haben*. Kein geistig gesunder Mann in Griechenland würde sagen: ›Ich will Zeus sein.‹«[62]

In Blys Buch findet sich vieles, was dem gesunden Menschenverstand entspricht. Zum Beispiel ist es sicher nützlich und aufschlußreich, das C. G. Jungsche Konzept der Psyche als »einer Gemeinschaft von Wesen« zu verwenden, zu denen auch der Wilde Mann gehört. Es ist so lange nützlich, wie man keine Stimmen hört oder sich gestört fühlt. Blys »Wesen« unterscheiden sich allerdings von jenen, die C. G. Jung beschrieben hat. Es sind Bilder, die er ihm bedeutsam erscheinenden Märchen entnommen hat: Die Prinzessin und der Wilde Mann sind Aspekte dessen, was Jung die Anima nennen würde, das Weibliche in der Psyche des Mannes; der König ist ein Aspekt dessen, was der Knabe über Autorität weiß; der Schwindler steht für das, was er über den illegitimen Erwerb von Macht weiß, und so weiter. Alle diese »Wesen« stehen in einem Verhältnis zu dem, was ein Mensch über verschiedene Aspekte des Lebens gelernt hat; sie gehören zum Individuum und können, wenn sie unerkannt bleiben, sogar unbewußt wirken – ein Faktor, dem in der Jungschen Analyse große Bedeutung zukommt, der aber von Bly übersehen wird.

Weniger akzeptabel ist Blys These, daß Männer deswegen verweichlichen, weil sie von ihren Müttern etwas über Gefühle lernen. Er sagt, daß er durch seine Mutter zum ersten Mal mit Gefühlen in Berührung kam, was zur *Folge* hatte, »daß ich eine negative Sicht meines Vaters annahm, der nicht sehr viel über Gefühle sprach«.[63] Warum war das die Folge? Weil er Einfühlung so lernte, wie sie von einer Frau verlangt wird, wird dieser Mutter jetzt ihre Fähigkeit, sich in andere einzufühlen, zum Vorwurf gemacht. Ihre Frage: »Bist du traurig?« liefert ihm nicht nur die Worte für das, was er fühlt, sondern auch eine Waffe, mit der er sie später schlägt. Hier handelt es sich um eine sehr subtile Form von Frauenfeindlichkeit.

Wie Bly selbst einräumt, liegt das Versagen hier bei den Vätern, die abwesend sind, die Empathie verweigern und nicht zärtlich sind. Die Schlußfolgerung ähnelt der, zu der wir oben schon gelangten: Auch Väter sollten sich an der Kindererziehung beteiligen.

Aber Bly ist viel radikaler, denn er verlangt eine Trennung von Mutter und Sohn, um die Männlichkeit des Sohnes zu schützen. Der Wilde Mann ist das natürliche, primitive männliche Wesen, das die Mutter in Ketten gelegt hat: »Schließlich ist es die Aufgabe der Mutter, den Jungen zu zivilisieren, daher ist es ganz natürlich, daß sie den Schlüssel verwahrt.«[64] Und die Aufgabe des Knaben ist es, ihr diesen Schlüssel zu entringen.

Wahrscheinlich glauben nur wenige Frauen, daß Männer in die Wälder gehen müssen, um den Wilden Mann in sich selbst zu »finden«. Für die meisten von uns besteht das Problem darin, daß der Wilde Mann allzu leicht erkennbar ist: Wie viele Frauen können nachts irgendwo allein unterwegs sein, ohne sich vor dem Angriff eines unbekannten Straßenräubers oder Vergewaltigers fürchten zu müssen, der glaubt, daß eine Frau ohne Begleitung eine leichte Beute ist? Wie viele Frauen können aufrichtig von sich sagen, sie wären in ihren eigenen vier Wänden niemals mit Gewalt konfrontiert worden? Nein, das Problem ist nicht, daß Männer »weich« sind und härter werden müssen. Das wirkliche Problem besteht darin, daß sie diesen Wilden Mann in ihrer Psyche *erkennen* und ihn durch diesen Akt unter Kontrolle bringen müssen.

Insofern als Blys Buch und die »Zurück-zu-den-Wilden«-Bewegung, die es ins Leben rief, Männern helfen, den Primitiven in sich selbst zu erkennen, können sie als hoffnungsvolle Signale gedeutet werden. Aber die Verherrlichung dieser »drei Prozent DNS«[65], die einen Mann von einer Frau unterscheiden, ist schädlich, wenn sie zu einer Bestätigung von Frauenfeindlichkeit führt.

Blys Vorstellungen von Männlichkeit sind, trotz ihrer ganz poetischen Metaphorik, die eines anspruchsvollen Teenagers. Er schreibt, als wäre der Wilde Mann in Wirklichkeit der weise alte Mann, aber die Mythen und Geschichten, die er erzählt, machen deutlich, daß der Wilde Mann die alte, primitive männliche Kraft verkörpert, die der Liebhaber braucht, um die Tochter des Königs zu gewinnen. Mit anderen Worten: Es ist der altbekannte, vom Testosteron angeheizte Paarungstrieb, der lediglich von den kulturellen und intellektuellen Komplikationen des entwickelten menschlichen Geistes überlagert wird. Die »Zurück-zu-den-Wilden«-Bewegung ist ein Rückzug in die Adoleszenz, in jene Zeit im Leben des Menschen, in der wir den Gipfel unserer instinktiven Animalität erreichen und der biologische Imperativ Männer und Frauen gleichermaßen zwingt, die eigene Gattung zu reproduzieren.

Der Kampf mit dem König

Berichte von Vätern über Streitigkeiten mit ihren Söhnen beschwören jene alten Mythen herauf, in denen der alte König im Kampf mit dem neuen sterben muß – oder sie erinnern an jene großartigen Tierfilme, die Sie alle im Fernsehen gesehen haben und in denen der alte Löwe jedes Jahr sein Revier gegen neue Rivalen verteidigen muß, bis er schließlich in einem blutigen, tödlichen Kampf besiegt wird und der Sieger das Rudel übernimmt.

Darren, dessen Vater drohte, ihn wegen eines Streits aus dem Haus zu werfen, sind wir bereits begegnet. Darren sagte unter anderem: »Ich verspürte Lust, ihn zu schlagen«, und wahrscheinlich war es die Erkenntnis, daß beide durchaus zur Anwendung von Gewalt fähig waren, die ihn überwältigte und ihn weiteren Streitereien aus dem Weg gehen ließ.

Manche Väter und Söhne schlagen einen anderen Weg ein, und tatsächlich sieht man auf den Straßen unserer Städte die Pappkartons obdachloser Jugendlicher, die von wütenden Vätern aus dem Haus geworfen wurden. Peter, inzwischen ein Dreißiger, wurde sichtlich blaß, als er sich daran erinnerte, wie ihn sein Stiefvater beim Kragen packte und ihm sagte, er würde ihn hinauswerfen. Damals war er siebzehn.

»Ich weiß nicht einmal mehr, worum der Streit ging, es war irgend etwas völlig Belangloses – ich glaube, ich sollte das Fahrrad meiner Schwester reparieren, ich weiß, daß sie irgend etwas mit der Sache zu tun hatte und weinte. Er hörte niemals zu. Aber er hatte nie zuvor versucht, mir gegenüber Gewalt anzuwenden. Ich ließ mich nicht unterkriegen, aber wenn er nicht aufgehört hätte, hätte ich ihn wirklich geschlagen. Nein, in der Schule war ich nie in Raufereien verwickelt, weil ich kein aggressiver Typ bin.«

Sie haben vielleicht bemerkt, daß das Wort *Stief*vater einen Teil der Erklärung liefert – ein Element beiderseitiger Eifersucht in ihren Beziehungen zur Ehefrau/Mutter. Doch auch leibliche Väter werfen ihre Söhne aus dem Haus, und andere sind wütend genug, einen ähnlich drastischen Akt zumindest anzudrohen. In Tagebüchern berichten Väter über ernsthafte Kritik am Verhalten ihrer Söhne.

Oliver schrieb über eine Reihe von Streitigkeiten mit seinem 18jährigen Sohn über »dessen Einstellung zur Arbeit am College«:

»Ich meinte, er würde einen großen Teil seiner Zeit verplempern. Er war rotzfrech. Ich ertappte ihn dabei, daß er seit dem Aufstehen nichts anderes gemacht hatte als fernzusehen, immer noch in seinem Schlafanzug und Morgenmantel herumlümmelte und erzählte, wieviel er zu tun hätte. Da habe ich ihn wirklich in flagranti erwischt.«

Er war sehr »wütend«, und die Angelegenheit war »außerordentlich wichtig«:

»Ich konnte sehen, wie er mit seiner Faulheit seine Zukunft aufs Spiel setzte. Und mein Geld (das gerade jetzt so knapp ist) wird zur Finanzierung seiner ›Bemühungen‹ verwendet!«

Kenneths Auseinandersetzungen mit seinem erwachsenen Sohn drehten sich um »seinen Charakter und sein Verhalten allgemein«; er behauptete, er sei nicht wütend, aber der »tiefsitzende Widerstand« seines Sohnes löste dennoch eine »starke Depression« in ihm aus.

Tatsächlich scheinen Söhne großen Widerstand zu entwickeln, wenn ihre Väter ihnen vorschreiben, was sie zu tun haben. In den Tagebüchern wurde über wenige Streitigkeiten berichtet, aber in den Interviews bezeichneten junge Männer das Verhalten ihrer Väter ihnen gegenüber als »ständige Einmischung«, als »Tyrannei« und »Feindseligkeit«. In den Tagebuchberichten ging es um Banalitäten. Zum Beispiel stritt Allan (20) heftig über »einen Zugfahrplan« und war »furchtbar wütend«, obwohl er einräumte: »Ich hatte unrecht, und es gab wirklich einen Zug, nur konnte ich den Fahrplan nicht richtig lesen.«

Bei den Interviews kamen ernsthafte Zerwürfnisse zur Sprache. Walter, jetzt 50, erinnert sich an seine unversöhnliche Wut über die Kritik seines Vaters an der Frau, die er als 23jähriger heiraten wollte; er hat seither nie wieder mit seinem Vater gesprochen. Brian, 24, sagt, er würde sich zu Hause nicht mehr blicken lassen, wenn es seine Mutter nicht gäbe.

Doch wenige Männer sprachen den Wunsch aus, einen endgültigen Bruch mit ihrem Vater herbeiführen zu wollen, und nur allgemeine Gespräche mit jungen Männern hinterließen in mir den Eindruck einer starken Ambivalenz. Wie die jungen Frauen, die mit ihren Müttern stritten, müssen junge Männer einerseits auf ihrer Autonomie und ihrer Unabhängigkeit von der Vorherrschaft der Eltern bestehen, andererseits auf die Liebe und das Verständnis eines Vaters zählen können. Vielleicht ist die kulturelle Forderung, daß Mädchen lernen, über Gefühle zu sprechen, und Jungen lernen, knallhart daherzureden, genau das, was es Männern so schwer macht, mit diesen Konflikten fertig zu werden.

Der Schriftsteller Laurie Flynn bekennt, daß »ich mich, wenn ich mit meinem Vater stritt, im gleichen Maße von ihm abgestoßen fühlte, wie ich ihn liebte … In diese späten Teenagerjahre fielen einige schwere Konflikte, manch denkwürdiger Krach. Ich streikte. Ich vergaß zu sagen, wann und ob ich überhaupt nach Hause käme. Eine Zeitlang schien es ein fast unbegrenztes Spektrum von Anlässen für Reibereien zu geben – meine erste Begegnung mit Armut und mieser Unehrlichkeit als vorübergehende Lösung; meine ersten Saufereien; meine ersten durchzechten Nächte; mein erster Anti-Atomwaffen-Marsch.«[66]

Aber schließlich stellte er fest, daß seine Eltern, wie er es formuliert, »für Botschaften von der anderen Seite« aufgeschlossen waren und daß er ihnen sein Bedürfnis nach Zeit und Raum zur Erkundung der Welt erklären konnte. Im Rückblick erinnert er sich an die Freundlichkeit seines Vaters, an seine Liebe, und schreibt: »Selbst einige der Konflikte und Kräche, die ich erlebte, machen jetzt einen Sinn, denn ich wappne mich, sie oder wenigstens einige davon mit den Kindern neu aufzulegen, mit denen ich heute lebe und die ich direkt zum Guten oder zum Bösen hin beeinflusse.«

»Leben mit dem Feind« lautete der Titel einer Fernsehsendung der BBC über das Thema, wie man mit einem Teenager in der Familie umgehen soll. Eltern und Teenager können sich in der Zeit, in der die neue Generation versucht, ihre Autonomie zu behaupten, als Feinde begreifen. Mütter und Töchter streiten, Väter und Söhne können sogar handgreiflich werden. Doch wenn sie sich Zeit lassen und ein nachhaltiges Zerwürfnis vermeiden, können auch Väter und Söhne am Ende die Gesellschaft des anderen genießen.

Väter und ihre erwachsenen Töchter

In meinen Untersuchungen gibt es keine Beispiele dafür, daß Väter über Streitigkeiten mit ihren Töchtern berichten. Das kann nicht daran liegen, daß sie niemals vorkommen – Töchter berichten über solche Auseinandersetzungen, wenn auch ziemlich selten. Aber es ist die einzige Beziehung, für die mir kein eigenes Material zur Verfügung steht.

Nur wenige Tagebuchschreiberinnen berichteten über Streit mit ihren Vätern. Eine von ihnen war die 20jährige Gemma, die noch zu Hause wohnt. Sie zeichnete eine Reihe von Streitigkeiten mit ihrer Mutter auf, die sie alle ärgerten oder erbosten, und ein halbes Dutzend mit ihrem Vater, von denen fast alle scherzhaft waren, gutmütig verliefen und »Spaß machten«. Bei dem einzigen, der kein Scherz war, ging es darum, »wer das Abendessen machen sollte«, und sie berichtet, daß »ich nachgab«. Rosemary, die Verwaltungsbeamtin, die wir aus Kapitel 5 kennen, erzählte mir, daß sie mit ihrem Vater noch niemals ernsthaft gestritten habe:

»Wir blödeln herum, aber ich streite niemals wirklich mit ihm. Als ich noch zu Hause wohnte, hatte ich nur mit meiner Mutter Auseinandersetzungen. Sie war diejenige, die versuchte, mir zu sagen, was ich zu tun hätte, um wieviel Uhr ich nach Hause kommen müßte, wissen Sie. Er hat sich da nicht eingemischt.«

Und Anna erinnert sich:

»Meine Mum wollte bestimmen, wo ich hingehen durfte und um wieviel Uhr ich zurücksein mußte. Mein Dad kam mich dann abholen. Leider mußte ich die meiste Zeit abgeholt werden, weil wir so weit draußen wohnten, aber anscheinend hat es ihm nichts ausgemacht. Wir hatten viel Spaß miteinander, lachten über meinen Schwips und sangen Lieder – als ich einmal stockbesoffen war, war er wirklich nett. Es war meine Mutter, die mich ausschimpfte.«

In einem gewissen Sinne wollen sich weder Väter noch Töchter auf Streitereien einlassen, und zwar vor allem dann nicht, wenn die Auseinandersetzung ihre Distanz noch vergrößern würde. Wie Rebecca mir erzählte:

»Wir streiten viel daheim, aber ich würde mit meinen Eltern niemals über wichtige Dinge streiten. Das würde sie nur aufregen.«

Das ist eine ganz typische Reaktion interviewter Frauen: Wenn man sie auffordert, über Streitigkeiten mit ihrem Vater zu berichten, sprechen sie in ihrer Antwort von ihren Eltern, also im Plural. So wie viele Frauen, wenn man sie über Auseinandersetzungen mit engen Freundinnen befragt, behaupten, sich an keinen Streit erinnern zu können oder mit einer guten Freundin »niemals zu streiten«, so ergeben sich ähnliche Reaktionen, wenn sie auf ihre Väter angesprochen werden. Er scheint leichter zu sein, über die Eltern im Plural zu reden, denn dann ist die Mutter mit eingeschlossen – Reibereien mit ihr scheinen niemanden groß aufzuregen.
Wenn Frauen über Streitigkeiten mit ihren Eltern sprechen, sind ihre Erinnerungen meistens schmerzlich, und sie berufen sich auf dasselbe Problem mit den Wertvorstellungen, wie wir es aus dem Abschnitt über Zwistigkeiten mit ihren Müttern kennen. Wie Judy sagt, können Auseinandersetzungen mit Eltern endlos sein und sich stets um dasselbe drehen: »Non-Stop-Streitereien, die etwas mit Erwartungen und unterschiedlichen Wertesystemen zu tun haben.« Ein paar Frauen erinnern sich daran, daß ihre Väter bei ihren Verabre-

dungen mit Freunden persönlich dazwischenfunkten. Doch obwohl dies gelegentlich wütende Reaktionen auslöste, endete es nicht immer im Streit. Pat sagte:

»Er stürmte hinaus und erwischte mich und meinen Freund beim Knutschen. Er fertigte ihn kurz ab, und ich war so wütend auf ihn. Aber aus irgendeinem Grund konnte ich es nie sagen. Er schrie mich an, und ich dachte: Immerhin ist es ihm nicht egal, was mit mir passiert.«

Natürlich streiten Töchter mit ihren Vätern darüber, ob sie mit Freunden ausgehen dürfen, ob ihr Kleid das richtige ist, ob sie sich schminken sollen und um wieviel Uhr sie wieder zu Hause sein müssen. Das kennen wir alle. Das Merkwürdige ist jedoch, daß sich in meiner Untersuchung niemand an solch eine Auseinandersetzung erinnert hat.

Mit Ausnahme der Fälle, bei denen sich die Töchter zugleich daran erinnern, daß ihre Väter gewalttätig waren und daß sie Angst hatten. Irene erzählte mir im Interview von einer langen Reihe von heftigen Auseinandersetzungen mit ihrem Vater, die begannen, als sie ein Teenie war, und die sich nach ihrem Auszug in Form eines unerquicklichen Austausches von Briefen fortsetzten.

»Als ich 30 war, bemühte ich mich um ein besseres Verhältnis zu ihm, weil ich dachte, meine Kinder sollten ihren Großvater kennen. Doch es war immer eine verkrampfte Beziehung. Erst als er starb, war ich wirklich traurig und wünschte, ich hätte mich noch intensiver bemüht. Immer schien er mich dafür verantwortlich zu machen, daß meine Mutter ihn verlassen hatte. Er meinte wohl, er könne sich an mir abreagieren, aber das war nicht fair.«

Andere Frauen haben davon gesprochen, daß sie vor ihren Vätern Angst hatten und bei der erstbesten Gelegenheit von zu Hause ausziehen wollten. Aber nur selten erwähnten sie irgendwelche Auseinandersetzungen.

Die einzige Tagebuchschreiberin, die einen »Riesenkrach« mit einem Vater hatte, war die 24 Jahre alte Gina, aber in diesem Fall handelte es sich um ihren *Schwiegervater:*

»Er ist ein eingebildeter Kerl, der anderen Leuten nicht einmal dann zuhört, wenn es um ihr Eigentum geht. Ich hatte Lust, ihn umzubringen, mit einer bloßen Streiterei kam er glimpflich davon.«

Die »extreme Wut«, die Gina empfand, läßt sich vielleicht damit erklären, daß diese intime Beziehung ihr durch die Heirat aufgezwungen worden war und deshalb eher einer nicht-intimen Beziehung ähnelte – Frauen berichten manchmal von starker Wut bei Auseinandersetzungen mit Männern, mit denen sie keine enge Freundschaft verbindet.

In Großbritannien eroberte im Mai 1994 ein öffentlich ausgetragener Streit zwischen Vater und Tochter die Presse im Sturm: Die 28jährige Victoria Scott, deren Vater Nicholas Scott, der britische Sozialminister war, prangerte die Behindertenpolitik der Regierung an und verlangte in einer Reihe von Interviews mit Journalisten und Fernsehreportern den Rücktritt ihres Vaters. Schockierende Illoyalität? Oder bewundernswerter Idealismus? Die Reaktionen von Lesern und Kommentatoren waren gleichermaßen geteilt.

Noch auffallender ist vielleicht die Tatsache, daß sowohl Vater als auch Tochter eine freundschaftliche Beziehung aufrechterhalten haben, obwohl sie so heftig – und zwar in aller Öffentlichkeit – miteinander stritten. Und zwei Jahre später, als Nicholas Scott in seinem Wahlkreis nicht wieder aufgestellt wurde, eilte Tochter Victoria ihm zu Hilfe.

In einem Kommentar über die öffentliche Auseinandersetzung zwischen Vater und Tochter schrieb Janet Daley in *The Times:* »Fast alle ideologischen Konflikte zwischen Vater/Mutter und Kind beruhen auf aufrichtiger Überzeugung … Uneinigkeit über Prinzipien oder Politik kann in einer Familie zu einem kompletten Bruch zwischen den Generationen führen.«[67] Vielleicht ist es die Angst vor einem solchen Zerwürfnis, die Frauen daran hindert, mit ihren Vätern zu streiten. Sollten sie es dennoch tun, haben sie es mir jedenfalls verschwiegen.

11

Von Familien und Fehden: Einige Schlußfolgerungen

»Sie machen dich kaputt, deine Mum und dein Dad.
Vielleicht wollen sie's nicht, aber sie tun's.«[68]

Viele der von mir zitierten Tagebuchschreiber würden sich in dem düsteren Bild wiederfinden, das der Dichter Philip Larkin zeichnet. Eltern üben in der Tat einen entscheidenden Einfluß darauf aus, wie ihr Kind sein Recht auf einen eigenen Standpunkt erkennt und wie es diesen zu vertreten vermag.
Die Journalistin Stephanie Calman gestand in einem Artikel in *The Times*, daß selbst jetzt, da sie in den Dreißigern ist, ein paar Stunden bei ihren Eltern genügten, um ihren kindlichen Groll zu wecken:

»Wo, möchte ich wissen, ist jenes reife Abgenabeltsein, jene innere Sicherheit, die die Kritik der Eltern zu einer bloßen Meinungserklärung macht, so neutral und harmlos wie eine Nachrichtensendung? Warum erteilen sie uns immer noch Zensuren, als wären wir fünf Jahre alt? ... Wenn wir so jung und hilflos sind, wie schaffen wir es dann, zu reisen, Steuern zu zahlen, Häuser zu kaufen? Und andersherum: Wenn sie so herrschsüchtige alte Trottel sind, warum kümmern wir uns dann überhaupt um ihre Meinung?«[69]

Du bist immer noch ein Kind für sie lautete die Überschrift über Calmans amüsantem Artikel. Das Problem ist tatsächlich, daß sie für sie (für uns) immer noch die Eltern sind. Niemand kann einen Erwachsenen dazu bringen, wie ein Kind zu *fühlen* – wir tun uns das selber an. Der Ausweg besteht darin, die Mutter als eine Person zu sehen, als eine eigenständige Frau, und den Vater als einen Mann, einen eigenständigen Mann. Aber wie meine Tochter Akita bemerkte, als sie einen Entwurf zu diesem Abschnitt las:

»Herzlich wenig Leute sehen ihre Mütter als ›eigenständige Person‹. Ich glaube, die meisten können in ihrer Mutter nicht mehr als eine *Mutter* sehen, die sie mit Liebe, Unterstützung, Trost und Glück versorgt haben sollte. Die meisten Leute leiden mit Blick auf ihre Mütter unter einer Gesichtsfeldverengung.«

Mütter sollen fürsorglich und liebevoll sein. Daher glauben ihre erwachsenen Kinder, Mütter würden, wenn sie einen anderen Standpunkt als die Kinder vertreten, in ihrer Rolle als Mutter versagen. Es ist in Ordnung, wenn die Mutter kleinen Kindern sagt, was sie tun sollen. Aber wenn sie versucht, ihrem älteren Nachwuchs zu sagen, wie er sein Leben leben soll, mischt sie sich ein, ist herrschsüchtig und vergißt ihre Pflicht als liebevoller, anerkennender Elternteil. Da wir alle verstehen müssen, *warum* Menschen tun, was sie tun, erklären erwachsene Kinder die Versuche ihrer Mütter, einen anderen Standpunkt als sie zu vertreten, zum Beweis für ihren Mangel an Intelligenz, für ihre Sturheit und ihre Unfähigkeit, neue Ideen zu begreifen. Sie interpretieren es als Wunsch, Macht auszuüben, herumzukommandieren, zu beherrschen; oder, was das Schlimmste ist, als Mangel an Liebe.

Frauen wissen, daß sie diese Risiken eingehen, aber viele bestehen darauf, daß auch sie ein Recht haben zu sagen, was sie denken. Wenn ihre Kinder das Recht fordern, wie Erwachsene behandelt zu werden, warum sollte ihre Mutter nicht dasselbe Recht haben und als intellektuell ebenbürtig behandelt werden? Aber unter jungen Leuten zwischen 10 und 30 ist die Annahme, daß Mütter ihnen keineswegs intellektuell ebenbürtig sind, weit verbreitet.

Von Vätern wird selbstverständlich erwartet, daß sie Meinungen äußern, denn Streit ist eine männliche Beschäftigung. Die Feindseligkeit, die sich zwischen Vätern und Söhnen entwickelt, kann teilweise das Ergebnis von steigenden Testosteronspiegeln im männlichen Heranwachsenden sein, aber auch das wird von den Auswirkungen der Arbeitsteilung überlagert und gefördert. Beziehungen mit Personen außerhalb der In-Group, Politik, Religion und jede Art von Ideologie fallen in die legitime Domäne des dominierenden Mannes, und der gerade flügge gewordene Knabe fordert für sich das Recht, seine eigenen Entscheidungen zu treffen. Kann es zwei dominierende männliche Wesen unter einem Dach geben? Viele Männer betrachten die aggressiven Argumen-

te, mit denen ihre Söhne einen abweichenden Standpunkt vertreten, als Versuch, die Autorität des Vaters zu untergraben.
Söhne bestehen darauf, ihr Recht auf eine eigene Meinung, eigene Wertvorstellungen, ein eigenes Leben zu verteidigen. Das kann zum Krach, ja sogar zum Bruch führen. Töchter scheinen das Bedürfnis, sich zu verteidigen, weniger zu verspüren – oft deshalb, weil ihre Väter sie offensichtlich nicht so stark unter Druck setzen; dies gilt natürlich nicht für Töchter, die mißbraucht oder mißhandelt werden und deren vordringlichstes Ziel darin besteht, irgendwie zu entfliehen. Die Geschichte von Victoria Scott legt nahe, daß sich junge Frauen heute vielleicht eher als früher die Freiheit nehmen, ihre Überzeugungen zu äußern, selbst wenn sie das in Konflikt mit ihren Vätern bringt. Aber solche Dispute kamen in meinen Untersuchungen äußerst selten vor.
Familien sind mehr als Eltern plus Kinder, und Streitigkeiten zwischen Brüdern und Schwestern spielen im Leben vieler Menschen eine große Rolle. In vielen Tagebüchern wurde über Gefühle der Wärme und der Freude berichtet, die Geschwister angesichts der Möglichkeit, untereinander unterschiedliche Meinungen austauschen zu können, empfinden. David, der behauptet, er würde versuchen, Streit mit Freunden zu vermeiden, erzählte mir zum Beispiel über seinen Bruder: »Er ist immer für neue Ideen aufgeschlossen. Ich habe immer das Gefühl, mit ihm reden zu können.«
Wie sich herausstellte, ging es bei vielen Streitgesprächen zwischen Brüdern, über die mir berichtet wurde, um religiöse Fragen. Das war nicht nur zwischen jungen Männern so, die suchen und fragen, wie es junge Männer oft tun, sondern auch zwischen Männern in den Sechzigern. Mit Ausnahme eines Falles, in dem der Tagebuchschreiber versuchte, seinen Bruder zu überzeugen, daß er auf dem falschen Weg sei, wenn er sich in einer religiösen Sekte engagiere, und sich »traurig und zornig« fühlte, sind diese Auseinandersetzungen erfreulich und locker, auch wenn das Thema als »außerordentlich wichtig« beurteilt wird. Wie Alfred (60) schrieb:

»Ganz offensichtlich – widerstreitende Egos! Versuche einen einzigen Anhänger der 1500 verschiedenen Religionen zu bekehren!«

Schwestern, wie Louisa und Nell, stellen fest, daß es ihnen Spaß macht, über Unterschiede zu sprechen, weil sie »dieselben Wertvorstellungen haben«, und Kathleen sagt, sie könne mit ihrem Bruder streiten, weil »wir uns tief in unserem Inneren gut verstehen«.

Wo dieses angenehme Gefühl der Gemeinsamkeit nicht existiert, können Gefühle schmerzlich sein, und Geschwister sehen sich oft heftiger Kritik ausgesetzt. Die biographisch bedingte Beziehung scheint zu einem bestimmten Muster zu verleiten. Der Sprecher »weiß«, daß jede Schuld bei der anderen Person liegt – vor allem dann, wenn diese Person eine Schwester ist:

»Sie hat eine starre Denkweise, eine unverrückbare Vorstellung von gut und böse, die durch nichts erschüttert werden kann.« (Beryl)

»Sie würde mir gegenüber niemals eine Schwäche zugeben; deshalb müssen immer dann, wenn wir unterschiedlicher Meinung sind, *meine* Wertvorstellungen die falschen sein.« (Irene)

»Sie ist einfach nur stur und wird niemals auf die [Stimme der] Vernunft hören.« (Paul)

Doch einige junge Frauen vergleichen die »sensiblere Denkweise« ihrer Schwester mit der Aggressivität ihrer Brüder. Wie Anna sagte:

»Ich stelle fest, daß ich mit Männern, und insbesondere mit meinem Bruder, viel mehr streite als mit Frauen, und zwar deshalb, weil sie glauben, alles besser zu wissen. Das macht mich wütend. Ich weiß, mein Bruder meint es gut, aber es wäre mir lieber, er würde nicht immer versuchen, mir zu sagen, was ich tun soll.«

Und ihr Bruder stellte mir gegenüber fest:

»Ich verstehe nicht, warum sie sich so aufregt. Ich versuche doch nur zu helfen.«

Worte, die einen auf die Palme treiben können! Mütter, Väter und Geschwister – alle »versuchen zu helfen«, und derjenige, der sich den Rat anhören muß, fühlt sich herabgesetzt und schlägt zurück. Familien bieten uns ein Übungsgelände für unsere Beziehungen zur Außenwelt; deshalb ist es nicht verwunderlich, daß wir Fehler machen und Beziehungen überstrapazieren.
Familien unterscheiden sich auch in ihrer Einstellung zum Streiten. Einige Eltern versuchen, jede Auseinandersetzung und jedes Gezänk zu verhindern, und betonen, daß »nette Leute mit anderen zurechtkommen und nicht streiten«, so daß Ressentiments unter den Teppich gekehrt werden. Andere er-

muntern zu Rangeleien, bei denen die Wahrscheinlichkeit, daß die Älteren und Stärkeren dominieren und starke Wutgefühle aufflammen, groß ist.
Sean French schrieb im *Observer* darüber, was es heißt, als einer von drei Brüdern aufzuwachsen: »Wenn irgend jemand anfängt, Brüderlichkeit zur staatsbürgerlichen Tugend und zur Grundlage eines politischen Programms zu erklären, kann man mit Sicherheit davon ausgehen, daß verlustreiches Gemetzel und Bürgerkrieg nicht lange auf sich warten lassen werden ... Jeder, der in einer Familie aufgewachsen ist, in der alle Kinder männlichen Geschlechts sind, hat wohl gelernt, daß die Alltagswirklichkeit der Brüderlichkeit nicht in irgendeiner utopischen Vision gemeinschaftlichen Glücks liegt, sondern in jenen Konflikten wie in Bosnien, in denen Nachbarn gegen Nachbarn kämpfen.«[70] French nimmt an, daß der Kampf um die Vorherrschaft ein männlicher Charakterzug ist, mit Sicherheit aber ist er Teil der Arbeitsteilung, die verlangt, daß Männer bereit sind, Außenstehende im Notfall zu bekämpfen.
Doch nicht alle Brüder leben die Geschichte von Kain und Abel nach. Andere Familien entwickeln ihre eigene Streittradition, und Charles erzählte mir:

»Mein Bruder und ich haben dieselbe Art zu streiten wie meine Eltern. Deshalb können wir uns verständigen. Obwohl er in bezug auf praktische Dinge sturer ist als ich.«

Praktische Angelegenheiten stehen bei Familienstreitigkeiten im Vordergrund, und Brüder und Schwestern gelten dann, wenn sie nicht nachgeben, häufig als stur.
Familien werden in der Regel als Orte betrachtet, an denen die Menschen sich behaupten können. Das ist selbst in Familien der Fall, in denen von jedem einzelnen Mitglied erwartet wird, daß es »zurechtkommt« – ein unmögliches Dilemma, das zu einem schwelenden Groll und plötzlichen Wutausbrüchen führen und durchaus in einem großen Ausmaß zu jenen zwiespältigen Gefühlen führen kann, die so viele von uns in bezug auf Familientreffen hegen.
Dies ist nur eine weitere Variante des Stachelschwein-Dilemmas. Alle Menschen, mit denen wir nahen Umgang pflegen, können uns mit ihrer Forderung, als eigenständige Individuen anerkannt zu werden, schmerzhafte Stiche zufügen. Wenn Mütter und Väter, Töchter und Söhne sich weigern, die Rollen zu spielen, die wir ihnen zuweisen, und darauf bestehen, das zu sein, was sie sein möchten, sind wir aufgefordert, sie als diejenigen anzuerkennen, die sie tatsächlich sind – und sie trotzdem weiter zu lieben.

TEIL III

JANUSGESICHTIG IN EINER »POSTFEMINISTISCHEN« WELT

»Ich glaube nicht, daß das ein Problem für uns ist. Sehen Sie, wir greifen die Männer nicht an, und sie wissen, daß wir zusammenarbeiten können. Heutzutage können wir Freunde sein. Das ist anders als noch zu Ihrer Zeit.«
SUZY, 24

Heute glauben die meisten jungen Frauen, daß dieses Buch gar nicht von ihnen handelt. Sie meinen, daß sich die Probleme, die ihre Mütter als Bürger zweiter Klasse hatten, in Kürze in nichts auflösen werden, und aus den Medien wissen sie, daß wir heute in der »postfeministischen Ära« leben. Die jungen Männer, denen sie begegnen, bewundern ihre Selbstsicherheit, ihre Fähigkeit, unabhängig zu sein und auf eigenen Füßen zu stehen, und ihre Bereitschaft, frei und offen über sexuelle Beziehungen zu reden.

Junge Frauen meinen, sie hätten es geschafft, und Männer neigen dazu, diese Meinung zu teilen. Am Horizont zeichnet sich jene beste aller möglichen Welten ab, in der Frauen unabhängig sind und Männer jede Sexpartnerin haben können, von der sie träumen. Denn um gleich einem Irrtum vorzubeugen: Männer sehen junge Frauen immer noch als Sexobjekte, und dieselben jungen Frauen sind sich nicht ganz sicher, ob sie darüber unglücklich sind oder nicht. Steigende Hormonspiegel und ein natürlicher Trieb, sich einen Gefährten zu suchen, bringen Farbe in die graue Alltagswelt; zugleich haben die jungen Frauen von heute mehr Vertrauen in ihre Fähigkeit, übertriebene oder unerwünschte Annäherungsversuche abzuwehren. Viele junge Frauen glauben, daß sich die sexuelle Belästigung in den siebziger und achtziger Jahren deshalb in ein ernsthaftes Problem verwandelt hat, weil Frauen für Männer am Arbeitsplatz eine Bedrohung darstellten und ihr Verhalten damals aggressiv und feindselig erscheinen mochte. Die jungen Frauen von heute hegen dagegen keine feindseligen Gefühle, ja, sie empfinden freundschaftliche Gefühle für die Männer, denen sie – bei der Arbeit oder in der Freizeit – begegnen, und sie sind überzeugt, daß ihre Weigerung, sich auf Feindseligkeiten einzulassen, und ihre unzweideutige Freundlichkeit es den Männern ermöglichen, sie als gleichwertige Wesen zu betrachten.

Natürlich gehört es zur »Aufgabe« einer Frau, freundlich zu sein und freundschaftliche Beziehungen zu pflegen. Junge Frauen glauben, daß viele ihrer Mütter in ihrem Kampf um Emanzipation jede Freundlichkeit ablehnten, daß es sich heute aber die wirklich emanzipierte Frau leisten kann, wieder freundlich zu sein.

Denn daß dies die »postfeministische« Welt ist, davon sind Suzy und ihre Freundin Maureen überzeugt. Sie wissen, daß noch einige Dinge verändert werden müssen, wenn eine volle Gleichstellung mit den Männern erreicht werden soll, aber sie sind zuversichtlich, daß sich ihre Zukunft von der ihrer Mütter unterscheiden wird – und von derjenigen der älteren Psychologin, mit der sie sich gerade unterhalten. So sagte Maureen zu mir:

»Wir wollen nicht gegen die Männer kämpfen. Wir wollen mit ihnen auskommen, und sie wissen, daß wir Freunde sein wollen. Alle wissen, daß Kampf etwas Destruktives ist, und man muß nun mal zusammenarbeiten. Wir haben damit wirklich keine Probleme mehr.«

Und Suzy schob nach: »Es ist uns klar, daß das Frauen wie Ihnen zu verdanken ist, die damals für die Gleichberechtigung gekämpft haben. Wir wissen das zu schätzen.«

Warum spreche ich also von einem Janusgesicht? Janus war ein römischer Gott, der die beneidenswerte Fähigkeit besaß, zugleich in zwei Richtungen blicken zu können: Da er zwei Gesichter hatte, besaß er auch hinten Augen im Kopf. Er war der Gott der Türen und des Neubeginns. Der Name des ersten Monats im Jahr erinnert an ihn, denn im Januar blicken wir auf das alte Jahr zurück und nach vorn in das neue Jahr.[1] Janus freut sich auf die Zukunft und die Schöne Neue Welt, von der einige von uns träumen und vor der sich andere fürchten, und er blickt zurück in die Vergangenheit, auf die alten Sitten und Gebräuche, die für einige von uns unerträglich waren und die anderen vielleicht wünschenswerter erscheinen mögen als die unbequeme Gegenwart und die herausfordernde Zukunft.

Die westliche Gesellschaft schwebt zur Zeit in einer Übergangssituation zwischen der alten Arbeitsteilung von Frau und Mann und den neuen, aber noch unerprobten Beziehungen, die sich auf der Grundlage der Gleichberechtigung entwickeln. Es ist natürlich, daß die Menschen dann, wenn alte Gewohnheiten bedroht scheinen, Widerstände entwickeln. Man hört, daß die Kämpfe der Feministinnen insofern weitgehend erfolgreich waren, als ihre Forderungen nach Gleichbehandlung zu großen Umwälzungen geführt haben – in der Einstellung zur Berufstätigkeit der Frau, in der Gesetzgebung, als Reaktion auf Opfer von Mißhandlungen, Gewalt und Vergewaltigung, ja sogar hinsichtlich unserer allgemeinen Bereitschaft, bestimmte Sprachregelungen zu akzeptieren. Solche Veränderungen haben viele Leute für Transformationen in den Umgangsformen sensibilisiert, die nötig sein werden, wenn wir eine wirklich gleichberechtigte Partnerschaft zwischen Frauen und Männern schaffen wollen, und nicht jeder ist sich sicher, ob er den eingeschlagenen Weg fortsetzen möchte. Für manche sind wir schon weit genug gegangen. Janus ist ein Symbol für diesen Konflikt innerhalb der Gesellschaft und die Kommunikationsprobleme, die dieser Konflikt heraufbeschwört.

Viele Leute (insbesondere Werbefachleute, Politiker, Journalisten und Mediengurus) haben die Macht der Sprache entdeckt, Bilder im Kopf zu schaffen, und sie wissen, daß diese Bilder keiner Widerspiegelung in der äußeren Realität bedürfen, um das Denken und Verhalten von Menschen zu beeinflussen. Die Rede ist von George Orwells Neusprache, und in der Tat leben wir ja in der Post-1984-Ära.[2] So manche Menschen in untergeordneten, mit keiner Macht ausgestatteten Positionen empfinden die Veränderung in den Beziehungen zwischen Frauen und Männern als Bedrohung, und es werden beträchtliche Anstrengungen unternommen, um diesen Leuten das Bild einer veränderten Gesellschaft aufzuzwingen, in der die Frauen jetzt die volle Freiheit besitzen, zu erreichen, was sie wollen, und in der die Männer sie mit allen Kräften unterstützen. Wenn Sie sich bewußt sind, daß ich ein Bild in Ihrem Kopf schaffen möchte, können Sie dieses Bild natürlich kritisch überprüfen und es, wenn es Ihnen mißfällt, über Bord werfen. Aber wenn der Zuhörer *nicht* merkt, daß der Sprecher versucht, ihm ein Bild vorzugaukeln, dann kann es sich in seinem Kopf den heimtückischen Anschein von Wahrheit geben, und es wird unüberprüft bleiben als »etwas, von dem man das Gefühl hat, es zu kennen«. Genau das ist es, was Leuten, und vor allem jungen Frauen, widerfährt, die glauben, wir befänden uns in einer »postfeministischen Ära«. Sie haben die Worte vernommen, sind sich der Fallstricke, die sich dahinter verbergen, nicht bewußt und akzeptieren deshalb das Bild einer aufgeklärten Gleichheit der Geschlechter, ohne es einer kritischen Überprüfung zu unterziehen. Eine Analyse dessen, was die Menschen über Streitigkeiten im wirklichen Leben sagen, zeigt hingegen ganz eindeutig, daß eine Gleichstellung der Geschlechter noch nicht erreicht ist.

In Teil II haben wir Streit bei vielen, vielen Menschen untersucht, die sich »gut« kennen und an deren wohlwollender Meinung uns gelegen ist – gute Freunde, Liebhaber, Ehefrauen und Ehemänner, Mütter und Väter, Kinder, Schwestern und Brüder. Hier, in Teil III, werden wir die Psychologie von

Streitigkeiten mit uns weniger nahestehenden Freunden und Bekannten, Fremden und dann in jenen förmlicheren Situationen untersuchen, in denen unsere Beziehung zu der anderen Person von unserer Interpretation abhängt, seien es nun Verkehrspolizisten, Klempner oder Ärzte. Wir wenden uns also den maßgeblichen Vorstellungen über Menschen zu, die mit solchen Menschen streiten, mit denen zu leben sie nicht lernen müssen. Die Psychologie des Streits ist komplizierter, als Sie vielleicht glauben.

Janus ist auch ein Gott der Kommunikation, und das macht ihn zu einem geeigneten Symbol für diesen Abschnitt über die Psychologie des Streits mit Leuten, die uns – um es rundheraus zu sagen – im Grunde nicht viel bedeuten.

12

Streit in der Freizeit

»Es gehört zur Natur des Gedankens, daß er mitgeteilt wird – durch das geschriebene und das gesprochene Wort und durch die Tat.
Der Gedanke ist wie das Gras: Es sehnt sich nach Licht, mag die Masse, gedeiht durch Kreuzung, wächst besser, damit man auf es treten kann.«
URSULA LE GUIN[3]

Viele unserer Bekanntschaften ergeben sich durch unsere Arbeit. Um zu verstehen, was geschieht, wenn Menschen miteinander streiten, ist die Unterscheidung wichtig, ob es sich bei der Beziehung um eine formelle Beziehung am Arbeitsplatz oder um eine freundschaftliche, informelle Beziehung handelt. In diesem Kapitel werden wir einigen Leuten begegnen, die sich bei der Arbeit kennengelernt haben, aber die geschilderten Streitigkeiten tragen alle das Kennzeichen von informellen freundschaftlichen Beziehungen. Ihre Streitigkeiten finden nicht am Arbeitsplatz statt und drehen sich nicht um die Arbeit. Erstaunlicherweise macht das einen großen Unterschied.

»Ich höre dir so gern zu«: Ein Lehrstück

Als James, ein 24 Jahre alter Rechtsanwalt, zu der 20jährigen Lucy sagte: »Ich höre dir so gern zu«, hatte sie nicht das Gefühl, gönnerhaft behandelt zu werden. Ganz im Gegenteil. Sie fühlte sich wohl: Sie, eine Sekretärin in einer Anwaltskanzlei in Manchester, saß mit drei gutaussehenden Männern aus ihrem Büro im Pub und wurde von ihnen ernst genommen.
David, mit mindestens 30 der Älteste von ihnen, nickte. »Du hast so eine schöne Art zu argumentieren. Es macht mir Spaß, mich mit einer intelligenten jungen Frau zu unterhalten.« Andrew, der dritte Mann, lachte und fügte hinzu:

»Du solltest Jura studieren.« Warum sollte sie Argwohn schöpfen? Sie sah gut aus, sie war selbstsicher, und diese drei attraktiven Männer aus ihrem Büro hatten sie aufgefordert, mit ihnen in der Mittagspause etwas trinken zu gehen. Sie war sich der Gefahr, als Püppchen behandelt zu werden, bewußt, aber so hatte sich das Ganze nicht angelassen. Man hatte über die Tragweite von Vorurteilen diskutiert. Damit sie nicht glaubten, sie würde hier nur zur Dekoration herumsitzen, hatte sie sich in die Unterhaltung eingeschaltet und ihre Meinung gesagt und dann, wenn jemand anderer Ansicht war, ihren Standpunkt verteidigt. Sie war selbständig, und diesen Männern schien das zu gefallen.

Wer in diesem Austausch etwas Frauenfeindliches erblickt, so hat es den Anschein, muß unter Verfolgungswahn leiden. Aber eine Analyse der Gedanken von Männern nach solchen Gesprächen legt den Schluß nahe, daß die meisten Männer den Verstand junger Frauen nicht so sehr bewundern, wie diese jungen Frauen gerne glauben möchten. Männer sagen Dinge wie:

»Ich konnte es mir einfach nicht verkneifen, sie auf den Arm zu nehmen.« (Ian)

»Es war recht amüsant zu hören, was sie zu sagen hatte.« (Don)

Oder, wenn es bei der Auseinandersetzung weniger freundschaftlich zuging:

»Ich habe mit ihr gestritten, weil mir ihre Ideen nicht gefielen. Aber ich habe nicht ernsthaft versucht, sie zu überzeugen. Hätte sich nicht gelohnt.« (Keith)

»Sie hat wirklich nur emotional argumentiert.« (Charles)

All dies sind Auszüge aus den Tagebüchern junger Männer, die Streitigkeiten mit jungen Frauen aufzeichneten, mit denen sie nicht eng befreundet sind, in Situationen wie zum Beispiel in der Kneipe oder bei anderen informellen Zusammenkünften. Hier kristallisiert sich das allgemeine Bild von Männern heraus, die Frauen nicht ernst nehmen und mit distanzierter Überlegenheit über Streitereien berichten, die »nicht wichtig« waren.

Bei den meisten dieser angeblich banalen Auseinandersetzungen ging es um politische, soziale oder moralische Fragen – alles Themen, die dann, wenn der Gesprächspartner ein Mann ist, »sehr wichtig« werden. Andere Streitpunkte waren unter anderem persönlichere Fragen, die mit der Kleidung der Person zusammenhingen, zum Beispiel ob »Springerstiefel etwas mit der National Front zu tun haben«, oder praktische Probleme von Studenten. Von all diesen Streitigkeiten wird behauptet, sie seien »überhaupt nicht wichtig«, und meistens stellt der Tagebuchschreiber männlichen Geschlechts im gleichen Atemzug fest, daß er »überhaupt nicht wütend« war. Der höchste Wutpegel, der von einem Tagebuchschreiber registriert wurde, war »etwas wütend« (2 auf einer 5-Punkte-Skala), und dabei ging der Streit um ein politisches Problem. Doch in vielen Fällen war die Wut, die zum Ausdruck gebracht wurde, viel größer. Der Student Tim berichtete etwa über einen »hitzigen Streit« (Punkt 4 auf der 5-Punkte-Skala) über den Schah von Persien, obwohl er nur »etwas wütend« (Punkt 2) war. Mit anderen Worten: Er setzte die junge Frau einer höheren Dosis von Wut aus, als er in seinem Inneren tatsächlich empfand. Das erklärte er so:

»Sie vertrat hartnäckig Meinungen aus der rechten Ecke.«

In dem Streit über Rechtsextremismus und Springerstiefel schrieb derselbe Student:

»Mir gefiel die Unterstellung nicht, daß ich wie ein Nazi aussah.«

Angesichts der offensichtlichen persönlichen Beleidigung hätte man hier mit echter Wut rechnen können – aber nein! Tim behauptet, er sei »überhaupt nicht wütend« gewesen. Er konnte seinen Standpunkt nicht verständlich machen, aber aus dem einfachen Grund, daß »ich es gar nicht erst versucht habe«.

Diese Berichte unterscheiden sich sehr stark von den Geschichten, die sie über Streitereien mit anderen Männern in ähnlichen Situationen erzählen. Sie erinnern sich: In keiner dieser Beziehungen handelte es sich um gute Freunde – wie wir in Teil II gesehen haben, genießen Männer Streit mit nahestehenden männlichen Freunden –, sondern um Auseinandersetzungen mit »befreundeten Bekannten«. Männer sprechen selten davon, daß ihnen Streit mit anderen Männern, die ihnen nicht nahestehen, Spaß macht; sie sagen, daß sie sich herausgefordert fühlen und die Oberhand gewinnen müssen.

Junge Männer – oder eigentlich Männer generell – können mit jeder anderen Person über fast alles streiten: Die Hälfte aller Auseinandersetzungen, über die in den Tagebüchern berichtet wird, dreht sich um die Frage, wie die Gesellschaft gelenkt werden sollte, aber sie erzählen auch über Streitigkeiten zu Themen wie Sport, Sex, das Übersinnliche, Moral und darüber, wie andere behandelt werden sollten, sowie über Auseinandersetzungen um praktische Fragen. Die meisten Streitigkeiten waren ihnen als »wichtig« oder sogar »sehr wichtig« im Gedächtnis geblieben, und sehr oft wurden sie so eingeschätzt, als läge ihnen ein »Mißverständnis« zugrunde: Viele Männer scheinen es beunruhigend zu finden, wenn ein anderer »rationaler« Mann mit ihnen nicht übereinstimmt. Wenn es ihnen nicht gelingt, den anderen Mann zu überzeugen, dann deshalb, weil dieser sich ernsthaft im Unrecht befindet (»verbohrt«, »auf seine eigene Meinung fixiert«, »nicht an irgendeinem anderen Standpunkt interessiert«) oder weil der Tagebuchschreiber seinerseits »nicht genug Zeit hatte«.

Wir sehen also, daß junge Männer Streitigkeiten mit anderen Männern ernst nehmen, während es ihrer Ansicht nach vollkommen in Ordnung ist, wenn sie Auseinandersetzungen mit einer Frau als unwichtig abtun. Der BBC-Journalist Gordon Astley beharrt darauf, daß der Sinn eines »guten Krachs« darin besteht, den Sieg davonzutragen, und deshalb widmete er eine ganze Sendung der Frage, wie man die beste Strategie dafür finden könne.[4] Doch Männer versuchen erst gar nicht, gegen eine Frau zu gewinnen, es sei denn, sie ist für sie wichtig: Man kann sie einfach nicht erschüttern.

Kehren wir zu Lucy zurück. Was ist ihr widerfahren?

Lucy war jung, attraktiv, Sekretärin – alle drei Faktoren machen aus ihr eine angenehme Gesellschaft für einen mittäglichen Drink im Pub, und es mag sein, daß der eine oder andere der Männer gerade dabei war, die Möglichkeiten einer Affäre auszuloten. Eine Sekretärin wirkt auf viele Männer wie eine Einladung, denn es handelt sich auch heute noch im wesentlichen um eine weibliche Beschäftigung, die dazu gedacht ist, den Männern das Arbeitsleben zu erleichtern (weshalb sie von manchen als »Ehefrau fürs Büro« bezeichnet werden). Männer wiederum umschwirren attraktive junge Frauen wie Wespen einen Baum voll reifer Zwetschgen.

Natürlich waren sie Arbeitskollegen, und das heißt, sie waren Leute, die sich regelmäßig, sogar täglich trafen, aber es ist unwahrscheinlich, daß die Männer Lucy in diesem Licht sahen. Eine Sekretärin befindet sich im Normalfall in einer untergeordneten Stellung (ganz gewiß dann, wenn sie erst zwanzig Jahre alt ist), und Streit, der von einem Untergebenen ausgeht, bedeutet Ärger. Es ist unwahrscheinlich, daß sie Lucy als gleichrangige Kollegin betrachteten, denn sie sollen gesagt haben, sie habe eine »so schöne Art zu argumentieren«, und sie solle sogar »Jura studieren« und könne ihnen auf diese Weise ähnlicher werden. Hätten sie Lucy *wirklich* als Kollegin betrachtet, hätten sie ihre Argumente als belanglos abgetan, aber sie hätten auch Kritik geäußert, sie als »aggressiv« oder »feindselig« charakterisiert oder gemeint, sie »nehme die Dinge persönlich« (siehe Teil IV).

Die Männer stachelten Lucy an und delektierten sich an ihrer Argumentation, ohne irgendein Bedürfnis zu verspüren, sich selbst zu engagieren oder wütend zu werden. Sie gaben ihr recht und tätschelten sie, wenn sie eine andere Meinung äußerte. Aber nur dann, wenn sie sich radikal von all den Hunderten von Männern, deren Berichte über Auseinandersetzungen ich ausgewertet habe, unterscheiden, besteht die Chance, daß sie sie wirklich ernst genommen haben. Nein, es machte ihnen »Spaß, ihr zuzuhören«, weil sie sie wie ein hübsches kleines Kind behandelten, das zu ihrer Ergötzung eine Schau abzieht. Erinnern Sie sich nur an den berühmten Kritiker und Moralisten Samuel Johnson, der im 18. Jahrhundert die Predigten einer Frau mit einem Hund verglich, »der auf den Hinterbeinen geht«. Ersetzen Sie »Predigten« durch »Auseinandersetzungen«. Vielleicht dachten sie so wie er: »Es ist zwar nicht gut gemacht, aber man nimmt mit Staunen zur Kenntnis, daß es überhaupt gemacht wird.«[5] Lucy ist nicht die erste junge und attraktive Frau, die feststellt, daß die Äußerung ihrer Meinung als soziale Leistung eingeschätzt werden kann, wenn sie damit ganze Heerscharen junger Männer unterhält. Aber sie sollte nicht erwarten, daß einer von ihnen das, was sie sagt, auch im Gedächtnis behält.

Konflikte zwischen rationalen Männern

»Er hatte immer einen Komplex, den er gerne einsetzte, um einen Streit vom Zaun zu brechen.« FRED ALLEN[6]

Manche Männer lassen sich nachweislich in fast jedem sozialen Kontext in Streitigkeiten verwickeln. Von Universitätsstudenten wissen wir, daß sie notorisch streitlustig sind, denn sie beschäftigen sich mit neuen Ideen und entdecken die Wonnen, die es bereitet, wenn man gewichtige Meinungen über die Gesellschaft, die Welt, das Universum und den Sinn des Lebens austauscht. Aber ein kleiner Teil der älteren Männer scheint Streit ebenfalls sehr zu genießen. Wenn eine Bemerkung fällt, werden sich diese Männer unbedingt auf eine Debatte einlassen oder sogar absichtlich einen Streit mit Freunden und Fremden anzetteln.

Les (51) wird zum Beispiel in jedem Kreis politisch brisante Kommentare abgeben, und nach seinen Gründen befragt, antwortet er:

»Wenn man an etwas glaubt, sollte man auch gewappnet sein, es zu verteidigen. Politik ist wichtig, es geht darum, wie man Dinge tun sollte. Ich will immer wissen, woran ich bei anderen Leuten bin.«

Ich warf ein, daß manche Leute sich vielleicht unwohl fühlen, wenn sie auf einer netten Party über Politik streiten sollen, und daß er nicht sicher sein könne, ob andere, die er nicht gut kenne, seine Ansichten teilen. Aber er erwiderte: »Was hat es für einen Sinn zu streiten, wenn alle einer Meinung sind? Ich möchte die Leute aufrütteln.«
Was ihm durchaus gelingt – sehr zum Leidwesen jeder Gastgeberin und jedes Gastgebers, die sich für die Zeit des so sorgfältig zubereiteten Essens eine harmonische Unterhaltung wünschen. William, der zum ersten Mal Zeuge von Les' Art des »Aufrüttelns« wurde, sagte hinterher:

»Ich war irritiert – nicht so sehr wegen seiner Aggressivität, sondern wegen seiner Anmaßung, alles besser zu wissen. Sagen wir mal so: Seine Selbstsicherheit steht in keinem Verhältnis zu seinem Wissenshorizont.«

Wenn Männer, unabhängig von ihrem Alter, auch noch nach dem Streit unterschiedlicher Meinung sind, neigen sie dazu, einander sehr kritisch gegenüberzustehen. Hier nur einige der Bemerkungen, die Tagebuchschreiber machten:

»Er weiß nicht, wovon er spricht.« (Jack, 38)

»Unüberwindliche Borniertheit.« (Sydney, 63)

»Verbohrtheit – das war keine vernünftige Auseinandersetzung. Rationalen Argumenten wurden Dogmen entgegengehalten. Ich konnte einfach nicht glauben, daß man so naiv sein kann.« (Mark, ein Vierziger)

Das mag an die Art und Weise erinnern, wie Männer über Auseinandersetzungen mit ihren Ehefrauen und Müttern berichten. Doch Frauen werden als irrational bezeichnet und oft der Dummheit und Emotionalität bezichtigt, weil sie angeblich *unfähig* sind, rationalen Argumenten zu folgen. Im Gegensatz dazu wird von Männern *erwartet*, daß sie vernünftig sind: Borniertheit und Ignoranz sind häufige Erklärungen für die Weigerung anderer Männer, der eigenen Meinung zuzustimmen. Denn welchen anderen Grund könnte es für das angeblich rationale männliche Wesen geben, einer offensichtlich überlegenen Argumentation nicht zu folgen?

Wie viele andere Männer, die sich über Streitigkeiten mit einem Bekannten männlichen Geschlechts ärgerten, strich Mark mit voller Absicht den Begriff »freundschaftlich« in seiner Tagebucheintragung durch. Er war allerdings nur »etwas wütend«, und die Berichte in seinem Tagebuch legen nahe, daß das notorisch emotionsgeladene Thema Politik zwar zu »heftigen« und »hitzigen« Disputen führte, die Kombattanten aber in Wirklichkeit nicht so wütend waren, wie es den Anschein hatte.

Der »Aufrüttler«, der um sich herum Ärger und Verdruß verbreitet, mag dabei vielleicht selbst ruhig und gelassen erscheinen. So berichtet beispielsweise Alfred (60) über viele Auseinandersetzungen zum Thema Politik und ähnlich Konfliktträchtigem:

»Wie immer können Streitereien über dieses Thema [Politik] endlos fortgesetzt werden, weil das Warum und Weshalb unerschöpflich ist. Ich bin stets bereit, über dieses Thema zu streiten, da es in dieser sogenannten Demokratie das Recht jedes einzelnen ist.«

Bei vielen Gelegenheiten schrieb Alfred auch, daß sein Streit »begründet« war, und in seinem Bericht über einen Streit mit einem Bekannten über »Sex ohne Liebe« fügte er hinzu:

»Scharfe Antwort berechtigt, wie jeder denkende Mensch verstehen wird. Bei Sex ohne Liebe geht es nur um die körperliche Befriedigung. Und so sehr die Leute auch argumentieren mögen – er reduziert diejenigen, die sich darauf einlassen, oft auf ein Niveau unter dem der Tiere.«

Seine Wiederholung des Arguments könnte nahelegen, daß er wütend war. Doch obwohl der Streit »heftig« und die Frage »außerordentlich wichtig« war, stufte er sich selbst als »überhaupt nicht wütend« ein.

Männer neigen dazu, dann Wutgefühle aufeinander zu entwickeln, wenn sie sich irgendwie persönlich angegriffen fühlen. William, ein ehemaliger Lehrer, schrieb:

»Ich war sehr ungehalten, weil man mich einer Haltung bezichtigte, die im krassen Gegensatz zu dem stand, was ich als Lehrer praktiziert hatte.«

Henry (34) war wütend, »weil ich (wie sich herausstellte, zu Recht) das Gefühl hatte, so sehr unter Druck gesetzt zu werden, damit ich etwas tat, was ich nicht tun wollte. Daher Wut und Kompromißlosigkeit.«

Grundlegende Fragen der Moral können ebenfalls extreme Wut auslösen. Tony zum Beispiel empfand bei einem Streit über einen »Gesetzesbruch« »große Wut«. Und Jim sagte mir: »Ich war so außer mir wegen seiner bösartigen Unterstellungen, daß ich ihn aus dem Haus warf.«

Tatsächlich berichten Männer in meinen Untersuchungen über die *empfundene* Wut in nicht vertraulichen Beziehungen, daß sie sich im allgemeinen bedeutend wütender fühlen, wenn sie mit einem anderen Mann streiten, als wenn sie unter ähnlichen Umständen mit einer Frau streiten. Da dies die *einzige* Beziehung ist, in der Männer Gegenstand größerer Wut sind als Frauen, lohnt sich eine eingehendere Betrachtung. Im allgemeinen scheint jeder dann am wütendsten zu werden, wenn er mit einem Mann konfrontiert ist, der darauf besteht, in einem sozialen oder informellen Kontext der Sieger zu sein. Doch es gibt viele Gelegenheiten, bei denen ein Außenstehender den Eindruck gewinnen könnte, daß die Streithähne bald handgreiflich werden, während die beteiligten Männer von sich selbst behaupten: »Ich war überhaupt nicht wütend.« Dies ist nicht nur ein interessantes Rätsel, es bedeutet auch, daß bei Männern dann, wenn sie auf einen anderen Mann wütend werden, der Wutpegel hoch ist: Statistisch gesehen muß ihr niedriges »Überhaupt nicht wütend« durch ziemlich hohe Wutpegel ausgeglichen werden, um den signifikanten Unterschied zu erklären, den ich feststellte.

Ashley (ein Endfünfziger) schrieb einen langen und detaillierten Brief, in dem er seine Einstellung erläuterte und erklärte, warum er sich so häufig auf einen Streit einläßt. Ashley unterscheidet zwischen einer Diskussion über praktische Fragen und der Verschanzung in einer rein emotionalen Position; er nahm eine nützliche Analyse der Unterschiede zwischen Diskussion, Streit und Krach vor und rechtfertigte sogar jene Eskalation der Gewalt, die die meisten Beobachter so sehr erschreckt.

»Ich könnte ohne jede Anstrengung den ganzen Tag lang über das Für und Wider diskutieren, warum dieser oder jener Fahrer die Tour de France wahrscheinlich gewinnen wird. Sehen Sie, das ist mein Sport, und obwohl es wichtig ist, habe ich kein persönliches Interesse an der Frage, wer der Gewinner und wer der Verlierer sein wird. Ein solcher Streit beruht auf einem Vergleich der Leistungen. Doch betrachten wir die Tour einmal aus einem etwas anderen Blickwinkel. Stellen wir uns vor, daß der Streit durch einen Urlauber einen etwas anderen Verlauf nimmt – durch einen eingefleischten Autofahrer, der sich mit folgenden Worten in den Streit einmischt: ›Ich komme einen Tag zu spät ans Mittelmeer, und das alles wegen dieser verdammten Idioten, die die Hauptstraße blockieren – diese ganze Bande sollte man verbannen!‹ In den nächsten Minuten oder so lange eben, wie ich brauche, würde ich alles aufbieten, um seine Beschwerde abzuschmettern und, wenn möglich, ihn selbst zu zerschmettern, seine Familie, seinen Wagen und alles andere, was ich anführen könnte, um ihm Ärger und Verdruß zu machen! Einfach ausgedrückt: Ich würde alle Hebel in Bewegung setzen, um meinem Standpunkt zum Sieg zu verhelfen.«

Eine Erklärung für den Tourenwahn? Gewiß ist diese Art von Reizbarkeit kein neues Phänomen, und schon Oliver Goldsmith, ein Schriftsteller, der im 18. Jahrhundert lebte, soll über seinen Zeitgenossen Samuel Johnson gesagt haben:

»Mit Johnson kann man nicht diskutieren, denn wenn seine Pistole kein Feuer spuckt, schlägt er einen mit ihrem Kolben nieder.«[7]

Da es keinen Anhaltspunkt dafür gibt, daß sich Dr. Johnson tatsächlich zu physischer Gewaltanwendung hinreißen ließ – und warum sollte ein so herausragender Geist sich auf das Niveau einer Straßenschlägerei herabwürdigen? –, ist dieses Gefühl angedrohter physischer Gewalt vermutlich eine anschauliche Metapher für die Wut, die manche Männer angesichts bestimmter Auseinandersetzungen empfinden.

Mir scheint, daß hier zwei Faktoren eine Rolle spielen. Zuerst einmal halten Männer einen Streit mit einem anderen Mann für »wichtig«, und ein Teil dieser Wichtigkeit besteht darin, die andere Person dazu zu bewegen, den eigenen Standpunkt zu verstehen. Wie (der bereits zitierte) Gordon Astley sagte, liegt der Sinn eines guten Streites darin, den *Sieg* zu erringen. Doch die Tatsache, daß Streit wichtig ist, bedeutet, daß sich der Kontrahent dann, wenn der andere Mann nicht überzeugt wird, einem Problem gegenübersieht, das er anpacken muß. Wenn für ihn Streit eine Schlacht ist, die er gewinnen muß, er aber nicht gewinnt, hat er verloren, und das wird als Versagen erlebt. Nicht ohne Grund vermutet der Schriftsteller Marc Nicholls, daß »Versagen das ist, was ein Mann am meisten fürchtet«.

»Für einen Mann sind alle Männer Rivalen. Ob wir uns im Sitzungssaal, in der Turnhalle oder im Schlafzimmer befinden – unter keinen Umständen können wir den Gedanken ertragen, als Zweitbester eingestuft zu werden.«[8]

Der Zweitbeste zu sein – das ist das, was ein Mann empfindet, wenn er in einem offenen Streit »besiegt« wird. Manchmal wird er seine Niederlage mit der Behauptung erklären, er habe nicht die Zeit gehabt, sich im Kampf entsprechend zu schlagen, wobei er impliziert, daß er sich unter anderen Bedingungen selbstverständlich durchgesetzt hätte. In anderen Fällen war die andere Person so »verbohrt« und so »auf ihre Ideen fixiert«, daß es unmöglich war, sie von ihrer absurden Position abzubringen.
Das führt uns zum zweiten Faktor, der hier eine Rolle spielt – der primären Aufgabe der Männer, mit den Feinden der In-Group fertig zu werden. Wir greifen hier, wie Sie sich erinnern werden, auf den männlichen Aspekt der in Teil I untersuchten Arbeitsteilung zurück. Natürlich muß jeder Mann, der so verbohrt und fixiert ist, daß er nicht imstande ist, die dargelegten Argumente zu akzeptieren, zur Out-Group gehören. In dem von Ashley so farbig geschilderten Fall hat der Autofahrer seine Position als Außenseiter gegenüber den Tour-de-France-Fans durch seine – wie sie es sehen – aggressiven verbalen Attacken auf ihre In-Group bestätigt. Daraus folgt, daß er ein Feind ist. Je nachdem, was Sie über den Stellenwert der Aggression und den direkten Krieg zwischen Gruppen denken, kann man schlußfolgern, daß physische Gewalt oder sogar der Versuch einer völligen Vernichtung des Feindes in Ordnung ist.
Der Leser wäre auf dem Holzweg, wenn er glaubte, daß Ashley tatsächlich irgendeine gegen das Gesetz verstoßende Gewalttat begangen hätte, wie sehr er sich auch immer provoziert fühlte. Ich habe absolut keine Anhaltspunkte dafür, daß er Gewalt anwandte oder je Gewalt anwenden würde. Doch in seinem Brief (aus dem ich oben zitiert habe) bringt er jene Art von Wut*gefühlen* zum Ausdruck, die viele Männer verspüren, wenn sie sich mit einem anderen Mann konfrontiert sehen, der ihr Wohlbefinden zu bedrohen scheint. Es ist dieses Gefühl der Bedrohung, das einen Wunsch nach Gewaltanwendung auslöst, und die Bedrohung spiegelt dieses Gefühl des anderen als Mitglied der Out-Group, als Feind, wider.

Andere Männer haben im Gespräch gesagt, daß sie über die Ansichten eines anderen Mannes gelegentlich eine solche Wut empfanden, daß sie ihn hätten umbringen können.

»Ich wollte ihm den Schädel einschlagen.« (Tim, 58)

»Wenn ich ihn nur hätte umbringen können. Solche Leute sind der Abschaum der Menschheit, und es wäre gut für die Gesellschaft, wenn sie vernichtet würden.« (Noel, ein Fünfziger)

»Er hat Glück, daß ich so ein Feigling bin. Ich wollte ihn umbringen. Man hätte ihn bei der Geburt erdrosseln sollen.« (John, 48)

Bei all den Mängeln unserer globalen Gesellschaft und den Kriegen, die nach wie vor zwischen Menschen geführt werden, können wir zumindest für den Grad an Zivilisation, den wir erreicht haben, dankbar sein. Ohne ihn wäre die Gewalt noch schlimmer, insbesondere zwischen Männern, denn was hält sie eigentlich davon ab, ihren destruktiven, mörderischen Impulsen nachzugeben, wenn nicht die Zivilisation?

Frauen in die Gleichung einbringen

»Ich mache niemals den Fehler, mit Menschen zu streiten, deren Meinung ich nicht respektiere.« EDWARD GIBBON[9]

Streitigkeiten lösen natürlich nicht immer eine so extreme Wut aus, und in der Tat wird von der Wut, die Männer bei Auseinandersetzungen mit männlichen Bekannten packt, gewöhnlich behauptet, sie sei gering. Hier können Männer sich selbst so sehen, als würden sie über jene Probleme debattieren, die von Rechts wegen ihre ureigenen sind – nämlich darüber, wie die Gesellschaft gelenkt werden sollte. Dies ist weithin bekannt als »die Welt wieder in Ordnung bringen«, und dabei handelt es sich um einen männlichen Sport nach Art des Fußballspiels. Auch Ashley zieht eine Parallele zwischen Streit und Sport:

»Bei beiden versucht man, den Sieger zu ermitteln, und beide sind wunderbare Sicherheitsventile für Gefühle. Wenn man einen Streit in sich hineingefressen hat, kann er viel mehr Schaden anrichten, als wenn man ihm freien Lauf läßt.«

Will man verstehen, was passiert, wenn Männer streiten, so ist Streit als Spiel ein so zentraler Begriff, daß ich dem Thema »Spiele, die Geschäftsleute spielen« in Teil IV einen ganzen Abschnitt widmen werde.

Frauen dagegen begreifen Streit in der Regel nicht als Spiel. Auch wenn sie Spaß daran haben, mit verbalen Muskeln zu spielen und mit Ideen zu boxen – und viele tun das, wenn ihnen die anderen Beteiligten nicht allzu nahe stehen –, ist ihnen trotzdem nicht klar, warum dabei die eine Person gewinnen und die andere verlieren muß. Für Frauen können Diskussionen mit Freunden und Bekannten über Speisen und Weine wirklich eine interessante Erkundung unterschiedlicher Ideen sein. Sie verspüren kein Bedürfnis, den anderen abzuschmettern, und können nicht verstehen, warum eine Debatte am Eßtisch, die Spaß machen kann, unbedingt in einen verbalen Krieg ausarten muß.

Wenn man diese beiden Haltungen zusammen nimmt, bekommt man ein Rezept für Mißverständnisse. Verrühren Sie sie gut mit unseren Annahmen über die Unterschiede zwischen Frauen und Männern, und Sie erhalten ein Gebräu aus Bestürzung, Groll, kochender Wut und sogar Verachtung. Ich bedauere, es sagen zu müssen, aber es ist Verachtung, was ich in den Berichten einiger Männer über Auseinandersetzungen mit Frauen entdeckt habe.

Wie Victor Seidler, Hochschullehrer für Gesellschaftstheorie am Goldsmiths' College der Universität London, bestätigt, ist diese Haltung ziemlich verbreitet. In einem Buch, in dem er die Reaktion von Männern auf den Feminismus und ihr Bedürfnis untersucht, die Bedeutung von Männlichkeit neu zu entdecken, schreibt Seidler: »Wir haben eine historische Gleichsetzung von Männlichkeit mit Vernunft und Moral geerbt ... Es sind immer andere – gewöhnlich Frauen –, die gefühlsbetont, wenn nicht gar hysterisch sind. Es sind immer wir, die geduldig abwarten müssen, bis sie sich beruhigen, ehe wir das Gewicht unserer Argumente in die Situation einbringen können.«[10]

Der amerikanische Philosoph Henry David Thoreau hob das Bedürfnis danach, daß die Wahrheit gehört wird, hervor, als er schrieb: »Um die Wahrheit zu sagen, bedarf es zweier Personen – einer, die spricht, und einer anderen, die zuhört.«[11] Viele Frauen könnten das so auffassen, daß Thoreau damit die Einstellung aller Männer gemeint habe, die mit Frauen streiten: Der Mann spricht, und die Frau soll zuhören.

Alfred schrieb über eine Auseinandersetzung über »Lebensmittelpreise«:

»Die andere Seite hatte Angst, in eine ›Negativliste‹ zu kommen, oder was immer damit gemeint war. Mein Argument war völlig berechtigt. Sie würde niemals, überhaupt nie und nimmer, provozierende Preiserhöhungen bei Lebensmitteln ... in Betracht ziehen. Wie viele andere ihres Typs blättert sie einfach das Geld hin.«

Sydney schrieb über einen Streit über »Lehrergehälter«:

»Reaktionärer Tory mit wenig oder gar keiner Erfahrung im Lehrerberuf. Ich merkte, daß ich die Fakten weitergeben mußte.«

Und Ivan schrieb über einen anderen Streit, in dem es um die Bezahlung von Lehrern ging:

»Konnte mir nicht verkneifen, mich mit einer Gruppe von Lehrern anzulegen, die ihr Los beklagten.«

Nun unterscheidet sich keine dieser Bemerkungen sehr von dem, was Männer über erfolglose Streitigkeiten mit irgendeinem anderen »außenstehenden« Mann berichten: Das Unvermögen der anderen Person, die Stimme der Vernunft zu hören, läßt sich offensichtlich nur mit einem ihr selbst innewohnenden Fehler erklären. Der bezeichnende Unterschied liegt darin, daß die Frau dann, wenn der Streit erfolgreich ist, am Ende »zuhört« oder sogar zustimmt. In den Kommentaren findet sich immer noch eine Spur distanzierter Überlegenheit:

»Ich habe nur jemanden, der eine allzu simple Meinung hatte, ins Bild gesetzt.« (Sydney, 63)

»Der anderen Seite waren die Schwierigkeiten kaum bewußt, deshalb war ich in der Lage, es ihr zu erklären. Sie spricht immer über Dinge, von denen sie nichts versteht, und macht sich damit lächerlich.« (Bill, ein Vierziger)

»Der gesunde Menschenverstand sagt uns, daß es zwei Arten von Streitigkeiten gibt und daß diese beiden in jede Definition von Streit eingeschlossen werden sollten.« (Jack, 23)

Im Gegensatz zu guten Freundinnen werden anderen Frauen dann, wenn sie mit dem Mann übereinstimmen, weder gute Eigenschaften noch Vernünftigkeit zugeschrieben. Sie sind einfach nur »korrigiert« oder »ins Bild gesetzt«

worden, oder die Sache war für den »gesunden Menschenverstand« ohnehin mehr als klar.
In dem zuletzt zitierten Streit mit »Jack« war zufällig ich selbst die ihm »freundschaftlich verbundene weibliche Bekannte«, und ich erinnere mich an etwas ganz anderes. Ja, sein Bericht wirkte sogar ziemlich irritierend auf mich! Es war eine jener Debatten mit Leuten, in die ich mich auf Parties verwickeln ließ, bevor ich lernte, einfach nur zuzuhören und Material zu sammeln. Jack hatte, wie Marion in Teil I, sein Interesse an meiner Forschungsarbeit bekundet und sich dann bereit erklärt, ein entsprechendes Tagebuch zu führen. An dem besagten Abend hatte er mich gefragt, ob meine Definition von Streit auch Kräche mit einschloß. Ich erklärte, daß die Definition alle Arten von Meinungsverschiedenheiten und Auseinandersetzungen umfassen *sollte*, und wir sprachen über die Schwierigkeiten, daß Definitionen gerade dann abgegrenzt werden müssen, wenn man versucht, so umfassend wie möglich zu sein. *Meiner* Erinnerung nach haben wir überhaupt nicht miteinander gestritten. Soweit ich mich erinnere, wollte er nur hören, daß meine Definition bei einigen Leuten noch immer Zweifel auslöste. Doch in seinem Bericht behauptet er, daß er mich dazu gebracht hätte, meine Bereitschaft zu einer Änderung meiner Definition zu erklären – was nicht den Tatsachen entspricht. Ich hörte, was er sagte, aber keinem von uns fiel eine bessere Definition ein. Doch für Jack bedeutete die Tatsache, daß ich »zuhörte«, daß sich sein »gesunder Menschenverstand« durchsetzte.
Sie fragen sich jetzt vielleicht, warum ich aus Jacks Bericht ein Element distanzierter Überlegenheit herauslese. Weil er mir als typisch für andere Berichte von Männern über Streitigkeiten erscheint, in denen die Frau »hörte«, was sie sagten. Jacks Tagebucheintragung erstaunte mich, weil er, obwohl alle Tagebücher anonym behandelt wurden, seinen Bericht mit einer persönlichen Anmerkung versehen einsandte: Er hat wohl erwartet, daß ich mich – angesichts der detaillierten Schilderung der Umstände, die er mit einschloß – an die Auseinandersetzung mit ihm erinnern würde. Erkannte er vielleicht mein Argument an, daß sämtliche Arten von Streitigkeiten eingeschlossen waren? Keineswegs! In seinem Tagebuch wird eindeutig festgestellt, daß er sein Argument »herübergebracht« hat, dem zufolge es »zwei Arten von Streitigkeiten« gibt, und daß »jede Definition« diese beiden einschließen sollte. Außerdem hätte ich ihm zugestimmt, weil dies dem »gesunden Menschenverstand« entspreche. Meine Irritation ist auf die offenkundige Tatsache zurückzuführen, daß er *mir* eben *nicht* zugehört hatte. Es tut mir leid, wenn es so aussieht, als

würde ich auf diesem Punkt herumreiten. Aber dies ist eine der seltenen Gelegenheiten dazu, denn hier war ich tatsächlich in der Lage, besser Bescheid zu wissen, weil es sich um meine eigene Forschungsarbeit handelte, und in der Tat glaube ich, daß es mehrere Arten von Streitigkeiten gibt – und nicht nur zwei. Es ist mir offensichtlich nicht gelungen, die perfekte Definition meines Forschungsgegenstandes (Streit aller Art) zu liefern, und ich habe bei zahlreichen Gelegenheiten mit anderen Leuten – Männern und Frauen – über die Frage diskutiert, wie man sie verbessern könnte. Aber wenn ich um Auskunft darüber gebeten werde, was ich *beabsichtige* – wie kann es da einen Streit geben? Wie Kate schrieb:

»Männer neigen dazu zu glauben, sie wüßten besser Bescheid – egal, worum es geht. Das macht mich wütend.«

Es macht viele Frauen wütend, und sie sind nicht immer geneigt, den Mann glimpflich davonkommen zu lassen. So schreibt Gillian:

»Im Laufe eines Gesprächs ließ er eine Bemerkung fallen, die ich für ziemlich borniert und arrogant hielt. Ich merkte, daß ich auf hundertachtzig war, und hatte das Gefühl, daß er mir seinen Standpunkt erklären müsse.«

Sie war »sehr wütend«, obwohl am Ende etwas Positives herauskam:

»Er begriff, daß ich ihn für borniert hielt, und deshalb haben wir die Dinge, um die es ging, irgendwie neu definiert, und dann haben wir festgestellt, daß wir wahrscheinlich ›auf derselben Seite‹ standen.«

In der Tat ist es den meisten Frauen ziemlich egal, ob sie am Ende zustimmen und »auf derselben Seite« stehen, solange der Mann nur *zuhört* und nicht so tut, als wisse er alles besser. Wie Doreen schrieb:

»Ich habe mich auf einen Streit eingelassen, weil ich glaubte, seine Einstellung zu dem Maler [Francis Bacon] sei sehr dogmatisch und er würde dessen Bedeutung leugnen. Ich führte eine ganze Reihe von Argumenten an, und schließlich stimmte er einigen von ihnen zu. Wenigstens hat er gehört, was ich gesagt habe.«

Und Paula sagte mir:

»Ich war aufrichtig an dem interessiert, was er mir [über Industrie-Archäologie] sagen konnte, aber weil ich selbst Fragen stellte und sogar einige Kommentare abgab, schien er sich bedroht zu fühlen. Manchmal treiben mich diese Männer zur Verzweiflung. Darf ich denn keine eigene Meinung haben?«

Auch die Journalistin Stephanie Calman fragt sich, warum Männer so große Probleme haben, wenn es darum geht, mit einer Frau zu streiten. In einem Artikel in *The Times* beschrieb sie ihre Erfahrung mit Tischgesprächen bei anderen Leuten daheim:

»Da das Thema, über das diskutiert wird, fast immer interpretationsfähig ist, sollte eine Ansicht genausoviel wert sein wie die andere. Doch Frauen finden sich häufig an den Rand gedrängt. Eine Einleitung wie: ›Ich glaube ...‹ klingt einfach nicht so nach Autorität wie: ›Es ist ...‹ Das vermittelt den Eindruck der Objektivität, auch wenn die Aussage noch so irrational ist. Um wieviel beeindruckender ist es zum Beispiel, der Träger einer ›allgemein bekannten Tatsache‹, als einfach nur der Übermittler einer Erfahrung zu sein, die Leute aus dem eigenen Bekanntenkreis gemacht haben.«[12]

Männer bezichtigen Frauen, statt wissenschaftlicher Fakten »Anekdoten als Belege heranzuziehen«, »emotional zu reagieren« und »den Streit zu personalisieren«. Für Frauen sind solche Beschuldigungen absurd. Wie kann man argumentieren, ohne das heranzuziehen, was man aufgrund seiner menschlichen Erfahrung weiß? Und wenn man darlegt, daß der andere – der Mann – in dem, was er sagt, nicht konsequent ist, und mit dem, was er tut, den Streit »personalisiert«, dann können Männer meist nicht begreifen, was daran falsch sein soll.
Interessanterweise zeigt sich hier ein bedeutender Unterschied zwischen Frauen und Männern. Tatsächlich ist es mir bis heute noch nie gelungen, einen Mann davon zu überzeugen, daß das folgende Argument stichhaltig ist, obwohl es mir – und jeder Frau, mit der ich darüber diskutiert habe – vollkommen vernünftig, um nicht zu sagen: selbstverständlich, erscheint.
Die Philosophin Trudy Govier weist darauf hin, daß akademische Philosophen die Thesen eines Arguments auf ihre logischen Beziehungen hin überprüfen, während im wirklichen Leben Diskussionen zwischen Menschen stattfinden, die »hin und her argumentieren, weil sie unterschiedlicher Meinung sind«. Daraus ergeben sich gewisse Konsequenzen. Da Streit ein zwischenmensch-

liches Phänomen ist, wird er auch von Regeln, Normen und Annahmen bestimmt: »Die Leute … vermuten, daß [andere] Leute ihre wirklichen Überzeugungen mitteilen, die sie mit dem zu untermauern versuchen, was sie selbst für gute Gründe halten. Das heißt, sie setzen eine Art argumentativer Aufrichtigkeit voraus. Wenn diese fehlt, werden die Aussagen bestenfalls nicht als Argument verstanden, sondern als Versuch, mit anderen Mitteln als mit guten Gründen zu überzeugen oder zu manipulieren.«[13]

Mit anderen Worten: Wenn Sie argumentieren, der Umweltschutz erfordere, daß alle ihren Beitrag leisten, indem sie bleifreies Benzin tanken und Batterien der Wiederverwertung zuführen, dann ist es legitim, Ihren Standpunkt direkt in Frage zu stellen und darauf hinzuweisen, daß Sie selbst immer verbleites Benzin tanken und sich noch nie in Ihrem Leben in die Nähe eines Altbatteriecontainers begeben haben. Wenn Sie antworten: »Ach, Sie wollen da ja bloß personalisieren!«, ist dies *keine* Widerlegung dieser Attacke auf Sie. Und es hilft Ihnen auch nicht, wenn Sie Philosophie studiert haben und scharf zurückschießen: »Ach, das ist ja bloß ein *ad-hominem*-Argument, und so etwas greift nicht.«

Govier meint, daß *ad-hominem-* und *tu-quoque*-Argumente im wirklichen Leben ihre volle Berechtigung haben, und die meisten Frauen teilen diese Meinung. Sie schreibt: »*Tu-quoque*-Behauptungen lassen die Glaubwürdigkeit eines Diskutanten geringer erscheinen, weil sie nahelegen …, daß er an der Praxis des Argumentierens nicht wirklich beteiligt ist, sondern nur den Anschein erweckt.«[14]

Dennoch ist es mir niemals gelungen, einen Mann davon zu überzeugen. Selbst mein Mann, mit dem ich viele unterhaltsame Debatten geführt habe und der viele meiner Ideen darüber inspiriert hat, wie Frauen und Männer lernen können, schmerzlos miteinander zu streiten – selbst dieses Muster von einem Mann behauptet, daß persönliche Aufrichtigkeit nichts mit der Argumentation selbst zu tun habe:

»Ich stimme zu, daß eine persönliche Attacke auf eine dritte Seite überzeugend wirken kann, aber sie ist kein logischer Angriff auf das Argument. Sie trägt nichts dazu bei, die Prinzipien des Arguments zu untergraben, die nichts mit dem zu tun haben, was jemand persönlich tut oder läßt. Wenn man deinen Ansatz zu seiner logischen Konklusion führt, würde das bedeuten, daß niemand jemals einen anderen kritisieren dürfte – es sei denn der Kritiker selbst wäre vollkommen, und das ist absurd.« (John Tyerman Williams)

Natürlich bleibt die innere Logik jedes Arguments von dem unberührt, was eine Person selbst tut oder von anderen verlangen mag. Wir stimmen also über die Philosophie des Streits im Prinzip überein. Aber der ganze Witz dieses Disputs besteht darin, daß die meisten Frauen der Auffassung sind, die Glaubwürdigkeit des Arguments einer Person werde durch den Beweis *untergraben*, daß er/sie Wasser predigt und Wein trinkt. Frauen fordern eine *Rechtfertigung* für diesen Unterschied zwischen Worten und Taten.
Das ist nicht dasselbe wie insgeheim eine verwerfliche Absicht zu hegen. Um das Lieblingsbeispiel meines Mannes zu zitieren: Stellen wir uns einmal ein Mitglied eines Gemeinderats vor, das die Verlegung einer neuen Straße in eine bestimmte Richtung lenkt, so daß sie ihm, was seine Zuhörer nicht wissen, ein Vermögen einbringen wird. Mein Mann argumentiert dann so:

»Selbst wenn seine Motive, mit denen er seinen Fall begründet, verwerflich sind, untergräbt das nicht die Logik des Arguments selbst. Die Route, die er vorschlägt, kann für die Gemeinde als Ganze tatsächlich die beste sein. Die Aufrichtigkeit einer Person hat absolut nichts mit dem logischen Wert eines Arguments zu tun.«

Es ist schwer, dieses Prinzip abzulehnen, aber geht es wirklich darum?
Sicher würden die meisten Leute (Männer und Frauen) zustimmen, daß dann, wenn die verborgenen Absichten des Ratsmitglieds ans Licht kämen, seine Glaubwürdigkeit zerstört und damit in den Köpfen der meisten seiner Zuhörer seine Argumentation geschwächt wäre. Bei einer aus dem wirklichen Leben gegriffenen Situation ist die Logik nur ein Teil der Gleichung; tatsächlich sind Motive und Aufrichtigkeit von Menschen wichtige Elemente der Überzeugungsarbeit. Was unsere Meinungen auseinanderklaffen läßt, ist die Frage, ob irgendein Argument, bei dem eine Person das eine sagt und das andere tut, eine Rechtfertigung erfordert, ob man ihre Motive als verwerflich bezeichnen könnte oder nicht.
In diesem Konflikt zwischen Männern und Frauen spiegelt sich wieder einmal unsere altbekannte, allgegenwärtige Arbeitsteilung wider. Männer wissen, daß Logik und Streit ihre ureigene Domäne sind, und sie tragen »tief in ihrem Inneren und unausgesprochen die Überzeugung mit sich herum, ›rationale Wesen‹ zu sein«[15]. Man kann daher von ihnen nicht erwarten, daß sie sich ohne weiteres von irrelevanten, nicht-logischen Faktoren stören lassen. Die Gründe, weshalb sie über einen Fall diskutieren, haben nichts mit dessen innerer Logik zu tun, und sie sind nicht gewillt, von den Prinzipien der Argumentati-

on selbst abzurücken. Frauen sind durchaus imstande, die Prinzipien von Argumentation und Logik zu verstehen, aber in der Regel kann man sie nicht dazu bewegen, die Argumentation als »Spiel« aufzufassen. Sie sind sich eher des Bedürfnisses bewußt, den menschlichen Faktor in Auseinandersetzungen über praktische oder gesellschaftlich relevante Fragen mit einzuschließen, als irgendeine zwingende Notwendigkeit zu verspüren, Logik und Gefühle getrennt zu halten. Das macht die Argumentation über soziale Angelegenheiten für beide so extrem irritierend. Und es ist daher kein Wunder, daß Frauen oftmals lieber mit anderen Frauen streiten.

Konflikte zwischen »emotionalen« Frauen

Es war eine Frau – nämlich Ursula Le Guin –, die schrieb: »Sie stritten miteinander, weil sie Streit liebten; sie mochten den schnellen Lauf des ungezügelten Geistes auf den Pfaden der Möglichkeiten; es gefiel ihnen, das in Frage zu stellen, was nicht hinterfragt wurde.«[16]

Wir haben in Teil II gesehen, daß Frauen mit zunehmendem Alter die Freuden des Streitens und des Erkundens von Gedanken mit ihren guten Freundinnen genießen. Viele Frauen stellen auch fest, daß es ihnen Spaß macht, mit weniger vertrauten Freundinnen und Bekannten zu streiten, und das trifft auch auf viel jüngere Frauen zu. Sie berichten von Streitereien über eine riesige Palette von Themen, und die meisten kann man mit folgenden Bemerkungen zusammenfassen:

»Wir debattierten und waren hundertprozentig bereit, einander zuzuhören.« (Gemma, 20)

»Angenehmer Streit – nicht übelgelaunt. Freundin ist vernünftig und kann beide Seiten des Streits sehen.« (Maria, 29)

»Unaufgeregte Diskussion – interessant.« (Theresa, 31)

Manchmal ist der Streit für die Tagebuchschreiberin *wichtig* – insbesondere dann, wenn sie sich von einer bestimmten Position distanzieren möchte. Es kann von der Reaktion der anderen Person abhängen, ob die Frau Wutgefühle entwickelt oder nicht. Irene wertete die Bereitschaft ihrer Freundin, über ihre Meinungsunterschiede zu diskutieren, positiv:

»Meinem Gefühl nach war es wichtig, daß ich meine Ansichten zu dieser Sache deutlich machte – ich wollte nicht, daß sie glaubte, ich würde anders denken. Hinzu kam: Mein Standpunkt schien so eindeutig vernünftig zu sein, daß ich das Gefühl hatte, sie sollte zustimmen, wenn ich ihr meinen Gedankengang erklärte! Wie sich herausstellte, war das Hauptproblem eine Frage der Definition, und sobald diese geklärt war, lagen unsere Positionen gar nicht mehr so weit auseinander.«

Vera, eine pensionierte Lehrerin, löste eine völlig andere Reaktion aus und war wütend.

»Die andere Seite begann mit einem langen Sermon darüber, wie lächerlich sich der Erzbischof gemacht habe, als er sagte, wir bräuchten nicht nach Äthiopien zu gehen, um echter Not zu begegnen. Jeder andere schien dem beizupflichten, und ich dachte, wenn ich nichts sage, wird es so aussehen, als würde ich auch zustimmen. Daher mischte ich mich ein. Die andere Seite gehört zu diesen blinden Konservativen, die wirklich glauben, daß es in unserem Land keine echte Armut gibt.«

Frauen empfinden Wut, wenn die Gegenseite den Anschein erweckt, sie nehme die Informationen, die Fakten und das Wissen, die sie in die Diskussion einbringen, nicht zur Kenntnis. Daß andere anderer Meinung sind, ist nicht das Problem, und wie wir oben gesehen haben, neigen Frauen eher dazu, den Austausch unterschiedlicher Meinungen zu genießen. Wie Lynda es in bezug auf die Erinnerung an einen potentiell explosiven Streit über die »Rolle von Frauen und Schwarzen in der Labour Party« formulierte:

»Ich hörte ihr zu und lernte etwas über die andere Seite des Arguments.«

Unterschiedliche Ansichten darüber, wie die Gesellschaft gelenkt werden sollte, führen also nicht unbedingt zu einer Kluft – ebensowenig wie Streitigkeiten über andere, gleichermaßen heikle Themen, wie etwa Zukunftspläne oder die persönlichen Beziehungen eines Menschen. Tatsächlich berichten einige Tagebuchschreiberinnen über Auseinandersetzungen mit einer befreundeten Bekannten, die sie zu überreden versuchten, etwas Bestimmtes zu tun, die aber zum Gegenteil entschlossen blieb. So unternahm zum Beispiel Jenny den Versuch, eine Freundin davon zu überzeugen, daß ihre Absicht, ihr Haus zu verkaufen und in ein Häuschen an der Küste zu ziehen, unpraktisch war:

»Sie akzeptierte alle meine Tatsachenfeststellungen, aber die logische Schlußfolgerung wollte sie nicht akzeptieren. Ich ließ mich auf einen Streit ein, weil ich wirklich um ihr Wohlbefinden besorgt war.«

Es war eine »unaufgeregte Diskussion« ohne Wutgefühle. Lynda erinnert sich an einen ähnlichen Streit mit einer »befreundeten Bekannten«, bei dem sie allerdings ihre Ansichten verständlich machen konnte:

»Sie hatte ganz eindeutig das Bedürfnis, über Dinge zu reden, die kurz zuvor in ihrer Familie passiert waren. Sie hatte schon angefangen einzusehen, daß sie ein unangemessenes Verhalten an den Tag gelegt hatte.«

Frauen scheinen also bereit, über fast alles zu streiten, von der Politik über praktische Fragen bis hin zu persönlichen Beziehungen, und dies scheint nur dann Wut auszulösen, wenn die Sachkenntnis einer Frau nicht anerkannt wird. Patricia, eine Psychologin, sagte mir, daß sie unlängst »wütend« gewesen sei, als eine Freundin nicht akzeptiert habe, daß sie in der betreffenden Sache über Expertenwissen verfüge:

»Sie erzählte uns etwas über eine Fernsehsendung über Zwillinge und schien zu glauben, sie habe dort Zwillinge gesehen, die, obwohl sie in verschiedenen Teilen der Erde aufgewachsen waren, feststellten, daß sie einen ähnlichen Akzent und denselben Sprachgebrauch hatten. Ich versuchte, ihr klarzumachen, daß dies unmöglich sei, weil Sprache nicht genetisch determiniert ist. Daraufhin sagte sie: Das ist aber nicht das, was Chomsky sagt. Deshalb hatte ich das Gefühl, daß ich versuchen müsse, ihr zu erklären, was Chomsky tatsächlich gesagt hat und was man über die genetische Vererbung von Sprache sagen kann und was nicht. Schließlich ist das etwas, das ich studiert habe. Sie muß das kapiert haben, denn plötzlich nahm sie einen anderen Standpunkt ein und ›wunderte sich, warum ich über Sprache stritt‹. Ich war wütend, weil sie dadurch, daß sie ihre Haltung änderte, den Anschein zu erwecken versuchte, ich wäre aggressiv. Ich fühlte mich danach so mies, als dürfte ich nie wieder den Mund aufmachen.«

Dieses Gefühl ist weit verbreitet unter Frauen, die feststellen, daß sie von Bekannten und Freunden selten um Informationen aus ihrem Spezialgebiet gebeten, ja sogar als aggressiv behandelt werden, wenn sie versuchen klarzumachen, daß ihr Gegenüber tatsächlich falsch informiert ist. So führte etwa Freda auf eigene Faust eine Untersuchung über die Gesetze durch, die kleine Laden- und Restaurantbesitzer betreffen – nicht als Expertin, sondern weil sie vor der Eröffnung ihres Fischrestaurants keine Fehler machen wollte. Als ihr dann eine Bekannte frisch-fröhlich über ihre Pläne berichtete, einen kleinen Laden aufzumachen, in dem sie selbstgebackene Waren verkaufen wollte, glaubte Freda, sie vor Verstößen gegen bestimmte Vorschriften warnen zu müssen. Dies führte zu einem überaus heftigen Streit. Freda erzählte mir:

»Ich war wirklich stocksauer, weil ich ihr doch nur helfen wollte. Ich dachte, sie wäre froh, das von mir zu erfahren, bevor sie echte Schwierigkeiten bekommen würde. Aber sie wurde bloß richtig ekelhaft, und als ich zur Toilette ging, sagte sie zu meinem Mann: Für wen hält sie sich eigentlich? Sag ihr, daß ich es mir nicht gefallen lasse, wenn sie sich so einmischt. Und da hat er sich doch tatsächlich für mich entschuldigt! Als ich zurückkam, hörte ich gerade noch, wie er sagte: Ich werde sie mir vorknöpfen. Das habe ich nicht vergessen können. Er sagt, die Leute wollen nichts wissen. Aber warum denn nicht?«

Ich selbst mußte ähnliche Erfahrungen machen, die mich noch wütender machten, weil Frauen mich baten, John (meinen Mann) zu fragen, ob er ihnen in Angelegenheiten helfen könne, in denen ich mich genausogut oder besser auskenne. Er ist Sozialhistoriker, hat viel über Philosophie, Theater und englische Literatur gelesen und unlängst zwei geistreiche Bücher, *Pooh and the Philosophers* und *Pooh and the Ancient Mysteries*, veröffentlicht. Jeder, der Informationen aus diesen Bereichen braucht, ist gut beraten, wenn er sich an ihn wendet. Aber er ist nicht besser informiert als ich, wenn es um Themen wie Psychologie geht oder Aspekte der Sprache (ich bin von Haus aus Linguistin) oder Journalismus und Verlagswesen (bevor ich mich der Psychologie zuwandte, war ich als Journalistin tätig und habe zehn Jahre lang als Redakteurin gearbeitet). Doch wenn ich frage: »Kann ich irgendwie behilflich sein?«, sagen die meisten Frauen: »Ach, ich glaube, John weiß Bescheid«. Was glauben sie, tue *ich* den lieben langen Tag?

[John bittet mich hinzuzufügen, daß er sich seit meinem ersten Hinweis dieser Tatsache bewußt ist und daß er seither Fragesteller an mich verweist, wenn es um Dinge geht, bei denen ich mich besser auskenne.]

Deborah Tannen schreibt in ihrem bekannten Buch *Du kannst mich einfach nicht verstehen:* »Ich genieße ›Ringkämpfe‹ nicht, wenn ich mich persönlich angegriffen fühle, obwohl intellektuelle Auseinandersetzungen mir durchaus

Spaß machen, wenn ich das Gefühl habe, daß meine Autorität anerkannt wird.«[17] Tannens Autorität als Linguistin ist in akademischen Kreisen unbestritten (Fragen, die sich mit der Autorität am Arbeitsplatz befassen, werden übrigens in Teil IV behandelt), aber selbst sie findet es unter Umständen schwierig, ihre Autorität in unverbindlichen Beziehungen, in denen die Menschen sich selbst als gleichwertig sehen möchten, geltend zu machen. Autorität und Sachverstand gelten dann als irrelevant, wenn Leute in ihrer Freizeit zusammenkommen (eine andere Situation ist natürlich dann gegeben, wenn jemand tatsächlich von einem zufällig anwesenden Experten eine nützliche Information bekommen will). Wird auf einer Party oder in einem Pub gestritten, so haben Frauen es nicht gern, wenn man ihnen sagt, daß eine andere Frau »mehr weiß« als sie selbst.

Diese Situation läßt sich natürlich mit der vergleichen, in der »Männer glauben, sie wüßten alles besser«. Frauen mögen es nicht, wenn ein Mann darauf besteht, daß er alles besser weiß. Aber noch weniger können sie es ausstehen, wenn eine Frau dasselbe tut. Eine Frau hat nur so lange Spaß am Streit mit einer anderen Frau, wie die beiden sich als gleichwertig erleben können.

In beide Richtungen schauen

»Die Wahrheit ist selten rein und niemals einfach.« OSCAR WILDE[18]

Wenn Frauen und Männer in ihrer Freizeit streiten, sind sie also in mehrfacher Hinsicht durch eine Kluft voneinander getrennt. Zunächst einmal scheinen Männer davon auszugehen, daß sie sich in allem, was ihre besondere Domäne, die Außenwelt, betrifft, besser auskennen, und das heißt praktisch in allem – mit Ausnahme von Gefühlen und ... Babys. Natürlich ist ihnen als Einzelwesen völlig bewußt, daß sie nicht immer besser Bescheid wissen. Aber die Einstellung der Männer zum Streit, die von ihnen verlangt, »sich einem Streit mit beinahe militärischer Wehrhaftigkeit zu stellen« (wie Stephanie Calman es formuliert), weil sie selbst gewinnen und die anderen verlieren müssen, bedeutet, daß sie das Gefühl haben, sie müßten so *erscheinen*, als wüßten sie am besten Bescheid. Viele Auseinandersetzungen zwischen Frauen und Männern in dieser nicht-intimen, unverbindlichen Beziehung finden in gemischter Gesellschaft statt, und das heißt, daß der Mann sogar noch zwingender selbstsicher wirken muß. Selbst wenn es egal ist, ob er einer Frau gegenüber gewinnt oder verliert – einem anderen Mann gegenüber ist es absolut nicht egal.

Zweitens glauben Männer tatsächlich, daß sie sich in den meisten Bereichen (wie gesagt, mit Ausnahme von Gefühlen und Babys) besser auskennen als Frauen. Wir sind diesem Phänomen bereits begegnet, da es sich aus der Arbeitsteilung und unseren kulturellen Mythen über geschlechtsspezifische Unterschiede in bezug auf Fähigkeiten und Eignung ableitet. Aus diesem Grund tun Männer Auseinandersetzungen mit Frauen als unwichtig ab, geben sich wenig Mühe, um sie von der Stichhaltigkeit ihrer Argumente zu überzeugen, und bezichtigen sie emotionaler Reaktionen.

Drittens halten Frauen es nicht für notwendig, beim Streiten richtig zu kämpfen. Im Grunde fassen sie eine Diskussion oder eine Debatte selten als Wettkampf auf. Es macht ihnen Spaß, Ideen zu erkunden, und mit zunehmendem Alter behaupten viele Frauen, sie würden lieber mit anderen Frauen Gedanken austauschen als mit Männern.

Viertens glauben Frauen, daß jeder Mensch imstande sein sollte, seine argumentative Aufrichtigkeit unter Beweis zu stellen, und daß auf Beschuldigungen wie »Sie predigen Wasser, trinken aber Wein« eingegangen werden müsse. Männer scheinen davon auszugehen, daß das, was sie treiben, überhaupt nichts mit dem zu tun hat, was sie selbst und auch andere Leute ihrer Meinung nach tun *sollten.* Männer können also auf Ideen und Gedankengängen, die Frauen für wirklichkeitsfremd halten, phantastische Gebäude errichten. Für eine Frau ist das irrational oder vorsätzliche Täuschung.

Fünftens: Es ist für einen Mann von Vorteil, in einer gemischten Gesellschaft ein wirklicher Experte zu sein, während es sich für eine Frau nachteilig auswirkt. Der Mann wird in seinem Fachgebiet respektiert, die Frau abgelehnt.

Wut ist ebenfalls ein Kriterium, das sich aber nicht so einfach an die Liste anfügen läßt. Nur wenn es um Fragen geht, in denen »Sachverstand« erforderlich ist, entwickeln Frauen gegenüber einer anderen Frau in der Regel keine Wutgefühle, aber einem Mann gegenüber kommt das häufig vor. Auch Männer empfinden einer Frau gegenüber selten Wut. In normalen, freundlichen sozialen Kontakten sollte Frauen also selten Zielscheibe von Wutausbrüchen werden.

Auch Männer können sich ohne Bitterkeit auf freundschaftliche Auseinandersetzungen einlassen. Sie halten Streitigkeiten mit anderen Männern gern für »witzig« und bezeichnen sie oft als »heftig« oder sogar als »hitzig«, behaupten aber dennoch, sie seien nicht wütend gewesen. Andererseits können sich Streitigkeiten zwischen Männern wirklich außerordentlich unerquicklich gestalten. Männer berichten, daß sie einem anderen Mann gegenüber »große

Wut« oder sogar »extreme Wut« (Punkt 4 beziehungsweise 5 auf der 5-Punkte-Skala) empfunden haben, und manche sprechen sogar davon, daß sie »ihn umbringen wollten«. Diese hohen Wutpegel sind so extrem, daß sie statistisch den sehr niedrigen Wutpegel ausgleichen, den sie für Debatten mit entfernten Freunden und Zufallsbekanntschaften angeben. Wie der Rest dieses Buches zeigen wird, ist diese Beziehung die einzige, in der Männer mehr Wut auslösen als Frauen.

13

Streit mit einem Fremden

»Es war ein Wettschimpfen und keine wohldurchdachte Argumentation, bei der jeder versuchte, den Standpunkt des anderen zu verstehen oder Kompromisse einzugehen.«

Nell warb um Stimmen bei den Gemeinderatswahlen und wurde in einen erregten Meinungsaustausch mit »irgend jemandem von der Straße« (einem Mann) verwickelt.

»Ich war für Streitgespräche da, war aber sehr wütend über die dummen politischen Aussagen, die er mir auftischte. Ich wußte, daß ich seine Meinung nicht beeinflussen konnte – ich habe also bestenfalls nur zum Spaß gestritten.«

Sie berichtet also darüber, daß sie »sehr wütend« war (Punkt 4 auf der 5-Punkte-Skala), behauptet aber, der Streit habe ihr Spaß gemacht. Tatsächlich deutet alles darauf hin, daß Streit mit einem Unbekannten auf eine Frau viel weniger bedrohlich wirkt als Streit mit einem Menschen, der ihr nahesteht. Selbst nach einem Streit bei einem Verkehrsunfall – *der* wutauslösenden Situation schlechthin – bleibt die Frau dann nicht automatisch in heller Aufregung zurück, wenn jede Seite ihre Meinung richtig dargelegt hat. Ellen war »sehr wütend«, weil der Zusammenstoß

»offensichtlich nicht meine Schuld war. Der andere Fahrer hatte mit überhöhter Geschwindigkeit eine Kurve genommen, und zwar auf der falschen Straßenseite. Doch, er *hat* sich entschuldigt. Der Ärger drängte mich in die Defensive, aber wir waren dankbar, daß niemand verletzt war. Das dämpfte die Wut. Ich machte mir auch Gedanken darüber, daß man mir eine Rechnung für die Reparaturen an meinem Wagen präsentieren würde.«

Ebenfalls ein Auto sorgte dafür, daß Karyn in einen hitzigen Streit verwickelt wurde, dieses Mal mit »einer Frau, von der ich einen Gebrauchtwagen gekauft hatte«.

»Das Auto ist gefährlich, obwohl ich einen Haufen dafür bezahlen mußte. Ich wollte, daß sie mir etwas zurückerstattete. Als ich eine Bemerkung machte, auf die sie nichts erwidern konnte, fing sie an zu heulen, legte den Hörer auf und brach damit den Streit ab.«

Der Ausgang des Streits war eindeutig unbefriedigend. Karyn blieb mit ihren Wutgefühlen zurück und empfand keineswegs so etwas wie Freude. Wegen des Themas? Oder hatte es vielleicht etwas mit der Tatsache zu tun, daß es sich bei der anderen Person um eine Frau handelte, während in den beiden anderen aufgezeichneten Fällen mit Männern gestritten wurde? So absurd diese Frage auf den ersten Blick erscheinen mag, gibt es doch Anhaltspunkte dafür, daß Frauen einen Streit mit einer anderen Frau, die keine gute Freundin ist, im allgemeinen als viel ärgerlicher empfinden als einen Streit mit einem Mann, und solche Auseinandersetzungen können einen sehr hohen Wutpegel zur Folge haben – eine Wut, die nicht nur verspürt, sondern auch geäußert wird. Wie wir später sehen werden, können Streitigkeiten mit einer Nachbarin, einer Arzthelferin oder einer Verkäuferin große Wut auslösen: Es handelt sich um Beziehungen, die ich »formal« nenne, weil die Gesellschaft für die Gestaltung solcher Beziehungen bestimmte Regeln und Postulate entwickelt hat.
Andererseits: Warum soll eine Frau eine fremde Frau nicht in demselben Licht sehen wie eine entferntere Bekannte? Wenn das der Fall wäre, würde sie weniger stark auf einen Streit reagieren, ja, ihn vielleicht sogar als angenehm empfinden. Hängt es davon ab, wie der Streit entsteht, worum es dabei geht und ob sie ihren Standpunkt verständlich machen kann?
Tagebuchberichte über Auseinandersetzungen mit Fremden haben Seltenheitswert, und Männer berichten nur über wenige solcher Fälle. Tim erinnert sich an einige Streitereien mit Kommilitonen, weil er für das Studentenparlament kandidierte, aber bei all diesen Diskussionen ging es zivil zu, und seine Kommentare dazu klingen gelassen. Einen Streit mit einer Frau interpretierte er so:

»Sie lief hinter mir her und war deshalb so devot und aufmerksam.«

Jüngere Frauen behaupten in den Interviews, daß sie sich niemals in einen Streit mit einem jungen Unbekannten männlichen Geschlechts hineinziehen ließen – es sei denn, er würde ihnen vom Äußeren her gefallen, denn solche Wortwechsel werden gewöhnlich als »Aufforderung zum Tanz« interpretiert. Männer haben in den Interviews erwähnt, daß sie in heftige Auseinandersetzungen mit anderen Autofahrern verwickelt wurden, aber wie Henry sagte: »Es ist das Element der Gefahr, das einen so wütend macht. Wen kümmert es überhaupt, was ein Fremder denkt?« Erklärt diese Gleichgültigkeit gegenüber den Ansichten eines Unbekannten, warum Männer über so wenige Streitigkeiten berichteten? Oder liegt es daran, daß Menschen, sobald sie sich mit anderen auf einen Streit einlassen, nur im Fall besonderer Umstände (wie etwa bei einem Autounfall oder im Wahlkampf) als Fremde angesehen werden – im Unterschied zu Situationen wie beispielsweise auf einer Party oder in der Kneipe?

Die amerikanischen Psychologen Gerald Miller und Frank Boster glauben, daß Menschen viel eher mit Fremden streiten als sich auf Konflikte mit Leuten einzulassen, die ihnen wichtig sind. Das unterscheidet sich ziemlich stark von dem, was wir bis jetzt gesehen haben, obwohl Frauen tatsächlich behaupten, sie würden Streit mit guten Freundinnen vermeiden, und Männer sagen, daß sie vor Auseinandersetzungen mit ihren Ehefrauen zurückschrecken. Doch Miller und Boster schreiben: »Wir glauben, daß die meisten Leute andere nur widerwillig überzeugen und daß sie sich vor allem dagegen sträuben, solche Menschen zu überzeugen, mit denen sie enge Beziehungen unterhalten … Im Gegensatz dazu sehen überzeugende Kommunikatoren in unverbindlichen Bekanntschaften und flüchtigen Begegnungen mit Fremden wohl leichter ein, daß sie mit Blick auf die Beziehung wenig zu verlieren haben.«[19] Miller und Boster sprechen von »Kostenübernahme«, was bedeuten kann, daß die andere Person »aus der Norm der Gegenseitigkeit womöglich Kapital schlägt, um zu einem späteren Zeitpunkt unser Einverständnis zu gewinnen«; daß ein Streit »beträchtliche Feindseligkeit gegenüber einem Elternteil« von seiten eines Kindes auslösen kann, das überredet wird, die Garage aufzuräumen, oder daß zwischen Kellnerin und Küche »Frustration und Spannung« herrscht, wenn versucht wird, auf eine schnellere Erledigung von Bestellungen zu drängen.[20] Alle diese Beispiele stammen aus ein und demselben Absatz in dem Kapitel über »Überzeugung in persönlichen Beziehungen«, tatsächlich aber ist hier von drei sehr unterschiedlichen Arten von Beziehungen die Rede.

Um die Psychologie des Streits zu verstehen, müssen wir uns ein ganz klares Bild von der Natur der betreffenden Beziehungen machen. Bei Miller und Boster beruht die Unterscheidung auf der Frage, ob sich das Ergebnis auf die Zukunft der Beziehung auswirken wird oder nicht. Wir haben bereits festgestellt, daß noch andere Faktoren eine Rolle spielen: Dazu gehören Vertrautheit, die Geschlechterrolle, und auch das Alter fällt ins Gewicht. In den nachfolgenden Abschnitten werde ich aufzeigen, daß Status und formale Erwartungen von großer Bedeutung sind, ebenso die komplexen Beziehungen am Arbeitsplatz, und all diese Faktoren sind mit dem stets wiederkehrenden Thema der Geschlechterrolle gekoppelt.

Die Psychologie des Streits ist überaus komplex, und wir müssen versuchen herauszufinden, wie sich die Unterschiede in den Beziehungen ausgleichen. Eine Möglichkeit, einige äußere Elemente herauszuschälen, besteht darin, einander unbekannte Menschen zu einem Streit miteinander zu bringen. Wie soll das funktionieren? Nun, wenn man aus der Gleichung sämtliche entbehrlichen Elemente entfernt, sollten die verbleibenden Bestandteile die wesentlichen Elemente darstellen, welche sich in allen Auseinandersetzungen finden. Fremde können als Personen charakterisiert werden, über die einem nichts bekannt ist außer ihrem Geschlecht, ihrer Hautfarbe und ihrem ungefähren Alter. Wenn ein Versuchsleiter zwei Personen nach ihrem Alter, ihrem Bildungsgrad und/oder ihrer beruflichen Tätigkeit und ihrer rassischen Herkunft paarweise zusammenführt, so sollten in ihre Begegnung nur wenige Erwartungen einfließen, die nichts mit der Geschlechterrolle zu tun haben.

In den meisten westlichen Ländern spielt die Rassenzugehörigkeit eine bedeutende Rolle, und ich habe in einige Untersuchungen die rassische Herkunft als einen Faktor mit einbezogen. Dennoch muß ich vorläufig Informationen über Streitigkeiten zwischen Angehörigen verschiedener Rassen außer acht lassen. Interviews und Tagebuchberichte von Leuten unterschiedlicher rassischer Herkunft sind zwar in diesem Buch enthalten, aber an den Stellen, an denen ich zufällig wußte, von wem welche Auskunft stammt, konnte ich praktisch nichts in ihren Berichten erkennen, was einen schwarzen Mann oder eine schwarze Frau von einem weißen Mann oder einer weißen Frau unterscheidet. Wo solche Unterschiede tatsächlich vorkommen, kennzeichne ich sie deutlich. Bei Experimenten, bei denen Fremde miteinander stritten, war die Hautfarbe des Gegenübers allerdings ein so komplizierend wirkender Faktor in bezug auf die Art und Weise, wie der Streit durchgeführt wurde – vom Resultat ganz zu schweigen –, daß ich dieses Thema im vorliegenden Buch gar nicht erst anschneiden werde.

Klassenzugehörigkeit ist ein weiterer Faktor, dem insbesondere in Großbritannien große Bedeutung zukommt, der aber nicht in meine Untersuchungen einbezogen wurde.

Ich wollte also einander unbekannte Personen dazu bringen, miteinander zu streiten, und mußte sie nach Alter, Bildungsgrad und/oder Berufstätigkeit und rassischer Herkunft zusammenführen. Alle Unterschiede in ihren Streitberichten würden dann höchstwahrscheinlich etwas mit der Geschlechterrolle – einem Faktor, der nicht ausgeschlossen werden kann – und mit dem Streit selbst zu tun haben. Ich wollte nicht, daß sie irrelevante Ideen in den Streit einbrachten, andererseits aber sicherstellen, daß sie wirklich miteinander stritten. Ich mußte also ein Thema finden, über das sie unterschiedlicher Meinung sein würden. Um Gefühlsbetontes oder Wertbefrachtetes – wie etwa Politik oder soziale Fragen – durfte es allerdings nicht gehen, sonst hätte ich womöglich feststellen können, daß sie das, was andere äußerten, einfach so interpretierten: »Was kann man von jemandem mit solchen Vorstellungen denn schon erwarten?« Ich wollte in der Lage sein herauszufinden, ob die Unterschiede etwas mit der Geschlechterrolle und den Vorstellungen der Leute über Frauen und Männer zu tun hatten.

Wer war der Täter?

Ich dachte mir also ein Experiment aus, bei dem einander völlig unbekannte Personen zu Paaren zusammengeführt und dann aufgefordert werden sollten, einen Mordfall zu lösen – aber einen besonderen Mordfall, für den fünf mögliche Lösungen angeboten wurden. Die Grundlage dafür bildete der raffinierte Krimi von Leo Bruce, *A Case for Three Detectives.*[21] Ich nahm an, daß dann, wenn alle Teilnehmer aufgefordert würden zu entscheiden, wer das unglückliche Opfer umgebracht hatte, und je zwei Personen über den Mordfall diskutieren und sich auf die beste Lösung einigen sollten – daß dann diese beiden Probanden von unterschiedlichen Vorstellungen ausgingen. Meine Vermutung war, wie sich später herausstellte, richtig. Um ihre Aufgabe der stillschweigenden Vereinbarung entsprechend und die Anweisungen der Versuchsleiterin befolgend auszuführen, würden sie zwangsläufig miteinander streiten müssen. Und darüber hinaus hegte ich die Hoffnung, daß die ganze Übung ihnen auch Spaß machte.

Da ich alle Informationen kannte, die die Probanden ihren Auseinandersetzungen zugrunde legten, konnte ich außerdem feststellen, wer wen beeinflußt hatte, ob die beiden Personen nach der Diskussion wirklich einer Meinung waren oder ob eine der beiden nur nach außen hin zustimmte, während sie in Wirklichkeit etwas anderes dachte.

An dem Experiment nahmen 36 Frauen und 36 Männer teil, die einander allesamt unbekannt waren. Die Sache funktionierte so: Allen Versuchspersonen wurde der Mordfall in groben Zügen dargestellt, sie erhielten Anhaltspunkte für fünf verschiedene Lösungen, dann hatte jeder zwanzig Minuten Zeit, um herauszufinden, wer der Mörder war und wie der Mord geschehen war. Jeder einzelne füllte dann den Fragebogen 1 (F 1) aus, in dem er um einen Bericht und eine Auswertung aller Anhaltspunkte gebeten wurde.[22] Daraufhin wurden die Probanden aufgefordert, in Paaren zusammenzuarbeiten: 12 Paare bestanden ausschließlich aus Frauen, 12 Paare setzten sich nur aus Männern zusammen und 12 Paare waren gemischt. Ihnen wurde erklärt, daß es sich bei dem Experiment um eine Untersuchung der Frage handele, »ob zwei Köpfe besser arbeiten als einer«, und sie wurden aufgefordert, ihre Lösungen miteinander zu diskutieren und sich auf eine Lösung zu einigen, die beide zufriedenstellte. Die Versuchsleiterin wiederholte, daß es fünf mögliche Lösungen gebe und daß daher nicht eine einzelne Lösung »die richtige« sei. Nach weiteren dreißig bis vierzig Minuten füllte dann jeder Fragebogen 2 (F 2 – im wesentlichen eine Wiederholung des ersten Fragebogens) sowie einen dritten Fragebogen aus, in dem die Teilnehmer über den Streit und ihre jeweiligen Reaktionen auf ihren Partner befragt wurden.

Nach der Aufforderung, eine einvernehmliche Lösung zu finden, verteilten sich die Versuchspersonen schließlich über folgende Gruppen:

1. Beeinflussende	Bleiben bei eigener (F 1-)Theorie Partner stimmt nach Diskussion zu (F 2)
2. Beeinflußte	Rücken von der eigenen (F 1-)Theorie ab Akzeptieren in F 2 die F 1-Theorie des Partners
3. Gegenseitiger Einfluß	Beide wechseln von F 1 zu neuer Theorie Beide stimmen F 2 zu
4. Kein Einfluß	Partner sind in F 1 und in F 2 unterschiedlicher Meinung
5. Keine Meinungsänderung	Partner stimmen in F 1 und F 2 überein

Ein Intermezzo: Wer hat wen beeinflußt?

Wer hat Ihrer Meinung nach wen beeinflußt? Würden Sie angesichts der Zusammensetzung der Paare (ausschließlich Frauen, ausschließlich Männer und gemischte Paare) geschlechtsspezifische Unterschiede erwarten? Würden Männer Frauen beeinflussen oder umgekehrt? Oder würden Sie mit keinen Unterschieden rechnen? Welche Paare würden Ihrer Ansicht nach eher zu neuen, gemeinsamen Lösungen gelangen? Und welche Paare würden Ihrer Erwartung nach am Ende unterschiedlicher Meinung sein und bleiben? Und erwarten Sie in irgendeiner Gruppe mehr äußerliche Übereinstimmungen (das heißt, eine Person stimmt öffentlich zu, während sie persönlich eine andere Meinung vertritt als ihr Partner)?

In diesem Abschnitt wollen wir in einem kleinen Exkurs untersuchen, welcher Ausgang von »Experten« und Nicht-Experten für die Auseinandersetzungen vorhergesagt wurde. Dann werden wir zum Hauptthema des Buches zurückkehren, nämlich zu der Frage, was die Probanden über den Ausgang des Streits tatsächlich berichteten.

In der Forschung tätige Psychologen (1987)

Bevor ich das erste Krimi-Experiment durchführte, fragte ich zehn erfahrene Forscher vom Institut für Experimentelle Psychologie der Universität Oxford nach ihrer Meinung. Dem damaligen Geschlechts(un)gleichgewicht entsprechend waren acht der Psychologen männlichen und zwei weiblichen Geschlechts.

Jedem dieser Forscher wurde im Verlauf eines Gesprächs in groben Zügen das neue Experiment geschildert, dann wurden sie gefragt, welche Unterschiede, wenn überhaupt, sie in bezug auf die Ergebnisse bei den drei verschiedenen Gruppierungen erwarten würden, die, nach Alter und Bildungsgrad geordnet, paarweise befragt werden sollten. Dabei erklärte ich, daß ich Kriterien ausgearbeitet hätte, mit deren Hilfe öffentliches Einverständnis von tatsächlicher Übereinstimmung unterschieden werden könnte.

Und so sahen ihre Vorhersagen aus:

Für die *gemischten Paare* sagten acht Männer und eine Frau voraus, daß die Frauen eine stärkere Beeinflußbarkeit an den Tag legen und ihre Ansichten einem Mann gegenüber wahrscheinlich nicht mit Nachdruck verteidigen würden. Nur eine einzige Frau rechnete mit einer heftigen Auseinandersetzung, auf die eine äußerliche Übereinstimmung mit den Ansichten eines männlichen

Partners folgen würde, um die Forderung der Versuchsleiterin nach einer einvernehmlichen Lösung zu erfüllen.
(Vorhersage: hohe Werte für »Beeinflussende« = Mann)

Ausschließlich aus Frauen bestehende Paare: Von ihnen erwarteten sechs der acht Männer, daß sie Schwierigkeiten haben würden, zu einer einvernehmlichen Lösung zu gelangen, da Frauen nicht bereit sein würden, ihre Meinung zu verteidigen.
(Vorhersage: hohe Werte für »Kein Einfluß«)
Im Gegensatz dazu erwarteten die beiden Frauen und zwei der Männer, daß die »Bereitschaft der Frauen, zuzuhören« die beiden zu einer einvernehmlichen Lösung führen würde, und zwar höchstwahrscheinlich zu einer, die für beide neu ist.
(Vorhersage: hohe Werte für »Gegenseitiger Einfluß«)

Paare, die nur aus Männern bestanden: Von ihnen erwartete man Konkurrenzdenken, und angesichts der Möglichkeit, sich zwischen mehreren Lösungen zu entscheiden, rechnete man damit, daß sie zu keiner Übereinstimmung kommen würden, da keine rationale Wahl möglich war.
(Vorhersage: hohe Werte für »Kein Einfluß«)

Es hat den Anschein, als hätten sich die Ideen von der Gleichberechtigung – von denen es heißt, sie hätten sich in den achtziger Jahren in der Gesellschaft durchgesetzt – noch nicht bis in die geheiligten Hallen der Universität Oxford vorgewagt. Eigentlich könnte man erwarten, daß Psychologen die ersten wären, denen die Macht von Klischees bewußt ist, aber jene altehrwürdigen Postulate, wonach »sich der Mann durchsetzt und rational« ist, während »die Frau auf Versöhnung erpicht und leicht zu beeinflussen ist«, spukte immer noch in den Köpfen dieser Forscher herum. Ein renommierter männlicher Psychologe erklärte mir in entschiedenem Ton: »Das kommt daher, weil Klischees der Realität entspringen.«

Psychologen in einer »postfeministischen« Ära
Bevor ich Ihnen verrate, was bei dem Experiment tatsächlich herauskam, wollen wir diesen Exkurs mit einem Blick darauf beenden, was Experten und Nicht-Experten Mitte der neunziger Jahre erwarteten. Im Interesse einer aktualisierten, »postfeministischen« Perspektive sprach ich eine andere Gruppe

von Psychologen an, allesamt in der Forschung tätig und Teilnehmer einer Konferenz der British Psychological Society, die ich nach dem Zufallsprinzip ausgewählt hatte.

Sechs Frauen und sechs Männern wurde wie im obigen Falle die Versuchssituation in groben Zügen geschildert, und sie wurden daraufhin nach ihren Vorhersagen befragt (die einzelnen Teilnehmer werden durch W für Weiblich und M für Männlich sowie durch eine Ziffer identifiziert). Mit Ausnahme einer einzigen Frau erwarteten alle, daß das Geschlecht eine Rolle spielen würde, obwohl sie die verschiedensten Gründe dafür nannten; allenthalben war ein starker Widerstand gegen den Wunsch nach klaren Vorhersagen zu beobachten.

Fünf der sechs Männer sagten für die gemischten Paare eine raschere Einigung voraus:

»Frauen sind entgegenkommender« (M 1) oder »flexibler« (M 3).

»Die Frau könnte sich wegen der technischen oder mechanischen Komponente in dem gegebenen Fall auf die Lösung des Mannes zubewegen.« (M 4)

»Ein Teil des Paares wird nachgeben. Das muß nicht unbedingt die Frau sein; der Mann könnte sich als ritterlich erweisen, oder die Frau könnte nachgeben, um ihrer Geschlechterrolle zu entsprechen.« (M 2)

Männer erwarteten also in gemischten Paaren Übereinstimmung und eine stärkere Beeinflussung der Frau durch den Mann (obschon der ritterliche Mann ein entgegengesetztes Ergebnis herbeiführen könnte). Ein Mann vermutete auch, daß es auf die Attraktivität der jeweiligen Partnerin ankäme:

»Männer sind einer attraktiven Frau gegenüber leichtgläubiger, aber wenn zwischen ihnen kein Magnetismus zum Tragen kommt, werden sie wohl eher die Richtung angeben.« (M 5)

Ein Mann, der anfangs vermutete, daß Männer »dazu neigen, zu dominieren und sich durchzusetzen«, fügte hinzu, daß »manche Frauen darauf erpicht sind, sich zu behaupten«, und daß es darauf ankomme, wie sehr die Frau sich engagiere, weil »manchen Frauen Spielereien mehr Spaß machen, so daß sie sich vielleicht auch mehr anstrengt«. (M 6).

Von den Frauen beharrte eine darauf, daß sämtliche Resultate von der Persönlichkeit abhingen, während eine andere im Grunde eine separatistische Meinung äußerte:

»Frauen treffen ihre Entscheidungen intuitiv und würden es schwieriger finden, sich in einem gemischten Paar durchzusetzen; der Mann hätte ein konkreteres Argument.« (W2)

Die anderen vier Frauen stimmten darin überein, daß Frauen dazu neigen, sich Männern dann, wenn diese in Gruppen auftreten, zu beugen, aber in Paaren, wo keiner über mehr Macht oder Status verfügt als der andere,

»... würden Frauen, wenn überhaupt, dann eher dominieren«. (W6)

»Frauen haben heute mehr Selbstvertrauen. Vor zwanzig Jahren hätten sie den Männern nachgegeben. Aber jetzt wird die Frau das Gefühl haben, daß sie, wenn es um eine Kriminalgeschichte geht, genausoviel Sachverstand besitzt wie jeder Mann.« (W4)

Generell wurde erwartet, daß eher die Frau den Mann beeinflussen würde – selbst dann, wenn der Mann es vorzog, sein Nachgeben als »Ritterlichkeit« auszugeben. Eine Frau ging sogar so weit, den Sexismus auf den Kopf zu stellen:

Es würde darauf ankommen, wer der Stärkere ist. Wenn die Frau die Oberhand gewinnt, wäre es äußerliche Übereinstimmung, weil ich mit Sicherheit davon ausgehe, daß er nicht zustimmen würde, nur weil er durch ein sachliches Urteil allein überzeugt wird. Er würde spüren, daß ein kalter Wind um sein Ego weht, weil er im Streit besiegt worden ist. Deshalb würde er nach außen hin Akzeptanz zeigen, weil er ritterlich war; sein Ego aber wäre angekratzt und löcherig.« (W3)

Paare, die aus Angehörigen desselben Geschlechts bestanden, provozierten widersprüchliche Vorhersagen. Ein Mann vermutete:

»Männer könnten über die relevanten Beweise ausführlicher diskutieren, während Frauen rascher zu einer einheitlichen Meinung kämen.« (M2)

Im Gegensatz dazu meinte ein anderer Mann:

»Zwei Männer wären mit der ersten Lösung, die sie finden können, zufrieden. Frauen würden wahrscheinlich weiter forschen, deshalb bekommt man eine größere Palette von Lösungen.« (M3)

In bezug auf die Frage »äußerliche Übereinstimmung« – »persönliche Überzeugung« äußerte eine Frau sehr pointierte Ansichten:

»Männer halten bloß an gewissen Standpunkten fest und können durch Respekt vor der anderen Person leicht davon abgebracht werden. Er muß das Gefühl haben, daß man ihn überzeugt hat. Bei Frauen kann man absolut sicher sein, daß ihre Zustimmung echt ist, weil es mehr mit der Erörterung der sachlichen Fragen zu tun haben wird als mit der Akzeptanz einer das eigene Ich betreffenden Wahrnehmung.« (W3)

Weibliche Psychologen neigen dazu, von Männern äußerliche Übereinstimmung zu erwarten. Männliche Psychologen wiederum erwarten diese von Frauen, weil alle der Meinung sind, daß eine Beeinflussung des anderen davon abhängen wird, »wer der Stärkere ist«, und alle neigen dazu anzunehmen, daß dies auf ihr eigenes Geschlecht zutrifft.
Die Befragten haben sich in beträchtlichem Umfang dagegen gesträubt, irgendwelche Vorhersagen zu treffen, aber wenn sie gedrängt wurden, irgend etwas zu sagen, dann spiegelten sich in den Vorhersagen der meisten Männer die üblichen auf das Geschlecht bezogenen Klischees wider. Dazu gehört die Wirkung der physischen Attraktivität einer Frau, die einen Mann zur »Leichtgläubigkeit« verleitet, sowie die Vorstellung, daß eine Frau ihren männlichen Partner dadurch beeinflussen kann, daß sie sich »mehr anstrengt«. Ein bekannter männlicher Wissenschaftler, der »kleine Unterschiede« in der Übereinstimmung mit den Klischees vorhersagte, setzte hinzu: »Hoffentlich habe ich unrecht.«
Weibliche Psychologen nahmen in der Regel einen entschiedeneren Standpunkt ein und erwarteten, daß Männer Probleme haben würden, aber heute weniger Schwierigkeiten hätten, damit fertig zu werden, als in der Vergangenheit. Die meisten weisen jeden Gedanken an intellektuelle Unterschiede zurück. Sollte es einen Unterschied geben, dann sind sie sich ganz sicher, daß er ihnen zum Vorteil gereicht.

Nicht-Psychologen

Um an eine aktualisierte Meinung von »gewöhnlichen« Nicht-Experten heranzukommen, erkundete ich auch die Ansichten von fünf jungen Männern und fünf jungen Frauen, die ich telefonisch kontaktierte. Sie waren mir alle persönlich bekannt, wußten aber nur, daß ich mich »als Wissenschaftlerin mit dem Thema Streit befasse«. Die Befragten waren alle Briten, Weiße, übten verschiedene Berufe aus und waren zwischen 26 und 35 Jahre alt. Sie wurden in groben Zügen über das Experiment informiert und gefragt: »Würden Sie irgendwelche Unterschiede erwarten, wenn beide Partner männlich, beide Partner weiblich beziehungsweise das Paar gemischt ist?«
Mit Fragen solcher Art nicht vertraut, behaupteten alle diese Nicht-Psychologen zunächst einmal, daß es mehr auf den Charakter der einzelnen Teilnehmer als auf deren Geschlechtszugehörigkeit ankäme. Als sie gedrängt wurden, in allgemeineren Kategorien zu denken, sahen die meisten einige Unterschiede voraus, aber ein Mann behauptete:

»Es kommt vollkommen auf den Charakter des einzelnen an. Ich kann keinen einzigen Grund erkennen, warum das Geschlecht hier eine Rolle spielen sollte. Wenn es eine logische Lösung gibt, kommen beide darauf. Der Mann könnte überzeugt sein, daß er recht hat, daß seine Logik stimmt, aber Frauen sind eher stur. Es würde nur darauf ankommen, wer den stärkeren Charakter hat.« (Gordon)

Die Beurteilung beider Geschlechter ist unterschiedlich, aber das Resultat dasselbe. Ein anderer Mann hob ebenfalls Charakterstärke als entscheidenden Faktor hervor, obwohl er glaubte, daß Frauen eher bereit sein könnten als Männer, nach einer einvernehmlichen Lösung zu suchen:

»Beide haben dieselbe Ausgangsposition, und deshalb werden wahrscheinlich beide für ihre Lösungen Argumente vorbringen. Es würde also darauf ankommen, wie gut die betreffende Person ihre Meinung begründet, wie überzeugend sie ist. Natürlich könnte die Frau nicht argumentieren, wenn sie glaubt, irgendeinen Betonkopf als Gegenüber zu haben, und sie müssen sich ja am Ende einigen.« (Gareth)

Allgemeine Übereinstimmung herrschte darüber, daß Männer versuchen zu dominieren und konkurrenzbewußt sind, aber selbst dazu äußerte ein einsames männliches Wesen eine abweichende Meinung:

»Frauen sind eher wettbewerbsorientiert, und es ist ihnen mehr daran gelegen, daß ihre persönliche Meinung akzeptiert wird. Bei Männern käme es zu mehr Teamarbeit.« (Peter)

Drei der Männer und alle fünf Frauen waren der Ansicht, daß Frauen sich mehr anstrengen würden, um eine Übereinkunft zu erzielen, und daß dies zu einer größeren Flexibilität bei den Paaren führen würde, die nur aus Frauen bestehen, weil sie sich wahrscheinlich auf eine – für beide – neue Lösung einigen würden:

»Sie würden über ihre Lösungen diskutieren, und keine würde auf ihrem Standpunkt beharren.« (Molly)

»Es könnte einfacher sein, Unsicherheit einer anderen Frau gegenüber zuzugeben und das Problem erneut anzupacken.« (Ella)

»Hängt natürlich vom Charakter ab, manche Frauen gehen Streit aus dem Weg. Aber sie würden wahrscheinlich doch eher zusammenarbeiten und eine neue Lösung finden.« (Cathy)

»Wahrscheinlich würden sie eher eine durchdachte Argumentation ausarbeiten und den Standpunkt beider Partnerinnen verstehen.« (James)

»Bei Frauen käme es zu einem besseren Einvernehmen.« (Sam)

Obwohl ein Mann von den ausschließlich aus Männern bestehenden Paaren »Teamarbeit« erwartete, rechneten alle anderen damit, daß sie größere Schwierigkeiten haben würden, sich auf eine Lösung zu einigen:

»Kommt auf den Charakter an; vielleicht können sie sich nicht einigen.« (Sam, Gareth)

»Beide würden glauben, sie hätten recht.« (Molly)

»Könnte schwierig werden, wenn beide sich durchsetzen wollen.« (Susan)

Diese unterschiedlichen Erwartungen führten zu widersprüchlichen Vorhersagen für die gemischten Paare. Alle Frauen erwarteten, daß die Männer versuchen würden, in der Diskussion den Ton anzugeben:

»Männer glauben, sie hätten recht, und es widerstrebt ihnen zu glauben, daß eine Frau etwas besser weiß.« (Molly)

»Männer dominieren gern; wenn also eine Frau das Rätsel lösen will, müßte sie ihre Meinung rechtfertigen.« (Susan)

»Wahrscheinlich gibt die Frau eher nach als der Mann. Sie würde sich zwar alle Mühe geben, aber am Ende würden sie sich auf die Lösung des Mannes einigen.« (Cathy)

Die Frauen sahen es im wesentlichen als einen Kampf zwischen den Geschlechtern an, und diese Ansicht wurde von dreien der Männer geteilt, obwohl diese für sich selbst offensichtlich ausschlossen, die Sache so anzugehen:

»Bei Männern besteht die Neigung, sich arrogant zu verhalten und Frauen zu zwingen, ihnen zuzustimmen, allerdings bei Gebildeteren weniger stark ausgeprägt.« (James)

»Die Frau könnte nicht argumentieren, wenn sie erkennt, daß sie es mit einem Betonkopf zu tun hat.« (Gareth)

»Die Frau wäre wettbewerbsorientierter und würde alles daran setzen, daß ihre persönliche Meinung akzeptiert wird.« (Peter)

Doch dieser zuletzt zitierte Mann meinte auch, daß die unterschiedlichen Standpunkte von Mann und Frau kreativ wirken und zur Ausarbeitung neuer Lösungen führen könnten. Und ein anderer Mann war der Ansicht, daß der Einfluß, den Frauen auf einen Streit nehmen, sich auch auf ihre persönliche Interaktion auswirke.

»Es hängt davon ab, wer sie sind. Ich denke mal, daß Sie bei gemischten Paaren Extreme bekommen werden – entweder eine sehr gute Interaktion mit einer einvernehmlichen Lösung am Schluß, oder eine ganz schlechte Zusammenarbeit, bei der die Meinungen am Ende weit auseinanderklaffen.« (Sam)

Zusammenfassend läßt sich festhalten, daß bei den Frauen-Paaren mit einem hohen Grad an Übereinstimmung und einem starken gegenseitigen Einfluß gerechnet wurde; von den Männer-Paaren wurde dagegen ein niedriger Grad an Übereinstimmung (hohe Werte für »Kein Einfluß«) erwartet, während bei gemischten Paaren von einem hohen Grad an Übereinstimmung ausgegangen wird – wobei der männliche Part der Beeinflussende ist (seitens der Frauen wird mit einer gewissen äußerlichen Übereinstimmung gerechnet). Darüber hinaus wird auch eine gewisse gegenseitige Beeinflussung nicht ausgeschlossen.

Und was ist tatsächlich eingetreten?

Keiner der Befragten hat es ganz genau getroffen. Allerdings kamen Gordon und eine einzelne Psychologin der Sache ziemlich nahe.
Die Geschlechtszugehörigkeit schien bei der Frage, wer wen beeinflußte, keine Rolle zu spielen, und ohne unserem renommierten Psychologen aus Oxford allzu nahe treten zu wollen, gibt es keinen einzigen Anhaltspunkt dafür, daß Frauen leichter zu beeinflussen wären als Männer. Alle Ergebnisse waren nahezu gleichmäßig über alle Gruppen verteilt. Obwohl einige Hinweise darauf hindeuten, daß gegenseitiger Einfluß bei einem weiblichen Partner wahrscheinlicher sein könnte, wird diese Beobachtung dadurch ausgeglichen, daß sie mit ebenso großer Wahrscheinlichkeit überhaupt nicht übereinstimmen würden.
Im Gegensatz zu dem, was alle erwartet haben, gibt es Anhaltspunkte dafür, daß Männer – insbesondere dann, wenn ihr Partner eine Frau ist – eher geneigt sind als Frauen, äußerliche Übereinstimmung zu demonstrieren, auch wenn der erzielte Kompromiß ihren persönlichen Überzeugungen widerspricht. Doppelt so viele Männer (10) wie Frauen (5) stimmten am Ende mit ihren Partnern überein, und dazu gehörte die Hälfte jener Männer, die eine Frau zum Partner hatten. Interessant ist, daß äußerliche Übereinstimmung durch Männer aufgrund von Tagebuchberichten vorhergesagt werden konnte, in denen sie Auseinandersetzungen mit Frauen als »nicht wichtig« bezeichneten und behaupteten, daß sie selbst es »nicht richtig versucht hätten«. Dies legt die Vermutung nahe, daß Männer es weniger lohnend finden, »sich anzustrengen«, wenn ihr Partner eine Frau ist. Die Aufnahmekriterien für die Übereinstimmungsgruppe waren sehr strikt. Äußerliche Übereinstimmung bedeutete, daß sie die gemeinsam mit ihren Partnern gefundene Lösung mit *Worten* vorstellen mußten; aber alle anderen Erhebungen, bei denen von den

Teilnehmern verlangt wurde, die Bedeutung von Anhaltspunkten einzuschätzen, zeigen ganz eindeutig, daß sie tatsächlich eine andere Lösung (in der Regel ihre ursprüngliche) für viel wahrscheinlicher hielten.

Als sie mit diesen Informationen konfrontiert wurden, brauchten viele der ursprünglich befragten Psychologen der Universität eine gewisse Zeit, um das Experiment zu »zerpflücken«: Die Erhebungen seien nicht effektiv; die Teilnehmer seien ebenso voreingenommen wie der weibliche Versuchsleiter; die Paare hätten nicht richtig zusammengepaßt und so weiter. Nachdem alle Einwände ausgeräumt waren, waren aber einige der Forscher noch immer der Überzeugung, daß »die Männer irgendwie nicht adäquat und für die Bevölkerung als Ganze nicht wirklich repräsentativ gewesen sein müssen« – ein Eigentor, denn ein großer Teil der experimentellen Forschungsergebnisse der Universität Oxford hängt genau von dieser Stichproben-Population ab. Herausragende Wissenschaftler sind, selbst wenn sie von der besten aller denkbaren Universitäten kommen, auch nur Menschen und brauchen ein bißchen Zeit, um ihre Meinung über Dinge zu ändern, über die wir alle »Bescheid wissen«, weil wir sie von Geburt an so gelernt haben.

Was haben wir bisher bei unserer Erforschung der Nachteile, mit denen sich Frauen bei Streitigkeiten konfrontiert sehen, gelernt? Man könnte sich vorstellen, daß diese objektiven Erhebungen ein klarer Beweis dafür sind, daß die Forderungen der Frauen nach Gleichbehandlung die Einstellungen der Männer ihnen gegenüber nachhaltig verändert haben. Aber leider sind diese Veränderungen nicht so tiefgreifend, wie wir es vielleicht erhofft haben. So wie die Worte, deren sich einige Teilnehmer bedienen, um äußerliche Übereinstimmung auszudrücken, ihre wahren Überzeugungen kaschieren, so können wir zeigen, daß sich hinter den Worten, deren sich diese einander Unbekannten bedienen, um ihre Debatten zu beschreiben, auch tiefverwurzelte Vorstellungen über die Beziehungen zwischen Männern und Frauen verbergen.

14

Wer war der Mörder?

Ein Streit mit einem Unbekannten über einen erfundenen Kriminalfall ist so ungefähr die sachlichste Situation, die wir uns ausdenken können, um herauszudestillieren, welcher Stellenwert der Geschlechterrolle beim Streiten zukommt. Wir haben gesehen, was die Menschen im allgemeinen (»Experten« und Nicht-Experten) *erwarten*, und wir wissen bereits, daß die Geschlechterrolle zwar nicht ganz den vorhersagbaren Effekt darauf hatte, wer wen beeinflußte, daß aber die Männer es dennoch »nicht für lohnend« hielten, mit einer Frau zu streiten. Jetzt wollen wir untersuchen, was uns die Teilnehmer an dem Experiment über den Streit selbst mitteilten.
In diesem Zusammenhang verwende ich keine erfundenen Namen. Die Probanden werden durch in Klammern gesetzte Buchstaben und Ziffern identifiziert. W 1A und W 1B, M 1A und M 1B und so weiter waren Partner in Paaren, die nur aus Frauen beziehungsweise nur aus Männer bestanden; X1W und X1M und so weiter waren Partner in gemischten Paaren.

Von Frau zu Frau

»Keine von uns beiden nahm in irgendeiner Hinsicht der anderen gegenüber eine überlegene Haltung ein.« (W 4B)

»Sie war weder übermäßig penetrant noch zu wenig bestimmt.« (W 1B)

»Es war nur eine freundliche Diskussion.« (W 4A)

»Sie war bereit, meine Argumente anzuhören, unterbrach mich nicht und machte keine dummen Vorschläge, sondern arbeitete aufgrund des Beweismaterials.« (W9A)

Obwohl aus diesen Bemerkungen hervorgeht, daß die Frauen vielleicht am Anfang ängstlich waren, weil sie mit einer fremden Frau zusammenarbeiten sollten, empfanden die meisten die Diskussion als angenehm und freundschaftlich. Die meisten Frauen in den reinen Frauenpaaren betonten die Nützlichkeit rationaler Diskussion und stellten klar, daß sich das »laute Ausdiskutieren« zu lohnen schien. Dort, wo die Frauen zu einer beiderseits befriedigenden neuen Lösung kamen, meinten sie, daß »unterschiedliche Blickwinkel und Wahrnehmungen« (W7B) ihnen geholfen hätten, das Rätsel zu lösen. Ein Viertel der Frauen (6 von 24) hatte sich über ihre weiblichen Partner geärgert:

»Sie fand immer im Charakter der Leute Gründe dafür, warum sie es getan haben, statt wirklich überzeugende Argumente zu liefern.« (W6B)

»Sie unterbrach mich.« (W10B)

»Als ich glaubte, wir hätten uns gerade auf eine Lösung geeinigt, da fing sie wieder an, uns auf ein anderes Nebengleis zu schieben.« (W10A)

»Sie hat meinen Gedankengang gestört. Zwei Köpfe denken in verschiedene Richtungen – verwirrend.« (W6A)

Diese Verärgerung scheint mit einem Gefühl persönlichen Herausgefordertseins zusammenzuhängen, wobei die andere als potentiell feindselige Fremde angesehen wird. Eine Frau schrieb:

»Ich glaube, ich habe mich wahrscheinlich zu sehr auf die Aufgabe und darauf konzentriert, sie selbst zu lösen. Ich wäre weitergekommen, wenn ich meine Partnerin aufgefordert hätte, das deutlicher zu machen, was ich in ihrer Lösung für Schwachpunkte hielt.« (W10B)

Andere, die größere Sympathie für ihre Partnerinnen entwickelten, hatten Spaß an der Diskussion. Meinungsänderungen wurden mit der Verwendung solcher Redewendungen wie »wir kamen überein«, »wir beschlossen«, »wir beide meinten« erklärt. Sogar dann, wenn sie keine Einigung erzielten, hielten die meisten die Diskussion für sinnvoll, und die Schwierigkeit bei der Lösung des Rätsels brachte sie nicht aus der Fassung. Typische Kommentare nach Beendigung der Arbeit lauteten:

»Das Experiment hat mir Spaß gemacht, und meine Partnerin war mir sympathisch.« (W 3B)

»Es hat mir großen Spaß gemacht. Ich fand es total spannend, hauptsächlich weil es für mich zu schwierig war. Es war interessant, daß ich nach der Diskussion meine Lösung des Rätsels völlig verworfen habe.« (W 5A)

Von Mann zu Mann

»Unterschiedliche Ansätze fördern das spielerische Denken.« (M 9A)

»Die große Menge an vorhandenem Beweismaterial wurde von zwei Leuten besser durchkämmt … in der kurzen Zeit, die man uns einräumte.« (M 9B)

»Fand einen völlig neuen Ansatz. Die Dinge paßten rationaler zusammen, offene Probleme wurden gelöst.« (M 5A)

Männer, die in reinen Männerpaaren miteinander stritten, empfanden die Debatte in erster Linie als rationale, objektive und freundschaftliche Angelegenheit, und die meisten stimmten darin überein, daß »zwei Köpfe besser denken als einer«. Diejenigen, die die Lösung ihrer männlichen Partner akzeptierten, erklärten dies mit der »Beweisführung des Partners« und meinten, daß die Lösung des anderen die »wahrscheinlichere« (M 9B) war:

»Ich war mit meiner ursprünglichen Lösung nicht zufrieden, die eher eine Notlösung war: [Seine] Lösung war vollkommen plausibel.« (M 10B)

Diese objektive, distanzierte Haltung nehmen auch ihre Partner ein:

»Wir waren beide der Meinung, daß die Tatsachen mit meiner Interpretation vereinbar waren.« (M 10A)

»Meine Arbeitshypothese wurde möglicherweise durch die Diskussion gestützt. Wir fanden keine bessere Lösung.« (M 9A)

Die Kommunikation zwischen Männern war nicht immer so gut, wie diese Kommentare nahelegen. Auf die Frage, ob sein Partner nach der Diskussion seine Meinung geändert habe, schrieb ein Mann:

»Ich glaube, er hatte mir nicht seine ersten Eindrücke über das Wer und Wie mitgeteilt.« (M 4B)

Sein Partner gehörte zu den wenigen Männern (4 von 24 in den ausschließlich aus Männern bestehenden Paaren), die berichteten, daß sie verärgert waren, und von denen einer schrieb:

»Ich wollte ein Argument verständlich machen und hatte das Gefühl, daß es mir nicht gelang.« (M 8A)

Obwohl die meisten behaupteten, die gemeinsame Diskussion sei nützlich gewesen, scheinen sie in einigen Fällen dem anderen nicht sehr gut zugehört zu haben. Ein Mann schreibt seine Lösung dem Einfluß seines Partners zu:

»Ich verfolgte am Anfang keine Spur außer J. Ich konnte fortführen, was im Grunde sein Gedankengang war.« (M 12B)

Doch sein Partner schlug eine andere Lösung vor. Diese Männer arbeiteten im wesentlichen unabhängig voneinander und benutzten den anderen nur, um die Wirkung ihrer eigenen Ideen zu testen.
Durch einen unglücklichen Zufall gingen zwei der Paare, die nur aus Männern bestanden, von denselben Vorstellungen aus, so daß sie nicht denselben Druck verspürten, miteinander zu streiten, auch wenn sie über das Beweismaterial diskutieren mußten, um eine detaillierte Lösung zu liefern. Eines der Paare gestand, sich nicht sehr stark bemüht zu haben – eine Situation, die 1994 von einem der männlichen Psychologen vorhergesagt worden war. Wie ein Mann es formulierte: »Ich überließ die Arbeit meinem Partner.« (M 2B)

Gemischte Doppel

»Er war vernünftig und freundlich, deshalb hatten wir eine interessante und lebhafte Diskussion. Zwei Leute – doppelt so viele Ideen.« (X 12W)

»Die Diskussion ergab einen plausibleren Ablauf des Mordgeschehens.« (X 2W)

»Bessere Auswertung des Beweismaterials. Wir vertraten beide ungefähr dieselbe Position ... Es ist sinnvoll, seine Ideen an jemand anderem zu testen, um zu sehen, ob er sie für gut/schlecht/unwichtig hält.« (X 2M)

Dies sind Kommentare von Probanden, die in gemischten Paaren arbeiteten und die zu einer neuen, gemeinsamen Lösung kamen. Für die meisten Teilnehmer war die Diskussion nützlich; der Partner einer der oben zitierten Frauen stritt dies allerdings ab. Er fand den Kriminalfall verzwickt und erklärte, daß er seine Meinung geändert habe, weil »ich verunsichert war, nachdem ich die Beweise verstanden hatte«.

»Keiner von uns beiden war sich in bezug auf die Lösung sicher, zwei Köpfe machten es auch nicht leichter.« (X 12M)

Eine Frau hatte offensichtlich eine mögliche männliche Dominanz erwartet und war angenehm überrascht, als sie merkte, daß sie sich geirrt hatte:

»Er versuchte nicht, mir seine Vorstellungen als die richtigen aufzuoktroyieren, sondern war bereit, die Möglichkeiten fair durchzudiskutieren. Ich war erstaunt darüber, mit einem mir unbekannten Menschen diskutieren zu können, ohne um die Akzeptanz der eigenen Ideen konkurrieren zu müssen.« (X 8W)

In den Augen ihres Partners jedoch ergab die Diskussion nichts:

»Weil es weder eine richtige noch eine falsche Antwort gab, bestand keine Notwendigkeit, daß die eine Partei – selbst durch das allerlogischste Denken – der anderen auf die Sprünge half.« (X 8M)

Er berichtete auch: »Weil ich zunächst keine feste Vorstellung im Hinterkopf hatte, war ich ziemlich flexibel.« Doch nicht flexibel genug, um die

Lösung seiner Partnerin zu übernehmen: Sie erzielten keine Übereinstimmung.
Männer, die die Lösungen ihrer weiblichen Partner »akzeptierten«, sagten:

»Ich hatte am Beginn der gemeinsamen Diskussion nur eine ganz vage Theorie, deshalb hatte ich keine fundierte Theorie ausformuliert, die ich durchzusetzen versucht hätte.« (X9M)

»Daß es mindestens vier plausible Erklärungen gab, war etwas frustrierend.« (X11M)

Ein dritter brachte seine Distanziertheit dadurch zum Ausdruck, daß er andeutete, das Ergebnis sei unwichtig:

»Die andere Meinung erschien plausibel. Sie schien zufrieden zu sein. Ihr Argument wirkte ganz vernünftig.« (X5M)

Ihre »einflußreichen« Partnerinnen erklärten die Tatsache, daß die Gegenseite ihre Meinung geändert hatte, allesamt mit einem Hinweis auf das Beweismaterial und ihre gemeinsame Diskussion:

»Er kam zu dem Schluß, daß es für meine Lösung mehr Beweise gab.« (X5W)

»Zunächst einmal hatte er sich keine Meinung gebildet.« (X9W)

»Er glaubte, es wäre Miles, aber da Miles im letzten Teil nach dem Mord überhaupt nicht erwähnt wird, meinten wir, daß er es gar nicht sein konnte.« (X11W)

Diese zuletzt zitierte Frau fügte hinzu, daß ihr die Debatte Spaß gemacht habe, weil »wir logisch zusammenarbeiten konnten«.
Von den 24 Personen in gemischten Paaren berichteten nur zwei Frauen und ein Mann, Wut oder Verdruß empfunden zu haben: Alle waren Partner von Leuten, die sich am Ende mit ihrer Lösung durchgesetzt hatten.

»Er hatte die Tendenz anzunehmen, er habe die richtige Idee, und ließ keine Unterbrechung zu.« (X1W)

»Etwas unklarer, umständlicher Ansatz.« (X9M)

»Er war sich nicht sicher, hatte keine neuen, zündenden Ideen, blickte fast die ganze Zeit auf den Boden. Ich ärgere mich sowieso generell über Männer und bin vielleicht aggressiv gewesen.« (X10W)

In den beiden ersten Kommentaren spiegelten sich Standardklischees wider; bei dem dritten handelt es sich um eine etwas trotzige Annäherung an den stereotypen »Kampf der Geschlechter«. Doch die gleiche Frau berichtete im weiteren darüber, daß sie selbst äußerliche Zustimmmung signalisiert habe – sowohl zur Lösung ihres Partners als auch hinsichtlich geschlechtsspezifischer Erwartungen:

»Ich habe meine Meinung geändert – offiziell –, um in der begrenzten Zeit einen Konsens herzustellen. Denn ich bin sowieso von Natur aus jemand, der gern an sich selbst zweifelt.« (X10W)

Die Aggressivität, von der sie selbst berichtete, hat ihr Partner offensichtlich nicht bemerkt:

»Die Diskussion folgte logischen Gedankengängen, und keiner von uns beiden war kompromißlos oder wollte sich partout durchsetzen.« (X10M)

Er erklärte, daß nicht er, sondern seine Partnerin ihre Meinung geändert habe, weil die »Alternativen keine Beweise einschlossen, die ich für bedeutsam hielt.« Er merkte aber auch an, daß »die unterschiedliche Art, das Problem anzupacken, Verwirrung stiftete«. Vielleicht hatte der Trotz seiner Partnerin eine gewisse Berechtigung …
Ein zweiter Mann sah in dem Austausch offensichtlich einen Wettbewerb und erklärte, daß seine Partnerin umschwenkte, »weil ich sie überzeugte«! Er erkannte jedoch an, daß sie sich an der Diskussion beteiligte:

»Ich mußte mein Argument ihr gegenüber noch rechtfertigen, und sie meldete bei den einzelnen Punkten begründete Zweifel an.« (X1M)

Es gibt also Anhaltspunkte dafür, daß Männer zu dominieren versuchten, ebenso dafür, daß sie die Diskussion nicht immer ganz ernst nahmen, während

Frauen die Tatsache, daß sie das Beweismaterial mit ihren männlichen Partnern logisch und rational durchdiskutieren konnten, positiv bewerteten.

Versteckte Annahmen

Das Bild, das sich bis jetzt abzeichnet, mag ermutigend wirken, aber wenn wir die objektiveren Daten für die Einstellungen zum Partner und zum Streit an sich analysieren, sieht es anders aus. Der dritte Fragebogen enthielt sowohl offene Fragen, aus denen ich oben zitiert habe, als auch Bewertungsskalen. Wenn jemand Fragen mit freier Antwortmöglichkeit beantwortet, formuliert er selbständig und läßt so Schlüsse darauf zu, was er selbst für sozial akzeptable Antworten hält. Offen stereotype Attitüden kommen wesentlich seltener vor, als unsere Experten vorhergesagt hatten. Andererseits fällt den Befragten dann, wenn man sie auffordert, eine Zahl auf einer Bewertungsskala einzukreisen (z. B.: Wie entschlossen waren Sie, sich durchzusetzen? Antwortmöglichkeiten auf einer Skala von 1 bis 7), die Vorhersage schwer, welches allgemeine Schema sich aus den Antworten ergeben wird.

Die meisten signifikanten Unterschiede, die bei diesem Experiment zutage traten, kamen übrigens zwischen *Einflußgruppen* zustande, wobei als wichtigster differenzierender Faktor diente, wer wen beeinflußte und ob eine Einigung erzielt wurde oder nicht. Dennoch war die Geschlechterrolle relevant. Die Teilnehmer an dem Experiment wurden aufgefordert, jeweils auf einer Skala von 1 bis 7 »anzugeben, in welchem Ausmaß sie sich [im Laufe der Diskussion] der folgenden Überzeugungsstrategien bedienten«: logische Argumentation; Kompromißvorschläge/Feilschen; anderen vermitteln, daß ihre Ideen gut sind; besonders charmant sein; bestimmt auftreten; unnachgiebig sein. Das Experiment beruhte auf der Arbeit des amerikanischen Psychologen David Kipnis und seiner Kollegen, die nachwiesen, daß die Beurteilung der eigenen Überzeugungsstrategien von der relativen Macht der betreffenden Person abhängt. Sie fragten Leute in verschiedenen Beziehungen: »Wie setzen Sie sich durch?« und ordneten die Antworten am Ende drei Haupttypen zu – der *harten*, der *weichen* und der *rationalen* Strategie.[23] Menschen in Machtpositionen neigen zur Anwendung der *harten* Strategie (von Kipnis und seinem Kollegen Stuart Schmidt unter den Begriffen »bestimmt« und »unnachgiebig« zusammengefaßt); Leute in schwachen Positionen wenden *weiche* Strategien an (»besonders charmant sein«, »versuchen, anderen ein gutes Gefühl zu vermitteln«); Gleichstellung führt zur Anwendung eines *rationalen* Ansatzes (»logische Argumentation«, »Kompromißvorschläge/Feilschen«).

Die Versuchssituation bot die Möglichkeit, ein rationales Problem dadurch zu lösen, daß man die Beweise gegeneinander abwog, und barg für die einander unbekannten Personen mit gleichem Status keinerlei emotionale Hindernisse. Wir erwarteten daher, daß die Teilnehmer den Schwerpunkt auf *rationale* Strategien legen würden. Andererseits sind Frauen, dem Klischee zufolge, Männern gegenüber relativ machtlos, und man hätte deshalb erwarten können, daß Frauen in gemischten Paaren eher auf *weiche* Strategien setzen. Es ist interessant, ganz nebenbei darauf hinzuweisen, daß unsere »weichen« Strategien hier sehr nahe mit jenen verwandt sind, die Dale Carnegie in seinem unglaublich erfolgreichen Buch *Wie man Freunde gewinnt* empfiehlt. Demselben Klischee zufolge gelten Männer im Verhältnis zu Frauen als relativ mächtig, und man könnte erwarten, daß sie *harte* Taktiken anwenden – obwohl einige unserer weiblichen Psychologen in den neunziger Jahren gemeint hatten, daß *Frauen* diese im Umgang mit Männern anwenden würden.
Was berichteten uns die Teilnehmer an diesem Experiment nun tatsächlich? Angesichts der Art des Problems, das die Teilnehmer lösen sollten, ist es kaum erstaunlich, daß sowohl Frauen als auch Männer hervorhoben, rational und logisch vorgegangen zu sein. Alle gaben der »logischen Argumentation« die höchste Bewertung. Dennoch lassen sich wichtige Unterschiede feststellen. Frauen, die mit Frauen streiten, weisen eine positive Korrelation der logischen Argumentation bei allen Strategien auf, was nahelegt, daß sie in verschiedenen Phasen der Diskussion wahrscheinlich sämtliche Techniken eingesetzt haben. Doch wenn sie mit Männern streiten, wird nur »bestimmt auftreten« positiv mit »rational sein« in Verbindung gebracht. Für Männer ist ein Kompromiß dann eine rationale Technik, wenn sie mit einer Frau streiten, aber gegenüber einem anderen Mann wenden sie diese Technik nicht an. Ferner werden die Behauptungen der Männer, logisch mit einer Frau gestritten zu haben, stark mit »bestimmtem« und »unnachgiebigem« Auftreten assoziiert. Diese »harten« Techniken werden aber nicht beim Streit mit einem Mann assoziiert. Daraus läßt sich folgern, daß Männer versuchten, einen weiblichen Partner zu dominieren.
Beide harte Techniken werden dann stark mit logischer Argumentation assoziiert, wenn ein Mann mit einer Frau streitet, nicht aber, wenn er mit einem Mann diskutiert. Wir sehen also, daß Männer Frauen als relativ machtlos einstufen und berichten, sie hätten versucht, mit harter Technik zu dominieren.
Im Gegensatz dazu neigen Frauen in gewissem Umfang zum Einsatz harter

Technik, wenn sie mit einer anderen Frau streiten, während einem Mann gegenüber Unnachgiebigkeit passé ist. Und wenn sie bestimmt auftreten, versuchen sie wahrscheinlich auch, »charmant« zu sein.

Frauen schätzen sich selbst nicht als relativ machtlos gegenüber Männern ein. Zwar werden »charmant sein« und »dem anderen ein gutes Gefühl vermitteln« sowohl miteinander als auch mit Kompromiß verbunden, doch mit logischer Argumentation negativ assoziiert: Die Bewertung der Frauen für logische Argumentation war, wenn sie mit einem Mann stritten, höher als in jeder anderen Gruppe.

Frauen, die streiten – insbesondere solche, die mit Männern streiten –, passen nicht genau in die Kategorien, die Kipnis für den Überzeugungsstil ausgearbeitet hat. Während sie bereit zu sein scheinen, bei Auseinandersetzungen mit einer anderen Frau jede Taktik anzuwenden, heben sie bei Streit mit einem Mann ihre logische Argumentation hervor und assoziieren diese sowohl mit Charme als auch mit Bestimmtheit – wobei diese zwei Faktoren übrigens eine Ausgangsbasis für jeden der Stile darstellen.

Daß Frauen Bestimmtheit mit »charmant sein« assoziieren, läßt möglicherweise den Schluß zu, daß sie versuchen, den Streit angenehmer zu gestalten. Sie möchten ihre eigenen Gedanken verteidigen, aber weil ihnen bewußt ist, daß die Gesellschaft von Frauen »Nettigkeit« erwartet, versuchen sie vielleicht auch, ein wenig besänftigend zu wirken.

Männer passen besser in Kipnis' Kategorien – vor allem dann, wenn es um Streit mit Frauen geht. Sie assoziieren sowohl »rationale« Stile als auch »harte« Stile mit Streit mit einem weiblichen Partner, mit sehr hohen Korrelationen zwischen »Logik«, »bestimmt sein« und »unnachgiebig auftreten«. Männer, die mit einem anderen Mann streiten, scheinen sich für einen bestimmten Stil entschieden zu haben und wenden entweder den »weichen« oder, wenn nötig, den »harten« Stil an, aber selten beide zugleich.

An anderer Stelle im Fragebogen berichteten Frauen, daß sie sich in Zusammenarbeit mit einem Mann weniger imstande fühlten, »eigene Ideen zu verwirklichen«, und daß sie die Diskussion nicht so sehr genossen hätten wie die mit einer anderen Frau. Sie finden Männer weniger freundlich als andere Frauen und auch analytisch weniger begabt.

Männern dagegen machte die Debatte dann, wenn sie mit einer Frau stritten, mehr Spaß, als wenn sie mit einem Mann diskutierten, und sie stuften die freundschaftlichen Gefühle für ihre weiblichen Partner beträchtlich höher ein als die für andere Männer und ebenfalls höher als die, die ihre Partner für sie empfanden. Auch sie billigten den Frauen hohe analytische Fähigkeiten zu – eine interessante und unerwartete Umkehrung der Rollen.

Streit mit einem Unbekannten: Einige Schlußfolgerungen

Dies sind die wichtigsten Punkte, die sich ergeben, wenn zu Paaren zusammengeführte Fremde aufgefordert werden, über ein erfundenes, nicht emotionsbefrachtetes Thema zu streiten:

Männer legen im Verhältnis zu einer Frau ein gewisses Dominanzstreben an den Tag. In den mündlichen Berichten über die Diskussion finden sich nur wenige Anhaltspunkte dafür, daß Männer eine überlegene Haltung einnehmen, und einige Frauen merken positiv an, daß ihre Partner nicht versucht hätten, sie zu beherrschen. Dennoch zeigen die Bewertungen in bezug auf die Überzeugungsstil-Variablen, daß Männer von sich selbst behaupten, sie würden weiblichen Partnern gegenüber harte Taktiken anwenden – Taktiken, die Kipnis und seine Kollegen fast ausschließlich dann gefunden haben, wenn eine Person glaubte, sich in einer Position relativer Macht zu befinden.

Zur gleichen Zeit berichteten Männer, daß sie sich von einem weiblichen Partner mehr herausgefordert fühlten als von einem männlichen, und stuften ihre Partnerinnen als analytischer, logischer und vernünftiger ein als einen anderen Mann. Diese objektiven Ergebnisse spiegeln sich nicht in den mündlich vorgetragenen Berichten wider, sondern scheinen im Widerspruch zu der oben erwähnten Annahme zu stehen, daß Männer sich überlegen fühlen. Außerdem berichteten viele Männer, daß sie für ihre jeweilige Partnerin freundschaftliche Gefühle hegten, und schätzen den Austausch als angenehmer ein als den mit einem anderen Mann.

In diesen widersprüchlichen Resultaten spiegelt sich unsere zuvor gemachte Entdeckung wider, wonach Männer die Geschlechterrolle des Mannes als »dominierend« und »bestimmt« verinnerlicht haben und davon ausgehen, daß im Verhältnis zu einer Frau von ihnen eine beherrschende Rolle erwartet wird. Sie fühlen sich von einem weiblichen Partner eher herausgefordert, wenn diese Frau Gleichwertigkeit für sich in Anspruch nimmt und sich deshalb einer Bevormundung widersetzt. Wenn er irgendeine ihrer Vorstellungen zu akzeptieren scheint (wie das einige Männer taten), dann muß sie offensichtlich über ausnehmend gute analytische und logische Fähigkeiten verfügen. Da ihm der Streit mit ihr unwichtig ist, könnte er sich damit zufriedengeben, ihr einen Großteil der Arbeit zu überlassen – und tatsächlich stimmte die Hälfte der Männer den Vorstellungen ihrer weiblichen Partner zu, ohne aufrichtig überzeugt zu sein. Wir haben in der Tat gesehen, daß keiner der Männer *wirklich* von einer Frau beeinflußt wurde. Dennoch macht Männern die Gesellschaft von Frauen Spaß, von denen sie Warmherzigkeit und Freundlichkeit erwarten, während sie einen anderen Mann vielleicht als Rivalen begreifen, der besiegt werden muß.

Diskussionen zwischen Unbekannten männlichen Geschlechts werden mit Zurückhaltung geführt, und in den Berichten wird hervorgehoben, wie rational sie jeweils verliefen. Diejenigen, die einander sympathisch fanden, berichteten von einem gewissen Einsatz »weicher« Taktiken – »charmant sein«, »dem anderen das Gefühl geben, daß meine Ideen seine eigenen seien« – Taktiken, die eigentlich eher mit Frauen und solchen Menschen assoziiert werden, die sich in einer untergeordneten sozialen Position befinden. Rivalität wurde nicht offen ausgetragen, aber ihre Auswirkungen kann man in der äußerst sparsamen Kommunikation zwischen einigen Männern erkennen sowie in einem distanzierten Gebaren bei Partnern, die sich gegenseitig nicht mochten. Selbst in dem Eingeständnis »Ich habe die Arbeit meinem Partner überlassen« spiegelt sich eine Weigerung wider, sich auf einen Streit einzulassen, in dem er dann auch hätte gewinnen müssen.

Frauen sagen von sich selbst, daß sie nicht bereit seien, ihren männlichen Partnern gegenüber Kulanz an den Tag zu legen. Wenn sie über die Anwendung einer »weichen« Taktik berichten, dann nur gegenüber einer anderen Frau, und auch das nur selten, obschon viele derjenigen, die behaupten, einem Mann gegenüber bestimmt aufzutreten, ihrem Verhalten auch eine Prise Charme hinzufügen. Die meisten Frauen bezogen sich, wenn sie über die Diskussion schrieben, auf die Beweislage (das ist Rationalität) und waren bereit, ihre Ansichten einem Mann gegenüber zu verteidigen. Die Tatsache, einen männlichen Partner zu haben, empfanden sie als Hemmschuh, da sie ihre eigenen Vorstellungen weniger frei entwickeln konnten. Die Diskussion verlief weniger erfreulich, als sie mit einer anderen Frau gewesen wäre. Hierin spiegelt sich die Erwartung der Frauen wider, daß ein Mann versuchen wird, den Ton anzugeben (eine Erwartung, die, wie wir gesehen haben, berechtigt ist). Von sich selbst behaupten Frauen, sie würden sich nicht den Geschlechterrollenklischees entsprechend verhalten, und streichen ihre eigenen logischen und rationalen Fähigkeiten heraus. Viele bewerten es positiv, wenn ein Mann sie als ebenbürtig anzuerkennen scheint.

Frauen, die mit einer anderen Frau stritten, scheinen anfänglich etwas besorgt gewesen zu sein, daß die andere sich dem weiblichen Rollenklischee entsprechend verhalten würde: daß sie also »penetrant« oder »zu wenig bestimmt« auftreten, »dumme Vorschläge« machen oder unfähig sein könnte, »mit den Beweisen zu arbeiten«. Negative Klischees der Gesellschaft beeinflussen die Einstellung von Frauen ebenso wie positive – und zwar neigen Frauen auch dann, wenn sie sich selbst als sichere, starke, intelligente und rationale Wesen kennen, zu der Erwartung, *andere* (unbekannte) Frauen seien so, wie Frauen aus Sicht der Gesellschaft eben sind.

Klischeehaftes Verhalten seitens einer anderen Frau kann Wut auslösen, während die Fähigkeit zur rationalen und logischen Zusammenarbeit freundschaftliche Gefühle weckt.

Unbekannte, die über ein Thema streiten, das keine emotionalen oder praktischen Konsequenzen hat, beweisen, daß sie von *anderen Leuten* ein kulturell normales Verhalten erwarten. Da Streit und Logik im wesentlichen für männlich gehalten werden, gehen Männer behutsam miteinander um, bauen sich aber einer Frau gegenüber als beherrschende Wesen auf. Frauen erwarten von Männern, daß sie zu dominieren versuchen, aber die meisten sehen sich heute als den Männern intellektuell ebenbürtig und sind deshalb bereit, sich gegen offenes Machogehabe zur Wehr zu setzen. Sie setzen sich aber auch anderen Frauen gegenüber zur Wehr, die »penetrant« wirken oder durch ihr irrationales und unlogisches Verhalten die in sie gesetzten (negativen) Erwartungen bestätigen.

Unzeitgemäße Sitten und Gebräuche sind schwer totzukriegen. An der Oberfläche stießen wir auf eine anscheinend größere Bereitschaft, sich den sozialen Konventionen der Gleichberechtigung anzupassen. Das heißt: Viele Männer fanden sich bereit, nach außen hin eine Lösung zu übernehmen, die eine ihnen unbekannte Frau vorgeschlagen hatte, oder mit ihr zu kooperieren, um zu einer neuen Lösung zu gelangen. Aber wir dürfen nicht vergessen, daß die Hälfte aller Männer, die mit einem weiblichen Partner zusammenarbeiteten, mit der Lösung, auf die sie sich geeinigt hatten, nicht wirklich einverstanden waren und nur zum Schein zustimmten. Belege aus bereits zitierten Tagebuchberichten und Interviews – insbesondere dann, wenn von Auseinandersetzungen am Arbeitsplatz die Rede ist (siehe Teil IV) – lassen den Schluß zu, daß Männer bereit sind, mit einer Frau übereinzustimmen, weil sie die Sache im Grunde für unwichtig halten. Eine Übereinkunft läßt einen Streit mit einer harmonischen Note enden, ohne daß ihre eigenen Vorstellungen wirklich angekratzt würden. Von den Männern, die keine Einigung mit ihren Partnerinnen erzielten, gab nicht ein einziger vor, von seinem weiblichen Partner beeinflußt worden zu sein. Ja, es ist richtig: Die meisten Männer hatten mehr Spaß an dem Experiment, wenn sie eine Partnerin hatten, als wenn sie mit einem Mann stritten, weil weibliche Gesellschaft – in Übereinstimmung mit den Postulaten der Arbeitsteilung – ihrem Vergnügen dient. Sie stritten mit ihren Partnerinnen, weil das Experiment es so vorgab, und einige wenige fühlten sich von der Situation tatsächlich herausgefordert und mußten unbedingt gewinnen. Aber die meisten Männer, die der Auffassung waren, Frauen seien nicht zu beeinflussen, zogen es vor, sich einfach zurückzuziehen. Im Gegensatz dazu bringt ein Streit mit einem Unbekannten einen Mann eher in Verlegenheit; einem anderen Mann gegenüber empfindet er das atavistische Bedürfnis, der Gewinner zu sein.

Es herrscht ein Spannungszustand zwischen den alten Erwartungen und Interpretationen der Beziehungen zwischen den Geschlechtern und den neuen, sozial akzeptableren Vorstellungen von einer Gleichheit der Geschlechter. Diese Spannung rückt ins Blickfeld, wenn wir die Beziehungen zwischen einander Unbekannten untersuchen. Stellen Sie sich eine Wippe vor, deren einem Ende herzliche, intime und deren anderem Ende kühle, formale Beziehungen zugeordnet sind. Fremde bilden einen zentralen Dreh- und Angelpunkt an der Stelle, wo der Druck anderer Postulate in Spannung gehalten wird. Die meisten Menschen sind sich der alten Arbeitsteilung bewußt. Einige widersetzen sich, während manche (Frauen) versuchen, die Lage zu kippen, obwohl sie von anderen auch dann noch ein den Stereotypen entsprechendes Verhalten erwarten, wenn sie dieses für sich selbst ablehnen. So unerwartet die Ergebnisse dieses Experiments waren, so enthüllen sie doch, daß die Dinge zwar tatsächlich *im Fluß* sind, aber noch nicht auf einer ganz so tiefen Ebene, wie viele sich das wünschen.

15

Mein Herr, Sie sind mein gehorsamer Diener

»Staatsdiener sind für die Staatsbürger da und sollten bürgerfreundlich sein.«
(AUS DEM BRIEF EINES WÜTENDEN STAATSBÜRGERS)

Wir haben gesehen, daß die Erwartungen an die Geschlechterrolle selbst bei Streitigkeiten mit uns unbekannten Personen, mit denen wir uns sozusagen auf gleichem Fuß befinden, eine Rolle spielen. Wir neigen dazu, von anderen Leuten zu erwarten, sich in geschlechtsspezifischer Weise zu verhalten, auch wenn wir selbst dies nicht tun, und Männer neigen dazu, Frauen gegenüber eine dominierende Position einzunehmen, selbst wenn es heute gesellschaftlich nicht mehr akzeptabel ist, dies offen zum Ausdruck zu bringen. Was geschieht aber dann, wenn wir mit uns unbekannten Personen streiten, von denen wir zugleich auch erwarten, daß sie uns mit einer Dienstleistung versorgen?

Der größte Teil dieses Abschnitts stellt eine Überleitung zu dem überaus wichtigen Teil IV dar, in dem es um Streit am Arbeitsplatz geht. Viele der Fremden, mit denen wir uns herumschlagen, befinden sich gerade selbst bei der Arbeit – Geschäftsleute, Sprechstundenhilfen, Krankenschwestern, Ärzte, Beamte. Es gibt aber einen bedeutsamen Unterschied zwischen solchen Streitigkeiten und Auseinandersetzungen, die am Arbeitsplatz mit Kollegen, mit Untergebenen oder mit dem Chef stattfinden. Streitigkeiten am Arbeitsplatz haben nachhaltige Folgen, genauso wie dies bei den intimeren Beziehungen der Fall ist, die wir in Teil II untersucht haben. Die meisten Auseinandersetzungen mit Fremden in dieser formellen Beziehung sind hingegen vorübergehender Natur, und obwohl wir gern denselben Klempner behalten oder, sagen wir einmal, bei demselben Arzt bleiben wollen, müssen wir nicht lernen, mit ihnen zusammenzuleben. Es ist leichter, seinen Klempner oder Arzt zu wechseln, als eine neue Stelle zu finden.

»Kein Streit über Gott oder Mrs. Thatcher entfacht wahrscheinlich solche Leidenschaften wie der mit einem Klempner, der gepfuscht hat und nun beharrlich behauptet, daß er es besser wisse oder viel zu beschäftigt sei, um noch einmal vorbeizukommen.«

Ein renommierter Akademiker, den ich Dr. Cromwell nennen will, war gerade erst in den Ruhestand getreten, nachdem er viele Jahre an einer bedeutenden Universität gelehrt hatte. Er hatte einen meiner Fragebögen mit vielen Anmerkungen versehen. Sein Leben als Forscher und Hochschullehrer war natürlich von zahlreichen Auseinandersetzungen in Kommissionen, Seminaren und so weiter gekennzeichnet gewesen, und als international geachteter Historiker genoß er einen hohen Status. Und da Status hier eine Rolle spielt, hatte ich diesen Aspekt in meinen Fragen ganz speziell hervorgehoben. Dr. Cromwell schrieb:

»Die unangenehme Wahrheit ist, daß ich mich in viel mehr Streitigkeiten mit Leuten von ›niedrigerem Status‹ in Ihrem Sinne verstricke, wie zum Beispiel mit Ladeninhabern, Kellnerinnen oder Automechanikern. Oder es handelt sich um Leute, die vorübergehend, in einer ganz besonderen Situation, einen höheren Status erworben haben – und das löst ungerechtfertigte Wut aus.«

Diese Wut ist vielleicht nicht immer ungerechtfertigt. Denn diejenigen, von denen wir eine Dienstleistung erwarten, wissen auch, daß sie in diesem Fall die »Experten« sind, und dieses Wissen verleiht ihnen Macht; oder sie können uns daran hindern, etwas zu tun, das wir gern tun möchten – zum Beispiel mit dem Arzt zu sprechen –, und das gibt ihnen Macht; oder sie sind in der Lage, uns das Leben schwerzumachen, indem sie für eine uns nicht genehme Zeit Termine arrangieren oder indem sie »nicht in der Lage« sind, uns auf eine Weise zu helfen, die wir zu Recht von ihnen erwarten können. Auch das gibt ihnen Macht. Mit Macht ausgestatteten Leuten gefällt es, diese auch anzuwenden.

Obwohl ich den Begriff der Macht in Teil V noch einer gründlicheren Überprüfung unterziehen werde, lohnt es sich bereits an dieser Stelle, sich darüber klarzuwerden, daß man sinnvollerweise zwischen verschiedenen Arten von Macht unterscheiden kann:

Erzwingende Macht
Das ist die Art von Macht, die die meisten Menschen vor Augen haben, wenn sie an Macht denken. Es bedeutet, daß Sie Leute zwingen können, Ihre Forderungen zu erfüllen: Ein Vater beziehungsweise eine Mutter ist größer und stärker als kleine Kinder und hat Sanktionen zur Hand; ein Arbeitgeber kann Lohnerhöhung und Beförderung verweigern oder Ihnen Ihren Job ganz wegnehmen; ein Diktator wendet militärische Gewalt an, um an die Macht zu gelangen und sich an der Macht zu halten. Erzwingende Macht kann verbale Aggression, Drohungen und Gewaltanwendung implizieren.

Konsens-Macht
Sie können Macht aufgrund allgemeiner Zustimmung ausüben, aber diese Zustimmung kann Ihnen entzogen werden. Das ist – zumindest theoretisch – die ursprüngliche Quelle der Macht der demokratischen Herrschaft: Wir wählen die Mächtigen in ihr Amt und können sie wieder abwählen. Wir wählen, um bestimmten Leuten Macht zu geben, damit unsere Gesellschaft effizient gelenkt und verteidigt werden kann, ohne daß wir uns selbst um die Einzelheiten kümmern müssen. In einem weiteren Sinne umfaßt dieser Konsens alle Regierungsbeamten und sonstigen Staatsdiener. Sie sind »Diener«, weil sie da sind, um uns, dem Volk, zu dienen. Wir haben die Befugnisse, die diese Beamten haben, gutgeheißen, verspüren aber eine starke Neigung, sie ihnen dann zu entziehen, wenn sie nicht bürgerfreundlich sind oder zu glauben scheinen, daß die Konsens-Macht, die wir ihnen großzügig eingeräumt haben, ihnen allein die Berechtigung verliehen habe, Zwang auszuüben.

Experten-Macht
Ihr Wissen verleiht Ihnen Macht, wenn anderen das Know-how fehlt, das sie benötigen. Die meisten Menschen verfügen gelegentlich über eine solche Experten-Macht, doch Automechaniker, Klempner, Elektriker und andere Handwerker üben diese Macht ihr Arbeitsleben lang aus. Es überrascht daher nicht, daß so viele Menschen diese Macht auch mißbrauchen, indem sie ihre Hilfe mit Absicht verweigern – insbesondere dann, wenn es um Leute geht, die gesellschaftlich einen höheren Status besitzen. Natürlich deshalb, weil Status Macht verleiht.

Status-Macht

Dieser Machttyp ist auf subtile Weise mit allen drei bisher erwähnten Arten von Macht verbunden, hat seinen Ursprung aber sozusagen in der Arbeit. Status bezieht sich auf den Platz, den eine Person in einer bestimmten Hierarchie einnimmt. Dr. Cromwell zum Beispiel hatte innerhalb seiner Universität sowie als dienstältestes Mitglied der Fakultät einen hohen Status inne, und darüber hinaus erfreute er sich in der akademischen Welt eines hohen Status aufgrund seiner Tätigkeit als Historiker. Bei den meisten gesellschaftlichen Anlässen spiegelt sich dieser hohe akademische Status in dem Respekt wider, den andere ihm wegen seiner Gelehrsamkeit und seiner Leistungen entgegenbringen. Ähnlich besitzen Ärzte einen hohen sozialen Status (zusätzlich zu ihrer Experten-Macht); das gleiche gilt für erfolgreiche Firmendirektoren und ähnliche. Allerdings ist Status, wie Ihnen viele Akademiker bestätigen werden, nicht zwangsläufig mit finanziellem Erfolg gekoppelt, und Reichtum wiederum ist die Quelle einer anderen Art von Macht.

Geld-Macht

Reichtum verleiht die Macht, sich Dienstleistungen aller Art kaufen zu können. Für viele Leute ist Reichtum auch per se ein überzeugendes Argument. In unserem Zusammenhang ist dieser Typ von Macht nicht relevant, weil sich in Gegenwart von Geld-Macht die Arten von Streitigkeiten, die wir untersuchen werden, normalerweise in Luft auflösen. Doch nachdem die meisten von uns nicht über diese Art von Macht verfügen, wollen wir hier nur kurz an ihre Existenz erinnern und uns dann jenen Auseinandersetzungen zuwenden, denen viele von uns in ihrem alltäglichen Leben begegnen.

Streitigkeiten entstehen, wenn die legitime Konsens-Macht oder die Experten-Macht mißbraucht wird, und vor allem dann, wenn jemand das Gefühl hat, daß die Person, die eine Dienstleistung erbringen soll, sich weigert, die legitimen Interessen ihres Gegenübers – als Bürger, Arbeitgeber, Kunde und so weiter – anzuerkennen. Die Ausübung erzwingender Macht stößt anderen immer übel auf.

Mann streitet mit Mann

»Ich habe ihm gesagt, ich könne ihm ansehen, daß er glaubt, mich anschmieren zu können, und war fuchsteufelswild. Die Bauarbeiten, die er für uns durchgeführt hatte, waren in vielfacher Hinsicht mangelhaft, und ich wies ihn darauf hin, daß seine Garantie eine Zusage enthielt, daß er noch einmal kommen und alles in Ordnung bringen würde.«

Ken erinnerte sich an einen heftigen Streit mit einem Bauarbeiter, dessen Betonierung bereits wenige Wochen, nachdem er seine Arbeit abgeschlossen hatte, anfing, Risse zu bekommen.

»Im großen und ganzen bin ich eher ein lässiger Typ, aber jetzt war ich wirklich stocksauer und habe zu drastischen Ausdrücken gegriffen. Meine Frau, die mir zuhörte, sagte, sie hätte sich gewundert, daß ich am Telefon so wütend klingen könne. Es endete wie üblich damit, daß er sich vielmals entschuldigte, aber es geschah nichts. Schließlich mußten wir mit der Sache vor Gericht ziehen.«

Das ist ein extremer Fall, in dem es darum geht, daß ein »Experte« nicht in der Lage ist, die fachliche Kompetenz zu liefern, für die wir ihn bezahlen. Ähnliche Wut wird von einem Installateur ausgelöst, dessen Pfuscharbeit den Wohnungsinhaber ganz schön in die Bredouille bringt. Peter erinnert sich:

»Ein unter dem Boden verlegtes Zentralheizungsrohr fing plötzlich an zu lecken und beschädigte unser Parkett. Dieser Vollidiot sorgte dafür, daß es nicht mehr leckte, schaffte es aber gleichzeitig, das ganze System komplett zu versauen. Dann versuchte er mir weiszumachen, daß wir nun die gesamte Anlage erneuern müßten. Ich habe ihn aus dem Haus geworfen und den Handwerker gerufen, den ich ursprünglich damit beauftragen wollte, damit er uns rettete. Kein Wunder, daß dieser Dummkopf damals sofort zur Stelle war! Kein Mensch würde den ein zweites Mal ins Haus holen!«

Streitigkeiten mit Experten verlaufen selten so heftig oder so direkt. Zu der hier berichteten Wut kam es, weil die Arbeit außerordentlich schlecht ausgeführt wurde, während viele Auseinandersetzungen darauf abzielen, genau dies zu verhindern. So erinnerte sich etwa William an folgende Episode: Ein Bauarbeiter versuchte immer wieder zu beteuern, daß er wisse, wie das Eindringen von Feuchtigkeit durch die Decke eines alten Häuschens verhindert werden könne.

»Als er zum dritten Mal zurückkam, habe ich ihn gezwungen, sich einmal *meine* Theorie anzuhören. Es erschien mir ziemlich offenkundig, daß das Wasser dort eindrang, wo die Elektroleitung hereinkam und hinter dem Gips verlief, und ich erklärte ihm meine Logik sehr genau. Ich hatte recht. Diese verdammten Fachleute machen einen ganz verrückt, wenn sie sich sicher sind, daß man selber nichts weiß und sie unbedingt recht haben müssen. Aber der Streit verlief in ziemlich unaufgeregter Atmosphäre, denn ich wollte ihn nicht so reizen, daß er am Ende davonlief.«

Schwerwiegende Worte fürwahr! Doch so erstaunlich es auch erscheinen mag – angesichts der hohen Wutpegel während des Streits mit männlichen Bekannten, über die Männer berichteten (Kapitel 12), sind die meisten Streitigkeiten mit Experten eher verhaltener Natur, wobei männliche Tagebuchschreiber ziemlich lässig klingen. Sie wollen den Fachmann nicht zu sehr aufregen, weil sie seine Hilfe brauchen. William erinnert sich daran, was passieren kann, wenn man einen Handwerker vergrätzt:

»Ich bin gewarnt worden, daß der Klempner sehr gut, aber auch sehr faul sei und dazu neige, eine Sache zu verpfuschen, wenn er nicht die richtigen Werkzeuge oder das richtige Material hätte. Deshalb beschloß ich, ihn besonders gut im Auge zu behalten, und er merkte offensichtlich, daß er beobachtet wurde. Ein paar Wochen später hörte ich, daß er überall herumging und allen erzählte, daß wir seine Rechnung nicht bezahlt hätten – die wir noch gar nicht bekommen hatten. Ich war ausgesprochen sauer und behandelte ihn ziemlich barsch. Es war eigentlich kein Streit, so wie Sie ihn definieren, er trat nur den Rückzug an, und zwar mit einer Mischung aus Geflunker und Entschuldigung. Ich sagte ihm, er solle sofort seine Rechnung schicken und wir würden sie bezahlen.«

Bauarbeiter, Klempner, Elektriker, Automechaniker – dies alles sind Fachleute, denen wir mehr oder weniger vertrauen müssen, und dieser Tatsache sind sie sich bewußt. Der Experte selbst kann es nicht leiden, wenn man ihm Fragen stellt. Wie mir ein Elektriker sagte:

»Wenn er meint, das sei Pfusch, dann soll er's doch selber machen! Ich habe diese Art von Aggressivität nicht nötig. Wer hat denn die Fachausbildung? Er oder ich?«

Am besten ist, die Auseinandersetzung auf der Sparflamme nüchterner, rationaler Logik zu halten. Sydney berichtet von einem Streit mit zwei Angestellten vom Gaswerk, die er zu sich bestellt hatte, damit sie seine Zentralheizung reparierten; dabei hinderte er mit seiner »Argumentation« die Experten daran, einen Fehler zu machen:

»Einer der Männer glaubte, daß der Heizkörper oben zwei Ventile oder so was Ähnliches haben sollte (ich weiß nicht genau, wie das Ding heißt) und daß dies der Grund dafür sei, daß ein Heizkörper *unten* schlecht funktionierte. Ich erklärte ihnen, daß das immer so gewesen sei und daß bis jetzt sämtliche Heizkörper normal funktioniert hätten.«

Natürlich sind nicht alle Leute, mit denen man streitet, Experten im Sinne eines echten Spezialisten. Viele sind einfach da, um eine bestimmte Dienstleistung zu erbringen – zum Beispiel Polizisten, Briefträger und Kellner. Sydneys Streit mit einem Postangestellten war in einem Fall von Erfolg gekrönt, weil er

»... beharrlich war und insistierte. Als ein Brief von Paris fünfzehn Tage unterwegs war, beantragte ich eine Untersuchung. Es ging um eine äußerst wichtige Angelegenheit, und ich habe die Sache schriftlich dargelegt und den Antrag an die Direktion geschickt.«

Alan hatte einen ziemlich heftigen Streit über die Lieferung von Waren:

»Ich ließ nicht locker und hatte gute Gründe. Wenn ich nachgegeben hätte, hätte das bedeutet, mir unnötig Arbeit zu machen, was vermieden werden konnte, wenn ich mich durchsetzte. Was mir gelang. Teilweise.«

Dieses »Teilweise« hat er nicht näher erläutert. Aber wir sehen, daß es, wenn eine Dienstleistung verlangt wird, hauptsächlich auf Hartnäckigkeit ankommt. Und wenn der Service nicht erfolgt, empfindet der Mann vielleicht große Wut, selbst wenn es um etwas so Simples geht wie die verzögerte Auslieferung eines Telefonbuchs. Wie Ian berichtet:

»Ich war furchtbar wütend und frustriert angesichts der Unfähigkeit der Telecom. Der Typ hatte überhaupt kein Interesse. Ich frage ständig an, bekomme die Telefonbücher aber nicht.«

Der Student Tim wollte einem Freund in einem Priesterseminar eine Nachricht zukommen lassen, zog aber frustriert und ziemlich verstimmt wieder von dannen, weil er von dem Pförtner, der zugleich Priester war, daran gehindert wurde:

»Es war ihm völlig Wurscht, und er wollte mich wegen meines Haarschnitts abschütteln.«

Offensichtlich wirkte in diesem Fall der relative Status gegen die Person, die eine Dienstleistung erwartete. Relativer Status zwischen Kunde und Kellner funktioniert umgekehrt, und oft genügt schon entschlossenes Auftreten, um eine Sache geradezubiegen. James hatte eine junge Frau zum Abendessen ausgeführt, und der Kellner versuchte ihm klarzumachen, daß sie ihren Kaffee nicht in der Lounge einnehmen könnten, da diese für Hotelgäste reserviert sei:

»Seine Umgangsformen gefielen mir nicht, deshalb sagte ich nur mit fester Stimme: Bitte, servieren Sie uns den Kaffee. Und er sagte: Ja, mein Herr, ging fort und brachte ihn uns.«

Ian berichtet, wie er sich »einen pampigen Kellner vorgeknöpft« hat:

»Es stört mich weiter nicht, wenn jemand einen Fehler macht, aber gegen seine Unterstellung, daß ich es mir anders überlegt hätte, habe ich protestiert. Ich habe klargestellt, daß er abzuräumen und mir das zu bringen habe, was ich bestellt hatte.«

Und Edward erinnert sich leicht amüsiert an ein Erlebnis, das er hatte, als er einmal seine Eltern zum Abendessen ausführte:

»Das Essen hat uns geschmeckt, aber wir waren uns alle einig, daß der Service grauenhaft war. Und die Art und Weise, wie der Kellner meine Mutter behandelte, fand ich ziemlich fies – sie hatte um Wasser gebeten, und er brachte es erst, nachdem ich die Bitte wiederholt hatte, und dann knallte er es auf eine unverschämte Art auf den Tisch. Ich bezahlte also die Rechnung, weigerte mich aber, ein Trinkgeld zu geben. Der Kellner war so wütend, daß er tatsächlich den Geschäftsführer holte. Meine Eltern gaben mir Rückendeckung, und die Sache war wirklich ganz lustig. Der Geschäftsführer wurde besänftigt, als wir ihm versicherten, daß das Essen hervorragend war, und der Kellner schlich sich davon – ein jammervoller Anblick!«

Wenn man sich selbst in einer Machtposition befindet, kann das bedeuten, daß Streitigkeiten nicht sehr hoch kochen und schnell beigelegt werden. Sydney berichtet darüber, wie er einen Vertreter erfolgreich in die Flucht schlug, der ihm eine Doppelverglasung aufschwatzen wollte:

»Um den Hausierer zu überzeugen, daß er seine eigene Zeit und die meine vergeudete, sagte ich ihm, daß ich Rentner sei. Er fragte mich, wieviel es denn meiner Meinung nach kosten würde. Als ich antwortete: ›Ungefähr £ 200‹ lächelte er matt, trat schnell den Rückzug an und machte sich aus dem Staub.«

Sydney hat die Sache offensichtlich amüsiert. Aber bei Alex war es anders – er war »sehr erbost« darüber, daß ein Zeuge Jehovas ihn vor seiner Wohnungstür belästigte: »Ich war heftig, um nicht zu sagen grob. Unsere Unterhaltung wurde nicht fortgesetzt.«
Vielleicht sind diese Variationen der Wutstärke vom jeweiligen Temperament abhängig, denn andere Männer werden nicht zornig, wenn ein Zeuge Jehovas sie anspricht. So behauptet Peter, er würde sie hereinbitten: »Es macht mir Spaß, mit ihnen zu streiten, und ich versuche, sie so sehr in die Enge zu treiben, daß sie ihre Vorstellungen verteidigen müssen. Aber bitte sehr, ich streite mit jedermann!«
Peter gleicht dem Rundfunkmann Mike Dickin Shaw, dem wir bereits begegnet sind – manchen Männern macht es einfach Spaß, mit jedem zu streiten, solange damit keine persönliche Drohung und kein Engagement verbunden ist. Doch die meisten Auseinandersetzungen, von denen in diesem Abschnitt die Rede ist, ziehen irgendeine Art persönlicher Konsequenz nach sich – ob es nun mit Reparaturen im eigenen Haus, am Auto oder mit den Beziehungen zu Abendgästen zu tun hat. Wie wir gesehen haben, ist die Wut in der Regel geringfügig (nicht höher als 2 auf der 5-Punkte-Skala) und eskaliert nur dann rasch auf 4 oder 5, wenn die andere Person die verlangte Leistung nicht erbringt oder die Sache noch schlimmer macht.
Wut kann als Waffe eingesetzt werden – auf beiden Seiten. Ein Biograph schrieb über den Philosophen Bertrand Russell, er habe sich mit dem Bauarbeiter und dem Architekten, die sein Haus umbauten, getroffen und sei sofort,

ohne irgendeine Vorwarnung, »in eine wilde Beschimpfung ausgebrochen wegen all der Dinge«, die sie gemacht oder nicht gemacht hatten. Dann sei er seelenruhig und gefaßt zu seinem Auto zurückgekehrt und habe gesagt: »Ich glaube, das war ihnen eine Lehre.«[24] Sein Wutausbruch war genau kalkuliert – und er scheint gewirkt zu haben.

Andrew, ein Theaterregisseur, erinnert sich an einen »langen, hitzigen Streit mit einem kleinen Beamten auf einem Polizeirevier«, der mit Absicht versuchte, ihn in Rage zu bringen, damit sein Antrag abgelehnt werden konnte:

»Ich hatte gerade den Job übernommen und stellte fest, daß der Typ, an dessen Stelle ich getreten war, keine Genehmigung hatte, auf der Bühne zu schießen – mit Platzpatronen natürlich –, und die Aufführung sollte noch am selben Abend stattfinden. Die Sache war dringend, ich brauchte diese Genehmigung, deshalb bemühte ich mich sehr, einen kühlen Kopf zu bewahren. Es war ein kleiner Wichtigtuer, der mir eine lange Predigt über die Unfähigkeit von Theaterleuten hielt, und er tat sein Bestes, um mich zu ärgern. Ich wußte, daß er versuchte, mich so lange zu piesacken, bis ich die Beherrschung verlor, aber ich war überaus cool und überaus hartnäckig. Wenn ich sein Nein akzeptiert hätte, nicht nur beim ersten Mal, sondern ein halbes dutzendmal, hätten wir die Genehmigung nicht bekommen. Aber ich bewahrte einen kühlen Kopf und verließ das Revier mit der Genehmigung in der Tasche, aber innerlich bebte ich buchstäblich vor unterdrückter Wut.«

Städtische Angestellte und andere kleine Beamte wirken in jener unbehaglichen Sphäre zwischen Mächtigsein, Rechtschaffenheit (wie im Fall des Polizisten) und dem Angebot einer fachlichen Dienstleistung. Sie haben Regeln und Bestimmungen, auf die sie sich berufen können, aber wir erwarten von ihnen einfach nur, daß sie uns einen Dienst erweisen, für den wir bereits bezahlt haben. Sie sind unsere Diener.

Arnold, Pförtner an einem Universitätsinstitut, berichtet über Auseinandersetzungen mit kommunalen Beamten über die Frage, »warum die Müllabfuhr ausgefallen ist«. Zuerst verlief der Meinungsaustausch ganz ruhig, und Arnold war »überhaupt nicht wütend«. Er erklärt, daß er dem anderen zuhörte und dann darauf bestand, daß der andere ihm zuhörte:

»Weil ich seine Erklärung dafür akzeptierte, daß keine Abholung stattfand, konnte er auch meinen Standpunkt verstehen.«

Doch im Laufe des Tages wurde Arnold immer zorniger, vor allem, weil er herausfand, daß die frühere Erklärung für die unterbliebene Abfallbeseitigung falsch war:

»Ich fand den Grund heraus, warum der Müll nicht abgeholt worden war: Die Straße war blockiert. Ich wollte wissen, ob die Gemeinde sicherstellte, daß das nicht wieder passieren würde.«

Er erreichte nichts.

»Sie führten lediglich rechtliche Gründe an. Am Ende war ich ziemlich sauer.«

Zu Arnolds Job gehört es, daß er sich in viele Streitigkeiten mit Vertretern der Öffentlichkeit hineinziehen lassen muß, die er über die Vorschriften des Instituts informieren und die er entweder davon überzeugen muß, den Bestimmungen des Instituts zu entsprechen, oder nach draußen eskortieren darf. Zu seinen Tagebuchberichten gehören viele Auseinandersetzungen mit »Institutsbesuchern«, die manchmal bereit sind, sich an die Regeln zu halten, manchmal nicht, aber er berichtet nie über Wut, nicht einmal gegenüber den Aufsässigsten. Einzig und allein ein städtischer Beamter, der die Art von Service, die wir alle erwarten, nicht erbringt, löst eine gewisse Wut in ihm aus. Es ist natürlich sehr wahrscheinlich, daß die *Besucher* ihrerseits Wut verspüren – die Regeln anderer sind immer ärgerlich, wenn sie uns daran hindern, das zu bekommen, was wir haben wollen, und in einem solchen Fall würde sich Arnold in derselben Lage befinden wie der städtische Beamte. Es kommt eben alles auf den jeweiligen Standpunkt an.

Dieser Abschnitt handelt ausschließlich von Männern, die mit anderen Männern streiten, entweder weil sie etwas erledigt haben wollen oder weil ihnen gegenüber erklärt – oder vielleicht nur behauptet – wird, daß es nicht erledigt werden kann. Dabei werden, je nachdem, wer die andere Person ist, unterschiedliche Techniken angewandt: Die Experten-Macht eines anderen schließt die Anwendung von Aggression oder Bestimmtheit so lange aus, bis festgestellt worden ist, daß dieses Know-how gar nicht vorhanden ist. Nüchterne Beharrlichkeit zahlt sich jedoch in den meisten Fällen aus.

Es ist interessant, daß kein Mann von irgendwelchen Streitigkeiten mit einem Freiberufler, wie zum Beispiel mit einem Arzt oder Rechtsanwalt, berichtete – bei Frauen war dies allerdings anders –, und Männer stritten auch nicht mit

Krankenschwestern herum (aber darüber sprechen wir im nächsten Abschnitt). Über all diese Auseinandersetzungen könnte man sagen, daß sie mit einem anderen Mann mit »gleichem« oder »niedrigerem« Status stattfinden, von denen einige über Experten-Macht verfügen. Von ihnen erwarten wir alle Hilfe, weil wir sie dafür bezahlen.

Männer streiten mit Frauen

»Ich hatte ihr genau gesagt, was ich wollte. Man muß die Unfähigkeit dieser Frau erlebt haben, um es zu glauben!«

Jim spricht über eine Bibliothekarin, die noch immer ein Buch nicht aufgefunden hat, das von ihm bestellt wurde. Brian hatte ein ähnliches Problem und schrieb:

»Das Buch war schon lange ausgeliehen (zwei Monate), und es gab Eintragungen, aus denen Bestellung und Datum hervorgingen. Antworten auf meine Fragen waren unzulänglich. Lediglich ständig zu wiederholen, wie das System funktioniert, war mir nicht genug. Ich wollte wissen, was sie in der Sache unternehmen würde.«

Er war »sehr wütend«, wie viele Männer, die in Streitigkeiten mit Frauen bei dieser formellen Art von Beziehung verwickelt werden, in denen von der Frau eine Dienstleistung erwartet wird. Frauen in Jobs mit Publikumsverkehr – Arzthelferinnen, Verkäuferinnen, Kellnerinnen, Telefonistinnen usw. – sprechen davon, daß sie gelegentlich Zielscheibe recht unflätiger Beschimpfungen sind. Eine Kellnerin erzählte mir:

»Manche Männer scheinen sich überhaupt nichts dabei zu denken, wenn sie einen Schlampe oder blöde Kuh nennen. Es rutscht ihnen einfach heraus! Sie sind bloß fiese Kerle, und ich ignoriere es.«

Die Psychologin Arlie Hochschild fand heraus, daß Stewardessen oft von männlichen Passagieren beschimpft werden und daß dann Stewards herbeigerufen werden müssen, um mit diesem hohen Grad an ungerechtfertigter Aggression gegenüber ihren Kolleginnen fertig zu werden.[25] Hochschild vermutet, daß die generell untergeordnete Position von Frauen ihnen einen schwächeren »Status-Schutzschild« zumißt.

Aber kein einziger Mann berichtete davon, sich einer unflätigen Sprache zu bedienen. Ganz im Gegenteil: Selbst wenn er angab, daß er sehr oder außergewöhnlich zornig war, verwendete er in seinem Bericht gemäßigte Worte. Ein Streit mit einer Dame in der Rezeption über die Reparatur eines Elektrogeräts verlief hitzig, aber der Kunde setzte sich nicht durch, weil »*sie* im Gegensatz zu mir nicht vernünftig war«. Und ein Streit, über den von der anderen Seite aus berichtet wurde, von einem Elektriker mit einer Kundin, die sich über eine Verzögerung beschwerte, soll ein vollkommener Fehlschlag gewesen sein, weil »wir beide schlecht aufgelegt waren«. Man kommt zu dem Schluß, daß mit dem Eingeständnis eigener übler Laune zugleich eingeräumt wird, daß er im Unrecht war. Denn wenn ein Mann sich vollkommen im Recht fühlt, liegt die ganze Schuld bei der Frau.

Pamela bemerkte eines Morgens ein Polizeiauto vor ihrem Haus und sah, daß der Polizist das Steuer umklammert hielt und schwer atmete. Sie befürchtete, ihm sei übel, und erkundigte sich, ob sie ihm helfen könne. »Kennen Sie Frau X?« fragte er. »Ist das eine Freundin von Ihnen?« Als sie vorsichtig einräumte, daß sie besagte Person kenne, brach es aus ihm heraus:

»Dieses verdammte Weibsstück! Die wird mir dafür büßen, daß die Polizei mit ihr die Zeit vertun muß! Immer holt sie uns, damit wir ihre Probleme lösen. Warum ihr Mann sie nicht umbringt, verstehe ich nicht. Wäre für uns alle eine Erlösung.«

Jetzt war er natürlich wütend und überlegte sich nicht, was er da sagte. Deshalb versichert mir Pamela, daß sie vollkommen vergessen habe, *wer* der fragliche Polizeibeamte war, und daß sie keine Ahnung habe, worum es bei dem Streit ging. Doch Polizisten, die bei Familienstreitigkeiten gerufen werden, sind nicht immer so mitfühlend, wie wir es aufgrund ihrer Rolle als Staatsdiener und Verteidiger der Schwachen erwarten würden. Bei einer schottischen Konferenz über Gewalt in der Familie wurde ein Polizist zitiert, der die Ehefrau dafür verantwortlich machte, daß sie von ihrem Mann verprügelt wurde:

»Ihr Alligatorenmaul ist größer als ihr Kolobrihirn.«[26]

Geistreich, aber nicht unbedingt das, was wir von einem Staatsdiener zu hören hoffen, der bezahlt wird, um uns zu schützen. Natürlich handelt es sich hier sozusagen um einen Bericht von der anderen Seite. Die Polizeibeamten sind diejenigen, von denen wir eine Dienstleistung erwarten, und sie ärgern sich über Frauen, die sie um Hilfe gebeten haben, oder verachten sie. Wenn Männer eine Dienstleistung von Frauen erwarten, berichten die Frauen über hohe Konfliktpegel, aber in den Tagebuchberichten von Männern kommen viel weniger Auseinandersetzungen mit Frauen vor. William sinnierte:

»Die meisten Streitigkeiten habe ich mit Männern. Frauen scheinen mit einem Mann viel höflicher umzugehen. Ich habe bemerkt, daß meine Frau mit einer Sprechstundenhilfe herumstreitet, die mir gegenüber unheimlich liebenswürdig ist.«

Er erinnerte sich daran, daß er in einen Streit mit einer Frau, einer Hundezüchterin, hineingezogen wurde. Sie hatte seine Frau beschuldigt, gegen eine Vertragsklausel verstoßen zu haben, weil sie eine Hündin, die sie von ihr gekauft hatten, decken ließ. Seine Frau regte diese Beschuldigung und die Art und Weise, wie sie vorgetragen wurde, offensichtlich so sehr auf, daß er beschloß, selbst mit der Hundezüchterin zu korrespondieren. Belustigt und mit einem gewissen Stolz erzählte er mir, daß er seinen Brief mit folgenden Worten schloß:

»Sie haben eine so grobe Verletzung der normalen Höflichkeit im zivilisierten Umgang an den Tag gelegt, daß ich, gnädige Frau, mich außerstande sehe, als Ihr gehorsamer Diener zu unterzeichnen.«

Er sagte mir weder, was seine Frau von seiner Intervention hielt, noch warum sie wünschte, daß ein Mann ihr aus der Patsche half. Aber er war offenkundig über den Witz und die Eleganz seiner Abschiedsformel entzückt. Das gleiche galt für Andrew, der mir über einen Aufenthalt im Krankenhaus berichtete, wo die Stationsschwester es mit der Sauberkeit überaus genau nahm.

»Ich hatte mich geärgert, weil ich sie beobachtet und gesehen hatte, daß es sie nicht interessierte, ob die Patienten sich wohl fühlten. Ich glaubte, es sei an der Zeit, daß jemand sie auf die richtigen Prioritäten hinwies, und während ich sprach, verspürte ich ein amüsantes Prickeln. Als sie also wieder an meiner Bettdecke schnupperte, sagte ich, ich würde annehmen, daß in ihrer Idealstation Wachsfiguren unter sauberen Decken und die Patienten auf dem Boden, unter den Betten versteckt, liegen würden. Sie war nicht gerade begeistert.«

Im großen und ganzen scheinen Männer sich an Streitereien mit Frauen in dieser Art von Beziehung nur dann zu erinnern, wenn sie eine Geschichte zu erzählen haben. Die alltäglichen Konflikte, an die sich die Frauen ihrerseits erinnern, fehlen bei ihnen. Wie ein Tagebuchschreiber bemerkte:

»Unwichtige Auseinandersetzungen sind rasch vergessen.«

Frauen streiten mit Männern

»Ich komme mir wirklich etwas selbstgefällig vor, wenn ich dafür sorge, daß die Angelegenheit so läuft, wie *ich* es will. Ich hatte mir die Sache gründlich überlegt, wußte genau, was ich wollte, habe gelernt, sofort nein zu sagen, und nahm mir die Zeit zuzuhören (und während dieser ganzen Zeit wurstelte er sich mit unbeweisbaren Behauptungen durch).«

Sylvia wollte einen neuen Wagen kaufen, und wie jedermann weiß, können Verhandlungen mit einem Autohändler überaus lästig sein. Aber Sylvia hatte das Gefühl, sich durchgesetzt zu haben:

»Wenn ich nicht gestritten hätte, hätte ich das Auto wahrscheinlich nicht gekauft – *oder* ich hätte viel mehr dafür zahlen müssen. Ich *mußte* ihn davon überzeugen, was ich *wollte* (und was ich nicht wollte)! Er wollte mir lauter ›Kinkerlitzchen‹ aufschwatzen, die teuer und unpraktisch und in den meisten Fällen nur fürs Auge sind. Nicht mit mir!«

Auch andere Frauen berichten über erfolgreiche Auseinandersetzungen mit Geschäftsleuten, Verkäufern und anderen, von denen erwartet wird, daß sie Waren so liefern, wie man sie bestellt hat. Joan ist ein Klavier versprochen worden, das »aufgrund irgendeines Kuddelmuddels in der Verwaltung« nicht mehr lieferbar war. Aber sie knöpfte sich den Verkäufer telefonisch vor und bekam, was sie wollte, weil, wie sie geheimnisvoll bemerkte: »... Drohungen, weiter zu streiten, wie er wahrscheinlich annahm, zu einer Stornierung der Bestellung hätten führen können.«

Fiona erzählte mir eine ähnliche Geschichte; dieses Mal ging es um den Kauf einer Hi-Fi-Anlage:

»Ich hatte die Visitenkarte des Verkäufers und rief am nächsten Morgen an, um meine vorläufige Bestellung zu bestätigen. Der ältere Herr, mit dem ich gesprochen hatte, war nicht da, und der Abteilungsleiter sagte, daß das Modell, das ich am Vortag bestellt hätte, nicht nur nicht mehr am Lager sei, mit meinem Namen darauf, so wie versprochen, es werde auch nicht mehr produziert. Da es genau das Modell war, das ich haben wollte, ließ ich nicht locker und bekam schließlich das Vorführmodell, das ich ausprobiert hatte, um mehrere hundert Pfund billiger. Ich denke, es war ein gutes Geschäft, und ich bekam es nur, weil ich sehr höflich und sehr hartnäckig war.«

Im Gegensatz zu manchen Mythen waren die Frauen in meinen Untersuchungen weit davon entfernt, zögernd, ängstlich und zurückhaltend zu sein, wenn es darum ging, sich durchzusetzen. Fast alle traten selbstsicher auf und waren bereit, mit jedem Mann zu streiten. Ja, die Auseinandersetzung mit der höchstrangigen Person, über die in den Tagebüchern berichtet wurde, wagte Elsie, die sich mit einem Bischof anlegte:

»Es gab eine Diskussion in einem Ausschuß über Ausgaben für Dekorationsarbeiten und Neumöblierung in einem Altenheim. Ich glaube, ich habe mich durchgesetzt, weil ich stark engagiert war und das auch zum Ausdruck brachte. Ich war streitlustig, weil das Geld ansonsten für wichtigere soziale Aufgaben verwendet werden sollte, was ich für vordringlich hielt.«

Bestimmtheit, Höflichkeit und Beharrlichkeit werden von Frauen im Zusammenhang ihrer Auseinandersetzungen mit Männern immer wieder hervorgehoben. Wut entsteht, wenn sie von der Gegenseite nicht mit der entsprechenden Liebenswürdigkeit behandelt werden. Freiberufler wie Rechtsanwälte und Ärzte scheinen hier häufig Steine des Anstoßes zu sein. Kathy berichtet über einen Streit mit ihrem Anwalt über sein

»... Eindringen in die Privatsphäre – er in meine! Er hörte mir nicht richtig zu, wahrscheinlich, weil ihn seine Frage so sehr beschäftigte, und ich war *wirklich* sauer. Ich hatte das Gefühl, daß mein Anwalt zu weit gegangen war und gestoppt werden mußte! Und deshalb stoppte ich ihn.«

Fiona erinnert sich an einen Streit, den sie mit ihrem Scheidungsanwalt über seine Endabrechnung führte.

»Es endete damit, daß wir uns diese langen Briefe schrieben, um – jedenfalls von meiner Seite aus – sicherzustellen, daß der andere wirklich verstand, worum es ging. Schließlich schrieb er mir und teilte mir mit, er sei froh, daß ich mich so klar ausgedrückt hätte, denn er habe sehr viel Sympathie für mich empfunden und wolle nicht, daß unsere Beziehung mit einem solchen Mißklang ende, und dann sagte er, er hätte meinen Standpunkt wahrscheinlich nicht verstanden, wenn ich ihm nicht geschrieben hätte. Ich habe mich danach richtig gut gefühlt, und wir blieben bis zu seinem Tod gute Freunde. Er schickte mir sogar Karten für die Queen Elizabeth Hall, und das machte er, wie er mir versicherte, nicht bei jedem seiner Klienten.«

Dieser Bericht wirft ein Licht auf ein weiteres Problem, das im Zusammenhang mit Auseinandersetzungen zwischen Frauen und Männern eine Rolle spielt, und das ist der Faktor »Sympathie«. Von Frauen wird generell erwartet, daß sie in Männern, mit denen sie eine langfristige Beziehung verbindet – wie formell diese auch immer sein mag – Zuneigung wecken. Wenn das der Fall ist, ist sie eine »großartige Frau«, wie ein älterer Peer über die Baroness Young sagte[27], oder eine »wunderbare Frau«, wie ein Akademiker aus der konservativen Denkfabrik über Margaret Thatcher meinte.[28] Jenny erinnert sich daran, daß sie ihr ganzes Leben lang ein ausgezeichnetes, freundschaftliches Verhältnis zu ihren Ärzten hatte, bis sie in die Vierziger kam:

»Mir wurden Medikamente gegen hohen Blutdruck verschrieben, aber ich wollte nicht plötzlich für den Rest meines Lebens Pillen einnehmen. Deshalb wollte ich genau wissen, worum es ging. Mein Arzt sagte, er habe nicht genug Zeit, mir alles zu erklären. Ich entgegnete, in diesem Fall würden wir beide unsere Zeit verplempern, da ich keine Medikamente einnehmen würde, solange ich nicht wisse, wozu sie gut seien. Daraufhin sagte er: ›Das Problem mit Ihnen ist, daß Sie zu intelligent sind.‹ Was sollte denn das nun wieder heißen?«

Ja, was wohl? Die Einstellung von Ärzten gegenüber weiblichen Patienten ist, wie viele Zeitschriftenartikel bestätigen, häufig eine Quelle der Irritation. So erzählte mir etwa Irene:

»Als ich ins Sprechzimmer kam, war er schon dabei, mir ein Rezept für Beruhigungstabletten auszustellen. Ich sagte zu ihm: ›Wie können Sie wissen, was ich brauche, bevor ich überhaupt ein Wort mit Ihnen gewechselt habe?‹ Seine Antwort: ›Wollen Sie vielleicht meine Fachkompetenz in Zweifel ziehen?‹ Ich wollte eigentlich ja sagen und hinausgehen. Tatsächlich sagte ich, daß ich keine Beruhigungspillen wolle oder bräuchte, daß ich vielmehr gekommen sei, weil ich eine Beule hatte. Er war dann sehr nett und liebenswürdig, aber ich beschloß, nicht mehr zu ihm zu gehen. Zum Glück gibt es in dieser Praxis außer ihm noch zwei andere Ärzte.«

Entschlossenheit, Beharrlichkeit und Bestehen auf ihren Rechten sind Themen, die in allen Auseinandersetzungen mit Männern wiederkehren, über die mir Frauen berichteten. Es konnte sich auch um Bauarbeiter handeln, die nicht zur versprochenen Zeit auftauchten oder deren Leistung unzulänglich war. So schrieb Angela:

»Ich hatte jeden Tag herumtelefoniert, bis er schließlich noch einmal kommen mußte, um die Klingelanlage zu reparieren. Es war lästig für ihn, aber noch lästiger für mich, weil ich so viel Geld ausgeben und dann feststellen mußte, daß sie noch immer nicht funktionierte.«

Und Rose sagte:

»Ich glaube, der Boß war wirklich sauer, als ich ihm sagte, daß ich mit der Art und Weise, wie seine Leute die Baustelle zurückgelassen hatten, unzufrieden war. Er versprach, sie zurückzuschicken und alles in Ordnung zu bringen. Und der Mann, der verantwortlich war, bemühte sich wirklich sicherzustellen, daß alles in Ordnung war, bevor er ging. Ich war froh, daß ich mir die Mühe gemacht hatte, mich ordentlich zu beschweren, und zwar gleich beim Chef.«

Wenige dieser Streitigkeiten scheinen übel ausgegangen zu sein, und diese wenigen fanden hauptsächlich mit Leuten statt, denen es ohnehin Spaß macht, ihre Macht zu mißbrauchen. Sheila erinnerte sich an einen Elektriker, der überall ein echtes Chaos hinterließ:

»Er gehörte zu den Leuten, die die Macht genießen, einem das Leben schwerzumachen. Wir hatten ihn drei Tage im Haus, weil es ein größerer Umbau war, und als er kam, um sich zu verabschieden, fragte ich ihn, ob er die Isolierung im Speicher wieder an ihrem Platz angebracht habe, weil er sie bei der Kabelverlegung entfernt und alles ringsum verstreut hatte. ›Geht mich nichts an‹, sagte er und marschierte hinaus. Aber der Zimmermann, der dabei war, verdrehte die Augen zum Himmel und ging selbst auf den Dachboden, um die Sache in Ordnung zu bringen. Wie Sie sich denken können, werden wir den Zimmermann in Zukunft wieder beschäftigen, den Elektriker natürlich nie mehr.«

Im Gegensatz zu einer ganzen Palette von Mythen scheinen sich viele Handwerker und andere Lieferanten besonders anzustrengen, um einer Frau, die mit ihnen streitet, behilflich zu sein – solange diese bestimmt, aber freundlich argumentiert. Wenn sie die Stimme erhebt oder die Fassung verliert, ist ihr Charme als Frau dahin und weicht dem Bild von der Hexe und dem Drachen. Natalie erlebte es von der anderen Seite, als sie einen Gärtner beauftragte, einen riesigen Baum zu fällen, der eine Gefahr für ihr Haus darstellte. Die Aufgabe war so schwierig, daß der Gärtner eine Nachbarin um Erlaubnis bat, auch auf ihrem Grundstück eine Winde mit einem Sicherungsseil aufstellen zu dürfen. Zu seinem Erstaunen und Ärger weigerte sich die Nachbarin. Natalie berichtete mir:

»Als er zurückkam, schnaubte er buchstäblich vor Wut und drohte, sie umzubringen. Sie hatte ihn wirklich in Rage gebracht. Weil seine Arbeit furchtbar gefährlich war und sie die Winde nicht auf ihrem Grundstück dulden wollte, setzte sie sein Leben aufs Spiel. Sie ist wirklich ein schwieriger Mensch, und ich hatte schon versucht, mit ihr irgendwie zurechtzukommen, aber vergeblich. Deshalb hatte ich ihn gewarnt. Aber er war sicher, daß er sie überzeugen könne, weil sich ja in so einem Fall kein vernünftiger Mensch sperren würde. Aber sie ist natürlich alles andere als vernünftig.«

Vernünftige Frauen jedoch scheinen, wenn sie mit einem Mann streiten, meistens das zu erreichen, was sie wollen. Vielleicht hat dies seine Ursache darin, daß sie, wie William vermutet, mit Männern höflicher umgehen als mit anderen Frauen. Denn »andere Frauen« werden in der Regel als überhaupt nicht vernünftig angesehen.

Frauen streiten mit Frauen

Nehmen Sie zum Beispiel Viviennes Streit mit der Leiterin der Reparaturannahme einer Werkstätte. Viviennes Fernsehgerät mußte repariert werden, aber sie wollte nicht einen halben Tag frei nehmen, um auf den Mechaniker zu warten. Am Ende setzte sie sich durch:

»Ich bestand hartnäckig darauf, daß ich nicht mit der Zeit einverstanden war, zu der der Mechaniker ihrer Auskunft nach kommen würde. Ich denke, daß mir ein Service, für den ich im voraus bezahlt habe, zu einem mir genehmen Zeitpunkt geleistet werden sollte und nicht zu einer Zeit, die dem Mechaniker gerade paßt.«

Sie war zornig. Und so erging es auch Janet, als die Zahnarzthelferin sich – zunächst – weigerte, ihrem Mann, der starke Zahnschmerzen hatte, einen Termin für eine Notfallbehandlung zu geben.

»Ich habe ihre Gründe für ihre anfängliche Unfreundlichkeit akzeptiert und sehr vernünftige und bescheidene Forderungen (nach schmerzlindernden Maßnahmen) gestellt. Es war eine praktische Angelegenheit mit einer einfachen Lösung: Ich hatte das Gefühl, daß sie durchaus etwas machen konnte, wenn sie das Problem ernster nahm als ihre eigene Bequemlichkeit. Und das war dann auch der Fall.«

Die beiden zitierten Frauen sahen sich mit unbekannten Frauen konfrontiert, die – aus ihrer Sicht – mit Absicht unfreundlich waren und auf unzulässige Weise Macht ausübten. Beide waren wütend, obwohl sie am Ende erreichten, was sie wollten: Sie waren wütend, weil sie sich eine Hilfsbereitschaft »erstreiten« mußten, zu der sie sich eigentlich berechtigt fühlten. Sprechstundenhilfen sind dazu da, anderen mit ihren Diensten zu helfen. Das gilt auch für Ladenbesitzerinnen. Als Val feststellte, daß die Abzüge ihrer Fotos sehr unscharf waren, weigerte sie sich zu zahlen. Es folgte ein heftiger Streit. Doch auch sie setzte sich durch.

»Meine Kommentare waren fair und vernünftig, und am Ende gab mir die Frau recht. Ich hatte das Gefühl, daß meine Entscheidung, für die Abzüge meiner Negative nicht zu zahlen, berechtigt war. Ich war jedoch bereit, für das Entwickeln des Films zu zahlen, und das tat ich dann auch.«

Wenn es einer Frau nicht gelingt, sich durchzusetzen, berichtet sie über extreme Wut. Susan, die selten mit jemandem streitet, schickte mir folgenden kurzen Brief:

»Endlich ein Streit für Ihre Sammlung, und über den bin ich *immer noch* sauer.«

Sie versuchte, für das Treffen eines Vereins einen Raum im Gemeindezentrum anzumieten:

»Sie wollte meine Argumente gar nicht anhören und war nur an dem Kleingedruckten im Mietvertrag interessiert. Ich hielt meinen Antrag für gerechtfertigt.«

Susan war »fürchterlich zornig« und kam zu einem fabelhaft unlogischen Schluß:

»Die Frau, mit der ich mich herumstritt, ist mit einem pensionierten Feuerwehrmann verheiratet, und das erklärt doch wohl alles.«

Kathleen berichtet über Auseinandersetzungen mit einer Bibliothekarin und zieht in ihrem Tagebuch einen dicken Kreis um das Wort »Untergebene«. Es ist völlig klar, daß es ihr keinen Spaß macht, mit irgend jemandem in einen Konflikt zu geraten. Dennoch hatte sie mit dieser einen Bibliothekarin eine ganze Reihe von »Riesenkrächen«. Das erste Mal beschreibt sie so:

»Sie hörte mir nicht zu und attackierte mich ohne Vorwarnung. Ich konnte nicht antworten, weil [andere Leute] um uns herum standen und ich Angst hatte, sie noch fuchtiger zu machen. Nach einer ersten Tatsachenfeststellung habe ich nicht zurückgeschlagen. Doch seither habe ich nicht mehr mit ihr geredet, und ich hoffe, daß sie das etwas alarmiert hat.«

Eine vergebliche Hoffnung, wie sich herausstellte. Am Ende beschloß Kathleen zurückzuschießen:

»Sie brüllte mich an, weil ich die Bücher verlängern lassen wollte. Ich sagte, das sei nicht verboten und ich würde sie nun einmal für meine Arbeit brauchen. Sie sagte, ich würde ihr damit ihr ganzes System vermasseln. Sie wollte einen Streit mit mir vom Zaun brechen. Ich hatte das Gefühl, ich dürfe mich von ihr nicht so attackieren lassen, und blieb ganz cool. Sie ist wahrscheinlich ein bißchen nervös, weil sich schon andere Leute über sie beschwert haben, aber ich denke, das geht mich nichts an. Ich bin im Augenblick zu beschäftigt, um mehr zu tun, als meine Position zu verteidigen, aber ich gab ihr nach und entschuldigte mich, doch in letzter Zeit hat sie mich zu Unrecht beschuldigt, und jetzt meine ich, daß sie zu weit gegangen ist.«

Kathleen war furchtbar wütend und schrecklich aufgeregt, obwohl sie sich »ganz cool« verhielt. Sie schrieb: »Es gewinnt an Bedeutung, obwohl das eigentlich nicht der Fall sein dürfte.« Streitigkeiten mit jemandem, den man für einen Untergebenen oder einen Dienstleistenden hält, entfachen wahrscheinlich dann Wut, wenn diese andere Person die Leistung nicht erbringt und von Ihnen zu erwarten scheint, daß Sie sich mit ihr arrangieren.

Ebenso schlecht ist es, wenn die Kommunikation zusammenbricht und die Frau, mit der man streitet, nicht über die Informationen verfügt, die man von ihr erwartet. Julia wurde zum Beispiel von der Pförtnerin eines Krankenhauses darüber informiert, daß sie zu spät zu ihrem Termin komme, was sie sehr wütend machte. Sie setzte sich durch, indem sie »bestimmt auftrat und auf mein Recht pochte. Die Schuld lag nicht bei mir, schuld war die unfähige Krankenhausverwaltung«.

Damit waren ihre Probleme noch nicht gelöst, denn ein paar Tage später hatte sie einen »Riesenkrach« mit einer Krankenschwester, die ihren Mann wegschicken wollte.

»Es war ungeheuer wichtig, weil ich operiert werden sollte, und dem Chirurgen war bereits mitgeteilt worden, daß ich eine krankhafte Angst vor der Narkose habe. Er war einverstanden, daß mein Mann bei mir blieb.«

Zweifellos hat sie mit ihren Befürchtungen Öl ins Feuer gegossen, aber von einem hohen Wutpegel ist in allen Berichten von Frauen die Rede, die mit anderen Frauen stritten, deren Berufe sie gewissermaßen zu »Wachhunden« machen: die Krankenschwester, die einem Ehemann erlauben kann, zu bleiben oder nicht; die Empfangsdame, die mit Ihnen einen Termin vereinbaren kann oder nicht; die Bibliothekarin, die Ihre Bücher verlängern kann oder nicht.

Wenn die andere Frau sich warmherzig, freundlich und »fraulich« verhält, kann der Streit auf Sparflamme gehalten werden, und selbst eine Politesse löst vielleicht keine starke Wut aus, wenn sie richtig reagiert. Beattie arbeitet als Universitätskurier, das heißt, sie fährt mit einem Motorroller kreuz und quer durch die Stadt und trägt Pakete zwischen den einzelnen Instituten aus. Sie berichtet über einen harmlosen Streit mit einer Politesse, die sie fragte, warum sie ihren Roller im Parkverbot abgestellt habe. Beattie erklärt:

»Wenn ich für die Uni unterwegs bin, darf ich schon mal in solchen Zonen parken.

Darüber wurde im örtlichen Polizeirevier diskutiert, das mir gestattete, meinen Motorroller während der Arbeit dort abzustellen.«

Die meisten von uns, die schon einmal mit Politessen aneinandergeraten sind, wären überrascht zu hören, daß dies akzeptiert wurde, und Beattie war nur leicht verärgert. Ausschlaggebend war eine Art Komplizenschaft zweier Frauen, die in einem schwer durchschaubaren System agierten.

Dennoch – die meisten Streitigkeiten zwischen Frauen treiben beide Seite auf die Palme, und die Tagebuchschreiberinnen berichten, daß sie sich nur durchsetzten, weil sie »bestimmt auftraten und auf ihr Recht pochten«. Dieser Satz kehrt gebetsmühlenartig wieder und wird von vielen Frauen vorgebracht, die in anderem Zusammenhang niemals von einem »bestimmten Auftreten« sprechen würden. Viele andere Frauen sagen im Interview, daß sie eine furchtbare Wut auf Verkäuferinnen, Telefonistinnen, Kellnerinnen und andere *empfanden*, von denen man erwartet, daß sie Wünsche bereitwillig und ohne Widerrede erfüllen, die aber genau das nicht tun. Doch ein großer Teil dieser Wut wird nicht nach außen getragen. Fiona erinnert sich an eine Telefonistin, über die sie sich einmal so aufgeregt hat, daß sie verlangte, mit deren Chef zu sprechen. Aber solche Reaktionen sind selten.

16

Mit Fremden leben

Einige wenige Male wurden Nachbarn erwähnt, und es lohnt sich, en passant einen Blick auf diese potentiell schwierige Beziehung zu werfen. Während die meisten von uns wahrscheinlich von einer freundlichen Nachbarschaft träumen, in der »aus Nachbarn gute Freunde werden«, wie die Titelmelodie der TV-Serie *Golden Girls* verheißt, stellen viele Menschen fest, daß sie Tür an Tür mit Leuten leben, die ihnen das Leben zur Hölle machen. Ja, das Fernsehen hat mehrere Serien über das dankbare Thema »Nachbarn aus der Hölle« produziert, und es hat den Anschein, als hätten die Produzenten nicht allzu lange nach Stoff suchen müssen.

Der Zufall spielt hier auch eine Rolle, und deshalb werde ich mich bei diesem Thema nicht allzu lange aufhalten. Aber selbst in dieser Konstellation scheint es einige geschlechtsspezifische Unterschiede zu geben, auf die hinzuweisen sich lohnt.

Männer, die mit Männern streiten, beginnen in der Regel ganz ruhig, und wenn der Disput in einem gelassenen Tonfall, wie unter Gentlemen, beigelegt werden kann, empfinden beide Parteien Genugtuung. Ich selbst habe festgestellt, daß es eine gute Idee ist, meinen Mann einen harmlosen Disput mit einem Nachbarn austragen zu lassen (wir hatten eine lange Diskussion über einige absterbende Bäume, die unseren Garten und unser Gewächshaus bedrohten, und überzeugten schließlich unseren Nachbarn, sie fällen zu lassen). Ein Mann wird einem anderen Mann leichter zuhören, wenn er aufgefordert wird, etwas zu *tun* oder Geld auszugeben. Wie wir alle aus der Zeitung wissen, kann ein Streit über Bäume großen Ärger verursachen und auch vor Gericht führen. Aber mein Mann ist ein Gentleman der alten Schule und erreicht durch ruhiges, beharrliches Argumentieren meistens, was er will, und

die auf beiden Seiten an den Tag gelegte Liebenswürdigkeit trägt das ihre dazu bei.
Männer, die mit Frauen streiten, neigen dazu, sehr rasch irritiert zu reagieren. Len wollte sich erst kaputtlachen, als seine Nachbarin ihm den Schaden zeigte, den seine Bauarbeiter an ihrer Garage angerichtet hatten, geriet dann aber doch in Rage. Am Ende erklärte er sich bereit, die Sache schnell reparieren zu lassen:

»Sie war wirklich ganz vernünftig, wenn auch zunächst ein bißchen gereizt. Ich hatte Angst, ich würde eine Riesenrechnung präsentiert bekommen, aber sie sagte, es sei ein altes Gebäude, und sie wolle nur nicht, daß es einstürze. Schien recht vernünftig, deswegen sagte ich dem Bauarbeiter, daß er beim nächsten Mal, wenn er Zement anrührte, ein bißchen davon in die Risse streichen solle.«

Seine Nachbarin erzählte mir:

»Ich wußte, es würde sich zu einem Streit auswachsen. Er versuchte mir zu sagen, es habe nichts mit der zehn Zentimeter entfernten schweren Maschine zu tun. Ich hatte einfach nicht die Kraft, auf einer ordentlichen Instandsetzung zu bestehen – deshalb meinte ich, solange es nicht einstürze, würde es genügen. Der Bauarbeiter war da, und er wußte, was passiert war, deshalb sagte er, er könne die Sache ohne größere Probleme gleich beheben.«

Diese Auseinandersetzung wurde also durch einen Kompromiß gelöst. Ruby hatte nicht so großes Glück. Als ihre neuen Nachbarn nebenan einzogen, war sie darüber entsetzt, daß der Mann nackt im Garten herumspazierte. Ihr war bewußt, daß er ihre Bemerkung nicht gerade freundlich aufnehmen würde. Deshalb hielt sie seine Frau auf ihrem Weg von der Arbeit an und fragte, ob sie ihren Mann nicht überreden könnte, nicht den ganzen Tag nackt direkt vor ihrem Fenster zu verbringen. Die Frau sagte, das könne sie nicht, und der Streit eskalierte, bis der Mann versuchte, über den Zaun zu klettern, immer noch splitternackt, Ruby androhte, sie zu erwürgen, und seinen Hund rief, um ihn auf sie zu hetzen. Die Polizei wurde geholt. Was man auch immer über Nacktheit und Rubys Bitte, daß der Mann in seinem eigenen Garten nicht nackt herumspazieren solle, denken mag, so würden doch die meisten Menschen zustimmen, daß dieses Problem nicht mit Gewalt aus der Welt geschafft werden kann. Dennoch kann die Wut eines Mannes auf eine Frau sehr stark sein, und die meisten Frauen werden merken, daß sie darauf mit Angst reagieren. Carla erinnert sich, daß der Hund eines Nachbarn sie mit seinem ständigen Gebelle wahnsinnig machte:

»Als es so weit war, daß ich nur in meine Küche gehen mußte, um den Hund zu provozieren, kam ich zu dem Schluß, daß es jetzt reichte, und ich ging hinüber, um mit ihnen zu reden. Die Frau war anfangs sehr nett, sagte aber, daß sie den Hund nicht am Bellen hindern könne. Was macht sie mit einem Hund, wenn sie nicht weiß, wie man ihn erzieht? Da stürmte der Mann heraus und drohte, den Hund auf mich zu hetzen, und ich bekam wirklich Angst, sagte ihm aber, ich würde die Polizei holen, wenn er mich noch einmal bedrohte. Und daß ich von ihm erwartete, daß er seinen Hund richtig erziehe. Danach wurde es tatsächlich besser.«

Frauen, die mit ihren Nachbarinnen streiten, können ebenfalls wütend werden, obwohl alle Drohungen, die sie ausstoßen, auf juristische Maßnahmen und nicht auf körperliche Gewalt abzielen. Beattie berichtet:

»Die Nachbarin stellte das Recht meiner Tochter in Frage, ihr Auto am Ende meines Grundstücks zu parken, das heißt, sie behauptet, daß sie dann, wenn der Wagen dort steht, ihr Auto nicht mehr in die Garage einfahren beziehungsweise herausfahren könne – das ist nicht der Fall, es gibt Platz genug.«

Beattie war »furchtbar wütend«, obwohl sie glaubt, sich durchgesetzt zu haben. Selbst wenn die Frau augenscheinlich nicht kämpft, kann Wut eine Rolle spielen. Ellen berichtet in ihrem Tagebuch darüber, was bei einer »harmlosen Diskussion« über den russischen Wein passierte, der an der Grenze zwischen ihrem Garten und dem ihrer Nachbarin rankte:

»Ihr hatte er gefallen. Mir nicht, und er wuchs auf meiner Seite. Ich hatte ihn entfernt und dadurch freie Sicht auf ihren Garten bekommen. Sie erwähnte es erst, als ich jätete, und ich verspürte mehr Wut, als ich erwartet hatte, weil ich mich selbst irgendwie im Unrecht fühlte. Ich hatte ihren Sichtschutz entfernt, ohne sie vorher zu fragen und ohne mir richtig klarzumachen, daß es ihr etwas ausmachen würde.«

Nachbarn sind Menschen, mit denen zu leben man lernen muß, obwohl man vielleicht den Wunsch hat, nichts mit ihnen zu tun zu haben. Bei Streitigkeiten geht es fast durchweg um ein Gefühl, daß jemand in das eigene Haus eindringt, in dem, wie wir wissen, jeder sein eigener Herr sein will. Wenn wir uns bedrängt fühlen, empfinden wir verständlicherweise das Bedürfnis, uns zu verteidigen. Es ist jedoch bemerkenswert, daß Frauen den Löwenanteil des Zorns abzubekommen scheinen – sowohl von seiten ihrer Geschlechtsgenossinnen als auch von seiten der Männer.

17

Machtpositionen und Machtspielchen

Der folgende kurze Überblick über Auseinandersetzungen zwischen Leuten, deren Beziehungen zur Kategorie »formell, aber außerhalb des Arbeitsplatzes« gehören, offenbart fast das Gegenteil von dem, was in »informellen«, unverbindlichen Beziehungen geschieht. Frauen lassen sich mit weiblichen Bekannten auf einen harmlosen Austausch von Meinungen und auf Diskussionen über Differenzen ein. Im Zusammenhang mit Leuten, von denen eine Dienstleistung erwartet wird, berichten hauptsächlich Männer über wenig aufgeregte Auseinandersetzungen mit anderen Männern, während Frauen über Streitigkeiten mit anderen Männern berichten, die durch Ausdauer und Bestimmtheit zum Erfolg führten. Wut, Aggressivität, ja sogar Androhung von Gewalt und Mord unter Zufallsbekanntschaften waren allesamt an Männer gerichtet. In formellen Beziehungen außerhalb des Arbeitsplatzes jedoch werden hohe Pegel an Wut, Aggressivität und Gewaltandrohungen hauptsächlich gegen Frauen gerichtet – sowohl von Männern als auch von Frauen. Dieser Unterschied schließt sogar Nachbarn ein, von denen man erwarten könnte, daß sie eher wie Gelegenheitsbekannte behandelt werden. Die Wut schwelt dicht unter der Oberfläche und kann bei jedem Wortwechsel mit einem Nachbarn auflodern, insbesondere dann, wenn der Nachbar eine Frau ist.

Warum sind Frauen eigentlich Zielscheiben solch großer Wut und Aggressivität? Die Psychologin Arlie Hochschild, deren Untersuchung über Stewardessen und Stewards wir bereits erwähnt haben, vermutet, daß man von Frauen annimmt, sie sollten Wut und Aggressivität im Zaum halten und während ihrer Dienstzeit »nett sein«, während es Aufgabe der Männer ist, gegen diejenigen vorzugehen, die gegen Vorschriften verstoßen, Wut äußern und Drohungen ausstoßen. Hier haben wir wieder die berühmte Arbeitsteilung: Von

Frauen wird erwartet, ihr besonderes Verständnis für Gefühle sowie ihre Fähigkeit einzubringen, »im zwischenmenschlichen Bereich zu wirken«. »Nette Menschen lassen sich auf keinen Streit ein«; jede Frau, die streitet, versagt bei der Aufgabe, für die sie da ist, nämlich untergeordnete Aufgaben reibungslos zu erledigen und dafür zu sorgen, daß sich alle rundum wohl fühlen.

Die andere Seite der Arbeitsteilung besteht darin, daß eine Frau, die den Sachverstand eines Mannes anerkennt, wahrscheinlich einen guten Service geboten bekommt, denn sie vermittelt ihm in bezug auf seine besondere männliche Macht ein angenehmes Gefühl. Wir haben gesehen, daß Frauen entzückt waren, wenn die Ergebnisse ihrer »Beharrlichkeit und ihres bestimmten Auftretens« gegenüber Handwerkern dazu führten, daß sie ohne weitere Unstimmigkeiten bekamen, was sie wollten. Auch ich selbst habe festgestellt, daß ich mehr erreiche, wenn ich und nicht mein Mann mit einem Installateur, Schreiner oder Elektriker rede – nicht weil ich irgendwelche speziellen Kenntnisse besitze, sondern weil es diesen Fachleuten immer Spaß macht, einer Frau gegenüber ihr Know-how zu demonstrieren, und je mehr wir ins Detail gehen, desto besser. Meine zahlreichen Auseinandersetzungen mit den Experten, die unser Haus umbauten, haben zu hervorragenden Arbeitsbeziehungen geführt, weil die Männer mein Vorgehen als großen Ansporn für ihr Ego empfanden. Von Männer vorgebrachte Argumente können hingegen als Einmischung aufgefaßt werden.

Natürlich bin ich diejenige, die eine Dienstleistung verlangt. Auseinandersetzungen mit einem Mann, dem ich einen Dienst erweisen soll, sind etwas ganz anderes. Wir haben gesehen, daß Männer Streitigkeiten mit Freiberuflern, die einen »hohen Status« besitzen, nicht erwähnen, und als niedergelassene Psychologin, die einzelnen Menschen psychologische Dienste anbietet, kann ich mich auch nicht daran erinnern, daß je ein Mann mit mir gestritten hätte. (Natürlich hatte ich Auseinandersetzungen als Angestellte, aber das steht auf einem anderen Blatt – siehe Teil IV). Wenn wir uns die Tagebücher und Interviews ansehen, dann sind es Frauen, die berichten, sie hätten mit Leuten von hohem Status gestritten, nicht Männer. (Selbstverständlich kommen solche Meinungsverschiedenheiten vor, aber wir gehen von den Berichten der mehreren hundert Personen aus, die freiwillig zu dieser Untersuchung beitrugen, und in denen sich wichtige *Einstellungen* zum Streit widerspiegeln.) Dieser Gegensatz kann entstehen, weil Männer hierarchiebewußter und eher bereit sind, Hierarchien anzuerkennen. Aber Männer legen gegenüber Männern mit Fachkenntnissen ein anderes Verhalten an den Tag als gegenüber Frauen, von

denen sie eine Dienstleistung erwarten – männliche Fachleute behandeln sie mit Vorsicht. Frauen findet man dagegen häufig in Berufen, die von ihnen verlangen, der Öffentlichkeit zu dienen: Arzthelferin, Verkäuferin, Telefonistin, Krankenschwester, Sekretärin etc. sind praktisch reine Frauenberufe.
Wenn Frauen im Dienstleistungsbereich sich immer dann mit Aggressivität konfrontiert sehen, wenn sie es wagen, sich auf einen Wortwechsel einzulassen oder ihre Vorgehensweise zu rechtfertigen, ist es nicht verwunderlich, daß sie Mechanismen eines mißmutigen Widerstands entwickeln, die es ihnen erlauben, die geringe Macht, die sie haben, auch auszuüben. Wir sind alle schon der muffigen Verkäuferin begegnet, die einem gleich klarmacht, daß man als Kunde ein lästiger Störenfried ist, und der es gelingt, so grob zu bleiben, daß man sich am Ende beschwert. Oder der Empfangsdame, die ungeniert weiterplaudert, weil sie »Sie einfach nicht gesehen hat«; der Telefonistin mit der gelangweilten Stimme, die nicht weiß, an wen sie Sie mit Ihrer Frage weiterverweisen soll bzw. wohin die Person, die Sie sprechen wollen, gegangen ist, oder eine Nachricht nicht finden und auch nichts ausrichten kann. Alle diese jungen Frauen bringen ihre Wut und ihre Frustration zum Ausdruck, und zwar auf die mehr oder weniger einzige ihnen zur Verfügung stehende Art und Weise, wenn eine direkte Äußerung von Wut nicht in Frage kommt. Machtspiele bieten die Möglichkeit, die eigene Macht zurückzugewinnen, ohne dafür eine Strafe zu riskieren.
Nehmen Sie zum Beispiel die Sprechstundenhilfe in der Praxis Ihres Arztes.

Patientin: Ich habe um 11.45 Uhr einen Termin bei Dr. Snarf.
Arzthelferin: Ach, der Doktor hat sich verspätet. Bitte nehmen Sie Platz.

Dieses Beispiel stammt aus Robin Lakoffs Buch *Talking Power*, in dem sie die hinter der Fassade der Höflichkeit versteckten politischen Bedeutungen untersucht.[29] Wahrscheinlich sind wir alle schon einmal einer solchen Einstellung ausgesetzt gewesen. Obwohl zweifellos wenige von uns erwarten, gleich ins Sprechzimmer des Arztes geführt zu werden, möchten wir doch sehen, daß man wenigstens versucht, sich an die vereinbarten Zeiten zu halten. Aber ob die mangelnde Fähigkeit eines Arztes, pünktlich zu sein, etwas mit dem Machtspiel zu tun hat oder nicht – die Sprache, die die Sprechstundenhilfe gebraucht, verrät, daß *sie* ein Machtspielchen spielt. Lakoff übersetzt die unterschwellige Botschaft so:

»Der Herr Doktor ist wichtiger als du. Du verhältst dich lieber unterwürfig, denn du brauchst uns mehr als wir dich.«

Dies allein ist irritierend genug, und Lakoff berichtet von Patienten, die ihren Ärzten ihre vergeudete Zeit in Rechnung stellten. Doch schlimmer als die Unterstellung, daß der Patient nichts Besseres zu tun habe, als herumzusitzen und zu warten, bis der Arzt Zeit hat, ist der Gebrauch des Ehrentitels »der Herr Doktor«, mit dem sie sich auf den abwesenden medizinischen Experten bezieht. »Es gibt nur wenige Situationen in unserer Kultur, in denen Menschen allein mit ihrem Titel bezeichnet werden (mit der Anrede verhält es sich anders) … Die einzige Entsprechung, die der Gebrauch des ›Herrn Doktor‹ durch die Sprechstundenhilfe in unserem Alltagsleben findet, ist ›Mami‹ und ›Papi‹ bei Kindern (›Hallo, mein Kind. Ist Mami zu Hause?‹) … ›Herr Doktor‹ setzt ebenso wie ›Mami‹ ein äußerst ungleiches Verhältnis voraus, was sowohl das erzwungene Warten rechtfertigt als auch ein Aufbegehren dagegen schwieriger macht.«

Lakoff beschäftigt sich mit der Politik der Sprache und zeigt, wie Menschen ihr Machtspiel mit verdeckten Mitteln gewinnen. Hier wird nichts gesagt, an dem man Anstoß nehmen könnte, und doch besteht für Sie als Empfänger der unterschwellige Effekt darin, daß Sie sich gekränkt fühlen. Aber wenn Sie sich beschweren wollen, worüber können Sie sich eigentlich beklagen? Alles spielt sich in Ihrem Kopf ab, Sie selbst sind für die Interpretation verantwortlich. Wie Lakoff es formuliert: »Eine Politik kommt zur anderen.«

Allerdings geht es hier nicht um die Politik der Sprache, sondern um Einschränkungen der Freiheit, zu sagen, was man meint, und um das, was geschieht, wenn Sie sich diese Freiheit nehmen. Diese beiden Anliegen sind eng miteinander verflochten, denn was bei irgendeinem Wortwechsel tatsächlich gesagt wurde, ist weniger wichtig als die Erinnerung des Menschen an das, was gesagt wurde. Nach Beendigung eines Meinungsaustauschs erinnert sich selten jemand an die Einzelheiten. Was im Gedächtnis haftenbleibt, ist das allgemeine Gefühl in bezug auf das Geschehene – warum ein Meinungsaustausch sich in einen Streit verwandelte und wie erfolgreich Sie sich mit Ihrer Meinung durchsetzten.

Diese Interpretation beeinflußt Ihre nachfolgenden Handlungen. Denken Sie zurück an den Wortwechsel in der Arztpraxis. Wenn Sie dem Machtspiel der Arzthelferin ausgeliefert sind, die das Gebaren einer Hohepriesterin ihres gottähnlichen Arbeitgebers an den Tag legt, erinnern Sie sich hinterher an

Gefühle von Frustration und Wut. Da die Worte, die tatsächlich gewechselt wurden, Menschen, die keine Ausbildung in der Sprachanalyse haben (oder nicht das Glück haben, Bücher wie das von Robin Lakoff zu lesen), wenig sagen, rekonstruieren sie höchstwahrscheinlich das, was sie im Gedächtnis gespeichert haben, und kommen zu dem Schluß, daß ihr Arzt für das Gefühl der Demütigung verantwortlich ist. Daher die vielen Beschwerden und Klagen auf finanzielle Entschädigung, die in den Vereinigten Staaten gegen Ärzte vor Gericht landen.

Die Sprechstundenhilfe hat gewonnen. Anscheinend ging sie nur ihrem Job als Helferin nach, während sie gleichzeitig insgeheim das Wohlbefinden derjenigen störte, denen sie eigentlich dienen sollte. Andere Leute im Dienstleistungsbereich entwickeln ihre eigenen Machtspiele, und Männer tun das im gleichen Maße wie Frauen, wenn sie das Gefühl haben, von vornherein im Nachteil zu sein. Der Elektriker, der die Dachisolierung und Kabelstückchen absichtlich im ganzen Haus verstreut zurückließ, rächte sich an all jenen Arbeitgebern in der Vergangenheit, die ihn wie einen Lakaien behandelten. Der Straßenkehrer, der den Kehricht in Ihrem Vorgarten verstreut, der Bote, der ein Paket im Regen stehenläßt, der Kommunalbeamte, der Ihren Antrag auf Gewährung von Unterstützung »verlegt« – alle nutzen auf ihre Weise die Macht, über die sie verfügen, um das Gefühl zu kompensieren, daß man ihnen einen »niedrigen Status« zuschreibt und sie daher bedeutungslos sind. Wir hier in Großbritannien sind längst keine »klassenlose Gesellschaft«. Aber selbst wenn wir es wären, wären dienende Berufe immer noch mit Dienstleistungen verbunden, und sogar in den weniger hierarchischen Vereinigten Staaten ist Service etwas, das wir von anderen verlangen. Wenn man von jemandem erwartet, anderen einen Dienst zu erweisen, ist, wie Ihnen viele Frauen bestätigen werden, der Weg zu Wut und Frustration ein kurzer, denn eine Dienstleistung zu erbringen ist nur dann angenehm, wenn man es gerne und freiwillig tut. Wenn man sich damit seinen Lebensunterhalt verdienen muß, steht es mit der Freiwilligkeit allerdings nicht immer zum besten.

18

Sich der Zukunft stellen

»Mythen sind Zeltpflöcke, die den Status quo sichern.«
HELENA KENNEDY[30]

Die jungen Frauen, denen wir zu Beginn von Teil III begegneten, haben wahrscheinlich nicht jene Verachtung und Wut erfahren, welche die Frau in der »formellen« Rolle als Dienstleistende erlebt. Suzy arbeitet in einem Informationsbüro, Maureen in der Redaktion einer Frauenzeitschrift. Beide sind mit Publikumsverkehr konfrontiert. Wenn sie sich in allen ihren Beziehungen weiterhin so verhalten wie mir gegenüber, werden sie sich niemals dieser Wut stellen müssen. Denn sie erfüllen die Erwartungen des Publikums, indem sie allen weiterhelfen und die ganze Zeit über gleichbleibend freundlich und liebenswürdig sind.

Doch obwohl die beiden Frauen sich der potentiell starken Wut, die unter der Oberfläche schwelt, selbst nicht bewußt sind, warten diejenigen, die mit ihnen zu tun haben, unglücklicherweise nur darauf, daß sie einen Fehler machen, der sie explodieren läßt. Denn eine Frau in einem Dienstleistungsjob, die »nicht hilfsbereit«, »zickig« ist oder »Schwierigkeiten macht«, wirkt unsagbar provozierend. Sollte sie es auch noch wagen, ihre Unfähigkeit, zu tun, was verlangt wird, zu erklären, beweist dies erst recht, daß Frauen unfähig und unzuverlässig sind und niemals an Jobs herangelassen werden sollten, die ein Quentchen Intelligenz erfordern. All die unausgesprochenen, uneingestandenen Vorstellungen über die Mängel von Frauen steigen an die Oberfläche empor.

Explosionen erfolgen nicht immer direkt vor dem Gegenüber (oder am Telefon). Viele Menschen – vor allem Frauen – unterdrücken ihre explosive Wut

so lange, bis sie den Hörer aufgelegen, und sagen dann allen, die es hören wollen, was »dieses blöde Weib« gemacht oder nicht gemacht hat. Auf diese Weise läßt sich ein Ruf zerstören.
Frauen haben mir häufig Dinge gesagt wie:

»Es war kein richtiger Streit, weil ich mich nicht so weit gehenlassen wollte, das zu sagen, was ich in meinem Inneren fühlte. Es hätte mich in Verlegenheit gebracht, das zu sagen, was ich dachte.« (Gayle)

Aber der Schaden entsteht, weil sie dann doch weitergeben, daß die Frau, die sie auf die Palme getrieben hat, inkompetent oder unangenehm ist, und ihr Ruf wird durch die Überzeugung geschädigt, daß man wohl »schwer mit ihr zurechtkommt«. Auch Männer, die für Frauen, die »Schwierigkeiten machen«, nichts übrig haben, können explosiv reagieren und zum Beispiel verlangen, »mit der Chefetage verbunden zu werden«. Viele Männer sagten mir:

»Ich werde mich nicht mit Inkompetenz abfinden. Wenn ich für eine Dienstleistung bezahle, dann zu meinen Bedingungen. Ich gehe immer gleich zum Chef.« (Ivan)

»Heutzutage erwarten Frauen, in der Welt der Männer zu arbeiten, ohne dafür richtig gerüstet zu sein. Ich kann es nicht ausstehen, von irgendeiner Frau behindert zu werden, die nicht einmal das kleine Einmaleins des Geschäfts versteht.« (Les)

Ich erhob Einwände gegen seinen Ton bei diesem Kommentar, worauf Les erwiderte:

»Frauen klagen immer und wollen gleichberechtigt behandelt werden. Nach meiner Erfahrung ist das, was sie wirklich wollen, genau das, was Frauen immer wollten – einen Machotyp.«

Nun denn, meine Damen, Les steht Ihnen zu Diensten! Es ist nur fair hinzuzufügen, daß Les dann, wenn er dazu aufgelegt ist, der Charme in Person sein kann und zu jenem Typ des extravaganten Unternehmers gehört, wie wir ihn in den Hochglanzmagazinen Arm in Arm mit hinreißenden jungen Frauen sehen, die seine Töchter sein könnten. Deshalb ist seine Erfahrung mit Frauen vielleicht auf blutjunge Frauen beschränkt, die sich vom Geld und Erfolg eines anderen betören lassen.

Dieser kurze Überblick verrät uns, daß es Männer gibt, die immer noch glauben, daß nur ein Macho ein Mann ist. Aber selbst diejenigen, deren Vorstellungen zeitgemäßer sind, handeln insgeheim oft auf der Grundlage überholter Erwartungen an Frauen. Doch das gilt nicht nur für Männer. Ich vermute, daß die meisten von uns – Frauen und Männer, jung und alt – bis zu einem gewissen Grad jene traditionellen Vorstellungen, wonach Frauen von Natur aus nette, warmherzige, hilfsbereite und freundliche Geschöpfe sind, bislang nicht über Bord geworfen haben. Wenn Frauen bestimmt und cool auftreten und nicht hilfsbereit, sondern unfreundlich erscheinen, dann sind sie Störenfriede, oder irgend etwas stimmt nicht mit ihnen. Wenn man von Frauen eine Dienstleistung erwartet, und sie unfähig oder nicht bereit zu sein scheinen, diese zu erbringen, dann sollten sie diesen Beruf – oder was immer es ist – am besten gar nicht ausüben.

Wie Andrea, meine Friseurin, mir sagte:

»Wenn man eine Kundin behalten will und sie irgendwas sagt, das einem nicht gefällt, muß man eben den Mund halten.«

Wut gegen Frauen entsteht nicht, weil sie Frauen sind, sondern weil sie Frauen sind, die sich nicht so verhalten, wie man es von ihnen in einem Job erwartet, der so zugeschnitten ist, daß er ihre weiblichen Fähigkeiten zur Geltung bringt.

Frauen, die mit Zufallsbekannten oder fremden Frauen streiten, kann es Spaß machen, unterschiedliche Meinungen auszutauschen, solange die anderen Frauen sich nicht aufspielen und irgendeine Art von Sachwissen für sich reklamieren. Unter diesen Umständen wird von einer Frau erwartet, daß sie bereit ist, zuzuhören und kooperativ zu sein. Und jede Wut oder Irritation, die entstehen könnte, weil sie die andere unterbricht oder ihr nicht zuhört, ist beträchtlich geringer als jene extreme Wut, die eine Frau gegenüber einer anderen Frau empfinden kann, von der sie eine Dienstleistung erwartet.

Männer, die mit Frauen als Zufallsbekannten streiten, schenken dem, was diese sagen, kaum Beachtung, und die meisten, die mit ihnen persönlich unbekannten Frauen stritten, stuften die Diskussion als unwichtig ein. Nur einer der zwölf Männer, die in dem Krimi-Experiment mit einer Frau stritten, legte eine unverhohlene Macho-Attitüde an den Tag, doch alle berichteten, daß sie

Frauen gegenüber »harte« Taktiken anwandten, worin sich ein unterschwelliges Überlegenheitsgefühl widerspiegelt. Dennoch stimmte die Hälfte von ihnen den Vorstellungen ihrer Partnerinnen zu, ohne sich tatsächlich ihren Ideen anzuschließen, was nahelegt, daß sie die ganze Sache nicht sonderlich ernst nahmen. Sieht sich ein Mann jedoch mit einer Frau konfrontiert, die offenkundig nicht davon überzeugt ist, daß seine Ansichten korrekt sind, zumal in einem formelleren und daher wichtigeren Kontext, wird er wahrscheinlich explodieren. Manche Männer beben sogar vor Wut und drohen mit der Anwendung physischer Gewalt.

In vielen Berufen, in denen sie mit Publikum zu tun haben, haben Frauen festgestellt, daß sie tatsächlich physischen Schutz brauchen, und auch Freiberuflerinnen mit hohem Status mußten bemerken, daß ihre Situation immer gefährlicher wird. Die Zahl schwerwiegender Attacken von Männern auf Ärztinnen, Rechtsanwältinnen und Lehrerinnen ist stark angestiegen, seit Frauen in diesen Berufen immer zahlreicher vertreten sind. Sozialarbeiterinnen und Psychologinnen haben Methoden ersonnen, die ihnen einen gewissen Schutz vor männlichen Klienten bieten (zum Beispiel der Schreibtisch als Schutzschild sowie Möglichkeiten, Hilfe herbeizuholen, etwa einen Alarmknopf).

Diese Wut ist ein Problem von *Männern*. Sie ist aber auch ein Problem der Gesellschaft, denn darin spiegelt sich die weitverbreitete, unausgesprochene Meinung wider, daß Frauen sich nicht so benehmen, wie sie sollten. Bemerkenswert ist, daß Männer nicht auf Frauen wütend sind, nur weil sie Frauen sind, und auch nicht, weil sie streiten. Sie sind wütend, weil sie in einer Situation streiten, in der von Frauen erwartet wird, eine andere Rolle zu spielen. Von Frauen erwartet man, eine Dienstleistung zu erbringen, und dies auf nette Weise, wie es die Arbeitsteilung erfordert, die ihnen die Aufgabe zuweist, sich um die zwischenmenschlichen Beziehungen in der Gesellschaft zu kümmern. Es gibt keinen vernünftigen Grund, weshalb Frauen, die im Rahmen des von ihnen ausgeübten Berufs außerhalb der üblichen Arbeitsteilung agieren, solche Wut auslösen sollten – aber es ist nun einmal so.

Janus blickt in die Zukunft, scheint dabei aber die Stirn zu runzeln.

TEIL IV

DAS SPIEL DER GESCHLECHTER AM ARBEITSPLATZ

»Durchsetzungsvermögen wird als zwischenmenschliche Fähigkeit angesehen, die Frauen fehlt, deren Erwerb ihnen aber helfen würde, mit Männern auf gleicher Ebene zu konkurrieren … In der derzeitigen Lage erübrigen sich Fragen über die Art und Weise, wie Männer sich zur Autorität von Frauen stellen, und über die auf lange Sicht für alle Frauen bestehende Notwendigkeit, mit defensiven männlichen Kollegen zusammenzuarbeiten.«
WENDY HOLLWAY[1]

»Liebenswürdig und rücksichtsvoll zu sein kostet nichts.«
CLARA GRANTLEY in der Zeitschrift *She*[2]

Streitigkeiten am Arbeitsplatz verursachen im Leben der Menschen ebensoviel Kummer, Verwirrung und Wut wie Auseinandersetzungen in intimen Beziehungen, und sie können genauso wichtig, genauso anstrengend und genauso kompliziert sein. Diskussion, Debatte, Disput oder Verhandlung sind allesamt wesentliche Elemente des Zusammenarbeitens, und wer nicht versteht, was vor sich geht, befindet sich im Nachteil. Wer dagegen die »Regeln des Spiels« kennt, braucht niemals hilfloses Opfer zu sein und kann sie gelegentlich sogar zu seinem Vorteil wenden.

Arbeitskollegen müssen lernen, langfristig miteinander zu leben (es handelt sich eher um Monate und Jahre als um Stunden, wie man sie mit Zufallsbekanntschaften oder Unbekannten verbringt). Und die Anforderungen ihres Berufs verlangen von ihnen in der Regel, miteinander zu kommunizieren. Hierarchien sind wichtig: Auseinandersetzungen, die zwischen Kollegen mit gleichem Status oder zwischen Chef und Untergebenen entstehen, haben unter Umständen nachhaltige Konsequenzen. Politik und Macht werden zu zentralen Faktoren unseres Lebens.

Zweifellos akzeptiert die Gesellschaft die Idee einer Gleichberechtigung der Geschlechter immer mehr. Aber bedeutet das auch, daß wir nur noch wenige Unterschiede zwischen Frauen und Männern am Arbeitsplatz antreffen, zumindest dann, wenn sie als Gleichberechtigte miteinander streiten? Oder sabotieren die tiefsitzenden Vorstellungen, die in der berühmten Arbeitsteilung zwischen Frauen und Männern begründet sind, auch die Kommunikation am Arbeitsplatz?

Und dann gibt es noch ein weiteres Element: Streit bei der Arbeit wird von Männern, nicht aber von Frauen häufig als Spiel angesehen. Zusätzlich zu den Spielen, die sie mit Kollegen und Kunden treiben, entdecken Männer ein neues Spiel – das Spiel mit der Geschlechterrolle. Und sie sind gerade dabei, dessen Regeln festzulegen.

Die Spiele der Geschäftsleute

»Für die große Mehrheit der erwachsenen Amerikaner männlichen Geschlechts wird alles, was Aushandeln impliziert, so lange der Ebene des Spiels zugeordnet, bis das Ergebnis der Verhandlungen feststeht.« (Suzette Haden Elgin[3])

Wer auf beiden Seiten des Atlantiks Männern beim Reden zuhört, wird feststellen, daß sie mit Vorliebe Metaphern aus der Welt von Spiel und Sport verwenden. Britische Männer schlagen mit Cricket-Begriffen um sich, amerikanische Männer bedienen sich in gleicher Weise aller möglichen Redewendungen, die aus dem Baseballspiel stammen. Engländer wie Amerikaner verwenden Football- und Fußballbegriffe wie »Freistoß«, »Scharfschuß« und »Angriffsspieler«, während Schachliebhaber von »Zügen«, »schachmatt« und »Patt« sprechen.

Den Schlüssel, den man braucht, um herauszufinden, welches Spiel gerade gespielt wird, ist die Sprache. Männer selbst können das vielleicht nur dann vermitteln, wenn sie sicherstellen, daß sie sich der Sprache ein und desselben Spiels bedienen. Die Regeln von Tennis oder Golf unterscheiden sich stark von den Regeln des Fußballspiels – ganz zu schweigen von dem entscheidenden Punkt, daß Fußball von einer Mannschaft gespielt wird, während Tennis von Partnern gespielt werden kann und Golf zweifelsohne eine Ein-Mann-Veranstaltung ist.

Carrie, eine amerikanische Verwaltungsangestellte an einem College, sagte mir:

»Meine Beobachtung geht dahin, daß es wirklich eine andere Sprache gibt. Wenn Frauen Sportfans sind und diese Sprache beherrschen, dann können sie sich die Achtung von Männern verdienen. Das hat nichts mit ihren Fähigkeiten im Geschäftsleben zu tun, sondern ist ein Beiwerk, das der Sache ein ganz anderes Gesicht gibt.«

Carrie hat also bemerkt, daß die Sprache der Spiele Frauen eine Möglichkeit bietet, sich Respekt zu verschaffen, aber Elgin hat mehr im Blickfeld. Männer neigen dazu, am Arbeitsplatz Spiele zu spielen, und dabei handelt es sich möglicherweise nicht immer um Sport – es können auch Kriegsspiele sein.

Die Schwierigkeit, die die meisten Frauen dabei haben, besteht darin, daß sie überhaupt nicht in Kategorien des Spielens denken. Wenn es doch der Fall ist, dann betrachten sie das Spiel als ein Hobby, das ihnen Spaß macht und daher nicht wichtig ist. Falsch, sagt die Linguistin Suzette Haden Elgin. Sie argumentiert, daß Frauen in der Geschäftswelt deshalb benachteiligt sind, weil sie die Regeln, nach denen Männer handeln und die sie als Jungen gelernt haben, nicht verstehen: Jede Verhandlung ist ein Spiel, und Spiele sind wichtig. Es ist also nicht nur entscheidend herauszufinden, an welches Spiel der andere denkt – frau sollte dieses Spiel besser ernst nehmen, weil sie sicher sein kann, daß ihr Gegenüber es ernst meint.

Bei Spielen haben Frauen nicht die gleichen Startvorteile wie Männer: In keinem Bereich des Sports gelten sie als gleich – ob ihre anerkannten physischen Unterschiede nun relevant sind oder nicht. Dies kann sehr wohl ein weiterer Grund dafür sein, warum Frauen bei Geschäftsverhandlungen wenig zum Zuge kommen. Sie *können* aus solchen Verhandlungen als Sieger hervorgehen, aber das Verhandlungsgeschick einer Frau kommt häufig so lange nicht zum Tragen, bis sie erkennt, welches Spiel gespielt wird und ob die beteiligten Männer auch das Spiel mit der Geschlechterrolle spielen.

Was ist das Spiel der Geschlechter?

Der Begriff »Spiel der Geschlechter« bezeichnet die verschiedenen Tricks und Strategien, die Männer anwenden, wenn sie die Geschlechterrollen und die mit ihnen verbundenen Erwartungen zu ihrem eigenen Vorteil nutzen wollen. Das kann auf die unterschiedlichste Weise geschehen. Für eine Frau, die erkennt, was vor sich geht, sind nicht unbedingt alle Tricks von Nachteil, aber sie zielen generell darauf ab, die Zukunft des Mannes und nicht die der Frau zu fördern – ein Faktor, den die Zaghaften sich gut merken sollten –, und werden gegen die Frau gerichtet, wenn sie es wagt, sich als mögliche Bedrohung aufzubauen. Ein großer Teil dieses Abschnitts ist Männern gewidmet, die das Spiel mit der Geschlechterrolle spielen.

Auch Frauen versuchen manchmal, dieses Spiel zu spielen, indem sie die Erwartungen an die Geschlechterrollen auf den Kopf stellen. Es gibt im Augenblick noch wenige, dafür aber außergewöhnlich erfolgreiche Frauen, die ihre eigene Version dieses Spiels spielen und – gewinnen.

Klischees zum eigenen Vorteil auszunutzen ist genau der Rat, den die Psychologin Glynis Breakwell in ihrem Buch *The Quiet Rebel* erteilt.[4] Dieses Buch könnte als die moderne weibliche Version von Machiavellis *Der Fürst* bezeichnet werden und ist nichts für Zartbesaitete. Wie sie es ausdrückt, liegt der Schlüssel in der »geschickten Manipulation von Gefühlen«. Die Frau, die in der Welt des Mannes Erfolg haben will, geht die Sache nicht frontal an. Sie arbeitet im stillen, erkennt aber klar, was vor sich geht, und macht sich die festgefügten Vorstellungen anderer zunutze. Sie weiß, wann sie wem gegenüber auf den »Big Sister Act« schalten, »in die Rolle der Hexe schlüpfen« oder »die Mütterliche herauskehren« muß.[5] »Sie muß imstande sein vorherzusagen, was andere Menschen aufgrund der Rollen, die sie spielen, tun werden, und sicherstellen, daß ihre eigene Handlungsfreiheit nicht durch Rollen eingeengt wird, die andere ihr aufzuzwingen versuchen. Sie muß auf Interaktionsrituale achten und bereit sein, sie zu unterbrechen, um die Rollen, die ihr zugeschrieben werden, in den Griff zu bekommen. Die Herstellung guter Arbeitsbeziehungen erfordert drei Schritte: beobachten, analysieren und erst dann handeln.«[6]

»Gute Beziehungen« bedeutet hier Beherrschung und Manipulation. Mit einer Frau zu arbeiten, die bereit und imstande ist, andere zu beherrschen und zu manipulieren, kann eine niederschmetternde Erfahrung sein, denn man weiß, daß unter der Oberfläche Dinge passieren, die sehr schwer ans Licht zu bringen sind. Doch vom Standpunkt der Manipulatorin aus funktioniert die Sache: Glynis Breakwell selbst ist mit ihrer Methode außergewöhnlich erfolgreich gewesen und erhielt 1994 eine höchst selten an Frauen verliehene akademische Auszeichnung – das Amt eines Prodekans an einer Universität.

Manipulieren heißt erkennen, daß die Macht anderswo liegt und nur heimlich erobert werden kann. Diese Methode ist natürlich denjenigen, die – wie leider auch ich – lieber offen und direkt sind, ein Greuel. Sie setzt auch eindeutig eine Einschränkung der Redefreiheit voraus. Wenn diese Methode dann, wenn man sich eher um den Zweck als um die Mittel kümmert, nicht funktionieren würde, wäre ich geneigt, hierin eine Widerspiegelung der »Sklavinnenmentalität« zu erkennen. Das heißt, die Sklavin nimmt mit nüchternem Blick ihre Fesseln unter die Lupe und versucht, sie zu ihrem Vorteil umzufunktionieren. Aber Breakwell hat gezeigt, daß die clevere Manipulatorin am Ende eine Sklavenhalterin werden kann, und angesichts des Machtungleichgewichts zwischen Frauen und Männern sollten wir diesem Phänomen vielleicht Beifall zollen.

Breakwells Sprache ist zwar nicht die des Spielespielens, aber ihr Ansatz läuft auf Scharaden oder Verwirrspiele hinaus. Sie verwendet Begriffe wie »Rollenspiel«, »Inszenierung« und »in eine Rolle schlüpfen«. Dies ist natürlich das Spiel der Einzelgängerin, jene Art von Spiel, die viele junge Mädchen lieben – Theater spielen, sich verkleiden, so tun, als wäre man jemand anderes. Frauen spielen also am Arbeitsplatz auch Spiele, aber höchstwahrscheinlich keine

Mannschaftsspiele, und ihre Sprache wird wohl nicht so eindeutig verraten wie die der Männer, welches Spiel sie gerade spielen.
Doch die meisten Frauen sind sehr darauf bedacht, bei der Arbeit *keine* Spielchen zu spielen, weil sie ihre Arbeit nach besten Kräften verrichten wollen und glauben, daß sie ihren Job ernst nehmen sollten. Sie müssen lernen, daß Spiele sehr ernst sein können, und im Spiel der Geschlechter steht wahrhaftig viel auf dem Spiel.

19

Frauen, die meinen, auf seiten der Sieger zu stehen

Jenifer, 26 Jahre alt, trat bald nach ihrem achtzehnten Geburtstag eine Stelle in einer kleinen Computerfirma an. Sie hatte keinerlei Qualifikationen, hatte sich (zur Bestürzung ihrer Mutter) an dem Tag, an dem sie volljährig wurde, einfach von der Universität verabschiedet, war zu einer Freundin nach London gezogen und hatte einen Job gefunden. Jenifer brauchte kein Training in jener Durchsetzungsfähigkeit, an der es Frauen angeblich mangelt: Dem Mann, der sie zu einem Einstellungsgespräch eingeladen hatte, sagte sie, sie würde alles, was man von ihr verlange, in dem ihr gemäßen Tempo lernen, und daraufhin stellte er sie als Bürokraft ein. Nach zwei Monaten hatte sie ihren eigenen Schreibtisch, ihren eigenen Aktenschrank und ihren eigenen Computer, mit dem sie bald souverän umgehen konnte. Sie mochten sie, und sie mochte sie. Sie kam morgens um acht Uhr und ging selten vor sechs oder sieben Uhr abends nach Hause. Als die Firma expandierte – Computerfirmen boomten selbst dann, als es mit der Wirtschaft anderswo abwärtsging (das war Ende der achtziger Jahre) –, übernahm Jenifer mehr Verantwortung und lernte Neues dazu. Erst bekam sie eine Assistentin, jetzt hat sie zwei. (Diese beiden waren ebenfalls 18, als sie eingestellt wurden, und lernen den Job von der Pike auf.) Nun hat Jenifer auch einen neuen Titel – sie ist Bürovorsteherin –, besitzt einen Anteil an einer Eigentumswohnung und fährt einen kleinen Wagen. Ihr Chef sagt ihr, sie habe hervorragende administrative Fähigkeiten, und stellt ihr weitere Beförderungen für den Fall in Aussicht, daß die Firma weiter expandiert.

Jenifer hat das Gefühl, erfolgreich zu sein, und ihre selbstsichere, freundliche Art beweist dies. Sie ist groß, gertenschlank, kleidet sich betont lässig, und ihr

Lächeln könnte Steine erweichen. Aber was hat das alles mit Streit zu tun? Sie lachte, wollte sich aber nur ganz allgemein dazu äußern.

»Ach ja, ich streite die ganze Zeit mit den Männern im Büro herum. Aber es geht immer sehr freundschaftlich zu, und normalerweise bekomme ich, was ich will. Ich bin sehr vernünftig, und das wissen sie. Natürlich probieren es manche von ihnen, aber ich sage ihnen, wir sollten hier eher mehr sexuelle Belästigung haben als weniger. Sie wären überrascht zu sehen, wie schnell sie dann den Rückzug antreten! Es ist nur ein Spiel, und deshalb spiele auch ich meine Rolle, und wir kommen gut zurecht.«

Jenifer sieht versteckte sexuelle Andeutungen im Büro als ein Spiel an, genauso wie viele Männer. Sie ist vollkommen zufrieden, daß ihre unbestrittene körperliche Attraktivität nicht unbemerkt bleibt, und ist durchaus zuversichtlich, daß sie mit jeder unerwünschten Avance umgehen kann. Wie Suzy und Maureen, die wir zu Beginn von Teil III trafen, hat Jenifer das Gefühl, daß die schlechten alten Zeiten vorbei sind und Männer und Frauen im Büro Freunde sein können. Anita, eine 24 Jahre alte persönliche Assistentin, pflichtet ihr bei:

»Es kommt darauf an, den Spieß umzudrehen und ihnen dieselben Dinge zu sagen, die sie einem sagen. Dann lachen sie bloß. Es hat gar nichts zu sagen. Sie wissen natürlich, daß ich nicht zu haben bin, und deshalb können wir bei der Arbeit freundlich miteinander umgehen. Es gab mal einen Mann, der aggressiv wurde, und er jagte mich tatsächlich um seinen Schreibtisch herum, bevor ich zur Tür entkommen konnte. Ich sagte ihm ins Gesicht: ›Machen Sie das nie wieder, sonst gehe ich direkt zu Mr. C‹, er ist der Chef. Und das war's. Jetzt nimmt er sich zusammen.«

Wie kommt es, fragte ich, daß jedesmal, wenn ich über Auseinandersetzungen mit männlichen Kollegen rede, junge Frauen auf das Problem der sexuellen Belästigung zu sprechen kommen? Anita lachte:

»Das ist doch nur natürlich, oder? Gegen die Hormone kann man nun mal nichts machen.«

Das ist genau der Punkt, den Männer schon immer zu ihrer Verteidigung herangezogen haben, erklärte ich ihr und fügte hinzu, daß sexuelle Belästigung, wenn sie vor dem Richter endet, meistens als Machtmißbrauch charakterisiert wird. Anita sagte:

»Das ist was anderes. Der Mann, der mir im Büro nachstellte, hat versucht, seine Macht zu mißbrauchen, aber ich habe ihn gestoppt. Die meiste Zeit macht es den Typen in diesem Büro einfach nur Spaß, Männer in Gesellschaft von Frauen zu sein, und uns Frauen geht es doch genauso! Mögen wir etwa die Männer nicht? Ich schon.«

In ihren beiden kurzen Zitaten hat Anita eine Menge Fragen aufgeworfen: versteckte sexuelle Anspielungen als etwas Natürliches, den Mißbrauch von Macht stoppen, Hormone, Männer, die Spaß an der Anwesenheit von Frauen haben, und umgekehrt, Kritik am schlechten Benehmen, die sofort als Ablehnung aller Männer interpretiert wird.

Das Spiel der Geschlechter ist kompliziert, und es läßt sich schon deswegen schwer in den Griff bekommen, weil die Beziehungen zwischen Frauen und Männern *fast immer* sexuelle Fragen implizieren. Dies ist insbesondere dann der Fall, wenn wir vom Arbeitsplatz sprechen, wo Frauen und Männer sich regelmäßig, ja sogar täglich treffen und zusammenarbeiten müssen, und noch mehr dann, wenn es sich um junge Frauen handelt. Es macht für einen Mann durchaus einen Unterschied, ob die Frau, mit der er ein geschäftliches Thema erörtern soll, jung, gut gebaut und sexuell attraktiv, in mittleren Jahren oder gar alt ist. Das bedeutet natürlich nicht, daß jeder Mann in jeder Frau ein Sexobjekt sieht. Aber sie wird in erster Linie als weibliches Wesen im Verhältnis zu ihm als einem männlichen Wesen gesehen, und deshalb bestimmen ihr Alter und ihre körperliche Attraktivität die Art von Beziehung, die er mit ihr aufbauen kann. Jugend und Schönheit bedeuten für die meisten Männer sexuelle Anziehungskraft, und die meisten dieser jungen und schönen Frauen sind gar nicht unglücklich, wenn man sie sexuell attraktiv findet. Sie wollen nur nicht, daß ihre sexuelle Anziehungskraft in eine Handlung umgesetzt wird, die sie ihren Job kosten kann.

Nicht alle sind so zuversichtlich wie Jenifer und Anita, die glauben, daß sie im Falle unerwünschter sexueller Aufmerksamkeiten den Spieß umkehren können. Deirdre war zwanzig Jahre alt und Maschinenbaustudentin, als sie für meine Untersuchung ein Streittagebuch führte. Darin hat sie eine Auseinandersetzung mit einem Kommilitonen festgehalten, der seine Arme um sie gelegt und versucht hatte, sie zu küssen. Sie schrieb:

»Da dies nicht selten mit Leuten passiert die ich recht gut kenne – hauptsächlich Studenten, die ich in den Vorlesungen treffe –, habe ich das Gefühl, ihnen klarmachen zu müssen, daß ich sowas nicht mag. Da ich versuche, mit ihnen von gleich zu gleich zu agieren und nur eine Kollegin zu sein, sind Aufmerksamkeiten wie diese vollkommen unerwünscht. Anscheinend begreifen die Leute, wie man sich fühlt, wenn man gegen das protestiert, was sie tun, aber offensichtlich denken sie nicht nach, wenn sie es das nächste Mal wieder tun.«

Natürliches Verhalten? Was denkt Deirdre jetzt darüber, acht Jahre nach ihrem Tagebucheintrag? Sie ist inzwischen Physiklehrerin an einer Gesamtschule, nachdem sie sechs Jahre lang darum gekämpft hat, bei British Rail genauso behandelt zu werden wie ähnlich qualifizierte männliche Maschinenbauingenieure. Sie erzählte mir:

»Die männlichen Studenten, die Maschinenbau studierten, hatten etwas gegen uns Frauen; wir waren nur zu dritt, gegenüber 24 Männern. Ich und eine Freundin gehörten in den Prüfungen immer zu den fünf oder sechs Besten[7], aber die andere Frau im Kurs war sehr oft sehr schlecht, und diese dummen Kerle hackten immer wieder darauf herum und behaupteten, dies würde beweisen, daß Frauen für diese Arbeit nicht geeignet seien. Das arme Mädchen, ich weiß gar nicht, wie sie das ausgehalten hat! Wir versuchten es und halfen ihr, aber niemand von uns wollte aggressiv werden. Nachdem ich all diese Jahre bei British Rail mit Männern verbracht habe, die versuchten, mein Geschlecht als Waffe gegen mich einzusetzen, glaube ich jetzt, daß all diese sexuellen Aufmerksamkeiten nur eine andere Methode waren, mit der sie versuchten, Herr der Lage zu werden. Vielleicht wäre es besser gewesen, mehr zu kämpfen, nur daß keine von uns wirklich wußte, wie. Man bekommt es als Mädchen nicht beigebracht, zurückzuschlagen, nicht einmal dann, wenn man sich in eine männliche Sphäre begibt.
Am Arbeitsplatz war es anders, aber viel schwieriger. Ich hatte nie irgendwelchen Ärger mit den Männern, die für mich arbeiteten; sie waren immer sehr nett und hilfsbereit – kein Problem. Es waren die Gleichgestellten, die es einfach nicht ertragen konnten, daß sie es mit einer Frau zu tun hatten. Konflikte ergaben sich meistens mit den Monteuren, wenn wir zustimmen mußten und sie meinten, sich unbedingt durchsetzen zu müssen. Es ermüdete und frustrierte mich, und ich hatte nicht mehr das Gefühl, irgend etwas im Griff zu haben. Es war ein ständiger Kampf. Als Lehrerin habe ich jetzt wirklich das Gefühl, Verantwortung zu tragen. Was in meinem Klassenzimmer passiert, ist meine Sache.«

Deirdre glaubt also nicht, daß sexuelle Aufmerksamkeiten »nur natürlich« sind: Trotz eines langen und mühsamen Versuchs, mit den betreffenden Männern gut Freund zu sein, kommt sie zu dem Schluß, daß sexuelle Aufmerksamkeit sowohl in ihrer Zeit als Studentin als auch an ihrem Arbeitsplatz nur eine Methode der Männer war, »Herr der Lage zu werden«. Auch sie hätte gern die Kontrolle, aber über ihr eigenes Schicksal, nicht über andere Menschen.

Ein wichtiger Unterschied ist die Art von Tätigkeit, die die hier zitierten Frauen ausüben. Deirdre versuchte, in einer überwiegend männlichen Welt, der des Maschinenbaus, voranzukommen. Jenifer hingegen ist Bürovorsteherin, Anita persönliche Assistentin. Suzy arbeitet in einem Informationsbüro, und Maureen ist Zeitschriftenredakteurin. Alle diese Frauen üben überwiegend weibliche Tätigkeiten aus. Aber ist es nur eine Frage des zahlenmäßigen Kräfteverhältnisses in einem bestimmten Tätigkeitsbereich, oder ist noch etwas mehr daran? Welche Rolle spielt dieser Unterschied mit Blick auf die Einstellung? Vielleicht war Deirdre zu mißtrauisch? Ist etwa Jenifers und Anitas angebliche Methode, den Spieß umzukehren, die richtige Lösung?

Ich vermute, daß es hier tatsächlich auf die Interpretation ankommt und daß Interpretationen wiederum von der Arbeitsteilung bestimmt werden. Ein Grund, weshalb Jenifer und die anderen sich so erfolgreich fühlen können (und vielleicht auch ein bißchen selbstgefällig sind), besteht darin, daß sie ihren Lebensunterhalt mit einem Job verdienen, der mit der berühmten Arbeitsteilung in Einklang steht. Es ist Aufgabe der Frau, sich um die Beziehungen innerhalb der sozialen Gruppe zu kümmern, der sie angehört, und sicherzustellen, daß innerhalb dieser Gruppe jeder zufrieden ist und gut umsorgt wird. Soziale Gruppierungen entstehen und verändern sich, und in der Tatsache, daß immer mehr Frauen berufstätig sind, spiegeln sich diese Veränderungen wider. Frauen stellen fest, daß sie in einer wachsenden Zahl von Berufen akzeptiert werden, in denen ihre »weiblichen Fähigkeiten« von Nutzen sind, und daß sie sogar erwünscht sind. Büroverwaltung ist so ein Bereich: Was macht denn die Vorsteherin eines kleinen Büros anderes, als dafür zu sorgen, daß jeder den Platz und die Ausrüstung hat, die er braucht, um seine Arbeit zu verrichten, sich um die jüngeren Mitarbeiter zu kümmern und allgemein den Bedürfnissen der leitenden Angestellten zu entsprechen?

Hinzu kommt, daß wir von *jungen* Frauen sprechen. Jugend und Schönheit sind in bezug auf den scheinbaren Erfolg von Frauen auf dem Markt wichtige Faktoren. Es geht nicht nur darum, daß sich die Einstellung gegenüber der Berufstätigkeit von Frauen geändert hat (die ohnehin umstritten ist), sondern auch darum, daß es junge Frauen sind, die voller Energie sind, entschlossen zu beweisen, daß sie das Vertrauen ihrer Vorgesetzten verdienen. Wie Jenifer es ausdrückte: »Ich habe das Glück, daß ich die Chance habe, zu zeigen, was ich kann. Jetzt liegt es an mir.«

Jenifer hat nicht das Gefühl, ausgebeutet zu werden, obwohl sie bis zu zehn Stunden am Tag arbeitet und bereit ist, sich an den Wochenenden Fortbildungsmaßnahmen zu widmen. Sie hat vor kurzem Dienstpflichten von einem Mann übernommen, und ihr Schreibtisch ist von dem ausschließlich mit Frauen besetzten Großraumbüro (das an nichts so sehr erinnert wie an eine Schreibzentrale) in einen kleineren Büroraum umgezogen, den sie mit zwei leitenden Angestellten männlichen Geschlechts teilt. Sie selbst erledigt keine Büroarbeiten mehr; das hat eine ihrer Helferinnen übernommen. Aber Jenifer erhält weiterhin ein erheblich geringeres Gehalt als jeder Mann in der Firma, und man hat ihr auch nicht den Firmenwagen angeboten, den ihr Vorgänger zur Verfügung hatte. Sie hat jetzt Einblick in sämtliche betriebsinternen Dokumente und kann die Unterschiede selbst sehen, aber sie glaubt nicht, daß sie ihren Arbeitgeber auf diese Diskrepanzen hinweisen sollte. Sie weiß, daß sie jung und relativ unerfahren ist, und ist zufrieden:

»Ich brauche deswegen nicht aggressiv zu sein. Sie wissen, ich bin gut, und ich werde über kurz oder lang in die Chefetage befördert werden. Man muß nur hart arbeiten und entschlossen sein.«

Was hat dies alles mit Streit zu tun? Im Grunde ist es ja wirklich so, daß eine junge und attraktive Frau das Gefühl haben kann, viel erreichen zu können, wenn sie sich entschließt, ihre Meinung zu sagen, Tacheles zu reden und ihren Standpunkt eindeutig zu vertreten. Kurse in Durchsetzungsvermögen sind auf beiden Seiten des Atlantiks ein großes Geschäft geworden, und vormals schüchterne und zaghafte junge Frauen stellen fest, daß sie ihre eigenen Ansichten klar äußern können – und man ihnen zuhört. Arbeitgeber mögen junge durchsetzungsfähige Frauen, die bereit sind, Verantwortung zu übernehmen, ohne die üblichen Vergünstigungen, den Firmenwagen und das höhere Gehalt der Männer zu verlangen: Sie sind nett anzuschauen, einsatzfreudig, und sie arbeiten hart.

So neigen junge Frauen zu der Annahme, sie hätten es geschafft und seien auf der Siegerseite.

Und das mag auch so sein. *Vielleicht* haben sich die Dinge für diese Generation junger Frauen, die in so vielen verschiedenen Bereichen erfolgreich sind, verändert. Aber aus den Tagebüchern, in denen ihre männlichen Kollegen über Streitigkeiten mit Frauen im Büro berichteten, geht etwas ganz anderes hervor, ebenso aus den Interviews, die ich landauf, landab mit Männern und Frauen geführt habe.

20

Der Chef

Hierarchie und Macht

Genau wie in anderen Beziehungen variieren die Einstellungen zum Streit auch am Arbeitsplatz sehr stark – je nachdem, wer Sie sind und wer Ihr Gegenüber ist. Wie zuvor werden wir diese unterschiedlichen Gesichtspunkte kapitelweise untersuchen. Beginnen wir damit, uns anzusehen, wie ein Chef männlichen Geschlechts Streit mit einem Untergebenen einschätzt.

Arbeitsplätze werden von Hierarchien beherrscht. Männer erkennen dieses entscheidende Phänomen eher an als Frauen. Ihnen erscheinen Hierarchien sinnvoll, während viele Frauen sie als entfremdend empfinden. Frauen, die sich selbständig machen, haben oft versucht, Kooperativen zu gründen, in denen alle Beteiligten theoretisch gleichberechtigt sind. Dieser Unterschied in der Einstellung speist sich aus zwei Quellen: Erstens kann sich ein Mann im Prinzip als jemand sehen, der dabei ist, die Leiter zur obersten Sprosse zu erklimmen, während eine Frau sich traditionell unten befindet, wo von ihr erwartet wird, jene Dienstleistungen zu erbringen, die dem Mann helfen werden, über sie hinweg in die Höhe zu klettern. Zweitens legt die männliche Kultur, in der Jungen lernen, was von ihnen erwartet wird, großes Gewicht auf Macht und Status, während die weibliche Kultur ihren Schwerpunkt noch immer in Beziehungspflege und Zusammenarbeit sieht.[8]

Die Linguistin Deborah Tannen vermutet, daß für Männer Diskussion und Streit »Verhandlungen« sind, »bei denen Männer versuchen, die Oberhand zu gewinnen und zu behalten«, während Frauen sie ihrer Meinung nach als »Verhandlungen um Nähe« auffassen.[9] Wir haben bereits gesehen, daß eine Frau versuchen kann, über eine andere Frau den Sieg davonzutragen, wenn sie eine Dienstleistung von ihr erwartet, und so mancher Mann konzentriert sich vielleicht auf die Herstellung einer freundschaftlichen Beziehung zu einem Mann, wenn es ihm Spaß macht, mit ihm zu reden, und sein Status nicht wichtig ist. Doch am Arbeitsplatz *ist* Status wichtig, Nähe hingegen nicht.

Einige Frauen finden das Gewicht, das Männer auf Status legen, absurd, manchmal sogar komisch: Es kommt ihnen vor, als würden sie die Bräuche eines seltsamen Stammes befolgen. Ann, die, nachdem sie drei Kinder großgezogen hatte, ihre allererste Stelle antrat, bekannte:

»Ich habe echte Probleme, mir meine Verachtung nicht anmerken zu lassen, wenn ich ihnen zuhöre. Sie sind wie kleine Jungen. Ich habe Schwierigkeiten bekommen, weil ich einem dieser Männer seine Tasse Kaffee nicht gebracht habe. Er weiß doch, wo die Kaffeemaschine steht. Wo ist denn das Problem?«

Ann befindet sich am unteren Ende der Hierarchie, das ist das Problem – ihr Problem. Sie lachte und gab mir recht; sie hatte das selbst erkannt, obwohl sie das Gefühl hatte, daß »Männer große Kinder sind, die die ganze Zeit herumspielen«. Eine gefährliche Einstellung für Frauen in einer Männerwelt, weil es Männer sind, die die ungeschriebenen Regeln festgelegt haben. William erzählt mir:

»Eines der stärksten Motive im männlichen Verhalten ist es, zu zeigen, daß man die richtige Form kennt, daß man ein Insider ist. Wenn man die Hierarchie anerkennt, beweist man, daß man sozusagen zum auserwählten Volk gehört. Man kennt die Insiderparolen, mit denen Außenstehende nichts anfangen können. Das hat wirklich etwas mit Eitelkeit zu tun.«

Frauen bringen häufig ihren Wunsch zum Ausdruck, die Art zu ändern, in der die Dinge im Geschäftsleben erledigt werden, Hierarchien abzuschaffen und eine kooperativere Atmosphäre herzustellen. Dazu meinte William:

»Ich glaube nicht, daß mir das zusagen würde. Es würde eine stärkere Betonung von persönlichen Beziehungen bedeuten, und es gibt sehr wenige Leute, mit denen ich persönliche Beziehungen haben möchte. Ganz zu schweigen davon, wie falsch das klingt! Informellere Beziehungen bringen doch keineswegs echte Freundschaft mit sich, wenn die Menschen sich in Wirklichkeit ständig in den Rücken fallen.«

Denn Männer haben eine Reihe von Strategien entwickelt, die sie in die Lage versetzen, mit Problemen wie persönlicher Antipathie oder Feindschaft umzugehen: Sie vermeiden es, die andere Person als Individuum anzusehen, sondern behandeln sie entsprechend ihrer Position in der Hierarchie. Die meisten Männer berufen sich auf ihre Erfahrung in Mannschaftssportarten oder sogar auf Hierarchien in Jugendbanden, um verständlich zu machen, daß sie innerhalb einer Struktur, die jeder andere versteht, eine bestimmte Aufgabe zu erfüllen haben. So wie jeder Soldat lernt, daß er beim Militär ist, »um vor dem Rang zu salutieren und nicht vor der Person«, können es die meisten Männer mit Vollzeittätigkeiten akzeptieren, daß der Arbeitsplatz eine soziale Struktur besitzt, in die sie sich einpassen müssen, wenn sie überleben wollen, und das erste, was sie tun, ist, die entsprechenden Regeln zu lernen.

Das ist das Geheimnis hinter der Bereitwilligkeit, mit der die meisten Männer Hierarchien akzeptieren: Indem der Mann zwischen der Person und dem Amt, das diese innehat, unterscheidet, kann er dem Amtsträger gehorchen, ohne sich ihm als Person in irgendeiner Weise unterlegen zu fühlen. Ferner kann er klar erkennen, wo er im Verhältnis zu der anderen Person an seinem Arbeitsplatz steht, und er weiß andererseits, daß alle ihm Untergebenen seine Anweisungen akzeptieren müssen.

Einer Frau Anweisungen geben

Die meisten arbeitenden Frauen stehen in der Hierarchie ganz unten, und deshalb wird von ihnen erwartet, daß sie Anweisungen ohne Widerrede befolgen. Doch die weibliche Kultur legt Nachdruck auf Zusammenarbeit und Gleichstellung. Obwohl eine Frau wahrscheinlich keinen »Ärger machen« will, hat sie aber vielleicht den Wunsch, die ihr gegebenen Anweisungen auch einmal in Frage zu stellen, und sie mag es ohnehin nicht, wenn man ihr Befehle erteilt, sie möchte lieber *gebeten* werden. Aber was geschieht, vom Standpunkt des Chefs aus gesehen, wenn eine Frau den Sinn einer Anweisung anzweifelt? Was passiert, wenn er aufgrund seiner Position in der Hierarchie prompten Gehorsam erwartet, und sie offen anderer Meinung ist als er?

Dann gibt es Ärger. Wir haben gesehen, daß Frauen, von denen man eine Dienstleistung erwartet, Ärger auf sich ziehen, wenn sie spüren lassen, daß sie ihrer Rollenerwartung nicht entsprechen wollen. Und so scheinen Frauen in jeder untergeordneten Rolle am Arbeitsplatz häufig Zielscheibe von Wut zu sein. Männer berichten, daß Auseinandersetzungen mit weiblichen Untergebenen sie in Rage bringen können.

Mike, 36, ist Marketing-Manager für einen Hersteller kleiner Elektroartikel. Wie wir in Kapitel 27 sehen werden, läßt er sich auf endlose Kämpfe mit anderen, gleichrangigen Managern ein, berichtet aber auch über Meinungsverschiedenheiten mit seinem Chef und mit Untergebenen. So fand er zum Beispiel heraus, daß ein Mitglied seines Teams (eine Frau) bei einer Reihe von Aufgaben andere Prioritäten setzen wollte. Als sie versuchte, ihre Entscheidung zu erklären und zu rechtfertigen, explodierte Mike. Er schrieb in sein Tagebuch:

»Ich bin der Manager. Ich sage, was getan werden soll, und wann.

Martin, Geschäftsführer eines großen Einzelhandelsgeschäfts, erinnerte sich an eine heftige Auseinandersetzung mit Angie, seiner leitenden Assistentin. Sie versuchte ihn zu überreden, seine Entscheidung, sie nicht zu einem Fortbildungskurs zu schicken, rückgängig zu machen. Seine Wut kochte hoch, als sie beharrlich weiterstritt:

»Sie bekam eine Chance, ihren Fall darzulegen. Aber es ist meine Aufgabe zu bestimmen, wie die Belegschaft eingesetzt wird, und sie wird nun mal im Geschäft gebraucht. Ihr Verhalten war nicht akzeptabel.«

Dies führte zu einer Reihe von Konfrontationen, da Angie Martins Entscheidung offensichtlich für unfair hielt, vor allem, nachdem sie erfahren hatte, daß er statt ihrer ein Mitglied der Belegschaft mit einem niedrigeren Rang geschickt hatte. Am Ende kam ihr Freund, um an ihrer Stelle mit Martin weiterzustreiten. Martin war wütend und ließ ihn hinauswerfen.

»Mein Beschluß war gerechtfertigt, und es war nicht seine Sache, sich da einzumischen.«

In der Tat nicht. Aber wir sehen, daß Angie sich unfair behandelt fühlte, und je mehr sie versuchte, diese Meinung zum Ausdruck zu bringen, desto tiefer fuhr sie den Karren in den Dreck.

Martin und Mike wollten nicht zuhören. Und bei Frank war es das gleiche: Er wollte seiner Sekretärin nicht zuhören, als sie argumentierte, daß seine Entscheidung, ihre Arbeitsbedingungen zu ändern, unfair war. Tatsächlich war er sich nicht sicher, ob sie eigentlich *gehört* hatte, was *er* gesagt hatte.

»Sie war stocksauer! Aber was ich sage, gilt; in dieser Sache hat sie gar keine Wahl.«

Tagebuchberichte sind in der Regel kurz, wobei der Chef mit fester Hand die Ziffern 4 oder 5 für die Wut einkreiste, die er verspürte, und ebenso 4 und 5 für die Bedeutung, die er der Sache beimaß. Andererseits erlauben es Interviews einem Mann, ausführlicher zu erklären, warum er so wütend war. Arnold, ein Verwaltungsleiter in den Fünfzigern, erzählte mir, daß er sich immer mehr über Glenda ärgerte, die Schreibkraft, die für ihn dasein sollte. Angesichts seiner Position war ich überrascht zu hören, daß er keine richtige Sekretärin hatte. Er sagte:

»Sie bezeichnet sich selbst als meine Sekretärin, aber sie ist nicht kompetent genug. Zu meinem Unglück habe ich sie von meinem Vorgänger geerbt, und sie sträubt sich gegen jeden Versuch, sie auf eine andere Stelle abzuschieben. Sie ist schon zu lange hier und glaubt, sie wüßte alles, aber in ihrer Arbeit ist sie schludrig und unzuverlässig, und sie reagiert höchst empfindlich und hysterisch, wenn ich ihr das sage. Sie trägt auch ihre Familienprobleme ins Büro, ist stark übergewichtig und obendrein noch in den Wechseljahren. Wie kann man von einem Mann erwarten, mit so einer Frau zusammenzuarbeiten?«

Arme Frau, sagte ich. Klingt so, als sei sie unglücklich.

»Was hat das damit zu tun? Sie ist da, um ihre Arbeit zu machen, und sie macht sie schlecht.«

Wie steht es mit dem Streiten? Er verdrehte die Augen.

»Sie ist die muffigste, fieseste Hexe, der ich jemals begegnet bin. Ich sage Ihnen, wenn sie mir noch einmal widerspricht, wenn ich ihr Anweisungen gebe, muß sie gehen. Entschädigung oder nicht, die Belegschaft muß das schlucken. Ich will diese Hexe einfach nicht mehr in meinem Büro haben.«

Meine Leser wird es nicht wundern zu erfahren, daß Glenda kurze Zeit später ihre Stelle verlor. Nun mag Glenda »muffig«, und »fies« und auch inkompetent gewesen sein, und sie reagierte wahrscheinlich auch »empfindlich«, wenn man ihr Fehler vorhielt. Wir können es nicht wissen. Aber es lohnt sich, darauf hinzuweisen, daß diese Art von Kritik häufig an Frauen und selten an Männern geübt wird. Es ist ebenfalls bemerkenswert, daß man ihr Übergewicht und ihre »Wechseljahre« zum Vorwurf macht. Gewiß ist die Tatsache, daß man ein Gewichtsproblem hat, in bezug auf die Fähigkeiten einer Sekretärin irrelevant, und was genau versteht Arnold unter »Wechseljahren«? Meint er, »zu alt, um attraktiv zu sein«, »emotional und irrational«? Die meisten *Frauen* werden Ihnen sagen, daß die »Wechseljahre« Unannehmlichkeiten wie Hitzewallungen mit sich bringen, aber auch die Aussicht auf ein Ende der Monatsblutungen – weder das eine noch das andere ist für einen Vorgesetzten von irgendeiner Bedeutung. Aber Klischees sagen uns, daß die Wechseljahre Frauen in Furien verwandeln. Arnolds neue Sekretärin ist eine attraktive junge Frau in den Zwanzigern.

Arnold spielte das Spiel der Geschlechter, indem er auf seinem Feldzug negative Klischees heraufbeschwor, um eine Frau loszuwerden, die er nicht mochte. Männer in Machtpositionen müssen in der Regel dieses Spiel mit Untergebenen nicht spielen, aber sie verspüren vielleicht das Bedürfnis, es zu tun, wenn die Frau im Rang tiefer steht oder einer anderen Abteilung angehört. Frauen sind natürlich auf allen Stufen irgend jemandem untergeordnet, es sei denn, sie gehören zu der immer noch seltenen Spezies der weiblichen leitenden Angestellten. Für Arnolds Fall gilt, daß ihm Glendas Vorgeschichte in der Firma eindeutig Fesseln auferlegte und ihn zwang, ein paar ziemlich starke Bilder inakzeptablen weiblichen Verhaltens heraufzubeschwören, ehe er sein Ziel erreichen und die Sekretärin seines Vorgängers durch eine seiner eigenen Wahl ersetzen konnte.

Eine untergeordnete Frau kann durchaus ihren Standpunkt vertreten, ohne Wut auszulösen, aber nur dann, wenn Diskussion und Streit als Teil der Arbeitssituation selbst verlangt werden. Mike, ein Marathon-Streiter, der in seinem Tagebuch zweiunddreißig Auseinandersetzungen für eine einzige Woche aufgelistet hat, erklärt:

»Bei dieser ging es um eine Empfehlung meiner Abteilung, die ich bei einer Aufsichtsratssitzung präsentieren wollte. Sie mußte deshalb genau so sein, wie ich es wollte. Wir gingen alle Fakten durch, diskutierten über die jeweiligen Punkte, und meine Sicht wurde akzeptiert.«

Mike war auf der Suche nach Informationen und wollte gleichzeitig mit einem Mitglied seiner Belegschaft über das Dokument diskutieren. Hier wird die

Frau als hilfreich angesehen, wenn sie Punkt für Punkt mit ihm durchgeht, denn der Zweck der Diskussion ist für Mike die beste Möglichkeit zu erkunden, wie er sich und seine Abteilung dem Aufsichtsrat präsentieren könnte. Er war überhaupt nicht verärgert, als sie ihr Wissen und ihre Fähigkeiten einsetzte, um ihn (sowie die Abteilung und sich selbst) zu unterstützen und zu fördern.

Wir sehen, daß diese Berichte hervorragend in das Schema der Arbeitsteilung passen: Frauen sollten nur dann streiten, wenn man es von ihnen in Form einer Leistung verlangt. Fügen Sie dem Szenario der Arbeitsteilung noch die Frage der Hierarchie hinzu, und Sie erkennen, daß eine Frau mit niederem Status, die den Rang ihres männlichen Vorgesetzten durch einen Streit in Frage zu stellen scheint, unweigerlich Wut auslöst. Alle hier zitierten Männer betonen ihre erzwingende Macht über ihre untergeordneten weiblichen Untergebenen, und erzwingende Macht ist innerhalb von Hierarchien ein Schlüsselfaktor. Arnolds Bedürfnis, das Spiel der Geschlechter zu spielen, ging auf den äußeren Druck (wahrscheinlich von seiten der Personalabteilung) zurück, eine unerwünschte Untergebene zu akzeptieren, aber als er die Macht über seine Sekretärin übernahm, verlor diese ihren Job.

Der Psychologe David Kipnis, dem wir im Zusammenhang mit dem Krimi-Experiment begegneten, bemerkt dazu: »Es scheint ein ehernes Gesetz der Macht zu sein: Je größer der Unterschied zwischen zwei Personen in bezug auf ihre Schlagkraft ist, desto größer die Wahrscheinlichkeit, daß harte Taktiken angewandt werden.«[10] Das heißt: Je mehr erzwingende Macht einem Mann – oder einer Frau – zur Verfügung steht, desto wahrscheinlicher wird es, daß er/sie Drohungen und Einschüchterungsmethoden (dazu gehört die Äußerung von Wut) anwenden wird, um sich durchzusetzen. Kipnis fand zum Beispiel heraus, daß Frauen, die Hausgehilfinnen beschäftigen, genau dieselben harten Taktiken anwenden wie Männer an ihrem Arbeitsplatz. Ein weiterer komplizierender – und deprimierender – Aspekt dieser Neigung zum Machtmißbrauch besteht darin, daß der Tyrann im gleichen Maße, wie die betreffende Person sich einschüchtern läßt, sein Opfer verachtet. Unsere Psyche hat so etwas wie einen ausgleichenden Mechanismus, der zu sagen scheint: Wenn ich mich schlecht gegenüber X benehme, muß dies so sein, weil X es verdient, weil ich mich sonst nicht schlecht benehmen würde. Daher müssen diese weiblichen Untergebenen an der Wut, die sie auslösen, selbst schuld sein.

Umgang mit männlichen Untergebenen

Wenn ein Mann es mit einem männlichen Untergebenen zu tun hat, der seine abweichende Meinung verteidigt, fällt sein Bericht ganz anders aus. Er mag vielleicht wütend werden – obschon keine so hohen Wutpegel erreicht werden wie bei Auseinandersetzungen mit einer Frau –, aber er verspürt auch ein größeres Bedürfnis, die Situation zu klären. Er betont immer noch, daß letztlich er entscheidet, aber der Zwang wird weniger offen ausgeübt als gegenüber einer Frau. Er versucht, den männlichen Untergebenen von der Rationalität seiner Entscheidung zu überzeugen.

Mike berichtet zum Beispiel über einen Streit mit einem Mitglied seiner Belegschaft über »die Festsetzung der Preise für unsere Produkte«:

»Er wollte unsere Preise senken. Es gibt häufig Druck von der Verkaufsabteilung, die Preise zu senken, weil ihnen nur unzulängliche Fakten zur Verfügung stehen. Ich muß diesem Druck so lange widerstehen, bis ich überzeugt bin, daß er begründet ist. Er sah ein, daß ich recht hatte und er nicht genug Bescheid wußte, um seinen Standpunkt zu verteidigen.«

Ähnlich berichtete Gordon, Consultant im Bereich Software-Engineering, über einige Auseinandersetzungen mit einem Mann aus seiner Belegschaft, der die für einen wichtigen Auftrag erforderlichen Programme nicht richtig entwickelte:

»Er wird von Zeit zu Zeit ein bißchen pampig, wenn ich ihn auffordere, über seine Arbeit noch einmal nachzudenken. Es fällt ihm schwer zu akzeptieren, daß sein Programm nicht richtig funktioniert, selbst wenn es auf der Hand liegt, daß es irgendwo hakt. Das ärgert mich, aber ich versuche, es nicht allzu nahe an mich herankommen zu lassen. Wichtig ist, daß die Sache erledigt wird.«

Gordon sagt, er könne es selbst nicht ausstehen, »herumkommandiert« zu werden, deshalb versuche er, mit seiner Belegschaft vernünftig zu reden.

»Programmieren erfordert klaren Verstand und Konzentration, deshalb hilft es niemandem, wenn man die Leute schikaniert. Die meisten meiner Mitarbeiter sind sehr gut, und wir können über Meinungsverschiedenheiten sprechen. Es ist nur dieser eine Typ, der es nicht erträgt, wenn man ihm Anweisungen gibt. Ich komme mit ihm nicht klar – und er kommt mit mir nicht klar.«

Auseinandersetzungen werden als Teil der Arbeit angesehen und stellen kein Problem dar, solange der männliche Untergebene bereit ist einzuräumen, daß der Chef am Ende recht hat. Bitte vergessen Sie nicht, daß dies die Sicht des Vorgesetzten ist, der mit der abweichenden Meinung eines männlichen Untergebenen konfrontiert ist. Was der Untergebene seinerseits denkt, erfahren wir in Kapitel 23.

Männer in verantwortlicher Position betonen, wie vernünftig sie mit ihrem männlichen Personal umgehen, und Gordon fügt jene aufschlußreiche Wendung hinzu, derer sich so viele Frauen bedienen, wenn man sie über Streit mit ihren Freundinnen befragt: »Wir sprechen über Differenzen.« Nicht daß Männer behaupteten, sie stünden mit ihrer Belegschaft auf freundschaftlichem Fuß, aber sie sprechen so, als hätten sie freundschaftliche Beziehungen etabliert. Gleichzeitig fügen sie in der Regel hinzu, daß letztlich sie für das verantwortlich sind, was gemacht wird. Sie verfügen über erzwingende Macht, aber sie berufen sich nicht so offen darauf, wie sie dies gegenüber Frauen tun. Wie Terry, Fachleiter in einer großen Gesamtschule, es formulierte:

»Ich möchte eine freundliche Atmosphäre bewahren, da die Leute sehr viel bereitwilliger kooperieren, wenn man sie mag. Doch das hindert mich keineswegs daran klarzustellen, wie der Fachbereich meiner Meinung nach funktionieren sollte. Gelegentlich habe ich vielleicht ein Problem mit einem der älteren Lehrer, der sich nicht umstellen möchte. Aber am Ende setze ich mich mit meiner Meinung durch.«

Diese Feststellung erinnert an eine Bemerkung, die der ehemalige britische Premierminister John Major 1991 kurz nach seinem Amtsantritt als machte. Auf die Frage, wie er auf Streitereien im Kabinett reagiere, erwiderte er etwas blauäugig:

»Wenn man ein Argument vorbringen kann, das glaubhaft ist, wenn man das Argument durchziehen kann, und wenn man am Ende darauf insistieren kann, daß es so gemacht wird, wie man will, dann ist es vollkommen zufriedenstellend. Ich habe keine Probleme, die Linie zu ändern.«[11]

Als Mann, der es mit Männern zu tun hat, ließ er sich unbewußt dazu verleiten, seine Fähigkeit hervorzuheben, ein rationales und logisches Argument durchzuziehen, selbst wenn er jene erzwingende Macht besaß, die sicherstellt, daß

seine Ansicht sich durchsetzt. (So war es zumindest, bis seine Partei begann, ihn als »schwachen« Premier wahrzunehmen.)
Der deutliche Unterschied in der Reaktion auf die abweichende Meinung einer Frau oder eines Mannes hat *vielleicht* etwas mit der relativen Position in der Hierarchie zu tun. Viele Frauen sind Schreibkräfte und Sekretärinnen und befinden sich am unteren Ende der Skala. Aber Martin ärgerte sich entsetzlich über seinen Stellvertreter, eine Frau, und Mike war wütend auf ein weibliches Mitglied seines leitenden Stabes. Eine Beziehung, könnte man denken, die der von Gordon und seinem männlichen Softwareteam gleicht, oder der von Terry und den männlichen Mitgliedern seines Lehrkörpers, aber zwischen den Wutpegeln, über die sie berichten, lassen sich signifikante Unterschiede feststellen. Es *gibt* männliche Chefs, die ihre männlichen Mitarbeiter ausschimpfen und herumschikanieren und ihre Wut und ihren Ärger an ihnen auslassen. Wir wissen das, weil ihre Ausfälle sie gelegentlich vor Gericht und in die Schlagzeilen bringen. Außerdem umfaßt der riesige und immer noch wachsende Berg von Büchern darüber, wie man am Arbeitsplatz erfolgreich sein kann, auch zahlreiche Bände darüber, wie man mit schrecklichen Chefs fertig wird, zu denen wahre Tyrannen gehören. Doch nur einer der Männer in meiner Untersuchung lieferte mir einen Bericht, der in diese Kategorie passen könnte. Dies war Oliver, dem wir bereits in dem Kapitel über Wut in der Ehe begegnet sind, ein zorniger und frustrierter Mann, der in einem Versicherungsbüro arbeitet. Er berichtet in seinem Tagebuch über einen heftigen Streit mit einem männlichen Untergebenen über dessen »schludrige Arbeit«:

»Ich konnte hier und da anhand von umfangreichem Vergleichsmaterial nachweisen, daß seine Arbeit sorglos und schludrig war. Sein Verhalten war die Quintessenz all dessen, was ich bei einer Einstellung zur Arbeit, *zu jeder* Arbeit, verabscheue. Wenn etwas gemacht werden muß, sollte es nach besten Kräften gemacht werden. Aber seine Haltung war: ›Ist mir doch egal.‹«

Oliver fügte als nachträglichen Gedanken an, was ein wichtiger Faktor in der Einstellung zu Untergebenen sein kann – ihre Arbeit kann die Reputation und auch die Zukunft des Chefs beeinträchtigen.

»Ich bin auch (obwohl ich ehrlich glaube, daß das ein weniger wichtiger Grund ist) als Vorgesetzter für seine Arbeit verantwortlich, und ich möchte nicht, daß die Leute den Eindruck bekommen, ich teilte seine Einstellung.«

Da einige Menschen in ihrer Arbeit tatsächlich schlampig und nachlässig sind, ist es gut möglich, daß Oliver einfach die Nase voll hatte und überhaupt kein Tyrann ist. Tatsächlich gibt es nur wenige Hinweise darauf, daß irgendeiner der verantwortlichen Männer jemals mit männlichen Untergebenen unvernünftig umging.

21

Die weibliche Vorgesetzte

Weibliche Vorgesetzte mit männlichen Untergebenen oder Wie man die »Geschlechterkarte« zückt

Wenn eine Frau in irgendeiner Organisation Macht besitzt, müssen ihre Untergebenen natürlich zur Kenntnis nehmen, was sie sagt. Aber es ist bemerkenswert, daß ein untergebener Mann ihre Entscheidungen anzweifeln und mit ihr auf eine Art und Weise streiten wird, wie er es nicht tun würde, wenn sein Chef ein Mann wäre. Deborah Tannen bemerkt, daß eine Frau immer dann, wenn sie eine Rolle oder einen Job von einem Mann übernimmt, ihre Arbeit »in einer Aura des Argwohns darüber beginnt, ob sie der Position gewachsen ist«. Mit dem, was Tannen einen »doppelten Hammer« nennt, drängen sie ihre Mitarbeiter, Entscheidungen zu rechtfertigen, und allein schon die Tatsache, daß sie in Frage gestellt wird, gilt als Beweis dafür, daß sie tatsächlich inkompetent ist. Die »Geschlechterkarte« ist gezückt.

Ros (eine Vierzigerin) ist eine Redakteurin, die Tony (30) als erfahrenen DTP-(Desktop Publishing) Operator einstellte:

»Ich weiß, er war darauf erpicht zu zeigen, wie kreativ er sein konnte, und ich ermunterte ihn, sich Neues auszudenken ... Aber er verbrachte so viel Zeit damit, zu behaupten, seine Ideen seien die besseren, daß ihm die Qualitätskontrolle entglitt ... Schließlich mußte ich ihm ein Ultimatum stellen. Ich weiß, daß jeder Boß manchmal entschlossen auftreten muß, aber ich hatte den Eindruck, er verwendete zuviel Zeit darauf, gegen die Tatsache anzukämpfen, daß er einen weiblichen Boß hatte, weil er seine eigene Herrschaft durchsetzen wollte. Es ist sehr anstrengend, sich mit so einem Unsinn auseinanderzusetzen.«

Agnes stimmt dem zu. Sie stellte einen neuen, männlichen Mitarbeiter für ihre Belegschaft in einer Klinik ein, und das zog eine Reihe von Konfrontationen nach sich:

»Er schien zu glauben, daß er, weil er das einzige männliche Wesen weit und breit war, jede meiner Entscheidungen anfechten könne. Jede Sitzung war ein einziger Kampf, woran ich nicht gewöhnt bin, denn wir arbeiten zusammen und entscheiden dann gemeinsam, wie wir am besten vorgehen. Aus irgendeinem Grund meinte er, das sei meinerseits ein Zeichen von Schwäche. Er wird es noch lernen. Am Ende habe ich es ihm ins Gesicht gesagt. Bleib bei deinem Leisten, Kerlchen, du weißt, wofür du angestellt worden bist, und man hat dich nicht angestellt, damit du diesen Laden hier schmeißt. Streiten? Mein Gott, dieser Mann muß von lahmen Eseln umgeben sein. Ich kann mich nicht mit einem derartigen Theater befassen.«

Ein Zweck der »Geschlechterkarte«, wenn sie von männlichen Untergebenen gezückt wird, ist es, die Chefin fertigzumachen, ihr Selbstvertrauen zu untergraben und jedem klarzumachen, daß in einer Männerwelt keine Frau so gut sein kann wie ein Mann.
Die meisten Frauen, die ich interviewte, fanden, daß ihre erste Erfahrung im Umgang mit einer männlichen Belegschaft strapaziös war, und anfangs waren sie geneigt, sich zu fragen, ob sie irgend etwas falsch machten. Weitere Erfahrungen zeigten ihnen jedoch, daß Männer immer mit einem weiblichen Chef herumstritten. Mit der Zeit erkannten sie, daß sie am längeren Hebel saßen, und hörten auf, sich darüber Sorgen zu machen.
Joan ist Bürovorsteherin in einem mittelgroßen Produktionsbetrieb und hat mehrere Männer unter sich. Sie wirkt fast die ganze Zeit abgespannt, behauptet aber, daß die Männer nach jahrelanger Erfahrung kein wirkliches Problem mehr darstellten:

»Da gibt es Ted in der hauseigenen Druckerei, für ihn ist es selbstverständlich, jedesmal aufzumucken, wenn man ihm eine neue Aufgabe zuteilt. Ich kann Ihnen jetzt gerade kein Beispiel nennen, es gibt einfach zu viele, ich nehme es gar nicht mehr zur Kenntnis. Wenn er seine Meinung gesagt hat, zieht er ab, und die Sache wird erledigt. Und darauf kommt es an. So ist es mit allen. Nicht so verbissen, sage ich ihnen. Seid froh, daß ich euch nicht an die Luft setze.«

Joan erinnert sie also indirekt an ihre Befugnisse, und die Versuche der Männer, die »Geschlechterkarte« zu zücken, scheitern an den Gesetzen der Hierarchie.

Durch den Spiegel

Mehrere psychologische Untersuchungen haben gezeigt, daß Frauen sich ihren Untergebenen gegenüber rücksichtsvoller, verständnisvoller und generell freundlicher verhalten als Männer.

Frauen, die das allgemeine Postulat, wonach Frauen liebevoll und fürsorglich sein sollen, verinnerlicht haben, bringen diese Verhaltensweisen wahrscheinlich auch an ihren Arbeitsplatz mit. Viele einflußreiche Autoren, Arbeitspsychologen und Medienexperten sind sich darüber einig, daß Frauen im Management einen besonderen fürsorglichen Stil aufweisen. So schreibt etwa die Arbeitspsychologin Beverly Alimo-Metcalfe: »Die Managerin/der Manager der Zukunft ist ein zuhörender, sensibler Mensch mit hochentwickelten persönlichen Fähigkeiten, mit denen sie/er zunehmend besorgte Mitarbeiter lenkt. Sie/er hat eine Vision, die ein Verständnis für Kultur und Qualität umfaßt, wobei ihre/seine wichtigste Fähigkeit darin besteht, Untergebene ermächtigen zu können, im Interesse von Firmenzielen Risiken einzugehen. Die Forschung beweist, daß Frauen einen derartigen Managementstil bevorzugen.«[13]

Doch nicht jeder ist der Meinung, daß Frauen mit Menschen gut umgehen können. Die Untersuchung »einer gemischten Gruppe aus 711 männlichen und weiblichen Chief Executive Officers (CEOs)« in den Vereinigten Staaten, die von der American Management Association veröffentlicht wurde, fand heraus, daß Frauen »aufgabenorientiert« sind und das Schwergewicht auf analytische Fähigkeiten und persönliche Motivation legen, was zusammengefaßt als »individualistischer Stil« bezeichnet wird.[14] Männer dagegen »bewerten strategische Planung, Entscheidungsfindung und effektive Teamarbeit positiv«. Frauen hielten die Entwicklung politischer Fähigkeiten für unbedingt erforderlich, Männer nicht.

Der Psychologe Andrew Kakabadse vermutet, daß der individualistische Arbeitsstil weiblicher Chefs »unbewußt« zu Spannungen zwischen Managern führen könnte und daß sie ein Training im Verstehen der eigenen Person bräuchten. Wenn Frauen ihrer eigenen Aussage zufolge nicht »als Firmensklavin identifiziert« werden wollen, demotiviert das wahrscheinlich die Arbeitnehmerschaft. Er schreibt: »Vom Standpunkt des Untergebenen aus könnte die Einstellung so aussehen: ›Wenn *die* sich schon nicht darum kümmert, was geht es dann mich an?‹«

Beachten Sie die subtile Einführung des Wortes »kümmert« an einer Stelle, wo es als Kritik am weiblichen Manager verstanden werden kann. Von den Männern wird nicht erwartet, daß sie sich »kümmern« – sie sprechen von der »Arbeit in Teams«. In der Männersprache ist »Teamarbeit« ein Beweis dafür, wie gut sie miteinander zurechtkommen, und ein »Firmensklave« zu sein zeigt, daß man seinen Job sehr schätzt (oder sich darum kümmert?). »Strategische Planung« hoch einzuschätzen bedeutet, sich um die Ziele der Firma zu kümmern – wie könnte eigentlich irgendein Topmanager, ob weiblich oder männlich, Planung *nicht* positiv bewerten?

Meine Interpretation dieser Forschungsergebnisse sieht ganz anders aus. In meinen eigenen Untersuchungen habe ich festgestellt, daß Leute den Forscher auf jene Aspekte ihrer Methode hinweisen, die ihrer Meinung nach nicht ungesagt bleiben dürfen. Männer sprechen zum Beispiel in Interviews von der Notwendigkeit, bei Verhandlungen auf die Gefühle der Leute Rücksicht zu nehmen, und betonen sehr selten ihre Fähigkeit, rational zu denken und logisch zu argumentieren. Die Klischees *setzen voraus*, daß Männer rational und logisch sind, deshalb brauchen sie es gar nicht explizit zu sagen, und dies wird auch aus ihren knappen und lakonischen Bezugnahmen auf Fakten und Beweise ganz klar. Die Kürze ihrer Kommentare kann sicherlich nicht so verstanden werden, daß sie Fakten und Beweise nicht würdigten, sondern nur so: Eine einfache Erwähnung macht deutlich, daß ihre Bedeutung für sie selbstverständlich ist.

Ähnlich sprechen Frauen selten davon, sich in einer Arbeitssituation Sorgen um die Gefühle von Menschen zu machen, da dies für sie klar zu sein scheint. Sie neigen dazu, sich auf ihre nüchterne, ruhige Beherrschung der Situation und ihre Rationalität zu konzentrieren und dort, wo sie sich in irgendeinem formellen Kontext mit Männern konfrontiert sehen, auf ihre geistige Kraft und ihr Durchsetzungsvermögen zu pochen. Wenn die Männer entsprechend gedrängt werden, sagen sie, sie seien vernünftig und kooperativ, während Frauen sagen, sie seien nüchtern und leidenschaftslos. Mit anderen Worten, sie betonen jene Bereiche, von denen sie wissen, daß ihnen dort Probleme *unterstellt* werden.

In der CEO-Studie hoben Frauen Aufgabenerfüllung und ihre eigenen analytischen Fähigkeiten hervor, weil sie sich der Postulate des Klischees vollkommen bewußt sind, denen zufolge Frauen sich auf Menschen und Gefühle konzentrieren und irrational sind. Aber gerade weil sie sich in ihren Antworten *nicht* auf Menschen und Gefühle konzentrieren, werden sie dann dafür kritisiert, daß sie mit den Leuten nicht gut zurechtkommen. Männer, die wissen, daß bei ihrer Erziehung großer Wert auf individuelle Leistung und Konkurrenzfähigkeit gelegt wurde, legen das Hauptgewicht auf den Teamgeist, weil das ihr Problembereich ist. Und weil die Forscher Männer und die Manager, für die sie schreiben, meistens ebenfalls Männer sind, können sie das, was die männlichen Chefs sagten, in der gewünschten Weise interpretieren, während sie das, was die weiblichen Chefs sagten, in einer Weise interpretieren, die deren Anderssein – und vermutliche Unzulänglichkeit – herausstreicht.

Diese bei den Forschern bestehende Neigung, Informationen zu interpretieren, ist ein entscheidender Punkt. Es ist besonders bemerkenswert, daß es fast immer von Männern durchgeführte Untersuchungen sind, in denen Frauen als unzulänglich dargestellt werden, während ihnen in von Frauen verfaßten Studien eine ganze Palette von Eigenschaften zugeschrieben wird, die Männern »fehlen«. Während ich hundertprozentig dafür bin, das einer Überprüfung zu unterziehen, was dem weiblichen Klischee entspricht, versuche ich in diesem Buch, die Daten miteinander in Einklang zu bringen und aus beiden Standpunkten einen Sinn herauszulesen. Auf diese Weise glaube ich, der Wahrheit näherkommen zu können.

Von Frau zu Frau: Herrschen durch Zustimmung

Viele Frauen halten sich zugute, daß sie *nicht* die harten Taktiken anwenden, die Männer ihnen gegenüber einsetzen, und in ihrer Einstellung zur Macht ziehen sie die Konsens-Macht der erzwingenden Macht vor. (Ich erinnere an den kurzen Überblick über die Arten von Macht in Teil III.) Im Zusammenhang mit weiblichen Untergebenen können sich weibliche Vorgesetzte ärgern, aber in Interviews sprechen sie selten von Wut.

Vera hat in einem privaten Gesundheitszentrum etwa zwanzig Leute unter sich (zumeist Frauen), und auch sie wirkt abgespannt und gestreßt. Sie sagte mir, sie würde versuchen, Streitigkeiten mit ihrer Belegschaft möglichst aus dem Weg zu gehen:

»Mir gefällt die Vorstellung, daß meine Leute gern für mich arbeiten und daß sie immer zu mir kommen können, wenn sie Probleme haben. Unsere Chefs überhäufen die Leute ohne Vorwarnung mit Arbeit, und deshalb habe ich das Gefühl, ich müsse meine Mitarbeiter schützen, wann immer ich kann. Ich glaube nicht, daß ich Auseinandersetzungen habe – außer mit Leuten, die nicht zu meiner Abteilung gehören. Ich diskutiere mit meinen Leuten über die Arbeit, und sie wissen dann, was von ihnen gefordert wird, und so kommen wir weiter.«

Peggy führt mit Erfolg eine Boutique und hat einen kleinen Mitarbeiterstab, der ausschließlich aus Frauen besteht.

»Ich streite nicht mit meinen Mitarbeiterinnen; sie arbeiten gern hier, und die Zusammenarbeit macht uns allen Spaß. *Unser* Problem sind die Kundinnen. Natürlich kann es schon einmal Unstimmigkeiten wegen der Schichten geben, und wenn eine vernünftige Diskussion zu nichts führt, muß ich vielleicht einmal ein Machtwort sprechen. Aber sie alle haben Verständnis dafür. Ich trage die Verantwortung, mache aber nur Druck, wenn ich unbedingt muß.«

Patricia, bis vor wenigen Jahren Leiterin einer PR-Firma, erinnert sich:

»Ich habe festgestellt, daß Frauen nur dann wirklich gern für eine Frau arbeiten, wenn sie das Gefühl haben können, daß sie auf ihrer Seite steht. Nicht einmal Blödeleien nach Art der Männer waren die Lösung. Aber wenn ich auf ihre Beschwerden und Meinungen mit Verständnis und Sympathie reagierte und jedes Anzeichen eines Versuchs vermied, ihnen gegenüber die Erhabene und Mächtige zu spielen, konnte ich eine gute, nützliche Diskussion herbeiführen, und am Ende waren wir alle zufrieden.«

In diesem zuletzt zitierten Bericht spiegelt sich möglicherweise eine im Rückblick mildernde Beurteilung der harten Bedingungen in der Wirklichkeit wider. Dennoch hat es den Anschein, als würden Frauen glauben, besondere Strategien anwenden zu müssen, um ihre auf der Hierarchie begründete Macht akzeptabel zu machen.
Deborah Tannen betont die Unterschiede im Stil, mit denen Frauen und Männer operieren, um zu erreichen, daß etwas erledigt wird. Diese Unterschiede erklären vielleicht auch einen Großteil des Kontrastes zwischen dem, was Frauen mir in den Interviews erzählten, wenn wir über Meinungsverschiedenheiten allgemein sprachen, und den Angaben in ihren Tagebüchern, in denen nur von ernsthaften Auseinandersetzungen die Rede zu sein schien. Tannen zufolge neigen Frauen dazu, Diskussionen mit ihren Untergebenen als eine Möglichkeit zu nutzen, um sicherzustellen, daß ihre Sekretärin, persönliche

Assistentin oder andere Mitarbeiterinnen verstehen, was von ihnen verlangt wird, und daß sie bereit sind, das Vereinbarte auszuführen. Auch wenn eine Frau lieber bittet als befiehlt, erwartet sie doch, daß die Dinge dann auf die erbetene Weise erledigt werden. Wenn das nicht geschieht und die Untergebene widerspricht, kann sie sehr wütend werden.
Lydia ist Account Executive in einer mittelgroßen Werbeagentur. Wenn sie Material für eine Kundenpräsentation vorbereitet, muß ihr eine Anzahl von Leuten zuarbeiten, und sie verläßt sich dann auf ihre persönliche Assistentin, die den Fortgang der Arbeiten überwacht und sie auf dem laufenden hält. Aber sie fand heraus, daß ihre Assistentin die Antreiberei haßt, weil sie von den kreativen Leuten in der Graphikabteilung angeschrien wurde; deshalb gab sie vor, daß alles in Ordnung sei, und vertraute auf das Prinzip Hoffnung. Tatsächlich war auch alles in Ordnung, bis zu einem bestimmten Tag, als alles aufflog. Lydia erklärt:

»Ich war wirklich außer mir vor Wut. Das Treffen mit dem Kunden war arrangiert, und die Anzeigen waren nicht fertig. Und nur weil ich das dumpfe Gefühl hatte, daß in meinem Büro nicht richtig gearbeitet wurde, gelang es mir, die Sache noch geradezubiegen. Warum hat sie mir das denn nicht sagen können? Wenn sie es haßt, Leute zur Arbeit anzutreiben, hätte ich gedacht, okay, dafür kann sie andere Sachen gut, und ich hätte mir irgend etwas anderes einfallen lassen, um an die Informationen heranzukommen. Aber da war ich wirklich aufgeschmissen. Wenn sie sich entschuldigt und irgendwie kapiert hätte, was sie angestellt hat, hätte ich das noch geschluckt, aber ihre Reaktion auf den ganzen Schlamassel war, daß sie sich verteidigte und sagte, Antreiberei sei Zeitverschwendung. Jetzt frage ich mich, auf welchen anderen Gebieten sie mir ebenfalls etwas vormacht. Man kann keine persönliche Assistentin brauchen, auf die man sich nicht verlassen kann.«

Die Zustimmungsmethode setzt auf beiden Seiten guten Willen und Aufrichtigkeit voraus: Wenn Lydia diese Technik anwandte und ihre Assistentin Angst hatte einzugestehen, daß sie den Leuten in der Graphikabteilung aus dem Weg geht, dann muß Lydia unweigerlich das Gefühl haben, betrogen worden zu sein, wenn die versteckte Angst ans Licht kommt. Dieses Gefühl der Enttäuschung entsteht immer dann, wenn ein Untergebener behauptet: »Man hat mir nicht gesagt, dies oder jenes zu tun« oder »Ich halte das für Zeitverschwendung«, und es führt zu starken Wutgefühlen und zu Kommentaren wie: »Wenn sie nur beim ersten Mal aufgepaßt hätte, dann gäbe es jetzt kein Problem. Ich habe ihr die Aufgabe ganz deutlich erklärt.« (Jan, Fließbandkontrolleurin in einer Fabrik).

Phyllis, eine Kantinenleiterin, war beunruhigt wegen eines unangenehmen Geruchs in der Küche, der noch anhielt, nachdem Pat, die Untergebene, ihr versichert hatte, sie hätte die Mülleimer so ausgeschrubbt, wie sie es ihr gesagt hatte. Phyllis war verständlicherweise sauer, als sie feststellte, daß Pat gelogen hatte und der Gestank *tatsächlich* aus den Eimern kam:

»Ich fragte sie, warum sie mir gesagt hatte, daß sie sie richtig gereinigt habe, wenn es doch gar nicht stimmte. Sie sagte, sie habe geglaubt, ich würde zuviel Theater machen, und habe nicht eingesehen, warum sie es tun müsse. Ich erklärte, ich hätte gutes Fleisch weggeschmissen, weil ich dachte, daß es vielleicht die Quelle des Gestanks sei, denn ich hätte ihr vertraut. Sie zuckte nur mit den Schultern. Ich verstehe ihr Verhalten nicht, aber sie muß natürlich gehen.«

Ich glaube, die meisten Leute würden zustimmen, daß eine Frau (oder ein Mann), die (oder der) eine Arbeit, für die sie (oder er) bezahlt wird, nicht richtig macht und dann aufbegehrt und sich verteidigt, mit diesem Verhalten eine verständliche Wut auslöst. Traurig ist, daß einige dieser Auseinandersetzungen mit der Entlassung der Untergebenen enden, weil diesen nicht bewußt war, welche Verantwortung sie gegenüber ihrer unmittelbaren Vorgesetzten trugen. Manche Frauen haben Probleme, Anweisungen zu befolgen, die sie für falsch oder überflüssig halten, insbesondere dann, wenn die Anweisung von einer Frau erteilt wird.

Dies ist ein Beispiel dafür, daß Frauen dem männlichen Part im Spiel der Geschlechter entsprechen, weil sie nicht merken, daß der Zweck darin besteht, *Männern* zu nutzen. Hierin spiegelt sich die Einstellung wider, der zufolge Frauen Dienstleistungen erbringen und Männer Befehle geben sollten. Sehr viele Frauen glauben dies auch, weil sie selbst die Grundlagen dieser Vorstellung niemals untersucht haben, und deshalb widerstrebt es ihnen, die Anweisungen einer Frau zu befolgen. Gefühlsmäßig fragen sie sich, ohne dies aber je aussprechen zu können (denn das würde die Absurdität an den Tag bringen): »Für wen hält sie sich eigentlich, daß sie mir Befehle erteilt? Sie kommt sich so großartig vor. Aber ich weiß es besser.«

Natürlich glaubt nicht jede Frau an Konsens – im Gegenteil: Margaret Thatcher hielt in ihrer Zeit als Premierministerin von Großbritannien ein konsensorientiertes Verhalten für »weichlich«. Und wie eine Finanzabteilungsleiterin sagte:

»Es ist angenehm, beliebt zu sein, aber es gibt Arbeit, die gemacht werden muß. Eine Frau, die nicht kapiert, daß sie so handeln muß, wie ich es sage, weil ich es so sage, ist in meiner Abteilung fehl am Platze.«

Frauen, die diese härtere Linie vertreten, stellen möglicherweise fest, daß ihre Untergebenen Widerstand leisten, so daß sie faktisch die Schlagkraft entwickeln müssen, die der Posten eines Premierministers oder Chefmanagers einer Organisation mit sich bringt. Dr. Helena Daly, Hämatologin am Treliske Hospital in Cornwall, fand heraus, daß sie in dem Augenblick, als sie ihr Verhalten an dem ihrer männlichen Lehrer ausrichtete, eine Katastrophe heraufbeschwor. Während männliche Ärzte »Befehle brüllen« und sofortige Willfährigkeit erwarten durften, stellte sie fest, daß die Krankenschwestern ihre Anordnungen einfach nicht ausführten. Ihr energisches Auftreten führte schließlich dazu, daß sie gefeuert wurde (im Juli 1993), und zwar mit der Begründung, daß sie die Schwestern mit ihrer brüsken, groben Art verärgert habe. Ich bin niemals einem Mann begegnet, den man hinausgeworfen hat, weil er zu seinen Untergebenen »grob« war, obwohl viele Männer weiß Gott unverschämt und unnötig beleidigend *sind*. Frau Dr. Daly steht nicht allein da: Andere Frauen sind wegen ihrer aggressiven Art aus einer Vielzahl von Beschäftigungsverhältnissen entlassen worden – von der Redakteurin eines Provinzblattes bis zur Kontrolleurin von Fließbandarbeiterinnen. Männer können sich dafür entscheiden, ob sie autoritär sein wollen oder nicht, ohne auf die Dienste ihrer weiblichen Mitarbeiter verzichten zu müssen (selbst wenn Frauen nicht gern herumkommandiert werden). Doch Frauen mit weiblichen Untergebenen können sich dann, wenn sie sich deren Kooperationsbereitschaft erhalten wollen, praktisch gezwungen sehen, sich eines Stils zu bedienen, in dem sich die unterschwelligen Annahmen über die Natur der Frau widerspiegeln. Frauen erwarten von anderen Frauen, daß sie auf Gefühle und Beziehungen Rücksicht nehmen – egal, wer sie sind.

Das weibliche Rollenspiel I: »Ich bin eure Mutti«

Muriel, eine Fünfzigerin, führt ein Hotel in einer Urlaubsregion. Da ihre Arbeit saisonabhängig ist, muß sie ihr Personal regelmäßig für den Sommer anwerben und danach wieder entlassen.

»Heutzutage haben Männer es hier unten so schwer, Arbeit zu finden, daß sie bereit sind, Jobs zu übernehmen, die sie früher ihren Frauen überlassen hätten. Ich habe gern eine gemischte Mannschaft, deshalb habe ich für den Speisesaal und die Küche Männer engagiert, aber das scheint Schwierigkeiten ausgelöst zu haben, auf die ich verzichten könnte. Offensichtlich mögen sie keine Arbeit, die sie für Frauensache halten, und es scheint ihnen auch über die Hutschnur zu gehen, daß sie tun müssen, was ich sage – aber sie machen es, seien Sie versichert. Ich fühle mich manchmal auf eine Weise abgespannt, wie das nie der Fall war, solange ich nur Frauen beschäftigt habe. Die ganze Zeit Reibereien, wie ich sie mit Frauen niemals habe.
Ich habe festgestellt, daß alle dann glücklich sind, wenn ich sie wie Kinder behandle und die Übermutter spiele. Das ist etwas, das sie verstehen können, mich als Mutterfigur. Also gut – wen kümmert das schon? Wenn es sie glücklich macht. Solange sie bloß ihre Arbeit erledigen, habe ich nichts dagegen, die Warmherzige und Fürsorgliche zu spielen.«

Trotz der nur notdürftig kaschierten Verachtung, mit der so viele Leute von ihrer Mutter sprechen, ist es eher wahrscheinlich, daß Frauen, die in die Rolle warmherziger Mutterfiguren schlüpfen, mächtige Positionen – sei es im Geschäftsleben, sei es in der Regierung – erhalten und behalten. In den siebziger und frühen achtziger Jahren wurden die mütterlichen Führungsqualitäten von Golda Meir, die so lange eine führende politische Figur in Israel war, von Frauen in Amerika und Europa als Inspiration gepriesen.[16] Sie wurde respektiert, war mächtig und weithin beliebt, und sie war, als sie Ministerpräsidentin wurde, zu alt, um ein Sexobjekt zu sein (sie war 70 und sagte mit fester Stimme: »Siebzig zu sein ist keine Sünde«).[17] In weiten Kreisen wurden sie als Mutterfigur angesehen, deren Einfluß selbst nach ihrem Tod im Jahre 1978 fortwirkte. Wie eine Kandidatin für den US-Senat dem Sozialpsychologen M. Hadley sagte: »Die Probleme beginnen erst, wenn man sich von diesem Mutti-Führungsmodell lossagen möchte.«[18]
Man kann einwenden, daß Golda Meirs »Mütterlichkeit« nur eine Fassade war, denn in Wirklichkeit war sie in ihrem alltäglichen Arbeitsleben »knallhart«. Dazu möchte ich zwei Dinge bemerken.
Erstens war ihr mütterliches Image natürlich eine Fassade, denn jeder Politiker und jede Führungspersönlichkeit – oder im Grunde jede Person, die irgendeine Art von Aufmerksamkeit auf sich zieht – muß sich als Person des öffentlichen Lebens ein Image zulegen, und es könnte auch eines sein, das

funktioniert. Auf durchaus ähnliche Weise sicherte sich Barbara Bush ihre Beliebtheit beim Wahlvolk, indem sie das Image der »First Granny« übernahm (»Sie hat die Herzen der Nation gewonnen«, schrieb die Journalistin Joy Billington).[19] Frauen als Mütter und Großmütter sind in Situationen, in denen Entscheidungen getroffen werden müssen, akzeptabel, weil man von ihnen Beschlüsse erwartet, die im Interesse ihrer Adoptivkinder liegen. Nebenbei können wir feststellen, daß Hillary Clintons großer Fehler darin bestand, daß sie ein modernes Image der First Lady anstrebte, indem sie sich als starke Frau darstellte, die intellektuell mit dem Präsidenten gleichzog, und sich als eigenständige Reformerin präsentierte. Während Feministinnen Beifall klatschten, galt sie beim amerikanischen Wahlvolk weithin als »herrische, tyrannische Aufsteigerin«.[20] Das Rollenspiel der Geschlechter wirkt sich so aus, daß sich Führungspersönlichkeiten, die von Wählerstimmen abhängig sind, und Chefs, die auf Kooperation angewiesen sind, mit den Vorurteilen und Postulaten derjenigen arrangieren müssen, deren Unterstützung sie brauchen.

Zweitens muß jede Abweichung von dem erwarteten »mütterlichen« Verhalten zwangsläufig als Herrschsucht und Tyrannei aufgefaßt werden. Manche weibliche Vorgesetzte sind knallhart, aggressiv und autokratisch. Doch weit mehr Chefinnen werden wahrscheinlich nur in diesem Licht gesehen, weil es ihnen einfach nicht gelingt, die erwartete Warmherzigkeit an den Tag zu legen.

Da immer mehr Frauen in die Chefetagen eingezogen sind, ist die Möglichkeit, von allen »Mütterlichkeit« zu erwarten, geschrumpft. Diejenigen, die tatsächlich Mütter von Kindern sind, neigen eher dazu, zwischen ihrem mütterlichen Verhalten zu Hause und ihrem Verhalten gegenüber Untergebenen am Arbeitsplatz zu trennen.[21] Und je jünger die Frau ist, desto weniger wahrscheinlich ist es, daß sie überhaupt als mütterlich gelten möchte: Frauen zwischen 20 und 40 wollen wegen ihrer Fähigkeiten und ihrer Kompetenz geschätzt werden und nicht wegen irgendeiner stereotypen Geschlechterrolle, die sie vielleicht gutheißen, vielleicht aber auch nicht. Dennoch fand die französische Psychologin Erika Apfelbaum, als sie in den achtziger Jahren in Frankreich und in den Vereinigten Staaten eine umfangreiche Untersuchung unter erfolgreichen Frauen durchführte, heraus, daß diesen Frauen ihr Geschlecht immer so lange im Wege stand, bis sie das Bedürfnis, die Mutterrolle zu spielen, akzeptierten: »Eine weibliche Führungspersönlichkeit befindet sich immer in einem Dilemma. Obwohl sie von ihrer Umgebung ständig an ihr Geschlecht erinnert wird … sieht sie sich gleichzeitig aufgefordert, ihre

Weiblichkeit zu unterdrücken, herunterzuschrauben oder zu verstecken, es sei denn, sie setzt sie ein, indem sie die Mutterrolle spielt.«[22]
Die Finanzmanagerin Ella erzählte mir:

»Erst als ich die Vierzig erreichte, begann ich, Probleme zu haben. Ich konzentrierte mich auf meine Kompetenz und stellte fest, daß ich dominierend und einschüchternd wirkte – jedenfalls nicht gewinnend. Ich experimentierte ein bißchen herum und merkte, daß Männer mich akzeptieren konnten, solange ich sexy war, aber das Alter hatte mich eingeholt. Alles, was übrigblieb, war das Image einer älteren Frau. Die Mütterlichkeitsmasche schien am besten zu funktionieren. Ich kümmere mich um ihre Probleme, warmherzig und fürsorglich, wie ich nun mal bin. Das mögen sie. Was soll's, wenn es klappt?«

Frauen stellen also fest, daß sie sich gegen ihren Willen selbst auf das Rollenspiel der Geschlechter einlassen und fragen: Warum sollte es uns etwas ausmachen, solange es funktioniert? Denn funktionieren tut es.

Das weibliche Rollenspiel II: Sex und Macht

Einige außerordentlich erfolgreiche Frauen entscheiden sich dafür, eine andere Variante des Rollenspiels zu spielen – eine, die das Schwergewicht eher auf Sex als auf Mütterlichkeit legt. Hier meine ich wirklich Sex. Als die Zeitschrift *Fortune* mega-erfolgreiche Frauen ausfindig machte (»Frauen, die gläserne Decken durchstoßen, Taten vollbringen, die nicht von dieser Welt sind, und astronomische Risiken eingehen, um kühn dorthin vorzustoßen, wo noch kein Mann hingelangt ist«), stellte sie beinahe als erstes fest, daß die sieben Auserwählten »ihre Sexualität einsetzen«, um Macht zu gewinnen und zu erhalten.[23]
Jill Barad, 45, die aus der Barbiepuppe das meistgekaufte Spielzeug der Welt machte, erwartete, Boß bei Mattel zu werden, und »warf sich von den Schuhen über das Kleid bis zum Lippenstift in schrilles Pink«. Sie wird so zitiert:

»Wir haben unsere Weiblichkeit nie aufgegeben. Wir sind keine Miniatur-Männer geworden. Ich bin nicht scharf darauf, mit Männern auf der gleichen Stufe zu stehen.«

Sie und Linda Marcelli, eine extravagante, lockenköpfige Blondine, die die New Yorker Zentrale von Merrill Lynch leitet, machen sich beide eine seltsame Doppelmoral zunutze, indem sie ihre Kunden und Kollegen umarmen und abküssen. Männer, die Frauen anfassen, riskieren eine Anzeige wegen sexueller Belästigung; Frauen, die Männer anfassen, schaffen eine Atmosphäre der Herzlichkeit und der Zuneigung – und wie wir gesehen haben, ist es genau das, was von Frauen erwartet wird.

Vorgerücktes Alter führt auch nicht automatisch zum Verlust von Charme. Alle vorgestellten Frauen waren über 40, und Charlotte Beers, Chefin der Werbeagentur Ogilvy & Mather, war 61, doch *Fortune* zufolge »wirkt sie auf die meisten Männer bezaubernd«. Einer ihrer Kunden wird so zitiert:

»Ich glaube, daß ein Großteil der Geschäftsbeziehungen zwischen Männern und Frauen verkrampft ist. Was ich so sehr an Charlotte mag, ist, daß man mit ihr Spaß haben kann.«

Und ein anderer:

»Charlotte möchte – mehr als irgend jemand sonst in diesem Geschäft – verführen. Es ist etwas Tiefgründiges an Charlotte, aber auch etwas Frivoles. Sie ist eine Frau, eine Frau, eine Frau.«

Alle diese erfolgreichen Frauen hatten sich einmal mit Widerstand und Diskriminierung konfrontiert gesehen, mit Chefs, die sie als »schwach« bezeichneten, mit Männern, die sich weigerten, für sie zu arbeiten, und mit Kunden, die ihre Meinungen abqualifizierten. Alle waren entschlossen, zurückzuschlagen und nicht aufzugeben. Rebecca Mark, 41, CEO bei Enron Development, einem Konzern, der in aller Welt Kraftwerke baut, behauptet (unter Zuhilfenahme der Terminologie von Spiel und Sport), daß Frauen einfach »schneller zuschlagen müssen«:

»Man darf Dinge, die Leute sagen, nicht persönlich nehmen. Wenn man das tut, ist das Selbstvertrauen dahin, das Ego steht einem im Weg, und man kann nicht durchsetzen, daß die Arbeit erledigt wird.«

Was an diesen Frauen auffällt, ist, daß sie – auch gegen alle Widerstände – erreichen, daß Aufgaben erledigt werden. Das ist es, was die Mächtigen veranlaßt, von diesen Frauen Notiz zu nehmen. Das und die Tatsache, daß sie sich nicht anpassen. Linda Marcelli sagt:

»Wer in der Welt der Männer führen will, muß Ecken und Kanten haben.«

Und Charlotte Beers glaubt, daß eine Führungspersönlichkeit inspirieren und daher vergessen muß, »wie Dinge erledigt werden sollten«:

»Ich glaube an provozierende Störungen.«

Ihre Methode mag lustig erscheinen, hört sich aber sehr anstrengend an. Hinzu kommt, daß sie auch jenen Männern Munition liefert, die befürchten, daß Frauen am Arbeitsplatz einen unfairen Vorteil haben – aber spielt das eine Rolle, wenn im Augenblick der unfaire Vorteil vor allem der männlichen Seite zugute kommt? Sexuelle Spannung gibt es überall dort, wo Frauen und Männer zusammenarbeiten müssen, so daß das Herausstreichen ihrer Sexualität nur das Implizite explizit macht. Beim Spiel der Geschlechter geht es diesen Frauen um dasselbe wie den Männern – nämlich um Erfolg und Macht.

Frauen neigen dazu, sich über Frauen zu ärgern, die das Spiel der Geschlechter spielen, genauso wie Männer Frauen abzulehnen scheinen, die versuchen, »wie Männer« zu werden. Die meisten Frauen möchten dafür belohnt werden, daß sie gute Arbeit machen – um was auch immer es sich dabei handeln mag –, und interpretieren das Rollenspiel von Frauen insbesondere dann, wenn es die Demonstration der eigenen Sexualität hervorkehrt, so, als würden diese Frauen sie im Stich lassen. Doch die meisten Männer bevorzugen Frauen, die den sexuellen Unterschied anerkennen: Sie wissen, woran sie sind, wenn eine Frau charmant, sexy, warmherzig, herausfordernd, emotional und persönlich ist.

Der Margaret-Thatcher-Faktor

Auch Margaret Thatcher, der erste – und bislang einzige – weibliche Premierminister Großbritanniens, spielte auf der Klaviatur der Geschlechterrollen. Ihre Version des Spiels der Geschlechter war kennzeichnend: Die starke vernünftige Frau, die mit der Haushaltskasse umgehen kann, wirkte auf die weiblichen Anhänger der Konservativen, und die charmante frauliche Hausfrau wirkte auf die männlichen. Die Medien charakterisierten sie als herrschsüchtige Oberlehrerin, die mit ihrer Handtasche auf ihre Gegner eindrosch, aber das war schon mitten in ihrer Zeit als dienstältester britischer Premierminister in diesem Jahrhundert.

Sie strich ihre Weiblichkeit heraus, war stets sorgfältig frisiert und manikürt, trug Kostüme in kräftigen Farben und Modeschmuck und immer eine Handtasche. In ihren frühen Reden sprach sie davon, daß sie eine »Hausfrau« sei, die »mit ihrem Wirtschaftsgeld auskomme«. Sie fand rasch heraus, was Psychologen schon lange wissen: Ein einzelgängerischer Außenseiter hat in jeder Gruppe größeren Einfluß als jemand aus einer Minderheitengruppe, und deshalb verzichtete sie in ihrem Kabinett schon bald auf Frauen. Es gereichte ihr in allen Begegnungen mit Männern – in Ausschüssen, im Kabinett und bei den Treffen mit fremden Staatsoberhäuptern – zum Vorteil, daß sie »als einziges Kostüm in einem Meer von Anzügen segelte«.[24] Es kann natürlich auch ein Nachteil sein, da sich die ganze Feindseligkeit, die sich gegen den Außenseiter richtet, auf eine einzige Person konzentriert. Aber behutsam und gut gespielt, ist die Rolle der einsamen Frau besser als die einer Frau in einer kleinen Gruppe von Frauen, die voneinander erwarten, daß sie sich zusammenschließen und die Mehrheit der Männer auf irgendeine unbestimmte Art bedrohen. Wo zwei oder drei Frauen versammelt sind, werden sie zu »Weiberhorden« oder »Hexenzirkeln« und wirken furchterregend. Eine einzelne Frau kann hingegen bezaubern und überreden, sich aber auch der Autorität der Klassenlehrerin bedienen. Aus Berichten von Leuten, die mit Margaret Thatcher zusammenarbeiteten, geht hervor, daß sie beide Klaviaturen beherrschte.

Das hinderte ihre männlichen Kollegen nicht daran, ihre eigene Version des Spiels der Geschlechter zu spielen, und Konflikte im Kabinett wurden von ihnen auf die übliche Weise interpretiert: Der weibliche Chef ist irrational, emotional und inkompetent. Als Beispiel zitieren wir hier einen Auszug aus Alan Clarks *Diaries* über ein Treffen im Jahr 1988, als er Handelsminister war: »Als die Premierministerin ihre Sache vortrug, steigerte sie sich in ihre eigene Entrüstung hinein. Es war ein prototypisches Beispiel für einen Streit mit einer Frau – keine rationale Gedankenfolge, assoziatives, spielerisches Denken, die ganze Zeit lag sie voll daneben.«[25]

Aber Mrs. Thatcher genoß Auseinandersetzungen, sie stimulierten sie, und wie die oben zitierte erfolgreiche amerikanische Geschäftsfrau betrachtete sie Konsens als schwachen Ersatz für Führungsqualitäten. Bei ihrem letzten Auftritt im Parlament als Premierministerin konnte sie, obwohl sie wußte, daß sie die Schlacht um die Führung verloren hatte, immer noch voller Energie behaupten: »Das hier macht mir Spaß.«

Als sie schließlich abgesetzt war, stießen viele Männer einen Seufzer der Erleichterung aus, der nichts mit ihrer Politik zu tun hatte. Sie durfte als Frau ihres Mannes auf den ihr gebührenden Platz zurückkehren. *Today* drückte sich ganz unmißverständlich aus: »Sie mag das höchste Amt im Lande verloren haben, aber Mrs. Thatcher erhält nun endlich den größten Wert zurück, über den eine Frau verfügen kann – ihre Weiblichkeit.«[26]

Sie war sich bewußt, daß man nicht nur wegen ihres Geschlechts von ihr als »dieser Frau« sprach, sondern auch, weil sie aus der unteren Mittelschicht stammte und sowohl gegen Klischees als auch gegen die Einigkeit des Establishments ankämpfte:

»Meine Erfahrung geht dahin, daß eine Reihe von Männern, mit denen ich in der Politik zu tun hatte, genau jene Eigenschaften an den Tag legen, die sie Frauen zuschreiben – Eitelkeit und die Unfähigkeit, knallharte Entscheidungen zu treffen. Es gibt auch einen gewissen Typ von Männern, der einfach nicht für eine Frau arbeiten kann. Sie sind durchaus bereit, dem ›schwachen Geschlecht‹ jedes Zugeständnis zu machen; aber wenn eine Frau keine besonderen Privilegien verlangt und erwartet, einzig und allein nach dem beurteilt zu werden, was sie ist und leistet, wird dies als so schwerwiegend und so verwirrend empfunden, daß es unverzeihlich erscheint.«[27]

Thatchers Memoiren verleihen ihrer Behauptung, daß »die Schlacht um die Rechte der Frauen weitgehend gewonnen« sei, einen hohlen Klang.[28] Wie viele erfolgreiche Frauen hat sie sich nicht wirklich um die Rechte der Frauen im allgemeinen gekümmert, und Kritiker weisen darauf hin, daß sie es unterließ, Frauen zu fördern oder ihnen gar einen Teil ihrer Macht anzubieten.

Aber warum, so frage ich, sollte man von ihr erwarten, daß sie sich nach anderen Frauen umsieht? Sie ist eine Politikerin. Politiker haben ein Ziel, in ihrem Fall eine Vision, wie das Land aussehen sollte. Ihre politische Vision war die einer Nation von Individuen, die alle darauf erpicht sind, ihren eigenen Erfolg ohne Hemmklötze oder Hindernisse zu erreichen. Und wenn sie sich aufmachte, all jene Dinge, die eine zivilisierte Nation zu ihrem Überleben benötigt, seien es nun Wasser, Strom, Telekommunikation, Transport, Kohle, Öl, Gas, Stahl, Gesundheitsfürsorge, Erziehung oder die Versorgung von Arbeitslosen und Alten, in die Hand von Privatleuten zu legen – was in aller Welt hätte sie davon überzeugen können, daß ausgerechnet Frauen besondere Hilfe benötigen? Frauen stellen die Hälfte der Bevölkerung, eine Bevölkerung, die sie, ihrer Ansicht nach, befreite. Margaret Thatcher wird für ihre Meinung kritisiert, daß andere es auch schaffen könnten, wenn sie selbst es geschafft habe. Aber das ist nur die logische Konsequenz ihres ganzen Ansatzes. Sie hat in der ihr eigenen Weise den Erfolg angepeilt und erwartet nun von anderen, daß sie dasselbe tun. Dies ist die Einstellung der meisten Frauen, die das Spiel der Geschlechter spielen.

Das Spiel der Geschlechter zu spielen kann sich für eine Frau auszahlen, weil der Arbeitsplatz immer noch von den Geschlechterrollen und ihren Postulaten durchdrungen ist. Weibliche Vorgesetzte können feststellen, daß die Mutterrolle ihnen am meisten behagt, oder sie finden vielleicht heraus, daß sie mit dem ostentativen Einsatz ihrer Sexualität weiterkommen, oder sie schlüpfen womöglich in die Rolle der Hausfrau oder Lehrerin, wenn dies zu ihrem Vorteil ist. Die Psychologin Helen Haste sagte in einem Seminar über weibliches Image: »Eine mütterliche Stimme verwandelt alle Männer in Fünfjährige. Sehr effektiv, wenn Sie sich bei einer Sitzung behaupten wollen.«[29]

Viele Frauen werden sich am Arbeitsplatz der Postulate ihrer Geschlechterrolle bewußt und ärgern sich, wenn sie feststellen, wie oft sie ein Manöver durchführen und warmherzig und schmeichlerisch sein müssen, damit ein Mann ihnen überhaupt zuhört. Beim Kaffee diskutierte ich eines Tages mit zwei Frauen in leitender Position, beide in den Vierzigern, über meine Forschungsarbeit. Martha, deren stattliche Figur allein schon dafür sorgt, daß sie niemals übersehen wird, sagte:

»Ich trete als mollige Mama auf. Sonst scheinen die Männer zu glauben, sie könnten einfach abschalten, und das kann manchmal wirklich ganz schön nerven.«

Ihre Freundin Ros wandte ein:

»Verdammt noch mal! Ich habe selbst Kinder, ich will nicht, daß sich ein Mann auch so verhält. Entweder er hört zu, oder er verschwindet.«

Beide lachten, aber später sagte Ros:

»Es ist viel leichter, wenn man ihrem Ego ein paar Streicheleinheiten zukommen läßt, wissen Sie, ihnen das Gefühl vermittelt, daß man sie sexuell attraktiv findet oder so was. Selbst bei der Arbeit ist ein kleiner Flirt, eine kleine versteckte sexuelle Anspielung hilfreich. Wenn man's hat, soll man's auch einsetzen, sage ich.«

Und das ist okay, denke ich, sofern man's noch hat. Man sollte mich nicht dahingehend interpretieren, daß ich es *befürworte*, wenn Frauen das Spiel mit den

Geschlechterrollen spielen. Ich habe einfach nur darauf hingewiesen, daß dieses Spiel, so wie es im Augenblick am Arbeitsplatz stattfindet, eine wirksame Chance bietet, mit den Nachteilen fertig zu werden, denen sich alle Frauen ausgesetzt sehen, die sich auf einen Konkurrenzkampf mit Männern einlassen und versuchen, die Grenzen in der berühmten Arbeitsteilung zu verwischen. Vielleicht kommt es darauf an, ob es für Sie wichtig ist, sich durchzusetzen, oder ob es Ihnen wichtiger ist, wie ein rationales menschliches Wesen und nicht wie ein Sexobjekt oder eine Erdenmutter behandelt zu werden.

Meiner Meinung nach ist die Tatsache, ganz und gar in seiner Geschlechterrolle gesehen zu werden, eine Form psychischen Mißbrauchs. Müssen denn Frauen wirklich zwischen der Scylla, als Sexobjekt gesehen zu werden, und der Charybdis, eine Mutterfigur zu sein, gefangen bleiben, immer in Abhängigkeit von ihrer Wirkung auf andere Leute gesehen und eher aufgrund der Reaktionen anderer als ihrer eigenen Fähigkeiten beurteilt werden?

22

Der Blick von unten: Wenn man einen weiblichen Chef hat

Männer, die mit der Hexe fertig werden

»Sie ist herablassend und deinen Bedürfnissen und Meinungen gegenüber gleichgültig. Verhalt dich ruhig und halt den Mund! Kleine Jungs sollte man sehen, aber nicht hören.«

Nigel war schrecklich wütend auf seine weibliche Vorgesetzte, die ihm offensichtlich ein schlechtes Arbeitszeugnis ausgestellt hatte, »das mich dumm und völlig unfähig aussehen ließ«. Er reagiert auf die Kritik seiner Chefin, als würde sie ihn wie einen kleinen Jungen behandeln.

Ein schlechtes Zeugnis zu bekommen, ist für jedermann höchst ärgerlich, aber wenn die schlechte Beurteilung von einer Frau stammt, kann das zu einer Vertrauenskrise führen. In einer Untersuchung, die im Juni 1990 von *New Woman* durchgeführt wurde[30], waren die Männer fast einhellig folgender Meinung: Kein Mann, der etwas auf sich hält, würde Befehle von einer Frau akzeptieren, die jünger ist als er, und manche würden »alles daransetzen«, um nicht unter einer Frau, egal wie alt, arbeiten zu müssen. Der 32jährige Leiter einer Rechtsabteilung sagte: »Jeder weiß ohnehin, daß Männer klüger sind.«

Bei einer ähnlichen Untersuchung der Einstellungen zu weiblichen Chefs im *Independent* aus dem Jahre 1992 fand man heraus, daß Vorurteile immer noch prächtig gedeihen.[31] Beginnen wir mit einer wunderbaren Klischeekaskade des Vermessungsingenieurs Stephen, 58, der eigentlich niemals als unmittelbarer Untergebener einer Frau gearbeitet hat.

»Was ich nicht leiden kann, ist, wenn sie aufgrund ihres Aussehens befördert werden. In einer Firma, für die ich gearbeitet habe, endete die persönliche Assistentin des Chefs im Vorstand. Die Geschichte war die, daß sie jedesmal, wenn sie auf Geschäftsreisen waren, zwei Zimmer mit Verbindungstür nahmen. Ich meine, es war offensichtlich, daß sie nicht aus dem Stoff war, aus dem Direktoren geschnitzt werden … Im großen und ganzen sind Männer fairer als Frauen, direkter. Frauen sind viel gehässiger, vor allem zu anderen Frauen.«

Der Finanzanalyst Brian, 34, berichtet, wie eine Gruppe von Männern einen weiblichen Boß ausschalten kann und wie diese Gruppe für ihre Annahmen in bezug auf die möglichen Reaktionen der Frau Bestätigung findet:

»Ich arbeite in einem Team von Männern, mit einer Managerin, die etwas älter ist als ich. Es fällt ihr schwer zu begreifen, wie wir zusammenarbeiten, unser Geplänkel und wie wir uns gegenseitig beschimpfen. Sie sagt nichts, aber man bekommt den Eindruck, daß sie das mißbilligt. Sie hat ganz festgefügte Vorstellungen – sie interessiert sich nicht für die Meinung anderer Leute. Sie bittet zwar um Vorschläge, ignoriert sie dann aber. Und dann kommt es zur Konfrontation. Am Ende muß man zustimmen, weil Streitereien zu nichts führen.«

Beachten Sie die Wendung »dann kommt es zur Konfrontation«: Wie wir bereits gesehen haben, berichten viele weibliche Chefs, daß ihre männlichen Untergebenen über alles streiten. Jüngere Männer neigen nicht nur dazu, Streit als einen Wettkampf anzusehen, den sie gewinnen müssen; diejenigen, die sich nicht mit dem Gedanken an eine Gleichberechtigung der Geschlechter abfinden können, finden die Tatsache, daß sie einer Frau nachgeben müssen, weil sie der Boß ist, äußerst ärgerlich. Rosalind Miles vermutet, daß »Männer sich auf subtile Weise gekränkt fühlen, wenn sie mit Frauen konkurrieren müssen«[32], und diese Empörung wird zweifellos noch verstärkt, wenn die Chefin sich durchsetzt, eben weil sie der Boß ist. Dieses gemeinsame Gefühl eines berechtigten Grolls heizt die unterschwellige Aggressivität dieses »Teams von Männern« fraglos weiter an, da jeder Witz und jede Beschimpfung sie in ihrem Gefühl der Solidarität gegen diesen unerwünschten Außenseiter bestärken.
John, ein 30 Jahre alter Manager im Gesundheitswesen, sagte:

»Mit zunehmender betrieblicher Erfahrung und Kompetenz habe ich meine eigenen Ansichten vorgetragen, aber Meinungsunterschiede im professionellen Bereich wachsen sich zu Konflikten aus. Sie faßt es als persönliche Bedrohung auf, und es fällt ihr schwer, eine andere Meinung zu akzeptieren. Ihre Stimme bekommt sofort einen beleidigten Tonfall, und manchmal bricht sie in Tränen aus.«

Bricht Johns Chefin *tatsächlich* in Tränen aus? Oder geht er bloß davon aus, daß sie im Fortgehen weint? Keine Frau, die ich je getroffen habe, sagte, sie sei am Arbeitsplatz in Tränen ausgebrochen; nur eine einzige Frau erzählte, sie habe sich einmal in die Damentoilette geflüchtet, weil sie genau davor Angst hatte. Höchstwahrscheinlich wird keine Frau in irgendeiner mit Autorität verbundenen Position zu weinen anfangen, nur weil jemand aus ihrer Belegschaft anderer Meinung ist als sie. Vielleicht sind diese Tränen keine wirklichen Tränen, sondern nur ein Widerhall jenes in unserer Kindheit so oft wiederholten Satzes: Das wird noch Tränen geben. Darin spiegelt sich auch das Klischee wider, wonach Frauen nahe am Wasser gebaut sind. Solche Behauptungen sind nur ein weiterer Schachzug im Spiel der Geschlechter.

Weibliche Chefs sind Eindringlinge. Während die Arbeitsteilung Frauen im Geschäftsleben dort vorsieht, wo sie einen fürsorglichen Dienst an denjenigen versehen, die die wirkliche Arbeit tun, sollen Frauen aus jedem Kontext verbannt sein, der von ihnen verlangt, Entscheidungen zu treffen und insbesondere die Leistung eines Mannes zu beurteilen. Möglicherweise macht der Rückgriff auf Klischees, die Frauen herabsetzen, das Konkurrieren mit ihnen wesentlich leichter: Deshalb bietet Nigel Bilder von der grausamen Mutter oder Lehrerin auf, während John jenes andere Klischee heraufbeschwört, dem zufolge »Frauen keine Kritik ertragen«. Außerdem heißt es: »Frauen sind unlogisch und unfähig, einem logischen Gedankengang zu folgen«, »Frauen wenden unfaire Taktiken an« und »Frauen nörgeln herum«.

Eine Frau in einer mit Macht ausgestatteten Position durch die Brille einiger Stereotype zu sehen, ist ebenfalls Teil des Rollenspiels der Geschlechter. Es gibt nicht viele Situationen, in denen ein männliches Wesen erwartet, tun zu müssen, was eine Frau verlangt: Da gibt es höchstens die Mutter, vielleicht noch die große Schwester und die Lehrerin. Daher wird der Gehorsam gegenüber einer Frau leicht so aufgefaßt, als würde man auf die Stufe des kleinen Jungen zurückversetzt – was natürlich als Kränkung empfunden wird. Deshalb kann jede Frau, die versucht, ihre Autorität durchzusetzen, leicht als unverschämt hingestellt werden.

Gavin, ein Computerfachmann, schrieb:

»Sie glaubt immer, sie wüßte es besser, und ist nie bereit zuzuhören, wenn sie eindeutig auf dem Holzweg ist. Sie ist die gröbste und dümmste Kuh, der ich je begegnet bin.«

Gavins Chefin ist vielleicht wirklich grob, aber meiner Erfahrung nach werden Frauen mit einer gewissen Wahrscheinlichkeit immer dann für unverschämt gehalten, wenn sie sich nicht warmherzig, fürsorglich und konziliant geben. Ein weiblicher Chef soll Sympathie und Zuneigung einflößen – wie eine Mutter es tun sollte.[33] Wenn einer ihrer Untergebenen sich darüber aufregt, daß sie von ihrer Autorität Gebrauch macht, dann liegt die Schuld bei der Frau. Sowohl Gavin als auch Nigel wissen das und wenden sich an den Vorgesetzten der Frau, der in beiden Fällen ein Mann ist. Gavins Genugtuung ist die größere:

»Er schickte ihr eine scharf formulierte Mitteilung, über die sie sich schrecklich aufregte. Das fand ich prima. Einer von uns hier räumt demnächst seinen Platz.«

Doch Nigel stellte fest, daß sich die Dinge für ihn nicht positiv entwickelten. Wir werden ihm im nächsten Kapitel wieder begegnen und sehen, wie er mit einem männlichen Chef umgeht. Und Gavins Triumph war, wie wir sehen werden, nur von kurzer Dauer: Frauen mögen zwar vom Standpunkt des Untergebenen in der Hierarchie unwillkommen sein, aber die Verantwortungsträger wünschen nicht, daß sie gekippt werden.

Von Frau zu Frau: Hexe oder Mensch?

Obwohl es einen weitverbreiteten Mythos gibt, wonach Frauen anderen Frauen gegenüber gehässig sind, entspricht er nicht dem Bild, zu dem wir gelangen, wenn Frauen über ihre weiblichen Bosse sprechen. Nehmen wir, um nur ein Beispiel zu zitieren, Karen, die für eine Wohltätigkeitsorganisation tätig ist. Sie sagte:

»Ich arbeite im Augenblick für einen weiblichen Chef. Sie ist älter als ich, Ende Fünfzig. Es ist gut ... Sonst habe ich nur Erfahrungen mit männlichen Bossen. Sie ist sehr aufrichtig mir gegenüber; es wird nichts verheimlicht. Im Hinblick auf die Hierarchie ist sie ehrlicher und auch offener. Bei den Männern geht es viel mehr um Politik. Sie sagt mir, was ich wissen muß. Ich habe Vertrauen zu ihr. Sie ist auch sehr loyal – sie läßt sich auf keine Meckereien ein.«

Eine Leserin meines Manuskripts vermutete, daß sich vielleicht eher Frauen im *mittleren* Management gegenüber ihren Untergebenen rücksichtsvoll und fürsorglich verhalten, während Frauen an der Spitze genauso autoritär sind wie männliche Bosse, »aber dafür mehr Kritik ernten«. Das mag zutreffen, denn die Ausübung wirklicher Macht zieht Konsequenzen nach sich. Wie sehr auch immer Frauen wie Golda Meir oder Margaret Thatcher wünschen mögen, dem Image einer »Mutter« oder »Hausfrau« zu entsprechen – die Realitäten des Ministerpräsidentenamtes erfordern jene Art von Entschlußkraft, die ihre Untergebenen veranlaßt, sie als »herrschsüchtig« zu charakterisieren. Ferner kann Macht über andere dazu führen, daß man selbst von seiner eigenen Überlegenheit und den Unzulänglichkeiten anderer überzeugt ist. Wie schon Lord Acton schrieb: »Macht macht korrupt.«[34] Aber die meisten Frauen, die mit Untergebenen zu tun haben, befinden sich nicht in wirklich mächtigen Positionen: Sie sind Kontrolleurinnen oder leitende Angestellte oder führen kleine Betriebe, und die meisten haben selber Vorgesetzte, denen sie unterstellt sind. Von dieser Art von Chefinnen ist hier die Rede.

Ein Nachteil, den der weibliche Boß hat, ist, daß rücksichtsvolles und nicht gehässiges Verhalten einfach als das akzeptiert wird, was man erwartet, und nur dann wahrgenommen wird, wenn die Untergebenen zuvor schlechte Erfahrungen gemacht haben oder ein Psychologe Fragen stellt. Aber nicht jede Vorgesetzte verlegt sich auf einen »zuhörenden, sensiblen« Managementstil, und wenn sie es *nicht* tut, wird sie wahrscheinlich starke Kritik auf sich ziehen. Allein die Tatsache, daß sie sich nicht so verhält, wie von einer Frau erwartet wird, setzt sie Vorwürfen aus, gehässig und sogar »unmenschlich« zu sein. So sagt Janice über ihre Bürovorsteherin:

»Als Menschen scheinen wir ihr völlig egal zu sein. Shirley, ihre Stellvertreterin, fragt immer nach den Kindern. Für sie würde ich viel lieber arbeiten.«

Ich fragte sie, ob sie von einem Mann erwarten würde, daß er nach den Kindern fragt, aber sie behauptete, die Männer im Büro seien »menschlicher – mit ihnen kann man reden«. Und sie setzte hinzu:

»Es grenzt schon an ein Wunder, wenn ein Mann fragt, wie es einem geht. Aber von einer Frau erwartet man das irgendwie.«

Weibliche Bosse werden von ihren weiblichen Untergebenen recht oft für inkompetent gehalten; sie bezeichnen sie als »chaotisch« oder behaupten, sie »gäben ihnen keine direkte Antwort«. Als Ann über ihre Büroleiterin sprach, sagte sie:

»Es scheint ihr unmöglich zu sein, sich bei irgendeiner Sache für irgend etwas zu entscheiden. Ich möchte genau wissen, was sie von mir gemacht haben will, aber ich muß feststellen, daß sie ständig ihre Meinung ändert. Und dann regt sie sich furchtbar über mich auf, weil ich nicht zuhöre.«

Sharon, leitende Angestellte im PR-Geschäft, erzählte mir:

»Meine Chefin ist so überarbeitet, daß ihr Schreibtisch wie eine Baustelle ausschaut. Sie kann einfach nicht delegieren. Sie möchte alles bis ins letzte Detail im Griff behalten, und wenn man sie in einer Sache um eine Entscheidung bittet, muß sie erst mal weggehen und sich mit *ihrem* Vorgesetzten beraten. Das ist eine schreckliche Zeitvergeudung.«

Sharon beschloß am Ende, direkt dorthin zu gehen, wo die Entscheidungen getroffen werden, und erreichte tatsächlich, daß die Entscheidungswege verändert wurden, so daß sie sich jetzt direkt an den Bürovorsteher wendet. Es verwundert nicht, daß dies zu einer Konfrontation mit Janet, ihrer früheren Chefin, führte.

»Sie war fuchsteufelswild, aber am Ende habe ich sie beschwichtigt. Es ging nicht darum, daß ich auf derselben Stufe stehen möchte wie sie, was, wie ich glaube, ihre Hauptsorge war. Ich erklärte ihr, daß ich wüßte, wie schrecklich überarbeitet sie ist und daß ihr Leben viel leichter wäre, wenn sie sich nicht auch noch um PR kümmern würde, was ja ohnehin nicht ihr Metier ist, und es nur eine Frage der Hierarchie sei. Ich möchte ja nur meine Arbeit tun.«

»Nur eine Frage der Hierarchie« – *so* sehen Frauen oft den relativen Status im Büro, obwohl dies fast jedem Mann unwahrscheinlich vorkommen muß. Viele Frauen sind sich der Realitäten der Macht bewußt und möchten selbst ein Stück davon. Aber viele andere meinen, daß einen die Unfähigkeit, sich frei zwischen den verschiedenen Stufen auf dieser Machttreppe zu bewegen, daran hindert, seine Arbeit ordentlich zu tun. Bevor Sie sich über eine Frau in Ihrem Büro aufregen, die alle etablierten Kommunikationswege ignoriert, lohnt es sich herauszufinden, ob sie versteht, warum es diese überhaupt gibt. Vielleicht strebt sie selbst gar keine Macht an.

Wenn Frauen mit mir reden, neigen sie dazu, ihre eigene Vernünftigkeit hervorzuheben sowie ihre Fähigkeit, »ihre Chefin zu beschwichtigen«, wenn diese zu zetern beginnt. Ihre Tagebuchberichte jedoch zeigen, daß sie auf ihre Chefinnen eine extreme Wut entwickeln können. Vielleicht weil weibliche Bosse seltener vorkommen als männliche, fanden sich in den Tagebüchern nicht viele Berichte über Auseinandersetzungen, aber diese wenigen waren zumeist heftig und wütend. Die im mittleren Management tätige Pauline war schrecklich böse, als ihre Chefin hinter ihre Urlaubstermine ein Fragezeichen setzte:

»Es ist unerhört, daß sie vermutet, ich würde mir mehr Zeit nehmen, als mir zusteht. Ich weiß nicht, warum sie immer gleich das Schlimmste annehmen muß. Wenn sie sich über eine Sache nicht im klaren ist, braucht sie doch bloß zu fragen! Jedenfalls mußte sie, als sie mit den Fakten konfrontiert wurde, klein beigeben.«

Fenella, eine Krankenschwester in den Vierzigern, war nach einem Streit über »datengeschützte Informationen« furchtbar wütend:

»Ich habe die Daten noch einmal überprüft, habe auf einige aufmerksam gemacht, und die Tatsachen waren unstrittig. Ich hatte recht. Wenn das ignoriert worden wäre, hätte das sehr schwerwiegende Konsequenzen gehabt. Ich war hundertprozentig im Recht.«

Da die Informationen unter den Datenschutz fallen, kann man nicht in Erfahrung bringen, worum es bei diesem Streit tatsächlich ging, aber Fenella hatte eindeutig das Gefühl, daß ihre Chefin völlig im Unrecht war. Frauen sind oft verstimmt, weil sie meinen, ihre weiblichen Vorgesetzten seien womöglich ihren Jobs nicht gewachsen. Dies ist die Kehrseite der Annahme, daß Frauen mütterlich und fürsorglich sind: Wie wir in Teil II gesehen haben, werden Mütter ja nicht gerade für sehr intelligent gehalten.

Nicht alle Streitigkeiten zwischen Frauen und ihren Chefinnen fallen in diese Kategorie. Frauen befürchten vielleicht, daß die andere ihre Macht mißbraucht. Susan berichtete über eine Auseinandersetzung mit ihrer Supervisorin, die sie mit »Sturheit« erklärte, obwohl nicht klar wurde, auf wen sie das bezog:

»Es sah so aus, als würde ich ausgebeutet. Ich wollte es nicht soweit kommen lassen.«

Auch Edith war furchtbar wütend, als sie feststellte:

»Ich war ›versehentlich‹ nicht in das Gremium für die Einstellungsgespräche aufgenommen worden. Die Bewerber sollten in meine Abteilung kommen, und bis dahin habe ich immer in dem Gremium gesessen. Das ist Teil der betriebsinternen Politik, und sie wußte das. Ich fand, ich hatte recht, als ich protestierte. Und ich habe mich durchgesetzt.«

Im Dezember 1996 waren die britischen Zeitungen voll von einer Geschichte über eine Krankenschwester an einer berühmten Public School, »die einen Wutanfall bekam«, als sie von ihrer Vorgesetzten gerügt wurde. Mrs. H., die dienstältere Schwester an der Schule, sagte vor Gericht aus, sie habe ihre Stellvertreterin entlassen, weil diese, wie sie behauptete, ihre Autorität konsequent untergraben und sich geweigert habe, sie als ihre Vorgesetzte anzuerkennen und ihre Anweisungen zu befolgen. Als sie die Sache mit ihr besprach, habe Mrs. E. sie, wie sie behauptete, tätlich angegriffen.

»Sie nannte mich eine Hexe und riß dann den Arm hoch. Ich duckte mich, um ihrem Schlag auszuweichen, aber sie erwischte mich mit den Fingerspitzen.«

Mrs. E. behauptete, ihre Entlassung sei unfair und Mrs. H. habe sie loswerden wollen. Ihre Anwältin fragte: »Warum wollen Sie denn nicht eine Entschuldigung akzeptieren, daß sie die Fassung verloren hat?«[35] Vermutlich erfordert die Kombination einer tätlichen mit einer verbalen Attacke etwas mehr als die Aussage: »Tut mir leid.« Solche Vorkommnisse sind Gott sei Dank selten.
Wut zwischen Frauen scheint in der Regel entweder dann zu entstehen, wenn die Untergebene in ihrer Arbeit kritisiert wurde, oder wenn sie sich einfach nicht damit abfindet, daß ihre Chefin ihre Chefin ist, und vielleicht meint, daß sie selbst den Job besser machen würde, wenn man ihr nur eine Chance gäbe. Selbst wenn das an die Wut von jungen Frauen erinnert, die von ihrer Mutter gesagt bekommen, was sie tun sollen, gibt es nichts typisch Weibliches daran. Auch Männer glauben, etwas selber besser machen zu können als der Boß.

23

Der Blick von unten: Wenn man einen männlichen Chef hat

Von Mann zu Mann: »Ihr Chef ist ein Pavian«

Wer einen männlichen Boß als Pavian charakterisiert, bedient sicherlich nicht ein ebenso weit verbreitetes Klischee wie jemand, der seine Chefin als Hexe bezeichnet, aber die allgemeine Einstellung, die in dieser Aussage zum Ausdruck kommt, wird weithin verstanden. Paul Mungo, der Verfasser des Artikels[36], dem ich diese Überschrift entnahm, behauptet, Büropolitik beruhe auf dem animalischen Instinkt des Kampfes um die Vorherrschaft:

»Im großen und ganzen sind wir einigermaßen raffinierte, mit Gehirn ausgestattete Primaten mit großen Penissen.«

Nein, eine Frau kann kein Pavian sein.

»Unter Pavianen ist der Führer der geschmeidigste und gepflegteste. In Büros ist der Boß derjenige, der den besten Anzug, die seidigste Krawatte hat ... Pavianführer reagieren heftig auf Herausforderungen, beweisen durch aggressives Verhalten, wer der Boß ist ... Sie sind entschlußfreudig – jede Entscheidung, nicht unbedingt die richtige, ist bedeutsam.«

Pavianführer können, im Gegensatz zu menschlichen Chefs, keinen Fehler machen. Aber wenn es doch passiert, nun, dann gibt es in ihrem Fall immer einen Untergebenen, auf den man die Schuld schieben kann. Die Botschaft des Artikels lautet: »Sei froh, wenn dein Chef ein Pavian ist, das ist normales Geschäftsgebaren. Wenn er anfängt, sich wie ein Mensch zu benehmen, ist es

Zeit, sich nach einem anderen Job umzuschauen.« Eine umwerfende Feststellung.

Mikes Tagebuch vermittelt den Eindruck, daß er sich tatsächlich in einem Dschungel bewegt, und die Vorstellung von seinem Boß als einem sich in Pose werfenden Primaten dürfte ihm sehr plausibel erscheinen. Er berichtet über eine Reihe von Auseinandersetzungen mit seinem Chef unter der Woche. Es beginnt am Montagmorgen mit einem Streit über einen von Mike verfaßten Bericht:

»Ich hatte ein paar brisante Finanzdaten in meinen Bericht an das höhere Management eingebaut, um ein Argument über die Art und Weise vorzubringen, wie unsere Firma geführt wird. Der Boß wollte die Informationen unter den Tisch kehren. Er war nicht bereit, mir zuzuhören.«

Streitigkeiten mit einem Untergebenen werden als eine Herausforderung empfunden, auf die der Boß heftig reagiert. Mikes nächste Konfrontation erfolgte am Nachmittag desselben Tages im Rahmen einer »normalen Besprechung der Geschäftsentwicklung«:

»Wir stritten darüber, wie die Kunden neue Produkte annehmen. Er war so wütend, daß er nur am Schreien und an Gegenbeschuldigungen interessiert war, deshalb war eine logische Argumentation zwecklos.«

Am nächsten Tag kam es zu einem erneuten Zusammenstoß:

»Die Verkaufsperformance ist schlecht – deshalb bleiben die Resultate hinter unserer Planung zurück – egal, wie effizient sie ist.«

Die Auseinandersetzungen sind heftig, manchmal hitzig, und Mike ist jedesmal furchtbar wütend. Er setzt sich bei keiner dieser Gelegenheiten durch. Am Ende der Woche, als er versucht, ein paar neue Ideen vorzutragen, wie man neue Kunden gewinnen könnte, will sein Chef nichts davon wissen.

»Es hat ihn nicht interessiert, er hörte gar nicht richtig zu.«

Aber Mike zeigt weiterhin, wie besorgt er um das Geschäft ist, und obwohl er »furchtbar wütend« war und es mit einem Chef zu tun hatte, der ihm offensichtlich gar nicht zuhörte, bediente er sich nicht jener empörten Sprache, die einige der Frauen in ihren Berichten über ihre weiblichen Bosse verwendeten. Von all den Männern, die mir Tagebücher schickten oder die ich interviewte, wurde die Tatsache, daß Streit etwas ist, das man von einem männlichen Vorgesetzten erwartet, weitgehend akzeptiert.

Tatsächlich war Wut oft kein Problem, da Untergebene ohnedies nicht immer erwarten, den Boß überzeugen zu können. Colin, ein 25 Jahre alter Programmierer, schrieb:

»Ich setzte mich nur in dem Sinne durch, daß er meine Gründe verstand; aber er akzeptierte nicht, daß sie auch stichhaltig waren. Wir waren uns darüber einig, daß wir uns nicht einig waren, denn wenn das Programm einmal geschrieben ist, spricht es für sich selbst. Ich hatte widersprochen, weil ich glaubte, ein triftiges Argument zu haben. Außerdem: Wenn ich recht habe, wird das schwerwiegende Auswirkungen auf die Handhabbarkeit der Programme haben, an denen wir gegenwärtig arbeiten.«

Manchmal besteht der Zweck des Streits darin, daß der Untergebene etwas will, das der Boß noch nicht zu geben bereit ist: mehr Mittel, mehr Personal, spezielle Ausrüstung. Solche Verhandlungen verlaufen gewöhnlich in ruhigen Bahnen. Wie Andy, der Tierforscher, es ausdrückte: »Ich wollte ein Projekt durchführen und dabei diese Technik anwenden, und wenn er das Verfahren ablehnte, würde er auch das Projekt insgesamt nicht unterstützen.«

Die Kräfte des Marktes können auf allen Ebenen eine mächtige Wirkung entfalten. Deshalb verspürt der Chef einen starken Anreiz sicherzustellen, daß er und seine Untergebenen für dieselben Ziele arbeiten. In anderen Bereichen, wie zum Beispiel in der wissenschaftlichen Forschung, kann man von einem Mann mit Entscheidungsbefugnissen erwarten, daß er seinen Forschern Hilfe gewährt, ohne dabei zwangsläufig auf einen klaren Karrierevorteil für sich selbst zu schielen. Unter solchen Umständen kann die Kommunikation erschwert sein. Leslie, ein im Fach Psychologie tätiger Forscher, erzählte mir, daß es ein Problem sei, seinen Betreuer zum Zuhören zu bewegen:

»Kommt darauf an, wie gelangweilt er ist; er ist oft nicht bereit, das notwendige Engagement an den Tag zu legen.«

Ian, ebenfalls Psychologe, sagte, daß es für Auseinandersetzungen in dieser

Beziehung nur schwer eine Lösung gebe, und er erinnerte sich an eine Meinungsverschiedenheit mit seinem eigenen wissenschaftlichen Betreuer:

»Wir gingen von unterschiedlichen Annahmen aus. Der Streit wurde mit einem Scherz beendet. Wie immer schien einer von uns nachzugeben. Das Argumentieren war zu Ende, der Streit aber nicht.«

Der Akademiker verhält sich, wenn er über Forschungsaufgaben streitet, eindeutig nicht so aggressiv »wie ein Pavian«. Noch mehr als in fast jedem anderen Berufszweig wird unter denjenigen, die sich der wissenschaftlichen Forschung widmen, Kritik, Herausforderung und Debatte erwartet, und wie Stella Phillips und D. D. Pugh es formulieren, »ist dieses nicht ehrerbietige Verhalten ein akzeptierter Teil des akademischen Prozesses«.[37] Der kanadische Psychologe Ben Slugowski erzählte mir, als wir uns über Streitigkeiten mit seinem Vorgesetzten unterhielten: »Ich würde über akademische Angelegenheiten niemals in Wut geraten; vor Gott sind ohnehin beide Standpunkte falsch.«
Das bedeutet nicht, daß akademische Dispute belanglos sind, auch nicht, daß sie niemals Ärger oder Mißbehagen verursachen, und auch nicht, daß Vorgesetzte nicht versuchen würden, ihren Untergebenen ihre eigenen Ansichten aufzuzwingen. Auseinandersetzungen zwischen Wissenschaftlern und Akademikern können sehr wichtig sein und Wut und heftigen Groll auslösen, obwohl dies meistens zwischen Gleichgestellten geschieht. So mancher Vorgesetzte ist dafür bekannt, daß er seine Forscher gängelt, aber der Untergebene scheint dies als eine Lebensform zu betrachten und zeigt keine Verärgerung. John McKinlay, ein Medizinstatistiker, erklärt:

»Der Mann mit hohem Testosteronspiegel versucht, andere Leute zu beeinflussen und zu beherrschen. Er möchte aus Streitigkeiten als Sieger hervorgehen.«

Ob dies auf das Testosteron zurückzuführen ist oder darauf, daß Männer von anderen Männern erwarten, sie zu beherrschen, ist nicht klar, aber die Vorstellung der Männer, daß dies ein typisch männliches Verhalten sei, verstärkt dieses Verhalten, wo immer es zu beobachten ist.
Ein männlicher Chef zu sein, ist sicherlich einfacher, als ein weiblicher Boß zu sein, wenn das, was die Untergebenen über ihre Beziehungen berichten, irgendeine Aussagekraft besitzt. Das einzige Mal, daß ein männlicher Unterge-

bener in meinen Untersuchungen ein Zeichen der Empörung und des Grolls erkennen ließ, war, als er das Gefühl hatte, daß seine Zukunft auf dem Spiel stand.

Der unglückliche Nigel, der von seiner weiblichen Vorgesetzten ein schlechtes Arbeitszeugnis ausgestellt bekommen hatte, zeichnete die Auseinandersetzungen auf, die er mit ihrem Vorgesetzten und schließlich mit dem Abteilungsleiter hatte, die beide Männer waren. Seine erste Begegnung mit dem Boß seiner Chefin war sehr erschreckend:

»Er ist der Boß und ein richtiger ›Allesbesserwisser‹. Mehr als selbstsicher und sehr arrogant. Er gibt einem das Gefühl, ganz klein zu sein. Er ist eingebildet und überragt alle. Er hat auf meinem Arbeitsprogramm und auf meinen Pflichten herumgehackt. Ich war furchtbar sauer und fühlte mich matt und willensschwach.«

Diese unbefriedigende Begegnung gipfelte in einem Treffen mit dem Leiter der Abteilung, aber Nigel erklärte, daß er diesen nicht soweit bringen konnte, seinen Standpunkt zu verstehen:

»Er hat Autorität und sieht sich selbst als Vaterfigur. Er hat andere Erfahrungen gemacht als ich. Seine Methode ist begrenzter als meine, während ich eher aufgeschlossen bin.«

In Nigels Tagebuch steht nicht, wie diese traurige Geschichte endete, aber es erscheint ziemlich klar, daß er mit seinen Versuchen, über seinen weiblichen Boß hinwegzugehen, nicht erreichte, daß diese ihre Beurteilung seiner Leistung änderte. Seine defensiven Kommentare nach der letzten Begegnung und seine selbstgefällige Behauptung, »aufgeschlossener« zu sein, legen nahe, daß man ihm wahrscheinlich ein Ultimatum stellte: Bessere dich oder verschwinde. Es gibt in der Tat in diesem Tagebuch Anhaltspunkte dafür, daß der Verfasser zutiefst verstört war. Das könnte seine Ursache darin haben, daß er um die Labilität seiner Stellung wußte, oder in anderen, bereits seit längerem bestehenden Problemen wurzeln. Nebenbei bemerkt: Streittagebücher, in denen Alltagskonflikte und die Reaktionen darauf verzeichnet sind, könnten sehr wohl zur Diagnose und Behandlung vieler Kommunikationsstörungen herangezogen werden.

Männer sprechen selten davon, daß sie mit ihrem Chef freundschaftlichen Umgang pflegen, auch wenn dieser vielleicht behauptet, er würde dies tun.

Untergebener zu sein ist eine Tatsache, der wir uns ständig bewußt sind. Terry, der Abteilungsleiter, dem wir bereits in dem Abschnitt über Chefs, die mit ihren Untergebenen streiten, begegnet sind, erzählte mir von einem Streit, den er mit seinem eigenen Vorgesetzten, dem Direktor der Schule, hatte. Diese Auseinandersetzung war, wie er sagte, »vollkommen absurd«:

»Ich nahm am Ende der Sekundarstufe ein bestimmtes Stück durch, und das war in einem Taschenbuch neben zwei anderen Stücken abgedruckt, die nicht im Lehrplan standen. Offensichtlich hatte ein Vater oder eine Mutter sich darüber beschwert, daß in dem einen der anderen Stücke vulgäre Ausdrücke vorkamen, und der Direktor wollte, daß ich alle 22 Exemplare durchsehen und sämtliche Ausdrücke dieser Art mit Tinte übermalen sollte. Ich erklärte, daß dies die Aufmerksamkeit genau darauf lenken würde, während sonst wahrscheinlich keiner der Schüler auch nur einen Blick in die anderen Stücke werfen würde. Normalerweise lesen sie nicht mehr als das eine, das man ihnen aufgibt! Aber der beste Kompromiß, der mir einfiel, war, daß ich ein ›Original‹ durchging und sämtliche Wörter schwärzte, die er getilgt haben wollte, und irgendein anderer Unglücklicher aus dem Büro würde dann mein Exemplar nehmen und den Rest der Bücher zensieren. Ich war definitiv nicht bereit, meine Zeit zu verplempern, und er akzeptierte das. In meiner Klasse hielten sie es für einen Megawitz. Natürlich. Der Mann hatte es gut gemeint.«

Nein, er erinnerte sich nicht daran, wütend gewesen zu sein. Es war so absurd, daß er es beinahe amüsant fand. Warum er der Zensurmaßnahme zustimmte? Nun, der Direktor ist sein Chef, und er hat das Recht, ihm eine Anweisung zu erteilen, wie lächerlich auch immer sie sein mag. Hat er wie ein Pavian gehandelt, der sich, metaphorisch gesprochen, an die Brust schlägt und herumstolziert, um seine Macht zu zeigen? Terry fand das Bild offensichtlich urkomisch. Als er aufhörte zu lachen, erklärte er:

»Er reagiert immer überempfindlich auf Beschwerden der Eltern, auch wenn sie noch so lachhaft sind. Wenn ich an seiner Stelle wäre, würde ich anders handeln. Aber ich würde niemals seine Autorität untergraben. Er ist der Direx.«

Und das bringt uns zurück zum Beginn von Kapitel 20, wo wir sahen, daß Männer Hierarchien verstehen und akzeptieren. Terry handelte mit dem Direktor einen Kompromiß aus, aber er würde sich niemals ernsthaft weigern, etwas zu tun, das er selbst für absurd hält, weil er die Autorität des Direktors akzeptiert. Manchen Männern gefällt es also, sich wie Paviane im Dschungel aufzuführen, und es hat den Anschein, daß der Druck kommerzieller Organisationen aggressives Verhalten fördert. Aber mit Sicherheit verhält sich nicht jeder Chef so, es ist keine Conditio sine qua non des Chefseins. Wichtig ist, daß Untergebene die Autorität des Mannes akzeptieren, der die Verantwortung trägt, selbst dann, wenn sie, wie Terry vermutet, den Job selbst besser machen würden.

Ruhe bewahren: Frauen und der Chef männlichen Geschlechts

Die meisten arbeitenden Frauen haben irgendwo im Hintergrund einen männlichen Boß, selbst wenn er nicht ihr unmittelbarer Vorgesetzter ist. Die meisten Frauen halten sich auch zugute, daß sie mit ihrem Boß gut zurechtkommen. Sie behaupten, daß sie ihren männlichen Vorgesetzten in der Regel soweit bringen, daß er sich ihren Standpunkt anhört, und zwar deshalb, weil sie auf der Hut sind und cool, ruhig und rational bleiben. Valerie überzeugte ihren Chef von der Stichhaltigkeit ihrer Methode, »indem ich unaufgeregt, vernünftig, klar und selbstsicher war und wußte, wie ich ihm die Schwächen seiner eigenen Argumente aufzeigen konnte«. Valerie ist eine in der Forschung tätige Akademikerin, was vielleicht erklärt, warum es für sie akzeptabel war, »Schwächen« in den Argumenten ihres Vorgesetzten aufzudecken. Aber in der Geschäftswelt verwenden Frauen dieselbe Art von Erklärungen. Irene sagte, sie habe ihren Vorgesetzten überzeugen können:

»Ich hatte meine Position sorgfältig überdacht und konnte sie ruhig und vernünftig vortragen.«

Sharon, die ihren männlichen Boß überredete, die Befehlsstränge zu ändern, erzählte mir:

»Ich war sehr cool, ruhig und gefaßt, als ich ihn ansprach, denn ich wußte, daß er zunächst vielleicht verärgert reagieren würde. Aber als ich meine Gründe darlegte, konnte er die Logik erkennen und akzeptierte, was ich sagte.«

Die Sozialarbeiterin Kathryn überzeugte ihren Boß davon, daß seine Pläne, mit einer Problemfamilie umzugehen, geringere Erfolgsaussichten hätten als ihre eigenen:

»Ich wußte, woher er kam, deshalb konnte ich meine Argumentation seinem Hintergrund anpassen. Als ich meine Ideen in seine Sprache übersetzte, konnte er die Logik sehen, und er stimmte meinem Plan zu.«

Alle diese Frauen betonen ihre eigene Logik und Rationalität auf eine Weise, wie es keine der Frauen, die mit einem weiblichen Boß stritten, jemals tat. Ihre Annahmen gehen dahin, daß sie, wenn sie es mit einem Mann zu tun haben, cool und nüchtern sein und Verstand und Logik anwenden müssen. Wenn sie es dagegen mit einer Frau zu tun haben, sprechen sie viel bereitwilliger über ihre Wut und ihren Groll.

Warum ist das so? Geraten Frauen über einen männlichen Boß vielleicht nicht in Rage? Doch, natürlich.

Wut entsteht nicht einfach nur, weil sich die Menschen unter Druck gesetzt oder mißverstanden fühlen; sie kann auch einer tiefen Überzeugung entspringen. Fiona ist ebenfalls eine Sozialarbeiterin, deren Chef ein Projekt durchführen wollte, mit dem sie prinzipiell nicht einverstanden war. In ihr Tagebuch notierte sie:

»Dieser Streit verlief gemäßigt, aber ich hatte das Gefühl, einen Riesenkrach zu haben. Er ist ein Vorgesetzter, der nicht sehr zugänglich für Argumente ist, insbesondere dann, wenn sie von einer Frau kommen! Ich glaubte nicht, meinen Standpunkt allzu energisch vertreten zu können, da er mein Vorgesetzter ist. Auch war die Umgebung ziemlich formal, und es ist nicht richtig, zuviel zu widersprechen. Er hätte mir wahrscheinlich sowieso nicht zugestimmt. Aber ich konnte ihn mit den süffisanten Bemerkungen, die er machte, nicht so einfach davonkommen lassen. Ich konnte nicht einfach nur dasitzen und nichts sagen, während ich wütend war.«

Doch Druck am Arbeitsplatz und Beziehungen sind die übliche Ursache von Wut. Rosemary, eine Bürovorsteherin in den Zwanzigern, erzählte mir, daß sie bei der Arbeit niemals mit irgend jemandem streiten würde, mit Ausnahme ihres Chefs, der sie auf die Palme treibe.

»Er ist so leicht erregbar, geht beim geringsten Anlaß sofort an die Decke. Das Problem ist, daß er keine Geduld hat und sich über jeden ärgert. Mich stört das nicht. Ich ärgere mich fünf Minuten über ihn, wenn ich ihm versehentlich auf die Füße getreten bin und er überreagiert. Aber es ist ziemlich schnell alles wieder verraucht.

Er weiß, daß er ungeduldig ist, und wir können damit leben.«

Auch Mary, Marketing-Managerin, Mitte dreißig, hat einen »leicht erregbaren« Chef:

»Er gerät beim geringsten Anlaß aus der Fassung, deshalb muß man aufpassen. Das ist alles. Tatsache ist, daß er nicht überrumpelt werden will. Ich werde wütend, er wird wütend, aber das führt zu nichts. Ich kann nicht genau erklären, was ich meine, denn er wird es nicht schlucken. Wenn ich also wütend werde, versuche ich, es für mich zu behalten.«

Warum bezeichnen diese Frauen ihre Chefs als »erregbar«? Schließlich und endlich ist dies mit Sicherheit ein Klischee, das viel öfter auf Frauen angewandt wird. Doch wie wir bereits gesehen haben, neigen Männer dazu, sich sehr stark über ihre Untergebenen aufzuregen, und sie scheinen keinerlei Skrupel zu haben, dies auch zu zeigen. Die Frauen, die dieser Wut ausgesetzt sind, erfahren sie wahrscheinlich am ehesten als Gefühlsausbruch oder irrationalen Wutanfall – Dinge, mit denen sie irgendwie zu leben lernen müssen.
Selbstbeherrschung ist das zweite große Thema, das sich in den Berichten von Frauen findet, die mit ihren männlichen Vorgesetzten streiten. Auch auf den oberen Stufen der Hierarchie denken sie nach, bevor sie den Mund aufmachen, und wenn Reden in bestimmtem Ton angesagt ist, haben sie sich dazu entschieden. Andrea zum Beispiel, Dozentin im Fach Jura an einer britischen Universität, hatte eine heftige Auseinandersetzung mit dem Direktor ihres Instituts, weil sie schrecklich wütend war über ein für sie äußerst wichtiges Thema, nämlich die »Kommunikation innerhalb des Instituts«:

»Es war der Höhepunkt einer Reihe von Kommunikationsproblemen, die sich meiner Meinung nach negativ auf die Arbeit des Instituts auswirkten. Er hörte zu, weil ich unverblümt und ohne die übliche Ehrerbietung redete. Ob es irgendeine Wirkung hat, ist eine andere Sache.«

Naomi ist eine Vollblutexpertin für Computer, deren Untergebenem Gavin wir im vorhergehenden Kapitel begegnet sind, wo er sich über ihre »Grobheit« beschwerte. Sie mußte sich schwer zusammennehmen, als sie die Abmahnung ihres eigenen Vorgesetzten erhielt, der sich auf Gavins Beschuldigungen stützte.

»Ich war unheimlich wütend, aber ich wußte, daß ich Eiseskälte bewahren mußte, wenn ich diese Sache gewinnen wollte. Gavin ist ein sehr arroganter junger Mann und vollkommen davon überzeugt, daß er zu gut ist, um unter einer Frau zu arbeiten. Ich vermute, er meinte, er könne mich hinausdrängen. Aber dieses Ansinnen ist, wie ich bereits sagte, ganz unangemessen, und ich war nicht bereit, sein Verhalten weiter zu tolerieren. Ich habe es ruhig und unmißverständlich erklärt und Beweise angeführt. Mein Boß verstand meine Argumentation. Glücklicherweise ist Gavin aus meiner Abteilung versetzt worden.«

Viele jüngere Männer scheinen zu glauben, sie könnten einen weiblichen Chef übergehen und deren männlichen Vorgesetzten auf ihre Seite ziehen. Das mag gelegentlich auch funktionieren, aber die Wahrscheinlichkeit spricht dagegen. Die Frau ist ja in ihre Position gelangt, weil ihr Boß sie für den Job geeignet hielt, und obwohl er bereitwillig einem anderen – untergeordneten – Mann zuhört, wenn dieser sich beklagt und vielleicht sogar zunächst an die Berechtigung von dessen Beschwerde glaubt, ist er auch den Überzeugungen der Frau gegenüber aufgeschlossen, die er schließlich selbst eingestellt hat. Obwohl es für einen Mann einfach ist zu glauben, daß eine Frau »grob« ist, weil dies zu den Mythen über die Inkompetenz von Frauen am Arbeitsplatz gehört, kann er doch sehr leicht davon überzeugt werden, daß seine ursprüngliche Entscheidung, diese Frau einzustellen, sehr wohl begründet war. Da Naomi mit Bedacht ruhig und höflich war und nur rationale Argumente vorbrachte, um ihn zu überzeugen, gelangte ihr Vorgesetzter zu der Überzeugung, daß Gavin besser versetzt werden sollte.
Frauen halten sich zugute, daß sie ihre Gefühle selbst in den schwierigsten Situationen beherrschen. Die Marketing-Managerin Samantha erinnert sich daran, daß ihr Chef über ihre ruhige Reaktion staunte, als er ihr mitteilte, daß sie ihren Arbeitsplatz verlieren würde. »Er sagte mir, er würde Umstrukturierungen vornehmen, die meinen Arbeitsplatz überflüssig machten, und ich war selbst überrascht, daß ich kühl und nüchtern blieb; er sagte mir, daß Beatrice, eine Frau, die auf derselben Ebene arbeitet wie ich, in Tränen ausgebrochen sei, als sie mit denselben willkürlichen Veränderungen, die er mir jetzt an den Kopf warf, konfrontiert wurde. Später fragte ich Beatrice nach ihrer Reaktion, und sie sagte: ›Natürlich bin ich nicht in Tränen ausgebrochen. Diesen Gefallen würde ich ihm nicht tun.‹« Irgend jemand strickt hier an einem Mythos, und ich würde auf den Wunsch des Mannes tippen, diese Mythen als Teil des Spiels der Geschlechter zu perpetuieren.

Frauen sind nützlich, arbeiten schwer und sind zuverlässig. Aber das Klischee besagt, daß sie unfähig, emotional und unzuverlässig sind: Diese Mythen sind in jedem Fall zur Hand.

Nicola Horlick, eine Senkrechtstarterin an der Börse mit einem Jahreseinkommen über einer Million Pfund, kam im Januar 1997 wegen eines Streits mit ihrem Vorgesetzten in die Schlagzeilen. Sie hatte vielleicht geglaubt, daß die Berichte der internationalen Medien die Mächtigen bei Morgan Grenfell zwingen würden, ihr den Job zurückzugeben. Aber ihr Spiel war zum Scheitern verurteilt. Was immer die Wahrheit hinter den Beschuldigungen gewesen sein mag – eine Frau, egal in welcher Position, darf nicht der Vorstellung Nahrung gegen, daß sie »launisch« ist. Mrs. Horlicks Fähigkeiten in der Verwaltung von milliardenschweren Fonds stehen nicht zur Debatte, und es ist auch nicht auszuschließen, daß ihre Kollegen vielleicht eifersüchtig waren, als sie hörten, daß ihr Chef ihr die Chance, Managing Director im Morgan Grenfell Asset Management zu werden, also die zweitwichtigste Position in der Firma, angeboten hatte. Eine wirkliche Senkrechtstarterin! Doch wenn es um Spitzenpositionen geht, werden immer Messer gewetzt, und das hat nichts mit dem Geschlecht der Bewerber zu tun. Aber eine Frau ist immer verletzlich, wenn sie mit Geschlechtermythen konfrontiert wird, auf die man sich beruft, sobald sie ihren Feinden Gelegenheit dazu bietet.

Horlick sagte der Presse:

»Ich hatte das Gefühl, daß man mir grundlos einen Dolchstoß versetzt hatte. Deswegen bin ich so wütend.«

Auf den Titelseiten der Zeitungen in London und anderswo in Europa lieferte sie damit jenen Leuten Munition, die behaupteten, daß sie »emotional« und »hysterisch« sei. Ihre Vorgesetzten erblickten in ihr daraufhin, ebenso wie die Medien, nur noch eine Frau in der Welt der Männer, und ihre Erfolge in der Vergangenheit fielen viel weniger ins Gewicht, als sie vielleicht gehofft hatte. Ihr dramatischer Appell an die Medien veranlaßte einige Kommentatoren zu der Vermutung, daß sie mit ihren Mätzchen »die Uhr für die Frauen zurückgedreht« habe. Nein, sie brach nicht in Tränen aus, und sie blieb hart, »um einige Blessuren reicher, aber ungebeugt«, wie der *Guardian* es formulierte.[38] Aber sie war nicht cool, sie war nicht würdevoll, sie hielt nicht still. Und dies scheint die einzige Möglichkeit zu sein, wie Frauen effektiv gegen die Geschlechtermythen ankämpfen können.

Als Frau gesehen zu werden, ist unvermeidbar, und sie tat ihrer Sache keinen Dienst, als sie andere Frauen attackierte, wie sehr sie auch immer glauben mochte, daß sie selbst »anders« sei. In einem Interview mit der *Daily Mail* wird ihr folgende Aussage in den Mund gelegt:

»Der Grund, weshalb es so wenige Frauen an der Spitze gibt, liegt darin, daß wenige wirklich hart genug arbeiten wollen. Man kann der City nicht vorwerfen, sie würde keine Frauen fördern. Die meisten Frauen sind für den Job einfach nicht geeignet. Sie lassen sich gehen, wollen Mitleid erregen und über ihre Arbeit jammern. Sie klagen und stöhnen, anstatt sich anzustrengen.«[39]

Manchmal kann eine Frau das Gefühl haben, im Gerangel der Geschlechter gewinnen zu können, indem sie die Partei der Männer ergreift und deren Vorstellungen über die Mängel der Frauen zustimmt. Dies wird natürlich den Herren Mitspielern Spaß machen, aber auch deren sonstige Vorurteile über alle Frauen – Senkrechtstarterinnen nicht ausgenommen! – verstärken.

24

Gleichgestellte: Männer schwächen ihre weiblichen Kollegen

Wir haben gesehen, daß Frauen gegen Vorurteile ankämpfen müssen, die sich auf ihre Geschlechterrolle beziehen, aber in vielen Fällen gelingt ihnen dies sehr effektiv. Wenn ihre männlichen Untergebenen für sie eine größere Herausforderung zu bedeuten scheinen als für einen Mann und ihre weiblichen Untergebenen von ihnen erwarten, daß sie warmherzig und fürsorglich sind – nun, dann können sie auch damit fertig werden. Susan Douglas, damals stellvertretende Chefredakteurin der *Sunday Times*, erzählte mir:

»Ich bin auch der Meinung, daß Frauen sehr oft als fürsorglich und liebevoll angesehen werden und daß ihre Intelligenz angesichts der früher ›dominierenden‹ Merkmale heruntergespielt und unterschätzt wird. Ich kann nicht behaupten, daß diese Einstellung mich behindert hätte, weil man, wenn man einer so engstirnigen Sichtweise begegnet, bloß energisch vorgehen und sie korrigieren muß. Das ist nicht immer einfach, klar. Ich will nicht behaupten, daß Frauen als gleichberechtigt angesehen würden oder daß wir in den letzten Jahrzehnten einen großen Fortschritt in Richtung Gleichstellung gemacht hätten. Aber es liegt viel mehr in unserer Hand als je zuvor, Chancen zu ergreifen und unser Schicksal selbst zu gestalten.«[40]

Viele der Frauen, denen wir bislang begegnet sind, würden ihr wahrscheinlich beipflichten. Doch in meiner ersten Tagebuchuntersuchung, in der klar wurde, was für eine wichtige Rolle das Geschlecht in der Psychologie des Streites spielt, stieß ich in den Berichten von Frauen und Männern über Auseinandersetzungen mit Kollegen auf bedeutsame Unterschiede.[41] Dazu gehörten:

(a) Drei von vier Auseinandersetzungen mit weiblichen Kollegen, über die Männer berichteten, verliefen angeblich ergebnislos (sie »hörte nicht, was gesagt wurde«).
(b) Drei Viertel der Auseinandersetzungen mit männlichen Kollegen, über die Frauen berichteten, waren erfolgreich (er hörte zu).
(c) Männer stuften Auseinandersetzungen mit weiblichen Kollegen als »nicht wichtig« ein.
(d) Frauen nannten Auseinandersetzungen mit männlichen Kollegen über die Arbeit »sehr wichtig«.
Obwohl der Mann nicht glaubt, daß seine Kollegin ihm wirklich zuhört, scheint ihm dies also bezeichnenderweise nichts auszumachen: Der Streit ist ohnehin unwichtig. Die Frau dagegen glaubt, ihr männlicher Kollege würde dem zuhören, was sie sagt, und jeder Streit über die Arbeit ist für sie sehr wichtig. Dies würde den Schluß zulassen, daß Frauen aus allen Streitigkeiten am Arbeitsplatz als Siegerinnen hervorgehen und daß Männer ihnen gern nachgeben. Ergibt das irgendeinen Sinn? Es muß noch etwas anderes im Spiel sein, denn warum würde Susan Douglas sonst von der »engstirnigen Sichtweise« der Männer sprechen?
Wir wollen diese Tagebuchberichte etwas näher unter die Lupe nehmen und herausfinden, was die Kollegen einer Frau während eines Streits über sie sagen. Auch wenn Hierarchien wichtig sind, ist es den meisten Leuten klar, daß Macht Urteile verzerren kann. Deshalb kann der gute Ruf einer Person am Arbeitsplatz von den Meinungen der Kollegen abhängen. Wer würde – so lautet die Annahme – schließlich besser Bescheid wissen als jemand, der mit ihr (oder ihm) zusammenarbeitet und (wie man vermuten könnte) mit der Aussage kein persönliches Interesse verbindet?
Männliche Tagebuchschreiber berichteten nicht über viele Streitigkeiten mit weiblichen Kollegen. Aber lassen Sie uns erst einmal sehen, was sie zu sagen haben:

»Sie hat es persönlich genommen, während ich einfach nur das Feedback aus anderen Quellen an sie weitergab. Dies wurde so aufgefaßt, als kritisierte ich die Entscheidungen, die sie zuvor getroffen hatte.«

Martin, der uns bereits bekannte 45 Jahre alter Lagerverwalter, erinnerte sich an eine »heftige« Auseinandersetzung mit seiner Kollegin, der Marketing-Managerin, über Werbung. Sie »hat es falsch verstanden«, aber für Martin war

der Streit nicht wichtig. Sie schäumte, aber ihre Wut rührte nicht etwa von *seiner* Wut her, sondern sie war es, die sich aufregte, weil sie unfähig war, Distanz zu wahren und die Informationen objektiv zu betrachten.
Mike, den wir ebenfalls schon kennen, ist selbst Marketing-Manager für einen Hersteller kleiner Elektroartikel. Er hat sich in eine ganze Reihe von Kämpfen mit anderen Managern, zumeist Männern, hineinziehen lassen, die sich auf derselben Karrierestufen befinden wie er. Aber er berichtete auch über ein paar Auseinandersetzungen mit Frauen. In einem Fall ging es um »Änderungen der Managementstrukturen«.

»Unfähig, die Zweifel der anderen Person zu zerstreuen. Ich glaube, daß die vorgeschlagenen Änderungen im Management für mich hervorragend sind.«

Auch dieser Streit war für ihn nicht wichtig, und er war »überhaupt nicht wütend«. Warum sollte er auch? Er war glücklich über die Veränderungen. Aber Männer scheinen selten in Wut zu geraten, wenn sie mit weiblichen Kollegen streiten, weil es meistens um Dinge geht, die für sie unwichtig sind. Mike jedoch erinnerte sich an einen heftigen Streit mit einer Kollegin, und in diesem Fall war er wütend, weil die Sache ihm nicht egal war. Bei dieser Auseinandersetzung ging es um »die Bezahlung von Forschung«:

»Ich wollte einige Daten mitteilen, die bereits zusammengetragen worden waren, sah aber nicht ein, warum ich dafür bezahlen sollte. Man hielt mich für unvernünftig / knausrig.«

Hier war Mike nicht imstande zu bekommen, was er wollte. Aber die allermeisten Auseinandersetzungen mit weiblichen Kollegen, die Männer aufzeichneten, wurden auch dann als unwichtig eingestuft, wenn die Frau nicht akzeptierte, was die Männer sagten. Der Programmierer Trevor ließ sich auf einen Streit ein, »um mich für die Option stark zu machen, die ich für die beste hielt«, aber es machte ihm nichts aus. Wie er es formulierte: »Unterschiedliche Menschen betrachten Probleme eben aus unterschiedlichen Perspektiven.«
Warum ist es Männern in der Regel so gleichgültig, ob sie die Frau überzeugt haben oder nicht? Interviews mit Frauen lassen den Schluß zu, daß Streitigkeiten dann als unwichtig abgetan werden können, wenn der Mann glaubt, er könne sich irgendwie um die Sache herummogeln. Mike hatte keinen Zugriff

auf die Daten, die seine Kollegin unter Verschluß hielt, und war deshalb wütend. Aber wenn über Optionen für eine Vorgehensweise diskutiert wird, werden Frauen sehr oft feststellen, daß ihre Meinungen vollkommen ignoriert werden und ihre männlichen Kollegen tun, was sie ohnehin tun wollten. Vera, die behauptete, sie müsse ihre Belegschaft vor Druck von außerhalb ihrer Abteilung schützen, erzählte mir:

»Ich habe nicht immer das Gefühl, daß man uns bei Gesprächen für voll nimmt. Ich weiß, es gibt im Augenblick enorme finanzielle Zwänge, dennoch habe ich nie das Gefühl, daß sie je wirklich von dem Notiz nehmen, was ich ihnen über die Arbeitsbelastung sage, nicht einmal dann, wenn ich die Zahlen überprüft habe und sie sagen, sie stimmten ihnen zu. Es scheint sich nichts zu ändern.«

Ob sie wisse, warum dies so ist, fragte ich sie.

»Ich glaube nicht, daß Männer wirklich zuhören. Ich habe das Gefühl, daß von meiner Belegschaft zuviel erwartet wird, und es nervt mich, immer wieder dieselben Argumente vorzutragen. Sie *behaupten*, sie würden verstehen, und erklären sich mit Änderungen einverstanden. Aber es passiert nichts.«

Vera, eine Fünfzigerin, scheint von ihren männlichen Kollegen denselben guten Willen zu erwarten, den sie selbst an ihren Arbeitsplatz mitbringt. Aber sie wird wahrscheinlich eine Enttäuschung erleben, denn die meisten Männer halten Streit für ein Spiel, das sie gewinnen müssen – so oder so. Wenn eine Frau hervorragende Daten liefert, die die Logik ihrer Argumentation perfekt untermauern, dann sollte man vielleicht zunächst zustimmen und später dadurch gewinnen, daß man die Angelegenheit fallenläßt. Jüngere Frauen scheinen diesen Trick sehr rasch zu beherrschen. Jenifer, die uns bereits bekannte erfolgreiche Bürovorsteherin, erzählte mir:

»Einige der Männer hier würden liebend gern ignorieren, was ich sage, wenn es bedeutet, daß sie tatsächlich etwas *tun* müßten. Aber so leicht kommen sie mir nicht davon! So oft hat man mir gesagt: ›O nein, dem hätte ich nicht zugestimmt.‹ Oder: ›Mein Gott, das habe ich vergessen.‹ Ich schreibe alles auf und lese es dann jedem vor. Dann gibt es keinen Streit.«

Anna, 28, die in der Universitätsverwaltung arbeitet, erzählte der Journalistin Hester Lacey:

»Man muß bereit sein, wirklich von seinen verbalen Ellenbogen Gebrauch zu machen. Einmal ist ein Mann einfach aus dem Zimmer gegangen, als ich versuchte, etwas mit ihm zu klären – es hat ihn einfach gelangweilt, und er zeigte ganz unverhohlen sein Desinteresse. Ich habe die Gewohnheit, alles in schriftlichen Memos zu bestätigen.«[42]

Das ist eine gute Idee. In meinen Kommunikationsworkshops für Frauen hebe ich immer hervor, daß man die Abmachung *schriftlich* festhalten sollte, wenn man sich mit einem Mann bezüglich der Arbeit auf etwas geeinigt hat. Auf diese Weise fällt es ihm viel schwerer, die Übereinkunft, die Sie Ihrer Meinung nach erzielt haben, zu »vergessen«. Ich selbst habe oft erlebt, daß männliche Kollegen, von denen ich glaubte, ich hätte sie von der Notwendigkeit einer bestimmten Aktion überzeugt, wenn ich sie später daran erinnerte, sagten: »Ach, das haben wir vereinbart? Das habe ich ganz vergessen«, oder sogar: »Ich erinnere mich nicht daran, darüber gesprochen zu haben, aber wenn Sie es sagen … bin ich sicher, daß Sie recht haben.«
Diese Gedächtnisausfälle müssen nicht alle unbedingt vorsätzlicher Natur sein. Es ist sehr leicht, etwas zu vergessen, was zunächst einmal nicht bedeutsam war, und das ist der auffälligste Einzelfaktor, der aus den Tagebüchern hervorgeht: Auseinandersetzungen mit weiblichen Kollegen sind »unwichtig«, und die Tagebuchschreiber sind emotional distanziert.
Mikes Streit mit einer Kollegin über ihre Weigerung, ihm einige Daten zu überlassen, ist in zweierlei Hinsicht bemerkenswert: Es ist der einzige Streit mit einer Frau am Arbeitsplatz, der in der Tagebuchsammlung als »wichtig« eingestuft wurde; und es handelt sich um den einzigen Bericht in meiner gesamten Untersuchung, in dem ein Mann bei einem für ihn wichtigen Streit mit einer Kollegin unterliegt, ohne daß er zugleich geschlechtsspezifische Stereotype heraufbeschwört.
In Interviews bedeutet die Erinnerung an einen besonderen Streit, daß diesem eine gewisse Bedeutung beigemessen wird, sonst würde man ihn gar nicht aus dem Gedächtnis abrufen können, und Distanziertheit wird durch Denken in Kategorien der Geschlechterrollen ersetzt. Wenn Männer über einen Streit mit einer Kollegin berichten, sprechen sie davon, daß diese ihre Gefühle nicht aus der Arbeitssituation heraushalten konnte. Sie sagen Dinge wie:

»Ich versuchte es mit klarer Überzeugungsarbeit und hatte das Gefühl, daß eine dritte Partei auf meine Seite geschwenkt wäre. Aber sie war gefühlsmäßig engagiert.« (Darren, 24)

»Ihre eigene Unsicherheit in ihrer Arbeit bedeutete, daß sie nicht zuhörte. Sie nahm es persönlich und empfand es als Angriff auf ihre Arbeit, obwohl ich klargestellt hatte, daß meine Argumentation rein akademischer Natur war.« (Dhuleep, 35)

»Ihr Problem war, daß sie so sehr damit beschäftigt war, sich zu verteidigen, daß sie nicht hören konnte, was ich sagte. Ich war absolut konstruktiv, aber alles, was ich sagte, wurde als Kritik an ihrer Person aufgefaßt.« (Matt, 32)

Ein anderer, älterer Mann lieferte mir in einem Brief folgenden Kommentar:

»Männer haben Angst, Frauen zu provozieren – ich spreche als einer von ihnen. Ich denke, wir glauben, daß Frauen wahrscheinlich viel schneller ›an die Decke gehen‹ als Männer, das heißt, wir meinen, daß Frauen viel schneller dazu neigen, einen Streit persönlich zu nehmen als Männer. Natürlich sind Auseinandersetzungen nicht zwangsläufig persönlich gemeint – entwickeln sich aber leicht in diese Richtung. Ich habe die Erfahrung gemacht, daß Frauen Bemerkungen regelmäßig als Kritik auffassen.«

Wie oft hören wir, daß eine Frau die »Dinge nicht so persönlich nehmen sollte«? Warum sollte dies ein aufschlußreicher Tadel an einer Frau sein, wenn wir doch wissen, daß Männer, wenn ihre Arbeit kritisiert wird, genauso aufgeregt sein können wie jede Frau? Conrad, ein Büroangestellter, sagte:

»Es ist immer schwierig, wenn eine Frau nicht sachlich bleiben kann wie ein Mann. Selbst auf meiner Ebene stellt man fest, daß Frauen emotional reagieren und Kritik persönlich nehmen. Man erwartet es natürlich bei Sekretärinnen und ergreift entsprechende Sicherheitsmaßnahmen. Aber auf den höheren Ebenen würde man auf weniger Emotionen hoffen.«

Vergleichen Sie das mit einem Kommentar von Iain Carruthers-Jones, einem Psychologen, der Firmen in bezug auf zwischenmenschliches Verhalten berät:

»Frauen neigen dazu, mit mehr Logik zu arbeiten, während Männer eher autoritär sind. Weil sie Logik anwenden, bleiben sie gefaßt und ruhig. Ich kann mich nicht daran erinnern, daß eine Frau im Vorstandszimmer in Tränen ausgebrochen wäre, aber ich habe Männer gesehen, die ziemlich zittrig wurden und einen roten Kopf bekamen.«[43]

Und tatsächlich fing Conrad an, unruhig zu werden und ganz rot anzulaufen, als er sich an einen Streit mit einer Frau erinnerte, die ihn seiner Meinung nach wie ihren Vorgesetzten hätte behandeln sollen. Sie war Leiterin einer wichtigen Abteilung und hatte argumentiert, daß er nicht das Recht habe, auf ihre Entscheidungen Einfluß zu nehmen, selbst wenn sie ihn zuvor konsultiert habe. Conrads augenscheinliche Versuche, ihre Position insgeheim zu schwächen, indem er direkt zum Vorsitzenden ging, erwiesen sich als kontraproduktiv, und der Disput wurde nun weithin innerhalb der Firma erörtert. Zu meiner Verwunderung *behauptete* er – obwohl seine Körpersprache etwas anderes verriet –, daß er nicht wütend gewesen sei:

»Sie hat beschlossen, meine Anweisungen zu ignorieren. Ich will damit nicht sagen, daß sie falsch gehandelt hat, aber es müssen klarere Richtlinien vorgegeben werden. Ich sollte sie anweisen können, zu einer Entscheidung zu kommen. Es kann nicht die Firmenpolitik sein, ihrem gnadenlosen Ehrgeiz ungehinderte Entfaltung zu bieten. Sie ist eine sehr aggressive Frau, und meine Kollegen finden alle, daß sie schwierig im Umgang ist.«

Frauen, die ihrem Kollegen zum Trotz auf ihr Recht pochen, selbständig zu handeln, werden häufig als »aggressiv« und »schwierig im Umgang« angesehen. Beachten Sie bitte auch den »gnadenlosen Ehrgeiz«, der Conrad in seinem Wunsch, die Vorherrschaft auszuüben, so sehr stört. Ehrgeiz bei einer Frau wird dann, wenn ein Mann spricht, oft als »gnadenlos« charakterisiert. Dies ist nur ein weiterer Aspekt des Rollenspiels der Geschlechter.

Mit gezinkten Karten spielen

Über eine Frau hinwegzugehen oder hinter ihrem Rücken zu handeln bei dem Versuch, ihre Befugnisse zu beschneiden oder sie sogar aus ihrer Stellung zu drängen, ist eine weitverbreitete Methode. Eine Frau gleicht in jeder Position, in der sie Entscheidungen treffen muß, die sich auf die Karrieren anderer Leute auswirken, einer Schießbudenfigur auf dem Jahrmarkt – sie ist eine sichtbare und provozierende Zielscheibe und … Freiwild. Der Arbeitsteilung gemäß geht man davon aus, daß Männer die Entscheidungen treffen, die sich auf andere auswirken. Sobald also ein Mann mit von der Partie ist, heißt das Spiel Krieg. In Kapitel 27 werden wir Männern begegnen, die mit Männern kämpfen, und Krieg ist niemals ein sauberes Spiel mit Regeln nach Gentleman-Manier. Aber das Spiel mit Rollenklischees liefert denjenigen, die eine unbequeme Frau aus dem Weg räumen wollen, ein ganzes Set von festgefügten Meinungen, die ihnen die Aufgabe erleichtern: Sie ist eindeutig inkompetent (sonst hätte sie die umstrittene Entscheidung nicht getroffen), sie ist unverschämt und grob (wie sanft auch immer sie den Mann schachmatt gesetzt haben mag – sie hat ihn in jedem Fall beleidigt); ihre Persönlichkeit ist unzulänglich (vor allem sollte sie sich nicht in einer mit Macht ausgestatteten Position befinden).

Nicht daß der Streit normalerweise mit sexistischen Ausdrücken ausgetragen würde. Wir haben in den vergangenen Jahren Fortschritte gemacht, und »jedermann weiß«, daß Sexismus am Arbeitsplatz »out« ist. Aber Sie können sich ziemlich sicher sein, daß die Geschlechterkarte immer dann gezückt wird, wenn ein Mann über eine Frau hinweggeht und sich weigert, ihre Kompetenz am Arbeitsplatz anzuerkennen, als Gleichgestellter mit ihr zu konkurrieren oder Entscheidungen zu treffen, die sich auf andere auswirken. Mit einem anderen Mann würde er vielleicht öffentlich den Kampf aufnehmen, oder er würde in einem verdeckten Manöver Verbündete suchen, um den anderen von der Macht zu entfernen. Nicht aber wird er das versuchen, was er bei einer Frau versucht, nämlich zu erreichen, daß sie gefeuert wird. Ich habe diese Version des Kampfes am eigenen Leib zu spüren bekommen: Die beteiligten Männer hätten sehr wohl wütend sein können, wäre ich ein Mann gewesen, der dieselbe Entscheidung getroffen hätte, aber ihr Groll wurde offensichtlich durch die Tatsache verschlimmert, daß ich eine Frau bin, und sie gingen prompt über meinen Kopf hinweg und versuchten, mich aus meiner Position zu drängen.

Sie denken nun vielleicht, es würde sich um einen Fall von Paranoia handeln – bis Sie so etwas selbst erleben oder zusehen müssen, wie es anderen passiert. Diese besonders üble Form des Geschlechterkriegs bringt den beteiligten Männern oft den Sieg, und deshalb hört man auch so selten davon. Hin und wieder werden Teile der Öffentlichkeit aufgrund der Umstände wütend, und die Folge ist vielleicht eine *cause célèbre*. Doch die meisten Frauen versuchen, über solche Angriffe mit Schweigen hinwegzugehen, insbesondere dann, wenn Versuche, sie zu entthronen, erfolgreich verlaufen: Selbst einige Personen mit sehr bekannten Namen, die bereit waren, im Interesse meiner Forschung mit mir darüber zu reden, baten mich, ihre Erfahrungen nicht öffentlich bekanntzumachen. Diese boshaften Attacken scheinen eine neue Form sexueller Belästigung zu sein und lösen dann, wenn das Opfer nicht wagt, den Mund aufzumachen, ebenfalls Gefühle von Ohnmacht und Scham aus.

Eine Frau in mittleren Jahren wird wahrscheinlich nicht als Sexobjekt angesehen, kann aber immer noch durch Gemunkel über ihre durch die Wechseljahre bedingte Emotionalität und Mangel an Urteilskraft geschwächt werden. Professor Wendy Savage[44] und Dr. Helena Daly gehören zu einer Gruppe von Medizinern, die sich 1994 zusammenschlossen, um öffentlich zu machen, wie oft Ärztinnen, die es wagen, mit ihren Kollegen zu streiten, mit voller Absicht zur Zielscheibe von – wie sie es nennen – »Flüsterkampagnen« gemacht werden.[45] Zu den Vorwürfen zählen häufig »gefährliche Inkompetenz« und »emotionale Instabilität«, in mindestens einem Fall sogar »Wahnsinn« sowie die völlig irrelevante Beschuldigung, eine Lesbe zu sein. Solche Kampagnen sind nicht auf den Arztberuf beschränkt, sondern können in jedem Tätigkeitsbereich zutage treten, wo Gruppen von Männern sich durch das Eindringen kompetenter Rivalinnen bedroht fühlen – insbesondere dann, wenn diese sich für Veränderungen einzusetzen beginnen.

Eine attraktive jüngere Frau, die ehrgeizig wirkt, wird vermutlich als gefährlich angesehen. Weil manche Frauen im Kampf um die Macht ihre Sexualität einsetzen, besteht die Wahrscheinlichkeit, daß jede kluge und attraktive Frau Angst und Feindseligkeit auslöst. Die offensichtlichste Schlußfolgerung ist die, daß jede Frau, die auch nur ein bißchen attraktiv ist und in eine mit Macht ausgestattete Position gelangt, »sich bis in die Spitze hinauf durch alle Betten geschlafen« haben muß. Wie Rosalind Miles es in ihrem Buch *Women and Power* ausdrückt: »Häufig erhebt sich die unausgesprochene Annahme, daß eine Frau dann, wenn sie sowohl über Macht als auch über Sexualität verfügt, eine Nutte sein muß.«[46] Es ist dabei ganz gleichgültig, ob die Frau sich im Scheinwerferlicht der Öffentlichkeit befindet, wie die Parlamentarierin Ann Clwyd oder das Gründungsmitglied der deutschen Grünen Petra Kelly, die sich beide mehrmals gegen Veröffentlichungen mit Verleumdungsklagen wehren mußten, oder im Geschäftsleben oder in jedem anderen Gebiet menschlichen Tuns und Strebens, wo sexuell attraktive Frauen auch eine gewisse Macht erlangen. Dazu erklärt die Journalisten Ginny Dougary: »Für erfolgreiche Frauen wurden neue Klischees erfunden, und zwar als eine Art Präventivschlag gegen die Frauen, bevor es diesen noch gelingt, sich in irgendeiner statistisch signifikanten Größenordnung eine Machtbasis zu erobern ... Werbeagenturen haben einen neuen Titel für die erfolgreiche Karrierefrau geprägt: die geschäftsführende Nutte.«[47]

Ein Film der BBC über die ersten drei weiblichen Verlegerinnen britischer Zeitungen erschien unter dem Titel: *Killer Bimbos on Fleet Street* [etwa: Killerstricherinnen auf der Fleet Street]. Die Bilder, die diese Worte heraufbeschwören, haben eine erstaunliche Suggestivkraft im Hinblick darauf, wie der Zuhörer/Leser interpretiert, was eine derart charakterisierte Frau dann auch immer sagen oder schreiben mag.

Marilyn Baxter (zu jener Zeit Planungsleiterin bei Saatchi & Saatchi) erzählte der Journalistin Ginny Dougary:

»Wenn ich bei der Arbeit bin, denke ich nicht über mein Geschlecht nach. Aber bei Saatchi wird dir ständig unter die Nase gerieben, daß du eine Frau bist. Der Kommentar lautet: ›Typisch Frau!‹, und das ist auf heimtückische Weise unterminierend, weil es nicht nur darum geht, daß man nicht einer Meinung ist.«[48]

Die französische Psychologin Erika Apfelbaum stellte fest, daß Frauen sich immer verletzlich fühlen – egal, wie hoch sie die Karriereleiter hinaufklettern. »Kompetenz ist für Frauen ein absolutes Muß – eine grundsätzlich unverzichtbare Voraussetzung dafür, daß sie Zugang zu irgendeiner herausgehobenen Position erhalten. Aber dies schließt nicht das Bewußtsein aus, daß ihnen eine Berechtigung dafür abgesprochen wird ... Es ist schwer, volle Glaubwürdigkeit für das zu erlangen, was man sagt und entscheidet, und Frauen müssen die Rechtmäßigkeit ihrer Entscheidungen ständig überdenken, weil ihre Machtbasis permanent in Frage gestellt wird, und dies oft mit Argumenten, die persönliche Anspielungen enthalten.«[49]

25

Gleichgestellte: Wie Frauen sich mit ihren männlichen Kollegen auseinandersetzen

»Unsere Arbeit erfordert eine enge Zusammenarbeit, deshalb sind wir oft nicht einer Meinung darüber, wie die Arbeit ausgeführt werden sollte. Es handelt sich um Forschung, und wir haben einen unterschiedlichen Hintergrund, daher haben wir etwas unterschiedliche Ansichten. Ich neige oft dazu, meinen Standpunkt etwas zu vehement zu vertreten, wenn ich mich benachteiligt fühle, denn ich stamme aus einem eher akademisch geprägten Milieu. Aber ich gebe bis zu einem gewissen Grad nach, weil er mehr Erfahrung besitzt. Man muß auch etwas kompromißbereit sein.«

Harriet spricht die Konflikte, die viele Frauen bei Auseinandersetzungen mit Kollegen haben, klar an. Einerseits hat sie das Gefühl, daß sie ihren Standpunkt energisch vertreten sollte, weil sie gute Gründe für ihre Auffassung hat. Andererseits erfordert die Situation Kompromißbereitschaft, und da sie keinen Druck verspürt, den Sieg davontragen zu müssen, sollte der Kompromiß vielleicht von ihr ausgehen. Was sie jedoch wirklich tun muß, ist, jedermann davon zu überzeugen, daß sie ihre Arbeit gut macht, insbesondere dann, wenn sie mit einem Mann arbeitet, der sich vielleicht auf Klischees beruft, und sie dann schlechtere Chancen hat. Er wiederum weiß manches, was sie nicht weiß, und deshalb sollte sie vielleicht »nachgeben«.

Man könnte natürlich argumentieren, daß dies immer dann geschieht, wenn Gleichgestellte zu einer praktischen Lösung gelangen müssen. Geben und nehmen auf beiden Seiten, und beide sind zufrieden – das ist das Ziel aller Verhandlungen. Nur daß es in keinem Bericht der Männer einen Hinweis darauf gibt, daß sie die Notwendigkeit, sich mit einer Kollegin zu einigen, als Zwang empfinden. Dennoch berichten Frauen, daß sie am Arbeitsplatz entschlossen und rational mit Männern diskutieren und daß sie sich normalerweise durchsetzen, und zwar wegen ihrer ruhigen, logischen Darlegung der Sache:

»Ich konnte meine Ansicht klar äußern und die Schwachpunkte seiner Meinung benennen.« (Jane)

»Ich glaubte, meine Meinung mit einem guten Argument stützen zu können, und konnte Beweise heranziehen, die er nicht kannte. Er war bereit zuzuhören und konnte meiner Argumentation folgen.« (Irene)

»Ich war ganz bewußt ruhig und konnte zeigen, daß ihm etwas Wichtiges entgangen war.« (Valerie)

Für diese Frauen ist Streit am Arbeitsplatz also kein Problem. Sie glauben, daß Männer ihnen bereitwillig zuhören, und wissen, daß sie nüchtern, ruhig und rational sind und damit alle Erfordernisse für einen richtigen Debattenansatz erfüllen. Wie Beryl erklärt, kann die Kraft eines Arguments einen Mann vielleicht nicht bewegen, seinen Standpunkt zu ändern, aber er kann überzeugt werden, ihr Argument wenigstens als eine mögliche Sichtweise in Betracht zu ziehen:

»Er hörte zu, auch wenn er seine Meinung nicht änderte. Meine Argumente waren vernünftig, und er konnte sie nicht so ohne weiteres zurückweisen.«

Warum aber schien keiner der Männer, die über einen Streit mit ihren weiblichen Kollegen berichteten, anzuerkennen, daß das, was diese Frauen sagten, vernünftig war? Hier behaupten Frauen mit Bestimmtheit und Konsequenz, sie würden sich nüchtern, logisch und rational verhalten und jeder »engstirnigen Sicht«, der zufolge sie weniger intelligent und vernunftbegabt seien, energisch entgegenwirken. Sie sehen sich selbst als ruhig und entschlossen. Aber wie wir aus dem vorhergehenden Kapitel wissen, glauben Männer entweder, Frauen seien unwichtig und man könne sie ignorieren, oder sie halten sie für gefühlsbetont und meinen, sie würden alles immer gleich persönlich nehmen. Viele Männer haben Probleme, einer Frau zuzuhören, die ein rationales Argument vorträgt. Nein, ich muß mich noch genauer ausdrücken: Viele Männer haben Probleme zu hören, daß eine Frau mit dem, was sie als rationales und logisches Argument präsentiert, wirklich etwas Vernünftiges sagt. Das erklärt sich mit jenen Mythen, denen zufolge Frauen unfähig sind, rational und logisch zu argumentieren. Wenn es eine Frau dennoch versucht, verbringt er die Zeit, die er zuhören sollte, in Wirklichkeit mit dem Versuch, herauszufinden, was sie tatsächlich meint und ob es sich lohnt, die Zeit zu opfern und von ihr Notiz zu nehmen. Dies gilt natürlich nicht für alle Männer: Vor allem haben wir gesehen, daß es nicht auf einen männlichen Boß zutrifft, der ein wohlbegründetes Interesse daran hat, festzustellen, daß die von ihm eingestellte Frau kompetent ist. Deshalb steht er logischen und sachlichen Argumenten aufgeschlossener gegenüber. Aber die mit einer Frau Gleichgestellten haben oft eher ein Interesse, festzustellen, daß sie unfähig ist, und sie suchen nach Möglichkeiten, sie zu schwächen. Mythen über die Geschlechter und ihre Rollen sind hier außerordentlich nützlich. Eine Frau, die ein Ärgernis wird, weil sie auf einem nicht genehmen Argument »herumreitet«, wird leicht als emotional und schwierig hingestellt.

Diese Kritik wird nicht immer explizit angebracht, aber den meisten Frauen hat man wahrscheinlich schon irgendwann einmal gesagt, sie würden »überreagieren«. Rebecca erinnert sich:

»Er wollte nicht zuhören. Er hatte bloß eine fixe Idee und sagte immer wieder: ›Was auch immer Sie sagen, Sie verhalten sich jedenfalls anders.‹ Es wurde sehr hitzig, weil er zu glauben schien, daß alles, was ich sagte, sehr persönlich gemeint war.«

Meine Interpretation geht dahin, daß der Mann, wenn eine Frau bei ihrem Widerspruch bleibt und versucht, ihm zu zeigen, daß sein Argument »schwach« ist oder daß ihm »etwas entgangen« ist, merkt, wie die Wut in ihm hochsteigt. Aber woher kommt dieses Gefühl? Es kann nicht aus seinem Inneren kommen, denn er ist ein nüchternes, rationales männliches Wesen, und er ist sich bewußt, daß er sie im Gegensatz zum männlichen Boß nicht zur Zustimmung zwingen kann. Allerdings »weiß« er auch (weil es jedermann weiß), daß Frauen emotional sind und alles persönlich nehmen, und außerdem, daß sie im Denken ohnehin nicht so gut sind wie Männer. Deshalb muß dieses Gefühl, dessen er sich bewußt ist, im Grunde von *ihr* ausgehen. Er *projiziert* seine emotionale Reaktion auf sie.

Es fällt Ihnen womöglich schwer, dies zu glauben, aber viele Psychologen gehen davon aus, daß die Interpretation der eigenen Gefühle nicht so direkt erfolgt, wie man vielleicht annimmt. Wir erleben physiologische Symptome der Erregung als Ergebnis von Reizen aus unserer Umwelt (zum Beispiel: Ein Kollege stimmt einem Vorschlag, den wir verteidigen wollen, nicht zu), und es ist diese Erregung, die wir Gefühl nennen. Aber die physischen Symptome, deren wir uns bewußt werden, sind nicht spezifisch, und die Feststellung, ob das Gefühl, das wir empfinden, Wut oder Aufregung oder Glück ist, hängt von anderen Faktoren ab. Eine Reihe von sorgfältigen Experimenten der amerikanischen Psychologen S. Schachter und J. E. Singer hat ganz eindeutig ergeben, daß dieselben psychischen Symptome der Erregung – je nach den äußeren Faktoren – auf völlig unterschiedliche Weise interpretiert werden können.[50] Nachdem ein freiwilliger Versuchsteilnehmer durch eine Injektion auf chemischem Wege in einen Erregungszustand versetzt worden war, schloß sich ihm ein Vertrauter des Versuchsleiters an: Wenn der Vertraute sich fröhlich verhielt, empfand der Freiwillige die Erregung als Freude und Spaß, verspürte aber Wut, wenn die andere Person aggressiv und unangenehm wurde. Diese und viele andere Experimente haben Psychologen zu der Schlußfolgerung gebracht, daß wir unsere Gefühle durch eine Kombination dessen, was wir auf der physiologischen Ebene und als Geschehen in der Außenwelt erleben, zu interpretieren lernen.[51]

Wir haben gesehen, daß Männer die Tendenz haben, Streit mit einer weiblichen Kollegin als »unwichtig« zu charakterisieren. Wenn aber die Meinungsverschiedenheit unwichtig ist, warum in aller Welt sollte er dann Wut empfinden? Und wenn es nicht Wut ist, die er verspürt, dann muß es irgendeine andere Erklärung für seine Symptome geben. Mythen über die Eigenarten der Geschlechter sind zur Hand, um die Antwort automatisch zu liefern: Frauen sind gefühlsbetont, und deshalb muß er die Reaktion *ihres* Gefühls am eigenen Leib spüren.

Einige Leser werden sich verständlicherweise gegen die Schlußfolgerungen, die in diesem Abschnitt gezogen werden, sträuben, denn meine Forschungen ergeben eindeutige Muster, die wirklich beunruhigend sind. Obwohl so viele Frauen davon überzeugt sind, daß sie mit dem guten Willen ihrer männlichen Kollegen rechnen können, zeigen die Berichte von Männern über Auseinandersetzungen, daß Frauen noch immer nicht wie Gleichrangige behandelt werden. Manche Männer sind Sexisten, und zweifellos erkennen viele von uns darin einige der schlimmsten Beispiele des Geschlechterkrieges wieder. Aber die meisten Frauen glauben, daß sie mit ihren männlichen Kollegen erfolgreich kommunizieren können, und es fällt ihnen schwer zu glauben, daß die im allgemeinen guten Beziehungen, die sie mit Männern in ihrem Alltagsleben pflegen, am Arbeitsplatz von den berühmten alten Überzeugungen von den Unterschieden zwischen den Geschlechtern verzerrt und untergraben werden können. Viele Männer, mit denen Frauen heute arbeiten, glauben immer noch aufrichtig, daß sich Frauen fundamental von ihnen unterscheiden und deshalb in entscheidender Weise für Positionen ungeeignet sind, die mit Macht und Einfluß verbunden sind.

Dies sind tiefverwurzelte Vorstellungen, die wir unter großen Anstrengungen ausmerzen müssen, insbesondere weil diese Mythen oft zum Vorteil der Männer fortgeschrieben werden. Schließlich wird, sobald ein Mann anerkannt hat, daß Frauen am Arbeitsplatz tatsächlich gleichberechtigt sind, die Konkurrenz um die Plätze auf der Leiter nach oben mit einem Schlag verdoppelt. Wie wir im nächsten Kapitel sehen werden, in dem es um Männer geht, die mit einem anderen Mann streiten, ist Wettbewerb ein Hauptmotiv für Streitigkeiten am Arbeitsplatz, und dieses Spiel heißt Krieg.

Ich ziehe daraus nicht den Schluß, daß die Männer, denen wir bis jetzt begegnet sind, aus rein taktischen Gründen Klischees über Frauen strapazieren. Tatsächlich hängen viele Männer aus ehrlicher Überzeugung tiefverwurzelten Vorstellungen über Unterschiede zwischen Frauen und Männern an. Diese Vorstellungen dürfen nicht mit dem folgenden grauenhaften Beispiel für Sexismus verwechselt werden.

Alison, 32 Jahre alt und im mittleren Management beschäftigt, erzählte der Journalistin Hester Lacey:

»Ich bin anderer Meinung als Männer, und ich setze mich durch. Weil ich sage, was ich denke, und wenn ich weiß, daß ich recht habe, lasse ich nicht locker. Dafür hassen sie mich. Selbst meine Freundinnen haben mir nahegelegt, ich sollte versuchen, in der Art und Weise, wie ich die Dinge anpacke, etwas fraulicher zu sein, aber ich kann dieses Weibergetue, daß alle einen mögen müssen, nicht ausstehen. Und das nicht nur bei der Arbeit. Ich erinnere mich, daß ich mich als Studentin einmal in einem Seminar mit meinem Argument durchgesetzt habe und der Dozent mir daraufhin befahl, die Hand zu heben. ›Sehen Sie, ihr Ringfinger ist länger als ihr Zeigefinger – typisch männliches Merkmal‹, sagte er.«[52]

Wenn also eine Frau logisch, »wie ein Mann«, argumentiert, muß sie anomal sein. Das ist eine Möglichkeit, auf zweierlei Art und Weise nahezulegen, daß ihre Argumentationsfähigkeit ihre Unweiblichkeit beweist, und dies dann mit einem physischen, genetisch bestimmten Merkmal zu »beweisen«, das absolut nichts mit Geschlechtsunterschieden zu tun hat: Die Behauptung des Dozenten über Zeigefinger ist völlig unqualifiziert. Aber dahinter versteckt sich – unausgesprochen, aber unmißverständlich – die Annahme, daß angeblich männliche Eigenschaften wie Logik und Rationalität genetisch bestimmt seien. Dies ist ein eklatantes Beispiel für Vorurteile, denen ein wissenschaftliches Mäntelchen umgehängt wird.

Frauen werden wütend

Vielleicht habe ich bisher den Eindruck erweckt, daß Frauen ihren männlichen Kollegen gegenüber niemals Wut zum Ausdruck bringen, aber das ist natürlich nicht der Fall. In der überwiegenden Mehrheit der Auseinandersetzungen mit männlichen Kollegen, über die Frauen berichten, wird die eigene nüchterne Logik und Rationalität hervorgehoben, und da die Männer zuzuhören scheinen, behaupten die Frauen, sie wären nicht zornig gewesen. Doch von einigen Streitigkeiten sagen die Frauen, sie wären »schrecklich wütend« gewesen – unabhängig davon, ob sie sich am Ende durchsetzten oder nicht. Das bedeutet nicht, daß sie ihre Fassung verloren, da die Frauen den Streit zumeist als »gemäßigt« einstuften. (Sie markierten die Zahl 2 auf der 5-Punkte-Skala für die Stärke des Streits, und die Zahl 5 auf der Skala, die das Gefühl maß, das sie empfanden, wenn sie ihrer Wut keinen offenen Ausdruck verliehen.) Wieder einmal stellen wir fest, daß Frauen dann, wenn sie mit einem Mann streiten, ihre Wut lieber für sich behalten.

Fenella, eine Stationsschwester, war schrecklich wütend über einen männlichen Kollegen wegen einer »verantwortungslosen Aufnahme in eine personell unterbesetzte Station des Krankenhauses«:

»Bei dem Patienten handelte es sich um einen Fall, der als ›höchst kompliziert‹ eingestuft war, und es waren keine entsprechend ausgebildeten Leute greifbar. Es war furchtbar wichtig, und ich mußte das Ärztepersonal warnen, daß nicht genügend Krankenschwestern da waren und daß man den Patienten einer Risikosituation aussetzte.«

Selbst dieser kurze Bericht zeigt, daß Fenella wütend war, weil man sie aufforderte, eine Situation zu akzeptieren, in der Patienten in Gefahr geraten konnten, weil auf der Station kein ausgebildetes Krankenpflegepersonal zur Verfügung stand. Sie fügte hinzu, daß sie »sich berechtigt fühlte«, darauf zu bestehen, daß der Patient nicht aufgenommen wurde. Dennoch wurde dieser Streit nur als »gemäßigt« bewertet.

Ähnlich erging es Kate, einem Management-Trainee in einer großen Ölfirma; sie war sehr wütend darüber, daß ihr männlicher Kollege behauptet hatte, eine Arbeit erledigt zu haben, die von ihr getan worden war:

»Es hatte mich den ganzen Tag aufgeregt, und ich war furchtbar wütend, weil es für mich sehr wichtig war. Nein, ich habe mich nicht richtig behauptet. Aus Zeitmangel.«

Auch dieser Streit wurde nur als gemäßigt bezeichnet. Er gehört auch zu den wenigen, die erfolglos blieben, denn normalerweise glauben Frauen, daß es ihnen gelingt, den anderen zum Zuhören zu bewegen, und Kate erklärt ihren Mißerfolg mit »Zeitmangel«. Patricia, eine in der Forschung tätige Psychologin in den Dreißigern, gehört zu der winzigen Minderheit derer, die nicht von sich behaupten, sie würden sich mit logischer Argumentation durchsetzen. Sie sagte:

»Ich war zu wütend, um mich klar ausdrücken zu können.«

Da sie an meiner allerersten Untersuchung teilgenommen hatte, habe ich sie leider nicht gefragt, worum es bei der Sache ging. Doch im großen und ganzen lösen nur solche Auseinandersetzungen mit männlichen Kollegen, die ein Gefühl ungerechter Behandlung hervorrufen, bei Frauen extreme Wut aus, und es sind hauptsächlich diese Streitigkeiten, die erfolglos bleiben. Bertha, Putzfrau an einer Universität, schickte einen Tagebuchbericht über einen Streit mit einem männlichen Kollegen:

»Er schlug vor, daß meine Arbeitsbelastung sich dann, wenn eine andere Kollegin in den Ruhestand ging, erhöhen sollte. Ich hielt das für unfair; ich habe nicht nur selbst genug Arbeit, der Vorschlag kam auch nicht vom Management.«

Diese Auseinandersetzung wurde »heftig« (Stufe 4), weil es Bertha nicht gelang, ihre Meinung deutlich zu machen, und sie wurde furchtbar wütend (Stufe 5), weil die Sache für sie verständlicherweise von großer Wichtigkeit war (ebenfalls Stufe 5).

Selbst diejenigen, die Streit möglichst vermeiden, werden vielleicht durch das

Gefühl, ungerecht behandelt zu werden, veranlaßt, ihre Meinung zu äußern. Rena, die asiatischer Abstammung ist, aber in Großbritannien zur Welt kam, erzählte mir, daß ihre Kultur sie in den meisten Situationen am Widersprechen hindere, weil man dabei ein »schlechtes Gefühl« habe:

»Aber ich selbst habe nicht das Gefühl, daß es falsch ist, über Ungerechtigkeiten zu streiten. Ungerechtigkeit macht mich wütend, und ich werde dann mit jedermann streiten.«

Sie war über das Verhalten eines männlichen Kollegen gegenüber einer anderen Frau entsetzt, die mit ihnen beiden an einem Projekt arbeitet. Sie berichtete mir:

»Wenn ich wütend bin, kann ich dezidierter sein. Er muß dann einfach zuhören! Er war erstaunt darüber, daß ich ihm sagte, sein Verhalten sei schändlich. Dazu fühlte ich mich berechtigt. Und er akzeptierte, daß ihre Arbeit nützlich war, wie er es gleich hätte machen sollen. Sie ist etwas feministisch angehaucht und wirkt manchmal aggressiv. Das gefällt ihm nicht.«

Ein interessanter Kommentar, der Frauen in ein Dilemma zu stürzen scheint. Sind sie still und unbestimmt, sind sie bei ihren Kollegen beliebt, müssen aber möglicherweise feststellen, daß sie ausgenutzt werden – wie Vera und Kate oder auch Jenifer und Anna, bis die beiden letzteren lernten, Abmachungen schriftlich festzuhalten. Oder sie behaupten sich vielleicht und müssen dann erleben, daß sie von ihren männlichen Kollegen als »emotional« und von ihren weiblichen Kollegen als »aggressiv« oder »feministisch angehaucht« bezeichnet werden.

Sehen wir uns nun an, was Frauen über Auseinandersetzungen mit weiblichen Gleichgestellten am Arbeitsplatz berichten.

26

Gleichgestellte: Wie Frauen sich mit Frauen auseinandersetzen

Kritik von Frauen an ihren weiblichen Kollegen kommt in meinen Forschungsergebnissen auffallend selten vor, und vor Abfassung dieses Kapitels habe ich festgestellt, daß ich nach Daten suchte, die es gar nicht gab. »Jedermann weiß«, daß Frauen untereinander gehässig sind und daß es ihnen schwerfällt, mit anderen Frauen zurechtzukommen, und wir haben bereits gesehen, daß Frauen in einer Vorgesetzten-/Untergebenen-Beziehung tatsächlich Probleme haben können. Aber Frauen, die als Gleichgestellte miteinander arbeiten, legen keineswegs jene Renitenz und Wut an den Tag, die viele Mythen beschreiben. Heutzutage besteht eine Neigung, das »aggressive« Verhalten einer Frau damit zu erklären, daß man sie als » Feministin« abstempelt. Die Schlußfolgerung, daß die Sprecherin selbst natürlich keine Feministin ist, bleibt dem Zuhörer überlassen. Wie viele Autoren dargelegt haben, erwarten Frauen am Arbeitsplatz, als gleichberechtigt behandelt zu werden, wie das ihre feministischen Schwestern seit so langer Zeit fordern, versuchen aber das Etikett »Feministin« für sich selbst so weit wie möglich zu vermeiden. Mary (die Marketing-Managerin, der wir im Zusammenhang mit dem »emotionalen Boß« begegnet sind) faßt die allgemeine Einstellung so zusammen:

»Ich möchte von niemandem für eine Feministin gehalten werden. Es ist zu ›direkt‹. Ich bin bei meiner Arbeit nicht aggressiv.«

Im großen und ganzen erzählen mir Frauen, daß sie mit ihren weiblichen Kollegen nicht streiten. Manchmal deshalb, weil sie einfach ungute Gefühle vermeiden wollen, und außerdem beruhigen sie sich wieder oder lassen ihre Frustrationen an einer bereitwillig zuhörenden dritten Seite aus. Jane, die als Psychologin in der Forschung arbeitet, erzählte mir:

»Ich neige dazu, zwischen den Stühlen zu landen. Ich lasse jeden zu Wort kommen, meckere über die andere Seite herum und mache dann die Gegenseite vielleicht ganz sanft auf einige Dinge aufmerksam. Am Ende bleibe ich mit einem traurigen Gefühl zurück, weil die Leute nicht miteinander klarkommen.«

Das erinnert sehr stark an die Situation, die am Ende von Teil III geschildert wurde: Frauen regen sich über andere Frauen auf, von denen sie eine Dienstleistung erwarten, und sie beschließen vielleicht, ihre Wut an jemand anderem auszulassen, statt der anderen Frau direkt entgegenzutreten. Aber im Gegensatz zu den allgemeinen Erwartungen sind die meisten Frauen, die über ihre weiblichen Kollegen sprechen, weder feindselig, noch kritisch, noch gehässig. Sie behaupten nur, sie würden die meiste Zeit »nicht streiten«. Als ich meine Skepsis äußerte, antwortete mir Mary:

»Ich will mit allen zurechtkommen. Ich streite bei der Arbeit wirklich nicht viel herum, bloß mit meinem Boß. Die Männer sind immer bereit, sich ein rationales Argument anzuhören, deshalb habe ich da keine Probleme. Und mit meinen weiblichen Kollegen setzen wir uns einfach zusammen und diskutieren über alle möglichen Meinungsverschiedenheiten. Das ist kein Problem.«

Über Meinungsverschiedenheiten zu diskutieren ist ein ständig wiederkehrendes Thema. Rita, mit Marktforschungsergebnissen befaßt, berichtete über eine Auseinandersetzung mit einer Kollegin über »Statistik«:

»Wir haben eine gute, kooperative Arbeitsbeziehung und hören einander zu. Selbst wenn wir nicht vollständig übereinstimmen, versuchen wir, uns entgegenzukommen. Ich habe mich nicht ganz verständlich gemacht, weil ich zu müde war, einiges ganz klar zu erläutern, aber wir haben uns darauf geeinigt, ein anderes Mal weiterzudiskutieren.«

Hier mußten sich vermutlich beide Frauen einigen, aber bei diesem Streit handelte es sich nur um eine »harmlose Diskussion«, bei der keine Wutgefühle entstanden. Da Ritas Kollegin nicht hundertprozentig von ihrer Argumentation überzeugt war, gab sich Rita selbst die Schuld, weil sie ihr Anliegen nicht richtig erklärt hatte, und sie versprach, es noch einmal zu versuchen, sobald sie sich nicht so erschöpft fühlte. Wahrscheinlich war auch ihre Kollegin nicht aufgeregt, denn Frauen behaupten, sie könnten »über Differenzen reden«, ohne sich bedroht zu fühlen.

Frauen beschreiben Auseinandersetzungen mit anderen Frauen anders, als wenn sie über Streitigkeiten mit Männern sprechen. Letztere werden alle in bezug auf die Fähigkeit der Frauen erklärt, ihre Argumente zu ordnen und sie nüchtern, ruhig und logisch vorzutragen. Mit einer Ausnahme natürlich: Wenn der Streit von dem Gefühl, ungerecht behandelt zu werden, provoziert worden ist, erklärt die Frau, daß sie sich »im Recht« fühle, sehr heftig für das einzutreten, was sie für richtig hält.

Unstimmigkeiten zwischen Frauen werden andererseits mit Blick auf ihre Beziehung geschildert. Frauen scheinen sich zugute zu halten, gute Beziehungen mit ihren Kollegen aufrechtzuerhalten, und während sie in Berichten über Streitigkeiten mit Männern ihre Rationalität hervorheben, betonen sie im Zusammenhang mit Frauen ihre Fähigkeit, sich zusammenzusetzen und freundschaftlich über ihre Differenzen zu diskutieren. Darin spiegelt sich wieder einmal die altbekannte, allem zugrundeliegende Arbeitsteilung wider.

Isobel, eine Physiotherapeutin, die in einem stark frequentierten Krankenhaus arbeitet, sagte:

»Wir haben selten Meinungsverschiedenheiten, weil jede von uns anerkennt, daß wir alle unseren eigenen Bereich haben, in dem wir besonders gut sind, und daß wir einander ergänzen. Mir würde es nicht im Traum einfallen, die Arbeit einer meiner Kolleginnen zu kritisieren. Das wäre das einzige, was mich wütend machen würde. Wenn wir über die Behandlung eines Patienten diskutieren müssen, setzen wir uns einfach hin und besprechen es.«

Ros, die Redakteurin, die wir im Zusammenhang mit ihren Problemen mit einem männlichen Untergebenen zitiert haben, berichtete mir über zwei Auseinandersetzungen, die sie mit einer Kollegin über »Prioritäten« hatte:

»Wir hatten sicherlich unterschiedliche Auffassungen darüber, welche Arbeiten Priorität genießen, aber da wir wußten, daß es eine Lösung geben mußte, haben wir uns einfach zusammengesetzt und es durchgesprochen. Nein, wir haben uns nicht aufgeregt. Was hätte das für einen Sinn gehabt? Wir haben versucht, ein praktisches Problem bestmöglich zu lösen, so daß keiner in einer unserer Abteilungen übermäßig belastet würde. Am Ende haben wir einen hervorragenden Kompromiß erzielt. Ich denke, wir beide waren einigermaßen miteinander zufrieden. Man kann mit Sicherheit sagen, daß wir, wenn wir nicht bereit gewesen wären, einander zuzuhören, niemals auf diese Lösung gekommen wären. Es war, was ich einen kreativen Ansatz nennen würde.«

Frauen »diskutieren« also mit ihren weiblichen Kollegen genauso über »Meinungsverschiedenheiten«, wie sie es mit ihren guten Freundinnen tun, und sie erklären, daß sie sich am Arbeitsplatz »zusammensetzen« und miteinander verhandeln. Die Kultur der Frauen, Beziehungen zu pflegen, scheint sie nicht daran zu hindern, ihren Standpunkt zu verteidigen (wie manche Mythen dies behaupten), sondern sie scheint ihnen vielmehr auch eine Chance zu bieten, ihre Differenzen auf eine für beide Seiten zufriedenstellende Weise zu lösen. Sie müssen sich verständlich machen, aber nicht unbedingt »gewinnen«.

Mary Parker Follett, eine Frau, die schon früh die Psychologie des Verhandelns erforschte, unterschied zwischen der Konzentration auf Forderungen und der Lösung des Grundproblems. Sie berichtete über einen Streit, den sie selbst mit einer anderen Frau in einer Bibliothek hatte.[53] Sie wollte das Fenster öffnen, während die andere Frau es geschlossen halten wollte. Schließlich fanden sie, als sie über die Sache diskutierten, heraus, daß Follett mehr frische Luft haben wollte, während die andere Frau befürchtete, daß dies einen unangenehmen Luftzug verursachen würde, der die losen Papiere davonwehen könnte. Als sie ihre tatsächlichen Bedürfnisse offen aussprachen, kamen sie zu dem Schluß, daß sich beide Wünsche erfüllen ließen, wenn man das Fenster im Raum nebenan öffnete. Diese Methode wird heute »integratives Verhandeln« genannt.[54] Frauenkultur scheint einen Ansatz zu fördern, der für beide Streitparteien einen Weg zu möglichst befriedigenden Lösungen sucht.

Nicht daß Streitigkeiten zwischen Frauen immer so freundschaftlich beigelegt würden! Genau wie gegenüber ihren männlichen Kollegen können Frauen zornig werden, wenn sie sich von weiblichen Kollegen falsch oder ungerecht behandelt fühlen. Felicity berichtete über einen Streit, weil

»... jemand mich aufforderte, etwas zu tun, was nicht zu meinem Aufgabenbereich gehörte. Ich habe das erklärt, und sie reagierte etwas konfus. Ich hatte vollkommen recht, und sie wußte das. Ich war nervös gewesen, als ich ihr das erklärte, aber ich war erstaunt über meine eigene Bestimmtheit. Ich kann es nicht leiden, wenn man mich ausnutzt.«

Felicity war furchtbar wütend, hielt den Streit aber auf Sparflamme. Ihre Kollegin gab nach, als sie einsah, daß sie einen Fehler gemacht hatte. Hier gab es jedoch keine Diskussion über Differenzen, weil Felicity »ihre Rechte verteidigte«. Seine eigenen Rechte zu verteidigen kann indessen zu heftigen Auseinandersetzungen führen, insbesondere dann, wenn beide Seiten das Gefühl haben, das Recht stünde auf ihrer Seite.
Hilda, Lehrerin, Ende Fünfzig, war schrecklich wütend auf drei ihrer Kolleginnen, die beabsichtigten, »einen ganzen Tag« frei zu nehmen, um an einer Versammlung der Lehrergewerkschaft in London teilzunehmen. Sie berichtete, daß sie sich durchsetzte

»... weil ich aus moralischen Gründen empört war. Ich wollte, daß sie wirklichen Respekt vor der Organisation der Schule zeigen sollten. Ich hielt es für eine Vertragsverletzung, die für ihre Kollegen die Zumutung bedeutete, die Arbeit für sie zu erledigen.«

Doch ihre Kolleginnen waren ebenso überzeugt, im Recht zu sein, wenn sie für die Gewerkschaft einen Tag frei nahmen, und zwar ebenfalls aus prinzipiellen Gründen. Wie Sarah, eine jüngere Lehrerin von Anfang Dreißig, ausführlich darlegte:

»Es ist für uns außerordentlich wichtig, unsere Gewerkschaft zu unterstützen, da die gegenwärtige Regierung so lange an deren Verhandlungsbefugnissen herumgeschnippelt hat, bis fast nichts mehr übriggeblieben ist. Hilda hat recht, daß unsere Abwesenheit für die übrigen Lehrer eine zusätzliche Belastung darstellt. Am Ende sind wir zu einem Kompromiß gelangt, weil die Gemüter sich wirklich zu erhitzen begannen. Nur eine von uns fuhr hin, was bedeutete, daß die Zusatzbelastung nicht allzu groß war. Und wir sind andererseits doch unseren Prinzipien treu geblieben.«

Es ist interessant, daß Frauen selbst dann, wenn es um Moral und Ungerechtigkeit geht, bereit sind, nach einer Kulanzlösung zu suchen. Das ist sicherlich ein Aspekt der Arbeitsteilung, der speziell Frauen zugute kommt, die zusammenarbeiten, denn Entgegenkommen ist nicht gerade das, worum es Männern bei einem Streit am Arbeitsplatz zu gehen scheint.

27

Gleichgestellte: Männer kämpfen mit Männern

Wenn Männer an ihrem Arbeitsplatz mit anderen Männern streiten, kommen die Klischees von den Geschlechterrollen nicht zum Tragen, weil sich die Frage nach dem angemessenen Platz eines Mannes im Gefüge der Dinge nicht stellt und weil Männer *erwarten*, ihre Position gegen andere männliche Wesen verteidigen zu müssen. Das gibt ihnen die Freiheit, sich auf die tatsächliche Streitfrage zu konzentrieren und dafür zu sorgen, daß der andere ihnen nicht den Wind aus den Segeln nimmt und den politischen Kampf um die Macht oder die Beförderung gewinnt. Dies alles sind militärische Metaphern. Die Linguistin Suzette Haden Elgin glaubt, daß Spiele und Sport die Metaphern für die tonangebenden amerikanischen Männer liefern, und dessen müssen wir uns bewußt sein, denn tonangebende Männer sind in der Regel natürlich auch diejenigen, die Macht ausüben.[55] Für diejenigen jedoch, die nicht in der Lage sind, viel Macht auszuüben, ist der Kampf, die eigene Position zu halten und gute Resultate zu erzielen, um es seinem Boß zu zeigen, nicht so sehr ein Spiel mit bestimmten Regeln, sondern ein Grabenkrieg, den keiner gewinnen kann. Mike, der Marketing-Manager, dem wir schon mehrmals begegnet sind, sieht sich in eine unendliche Serie von Schlachten mit Männern, die auf derselben Ebene arbeiten wie er, verstrickt – mit dem Produktionsleiter, dem Vertriebsleiter und dem Verkaufschef. Am Dienstag hatte er einen »Riesenkrach« mit dem Produktionsleiter über »Produktionsfehler der Fabrik«. Er schreibt, daß er fürchterlich wütend war:

»Das Problem war eindeutig ein Fehler der Fabrik, daher keine wirkliche Verteidigung.«

Aber der Produktionsleiter ließ sich das nicht gefallen und rächte sich mit einer Reihe von Scharmützeln gegenüber Leuten aus der Marketingabteilung und schließlich mit einer Breitseite gegen Mike, weil »Planungsänderungen in letzter Minute Störungen in den Fabriken auslösten«. Mike schreibt:

»Ich will nicht, daß der Produktionsleiter diesen Betrieb leitet. Ich werde nicht zusehen und zulassen, daß die Leiter anderer Abteilungen meine Leute zu Unrecht kritisieren. Ich habe meine Botschaft rübergebracht, weil kommerzielle Gesichtspunkte wichtiger sind als die Bequemlichkeit des Betriebs.«

Mikes Worte zeigen, daß es sich hier um einen Machtkampf handelt. Und nur für den Fall, daß irgend jemand vermuten könnte, seine Leute trügen möglicherweise eine Teilschuld, fügt er hinzu: »Fehler wurden in der betriebsinternen Kommunikation aufgedeckt.«
Gleichzeitig kämpft er mit dem Verkaufsleiter und berichtet über heftige, ja sogar hitzige Auseinandersetzungen über eine »schlechte Verkaufs-Performance«. Mehrmals behauptet er:

»Ich hatte recht.«

»Der Verkauf ging schlecht, weil er schlecht geplant war.«

»Der Verkaufsleiter war sich der Mängel bewußt, aber verärgert, wenn man ihn darauf ansprach.«

Und er erklärt:

»Meine Aufgabe ist es, dafür zu sorgen, daß Verkauf und Budget zusammenpassen, und den Verkaufsleiter nötigenfalls anzutreiben etc.«

Es ist unwahrscheinlich, daß der fragliche Verkaufsleiter das genauso sehen würde. Ein Teil des Problems bei einer wettbewerbsorientierten Sicht der Beziehungen zwischen verschiedenen Abteilungen besteht darin, daß der Erfolg jeder einzelnen Abteilung in hohem Maße von einer realistischen Zusammenarbeit mit allen anderen Abteilungen abhängt. Marketing und Promotion können niemals gelingen, wenn von der Fabrik nicht die richtigen Produkte hergestellt und von den Vertriebsleuten nicht am richtigen Ort und zur rechten

Zeit auf den Markt gebracht werden. Jeder ist auf jeden angewiesen, auch wenn diese Zusammenarbeit nur widerstrebend geleistet wird. Die Standardmeinung, die Mike und alle seine Kollegen vertreten, ist, daß nur jeweils einer gewinnen kann.
Mike stellt klar, daß seine Kooperationsbereitschaft von seinem eigenen Nutzen abhängt. Er berichtet über einen anderen – diesmal gemäßigt verlaufenden – Streit mit einem Mann aus der Verwaltung über das »rechtzeitige Erscheinen von Berichten«:

»Ich war im Unrecht und konnte mich nur schlecht verteidigen. Dies ist ein regelmäßiger, monatlich stattfindender Wortwechsel – ich fertige immer einen bestimmten Report spät an, weil es lästig ist und weil ich nicht will, daß er zu früh gelesen wird. Die Verwaltung aber will ihn früher haben.«

Wenn die Rivalität zwischen Abteilungen keine Rolle spielt, wird Kritik an der Arbeit eines Mannes durch einen Kollegen als Angriff auf die Person gewertet und löst großen Verdruß und Groll aus. So berichtet Stan von einer heftigen Auseinandersetzung über die »Effektivität eines Computerprogramms, das ich geschrieben habe«:

»Ich beharrte darauf, daß mein Programm richtig war, und weigerte mich, mir die anderen Argumente anzuhören. Am Ende gab er nach. Ich wußte, daß ich recht hatte, und weigerte mich, mir Gegenargumente anzuhören.«

In meiner ersten Untersuchung, zu der auch Interviews mit einigen in der Forschung tätigen Psychologen gehörten, kam ich zu einem auffälligen Ergebnis: Auf die Aufforderung hin, sich an einen Streit mit einem Kollegen zu erinnern, entsannen sich acht der zehn Männer einiger Auseinandersetzungen, bei denen der andere *nicht* »gehört hatte, was sie gesagt hatten«. Sie lieferten unterschiedliche Erklärungen, unter anderem Versagen, sie hatten es nicht ernsthaft versucht, oder der andere Mann war schuld.[56]

»Ich habe nur versucht, seinen Standpunkt herauszufinden. Ich werde mich immer auf einen Streit einlassen.« (Mark)

»Ich wußte besser Bescheid als er, aber ich habe es gar nicht erst ernsthaft versucht.« (Homer)

»Er verstand nichts von der Sache.« (Ian)

»Er zeigte kein Interesse für meinen Standpunkt.« (David)

Im Gegensatz dazu berichten die meisten Tagebuchschreiber, daß der andere *zuhörte*, auch wenn er nicht wirklich zustimmte. Ihnen selbst gelang es, ihren Standpunkt verständlich zu machen, weil sie Logik und Rationalität walten ließen. Wie Jack es ausdrückte: »Im Grunde, weil die Tatsachen im allgemeinen für mich oder, wenn das nicht der Fall war, jedenfalls nicht gegen meine Vorschläge sprachen ...«

Ein wichtiger Unterschied ist, daß die Psychologen, die Forschung betreiben, in einer akademischen Umgebung arbeiten, in der man normalerweise erwartet, daß jede Behauptung in Frage gestellt wird. Deshalb ist die Tatsache, daß der andere Mann nicht interessiert ist oder nichts über die Angelegenheit weiß, ein Beispiel dafür, daß er seinerseits versagt. Doch Männer in anderen Berufsfeldern müssen den Eindruck haben, daß sie die Sache fest im Griff haben und daß sie in der durch und durch männlichen Disziplin des Streitens gewandt genug sind, um den anderen Mann dazu zu bringen, ihnen *zuzuhören*. Daß der andere Mann dem Gehörten nicht zustimmt, ist ein erwarteter Aspekt männlicher Rivalität. Wie Leslie es formulierte:

»Ich versuche nicht immer, den anderen zu überzeugen, aber ich will, daß meine Auffassung vom anderen registriert wird. Es ist eher Teil eines allgemeinen Feldzugs, nicht eine Schlacht, sondern ein Krieg.«

Männer haben an ihrem Arbeitsplatz oft das Gefühl, auf einem Schlachtfeld zu agieren oder vielleicht sogar einen Guerillakrieg zu führen. Jack schreibt:

»Der Computer ist für meine Arbeit sehr wichtig, und deshalb werde ich sehr böse, wenn er nicht so funktioniert, wie ich und andere es von ihm erwarten. Wenn sich also die Gelegenheit ergibt, anderen klarzumachen, welche Probleme es gibt und was meiner Meinung nach dagegen getan werden müßte, dann sage ich etwas. Es ist eine ständige Zermürbungskampagne.«

Hank, ein amerikanischer Soziologe, verbindet Bilder aus der Boxersprache mit solchen aus der Welt des Verkaufens:

»Es ist leichter, einen Gegner k. o. zu schlagen, wenn man ihn dazu bringt, eine extreme Karikatur seiner eigenen Position zu verteidigen. Das Ziel ist, dein eigenes Argument zu verkaufen und das des anderen abzuschmettern. Deshalb habe ich keines seiner Argumente anerkannt. Diesen Kampf habe ich nicht verloren.«

Dieser aggressive Ansatz muß hin und wieder die Kommunikation erschweren. Paul berichtet, daß er in dem Streit natürlich die Oberhand gewann:

»Die Einfachheit meiner Argumentation – er dagegen käute lediglich Propaganda wieder.«

Donald hat eine ähnlich kurze und dogmatische Erklärung für einen zornigen Meinungsaustausch über »Ressourcen« zur Hand:

»Weil ich recht hatte! Es war ein Disput, keine Diskussion.«

Wenn Männer im Zusammenhang mit einem Projekt, an dem sie als Gruppe gemeinsam arbeiten, zu einer Einigung kommen müssen, kann persönliche Rivalität zwar immer noch eine Rolle spielen, aber viele Männer halten sich, zumindest in den angelsächsischen Ländern, ihre Fähigkeit zur Teamarbeit zugute. Als Colin vergeblich versuchte, seine Kollegen zu überzeugen, »den Hintergrund eines Computerbildschirms mit etwas Farbe zu unterlegen«, war der Streit wichtig, aber er verlief in gemäßigten Bahnen:

»Ich habe versucht, (aus meiner Sicht) eine Verbesserung in der Qualität unserer Arbeit vorzuschlagen. Über ästhetische Vorlieben läßt sich praktisch nicht streiten – warum hat jemand Grau lieber als eine gedämpfte Farbe?«

Ähnlich berichtet Max über einen wichtigen, wenn auch gemäßigten Streit mit einem Kollegen »über eine auf die Arbeit bezogene Angelegenheit«. Er hatte den Eindruck, sich durchgesetzt zu haben, weil

»... es kein wirkliches Gegenargument zu dem gab, was ich vorgetragen hatte. Ich habe mich auf einen Streit eingelassen, weil ich das Gefühl hatte, daß der Widerstand meines Kollegen sehr irrational und unproduktiv war. Die Streitfrage an sich war belanglos, aber die zugrundeliegende irrationale Haltung machte die Sache knifflig. Betrachten Sie es als einen Schlag gegen die Entropie!«

Bei den meisten Berichten über Auseinandersetzungen mit anderen Mitgliedern eines Teams läßt sich dann, wenn diese anderen nicht überzeugt sind, eine gewisse Distanziertheit beobachten. Obwohl sie berichten, daß der andere »hörte, was gesagt wurde«, müssen sie auch erläutern, warum der andere nach wie vor anderer Meinung war. Das wird gewöhnlich mit irgendeinem Mangel in der anderen Person begründet (»Er war irrational«) oder mit Hilfe der Behauptung, daß man mit Logik ohnedies nichts ausrichten konnte (»Wer kann schon über ästhetische Vorlieben streiten?«). Wenn die Auseinandersetzungen erfolgreich verliefen, hatte der Tagebuchschreiber vielleicht das Gefühl, er müsse betonen, daß die Einigung am Ende seinen Fähigkeiten zu verdanken war. Wie Vic es ausdrückte:

»Es war harte Arbeit, da ich den Berührungspunkt nicht gleich erkannt habe.«

Natürlich stellen Männer in vielen Fällen gute, freundschaftliche Beziehungen an ihrem Arbeitsplatz her, insbesondere dann, wenn sie viel Zeit haben, ihre Zusammenarbeit und das Teamwork zu entwickeln. Je mehr zwei Männer, die miteinander streiten, voneinander wissen und je sympathischer sie sich sind, desto leichter ist es für beide, das Risiko einzugehen, in einem Streit der Unterlegene zu sein, ohne das Gefühl zu haben, das Gesicht zu verlieren. Es ist sicherlich auch von Vorteil, wenn Männer diejenigen, mit denen sie in einem Team arbeiten müssen, selbst auswählen können. Die Mitglieder des Amadeus String Quartet sind seit 1948 zusammen, und dazu wird der Erste Violinist Norbert Brainin so zitiert:

»Von Anfang an bestand die größtmögliche Sympathie und Übereinstimmung.«[57]

Doch ihre harmonische Beziehung bedeutet nicht, daß sie nicht miteinander streiten müßten. In einem Interview mit Bernard Levin von BBC TV im Jahre 1981 wurde Brainin gefragt, was passiert, wenn Mitglieder des Quartetts vollkommen unterschiedliche Ansichten darüber haben, wie ein neues Musikstück interpretiert werden soll. Brainin erwiderte:

»Man streitet so lange, bis man sich einig ist. Eine andere Möglichkeit gibt es nicht. In einem Quartett kann es keinen Mehrheitsbeschluß geben, man kann kein Mitglied zwingen, etwas Bestimmtes zu tun.«[58]

Es liegt auf der Hand, daß eine kleine Gruppe, die nur aus vier miteinander musizierenden Leuten besteht, Probleme hätte, wenn sie nicht letzten Endes eine Einigung erzielte. Doch gibt es durchaus auch Männer, die an ihrem Arbeitsplatz direkte Konfrontationen meiden werden. In den Berichten vieler Männer zeichnet sich ein deutliches Muster von Rivalität und sogar Guerillakämpfen ab. Doch was auf die große Mehrheit zutrifft, gilt nicht unbedingt für den einzelnen. Für manche Männer können Verhandlungen mit denjenigen, mit denen sie zusammenarbeiten müssen, stillschweigenden Widerstand bedeuten.

Was tut man, wenn man sich mit einem Kollegen darüber einigen muß, wie man sich einer bestimmten Situation stellt? Ich fragte Brad, einen hochgewachsenen, stillen Mann, der für einen bedeutenden Mischkonzern in Amerika eine große Papierfabrik leitet:

»Ich höre zu und entscheide dann.«

Er hatte also jene alltäglichen Situationen vor Augen, in denen er letztlich das Sagen hat. Was hält er von Verhandlungen und Unstimmigkeiten mit Leuten, die in anderen Bereichen der Firma auf derselben Ebene tätig sind wie er? Brad war nicht imstande, darauf etwas zu erwidern, und auf mein Drängen hin scherzte er: »Bitte, bringen Sie mich nicht in Schwierigkeiten!«

Brad ist ein erfolgreicher und mächtiger Mann in seiner Gemeinde, in der er der größte Arbeitgeber ist, aber die Aggressivität, die wir bei manchen Männern angetroffen haben, scheint irgendwie nicht zu seinem Wesen zu passen. Einige Männer werden es, wann immer sie können, vermeiden, unangenehm zu werden. Gerry schrieb:

»Manchmal habe ich bemerkt, daß wir Gefahr liefen, uns in einer potentiell emotionalen Situation festzubeißen, und dann habe ich ganz bewußt abgelenkt, um einen Bogen darum zu machen. Dies geschah nur dann, wenn ich definitiv starke negative Kräfte am Werk sah und eine offenkundige und sicherlich vermeidbare Situation, in der es nur Verlierer geben konnte.«

Diese Männer bilden zwar eine Minderheit, aber möglicherweise eine bedeutsame, wenn sie, wie Gerry es nahelegt, damit befaßt sind, Situationen zu vermeiden, in der beide Parteien nur verlieren können. Doch manche Männer, die Streit aus dem Weg gehen, können gefährliche politische Gegner sein und sich der Spionage und Sabotage bedienen. Bill erzählte mir, was geschah, als in seinem Betrieb ein neuer Mann ans Ruder kam:

»Ich fragte einen Kollegen, was er über die Veränderungen dachte, mit denen wir uns konfrontiert sahen. Er sagte: ›Das weiß ich erst, wenn ich mit Andy gesprochen habe‹ (das ist unser Boß). Ich dachte, wie merkwürdig, keine Meinung zu haben, bevor einem jemand gesagt hat, was man denken soll. Aber ich war wirklich naiv. Er wollte sichergehen und herausfinden, welche politische Linie die richtige war, während ich rundheraus sagte, was ich dachte. Er kommt nun zügig voran, und ich bin der Dumme. Ich habe in letzter Zeit beobachtet, daß er eigentlich nie irgend etwas *sagt*, nur mit jedermann herumblödelt und dabei aushorcht, was der andere denkt, und das nutzt er dann für seine eigenen Zwecke. Ein wirkliches Aas. Er sammelt Punkte, während wir alle auf der Ersatzbank sitzen.«

Metaphern aus der Welt von Spiel und Sport wie diese werden häufiger benutzt, wenn Männer über Arbeit im allgemeinen sprechen. In einem ungezwungenen Gespräch sagen Männer Dinge wie:

»Meine Spieltaktik besteht darin ...« (Mike)

»Ich stellte fest, daß man mich tatsächlich ausgespielt hatte ... Konnte nichts machen.« (John)

»Ich war nicht am Ball ...« (Chris)

»Das war so was wie ein Eigentor ...« (Frank)

Dies sind alles Bilder aus Mannschaftsspielen, was vielleicht erklärt, warum sie nicht gleichfalls in den Erklärungen der Männer für Auseinandersetzungen vorkommen. »Ausgespielt haben« oder »nicht am Ball sein« werden als Elemente der besonderen Situation, aber nicht des Streits an sich angesehen. Wenn dagegen Unstimmigkeiten das zentrale Thema sind, fallen ihnen Spiele und Sportarten ein, bei denen der einzelne für sich allein kämpft: Für den oben zitierten Hank war es das Boxen, und für Julian war es Schach. Julian erzählte mir:

»Mit Kollegen herumzumanövrieren ist wie Schachspielen. Man stellt sich zunächst nicht auf die direkte Konfrontation ein. Man muß erst seine Position aufbauen, bevor man zum Angriff übergeht.«

Bei Streitigkeiten zwischen Männern am Arbeitsplatz geht es hauptsächlich um Konkurrenz. Sie können Unstimmigkeiten als Kämpfe um die Macht oder als Krieg auffassen. Innerhalb von Teams kommt es zu einem Konflikt zwischen dem Wunsch des einzelnen, zu gewinnen, und seinem Wunsch, ein guter Teamspieler zu sein. Auch wenn im Machtkampf nicht jedes Mittel recht ist, neigen Männer, die nicht in einem Team zusammenarbeiten, dazu, sich selbst in Konkurrenz zu anderen Männern zu sehen, die mit Guerilla-Attacken, hinterhältiger Sabotage und mit allerlei Winkelzügen um den eigenen Vorteil kämpfen.
Es hat den Anschein, als wäre der Arbeitsplatz für viele Männer ein sehr ungemütlicher Platz.

28

Streit vor vollen Bänken

Die Tücken von Ausschüssen

Vorsitzender: »Das ist ein ausgezeichneter Vorschlag, Miss Triggs. Vielleicht möchte einer der hier anwesenden Herren ihn unterbreiten?«[59]

Wenigen Leuten, die an Ausschußsitzungen teilnehmen, wird das Körnchen Wahrheit in diesem Witz entgehen. Die Soziologin Cecilia Ridgeway berichtete 1993 vor der American Association for the Advancement of Science, daß Männer, wenn eine Frau versucht, bei einer Sitzung die Führung zu übernehmen, deutlich zu erkennen geben, daß sie sich unwohl fühlen. Sie sehen sie nicht an und schenken ihr keine Aufmerksamkeit. Der Versuch einer solchen Frau, »ihren Status zu ändern«, ist zum Scheitern verurteilt.[60] Je mehr eine Frau versucht, ihre Meinung offen zu sagen, desto schwieriger wird es für sie, sich Gehör zu verschaffen. Vorschläge werden mit Schweigen quittiert und, wenn es sich um gute Ideen handelt, später wieder aufgegriffen und so präsentiert, als stammten sie von einem Mann.

Warum ist das so? Grenzen Männer Frauen mit Absicht aus? Klauen sie bewußt Ideen und geben sie als ihre eigenen aus? Obwohl dies zweifellos hin und wieder geschieht, halte ich es für sehr unwahrscheinlich, daß sich ein solch weitverbreitetes Verhaltensmuster auf rein selbstsüchtige oder boshafte Motive zurückführen ließe. Diese Reaktion auf die kompetente Frau trifft man in der ganzen Welt an. Sie können leicht vergessen, wo eine Idee in Ihrem Kopf ursprünglich herstammt, wenn nur das Motiv mächtig genug ist. Und das Motiv ist tatsächlich sehr mächtig. Die Bereitschaft von Männern, Frauen aus dem Entscheidungsfindungsprozeß auszuschließen, wo immer das möglich ist, und ihre Unfähigkeit zuzuhören, wenn eine Frau »wie ein Mann«, also logisch und rational, spricht, sind unbewußte Versuche, ihre eigene Sicht der Welt zu schützen. Meiner Auffassung nach reagiert jeder Mann instinktiv so, wenn er sein Selbstwertgefühl bedroht sieht. Wir sind wieder einmal bei unserer Arbeitsteilung angelangt, der zufolge die Entscheidungsfindung ein männliches Vorrecht ist.

Manche Leute meinen, das Problem sei nicht so sehr strukturell bedingt (weil die Macht in den Händen von Männern liegt), sondern hänge vielmehr damit zusammen, daß weibliche Stimmen im wahrsten Sinn des Wortes kaum vernehmbar sind. Caroline, 26, Anwältin in der Londoner City, erzählte der Journalistin Hester Lacey:

»Männer versuchen, über einen hinwegzureden. In einer Gruppensitzung muß man sich immer aufs neue wiederholen. Es liegt nicht an den logischen Fähigkeiten – man muß sein Argument durchziehen und darf sich nicht niedermachen oder überfahren lassen. Wenn ich versuche, Autorität auszustrahlen, senke ich meine Stimme, denn sie scheinen sich auf eine erhobene Stimme einfach nicht einstellen zu können.«[61]

Anna, die Verwaltungsangestellte, deren Kollege ihr schlichtweg den Rücken zukehrte, als sie versuchte, ein Problem zu lösen, sagte:

»Ich bin jetzt sehr darauf bedacht, Ruhe zu bewahren, langsam zu sprechen – mich niemals auf ein verbales Gerangel einzulassen, auch wenn alle sechs Männer im Büro gleichzeitig reden, weil ich weiß, daß man mich nicht einmal hören würde. Statt über den Lärm hinwegzuschreien, scheint es wirksamer zu sein, noch leiser zu sprechen – wenn sich die Leute anstrengen müssen, um einen zu hören, werden sie von selbst ein wenig leiser.«

Doch ein Akademiker männlichen Geschlechts erzählte mir, daß man Frauen bei Sitzungen deshalb nicht zuhören würde, weil sie die Neigung hätten, so leise zu sprechen, daß niemand sie hören könnte! Es mag sehr wohl ein Problem mit der Tonhöhe und der »Einstellung« geben: Das menschliche Gehirn ist so angelegt, daß es ankommende Informationen filtert, damit wir uns nur auf das konzentrieren, was wichtig ist. So wie eine Mutter das leiseste Gewimmer ihres Neugeborenen hört, das andere nicht vernehmen, sind Männer bei

Sitzungen auf andere Männer eingestellt, weil ihre Meinungen für sie von Bedeutung sein könnten. In diesen Situationen geht so viel vor sich, daß das Ausfiltern unwichtiger Informationen vor Überlastungen schützen kann. Und wie wir bereits gesehen haben, wird von männlichen Kollegen häufig als unwichtig eingestuft, was eine Frau zu sagen hat.

Ich unterhielt mich einmal mit Lesley Riddoch, als sie noch stellvertretende Chefredakteurin des *Scotsman* war. Bei Redaktionskonferenzen war sie sehr oft die einzige Frau unter dreizehn Journalisten, obwohl sich gelegentlich ein oder zwei der wichtigsten Journalistinnen zu ihr gesellten. Sie erzählte mir:

»Ich habe jedes Mal, wenn ich eine andere Möglichkeit sah, neu anzusetzen, deutlich meine Meinung gesagt, aber sie wollen davon nichts wissen. Wie Sie sehen können, haben sie eine festgefügte Meinung über Nachrichten und das Ganze bereits gelöst, und dann kommt diese Frau daher und schlägt den Leuten vor, die Dinge anders zu machen. Sehr oft klingt es so, als würde man einen idealistischen Ansatz präsentieren, wenn man doch eigentlich nur vorschlägt, daß sie andere Kontakte herstellen und mit anderen Leuten sprechen sollten. Theoretisch sollten sie mehr herausfinden wollen, aber sie lieben ihre ausgetretenen Pfade und wollen keine neuen Ideen.«

»Idealistisch« zu sein, was in der Männersprache soviel wie »unrealistisch« sein bedeutet, ist ein weiterer Kritikpunkt, der Frauen entgegengehalten wird, die Gedanken äußern, die unbequeme Veränderungen – in der Art zu handeln oder zu denken – mit sich bringen könnten. Doch Riddoch gelang es, ihren Boß zu überreden, ihre revolutionäre Idee aufzugreifen und für eine Sonderausgabe mit dem Titel *Scotswoman* zum Internationalen Frauentag am 6. März 1996 sämtliche redaktionellen Entscheidungen Frauen zu überlassen. Frauen können Einfluß nehmen, vor allem bei ihren Vorgesetzten, die in der Regel an ihre Kompetenz und Intelligenz glauben. Doch dieser Einfluß wird in Ausschüssen, wo es Frauen schwerfällt, sich Gehör zu verschaffen, sehr weit zurückgedrängt.

Die Anwältin Caroline fügte hinzu:

»Männer glauben, es sei kein Problem. Sie glauben, die Schlacht sei für die Frauen vorüber und die Frauen hätten sie gewonnen – wenn man seine Stelle behalten möchte, spricht man am besten nicht darüber.«

Wirklich? Riskiert man tatsächlich, seinen Job zu verlieren, wenn man darauf hinweist, daß Männer nicht bereit zu sein scheinen zuzuhören? Viele Frauen erzählten mir Dinge wie:

»Männer wollen nicht mit einer Ruhestörerin arbeiten, deshalb lernt man, sich bewußt im Hintergrund zu halten und nicht zu klagen.« (Ellie, 34, im Marketing tätig)

»Es ist besser, mit den Leuten zurechtzukommen. Männer mögen es nicht, wenn Frauen über Dinge jammern, die sie für ungerecht halten. Ich versuche, keinen Ärger zu machen.« (Rosemary, Verwaltungsangestellte)

Und noch schlimmer: In einer TV-Sendung über sexuelle Belästigung sagte die Anwältin Barbara Hewson:

»Niemand möchte mit einer Unruhestifterin zusammenarbeiten. Wer sich öffentlich über eine Belästigung beschwert, sagt seiner Karriere ade.«[62]

Unruhestiften ist ein stets wiederkehrendes Motiv. Selbst Nancy, eine reife und wohlhabende Amerikanerin, die aus einer vornehmen republikanischen Familie stammt und von der Partei ausgezeichnet wurde, sagte mir: »Ich bin keine Ruhestörerin. Ich bin nur für meine guten Werke belobigt worden.« Nancy erzählte mir, daß sie ein »Mensch mit Ideen« sei:

»Vor den Sitzungen habe ich dem Vorsitzenden meine Vorschläge mitgeteilt. Er präsentierte sie dann als seine eigenen. Am Ende schien es nicht viel Sinn zu machen, daß ich noch leibhaftig an den Sitzungen teilnahm. Ich sagte ihm nur, was ich dachte, und viele meiner Ideen wurden akzeptiert.«

Dies gehört zum Image der »grauen Eminenz« oder der »Macht hinter dem Thron« – eine Rolle, die Frauen Jahrhunderte lang gespielt haben, mit der sich aber heute immer weniger Frauen zufriedengeben. Da Nancy auch behauptete, als Frau in der männlichen Welt der Politik niemals irgendeiner Art von Vorurteil begegnet zu sein, wandte ich ein, daß sie damit in meiner Forschung einzigartig dastehe, und fragte sie, ob dies nicht vielleicht doch etwas mit der Macht zu tun haben könnte, die dem Reichtum entspringt? Sie aber war anderer Ansicht:

»Das hat nichts damit zu tun. Männer bekommen Millionen von den Networks, aber Frauen kommen gar nicht erst so nah heran. Ich bin sehr direkt gegenüber Männern, ich bin kein süßes Kätzchen. Sie wissen, was ich damit sagen will? Aber ich bin sehr feminin und widere Männer nicht gerade an. Ich belästige die Leute nicht, ich erledige nur meinen Job. Sie respektieren mich.«

Wenn eine Frau wirklich bestrebt ist, Männer zu beeinflussen, dann muß sie, wie die amerikanische Psychologin Linda Carli herausfand, vermeiden, »wie ein Mann aufzutreten«. Sie muß ihre Bemerkungen vielmehr in herzerwärmende, selbstherabsetzende Phrasen kleiden: »Ich bin mir nicht ganz sicher, aber ...« oder: »Ich habe vielleicht unrecht ...« – ebenjene Phrasen, die wir Frauen nicht verwenden sollten, weil sie uns so inkompetent erscheinen lassen. Männer werden bestätigen, daß eine Frau, die unverbindliche Sprachmuster vermeidet, kompetenter klingt, dies jedoch offensichtlich keinen Einfluß auf den Wert hat, den sie ihren Worten beimessen. Um ihr zuzuhören, müssen sie sie sympathisch finden und dürfen sich nicht von ihr bedroht fühlen.
Auf der Jahresversammlung der American Association for the Advancement of Science 1993 sagte Carli: »Frauen, die ein ihrem hohen Status entsprechendes Verhalten an den Tag legen, werden auf eine männliche Zuhörerschaft bedrohlich wirken, wenn sie nicht gleichzeitig zu erkennen geben, daß sie nicht beabsichtigen, sich des männlichen Status zu bemächtigen.«[63] Diese Verhaltensweise bringt es mit sich, daß frau laut, schnell und mit Überzeugung und mit häufigen Blickkontakten spricht. Wie wir wissen, glauben viele Forscher und Managementberater, daß Frauen lernen sollten, bestimmter aufzutreten, ihren von Selbstmißbilligung geprägten Kommunikationsstil so zu ändern, daß sie sachkundiger und kompetenter klingen. Aber Carli hat festgestellt, daß diese Empfehlung für Frauen, die bestrebt sind, ihre Ideen durchzusetzen, einen weiteren Nachteil bedeuten kann. Frauen, die »kenntnisreich, kompetent, selbstsicher und intelligent« klingen, werden von Männern als »unsympathisch, arrogant und bedrohlich« betrachtet.
Das ist eine weitere Variation des altbekannten Musters: Von Frauen wird erwartet, der Arbeitsteilung zwischen den Geschlechtern auch insofern zu entsprechen, als sie, wenn sie sich auf einen Streit einlassen müssen, dies auf eine »frauliche« Art und Weise tun sollten. Eine Leserin meinte, dies widerspräche meiner Forschung – und tatsächlich widerspricht es dem, was Frauen generell von sich behaupten, nämlich, daß sie mit Bestimmtheit argumentieren. Aber wenn man Frauen beobachtet, die erfolgreich mit Männern streiten, wird man

erkennen, daß sie sich in der Regel sehr wohl darüber im klaren sind, daß sie Frauen sind, die es mit Männern zu tun haben, und daß sie dies ihrem Gegenüber auch signalisieren. Herabsetzende Floskeln werden zwar von einigen verwendet, aber frau bedient sich mit Vorliebe einer sanften, freundlichen Stimme, und manche der gewieftesten Unterhändlerinnen verbergen ihr stählernes Wesen hinter einer warmherzigen und gütigen Maske. Dies ist eine milde Variante des Geschlechterkampfes, auf die sich wohl die meisten Frauen von Zeit zu Zeit einlassen. Angesichts der Belohnungen und Bestrafungen, die mit diesen vermeintlich »männlichen« und »weiblichen« Sprechweisen assoziiert werden, sollte es uns kaum erstaunen, wenn Linguistinnen wie Deborah Tannen in Amerika und Jennifer Coates in Großbritannien Unterschiede in der Art entdeckt haben, wie Frauen und Männer kommunizieren.[64]

Redewendungen, mit denen Frauen sich selbst herabsetzen, und eine sanfte, freundliche Stimme kommen im Kontext einer Ausschußsitzung weniger gut zur Geltung, und selbst wenn Frauen diese Signale in direkten Verhandlungen mit Kollegen eingeübt haben, müssen sie vielleicht feststellen, daß sie bei öffentlichen Sitzungen nach wie vor ignoriert werden. Eine winzige Minderheit von Frauen oder gar eine einzelne Frau wird in einer großen Gruppe von Männern immer als Minderheit wahrgenommen, was die Solidarität der männlichen Gruppe stärkt. Da die Selbstmißbilligung wahrscheinlich für bare Münze genommen wird, entwickeln Frauen womöglich unterschiedliche Techniken, um damit umzugehen. Eine einzelne Frau zu sein, kann in der Tat in einen Vorteil umgemünzt zu werden, und dies machte sich, wie wir gesehen haben, gerade Margaret Thatcher zunutze. Aber einer kleinen Minderheit anzugehören, erweist sich gewöhnlich als Nachteil. Einerseits ist der Boß einer Frau wahrscheinlich geneigt, zu ihren Gunsten zu handeln, andererseits werden sich männliche Kollegen wahrscheinlich miteinander verbünden, um jede Frau zu schwächen, die ihnen als Bedrohung erscheint, und sie wird höchstwahrscheinlich dann als gefährlich angesehen werden, wenn sie ihre Kompetenz herausstreicht und vergißt, Wärme auszustrahlen.

Nicht alle Frauen haben das Gefühl, daß bei Sitzungen über ihren Kopf hinweg geredet wird oder daß sie übergangen werden. Jessica, eine amerikanische Erbin von Reichtum und Macht, sagte mir, daß sie die Hauptthese meines Buches, nämlich, daß Frauen in vielen Situationen wegen der Erwartungen an die Geschlechterrolle benachteiligt würden, nicht verstehe: Im großen und ganzen habe sie niemals das Gefühl gehabt, daß die Männer ihr nicht zuhörten. Sie sagte:

»Ich habe bei den Vorständen, in denen ich vertreten bin [und das sind viele], öfters Vorschläge eingereicht. Das sind Geschäftsleute; sie sind daran gewöhnt, über Ideen nachzudenken. Es gab wohl eine Debatte über das Für und Wider, aber so etwas wie Miss Triggs habe ich nie erlebt. Ja, ich habe fast das Gefühl, daß sie mir, als Frau, mehr zuhörten, ja, mir mehr Respekt zollten. Als Frau stach ich irgendwie hervor.«

Aber es stellte sich heraus, daß sie wahrscheinlich politisch viel bewußter ist als die Frauen, die sich darüber beklagen, daß man ihnen nicht zuhört. Denn im Verlauf unserer weiteren Unterhaltung berichtete sie mir über ein bestimmtes Projekt, bei dem sie, als Vorsitzende eines Gemeindeausschusses, einige Schulkrankenschwestern berufen wollte, während die Verwaltung meinte, das Geld würde dafür nicht ausreichen.

»Es bedeutete harte Arbeit, eine Menge Telefonate und viel Hin und Her, um die Sache richtig hinzukriegen. Am Ende kam es zur offenen Abstimmung, und ich übernahm das Kommando und hatte ziemlich viel Einfluß auf den Ausgang der Sache.«

Offene Abstimmung? Sie blickte so erstaunt drein, als wäre ich eine völlige Ignorantin, was sich als zutreffend erwies.
Ich weiß, daß hinter den Kulissen Lobbyarbeit betrieben wird, aber mir war nicht klar, daß die politisch wirklich klugen Leute die ganze Diskussion durchziehen, bevor eine Angelegenheit überhaupt erst »ausschußreif« wird. Und die Auseinandersetzung hinter den Kulissen zu führen, bedeutet sehr oft, daß die weiblichen Mitglieder eines Ausschusses überhaupt nichts mitbekommen. So manche gemeinsame Entscheidung kommt in der Herrentoilette zustande, und oft muß die Meinung einer Frau erst dann angehört werden, wenn sie den Ausschußvorsitz innehat. Wir könnten dieses Aushandeln hinter den Kulissen, das Männer in Gruppen betreiben, mit ihrer Einstellung gegenüber solchen Frauen konfrontieren, die versuchen, »Seilschaften« zu bilden. Dies mag einfach im Interesse gegenseitiger Unterstützung erfolgen, doch bisweilen kann es ihnen auch helfen, ihr Verhalten im Ausschuß zu koordinieren:

»Frauen, die sich zusammenschließen und versuchen, innerhalb eines Betriebes ein Netzwerk aufzubauen, erleben, daß man sie als ›Kaffeeklatschtanten‹ oder ›Nähkränzchen‹ bezeichnet, und einzelne werden beiseite gezogen und gewarnt, sich nicht mit dem ›Hexenzirkel‹ einzulassen.« (Cathy Cassell, Betriebspsychologin)[65]

Gewiß ist es sinnvoll, vor einer Sitzung die Meinung anderer zu erkunden. Ja, manche erfolgreiche Männer würden niemals eine neue Idee vorstellen, ohne zuvor mit Sicherheit zu wissen, wie sie aufgenommen wird, und andere halten mit ihrer Meinung auch dann hinter dem Berg, wenn man sie direkt danach fragt. In einem der Sommerkurse, die ich an der Universität Oxford abhielt, diskutierten wir 1996 am Beispiel der USA über Einstellungen gegenüber Frauen am Arbeitsplatz (alle Studenten kamen aus den Vereinigten Staaten). Ein erfolgreicher Geschäftsmann, der auch dann meistens stumm blieb, wenn er zu einer Stellungnahme gedrängt wurde, kam hinterher zu mir und sagte:

»Ich wollte die Zeit nicht mit meinem Beitrag vergeuden, aber nach meiner Erfahrung in der Industrie …«

Dann kam er mit nützlichem, relevantem Material, das die ganze Klasse interessiert hätte. Als ich ihn fragte, ob dies die Art sei, wie er gewöhnlich seine Ansichten darlege, sagte er:

»Normalerweise würde ich Sie beiseite nehmen und sehen, wie Sie reagieren. Keine Sitzungszeit verschwenden.«

Frauen wird häufig der Vorwurf gemacht, sie würden »Zeit mit unbedeutenden Sachen verplempern«, und wenn sie mit einem neuen Gesichtspunkt kommen, sagt man ihnen vielleicht: »Dafür haben wir jetzt keine Zeit.« Meiner persönlichen Erfahrung nach können Frauen im Hinblick auf die Betriebspolitik auch recht naiv sein. Ich erinnere mich, daß ich einmal versucht habe, mit einer Frau darüber zu diskutieren, wie wir in einem Ausschuß eine entscheidende Debatte über die Zukunft eines Projekts angehen könnten, von dessen Wert wir hundertprozentig überzeugt waren. Sie erhob Einwände:

»Wir sollten nicht so reden. Das sieht so aus, als würden wir etwas aushecken.«

Gehörig gescholten, nahm ich von dem Plan Abschied, die anderen Mitglieder des Ausschusses zu kontaktieren, von denen ich mit einiger Sicherheit annahm, daß sie die von mir vorgeschlagene Aktion unterstützen würden. Hier gab es also kein Gemauschel. Doch es stellte sich heraus, daß unsere Gegner keineswegs dieselben Skrupel hatten und ihrerseits extensive Lobbyarbeit betrieben.

Doch Ausschüssen wohnt eine sehr merkwürdige Dynamik inne, und die Handlungen der Mitglieder werden ebenso von unfaßbaren, unsichtbaren Einflüssen wie von offenkundigeren Zwängen gelenkt. Zufällig handelte es sich bei diesem Ausschuß um eine Rarität – er war nämlich paritätisch mit Frauen und Männern besetzt. Am Tag der Zusammenkunft saß ich nahe dem einen Ende des ovalen Tisches und der Führer der gegnerischen Partei (ein Mann) mir fast diagonal gegenüber. Die Leute tröpfelten wie üblich langsam herein, aber allmählich wurde der Tisch voll, denn es hatte sich niemand abgemeldet. Als letztes kam eine Frau herein, die zögerte und sich nicht auf den Stuhl setzte, der neben meinem männlichen Opponenten für sie freigehalten worden war. Sie ging vielmehr um den halben Tisch herum, fand einen unbesetzten Stuhl und gesellte sich zu uns, die wir am anderen Ende des Tisches saßen. Ich stellte plötzlich fest, daß alle Frauen sich ohne irgendeinen vorgefaßten Plan oder auch nur eine bewußte Absicht auf der einen Seite versammelt hatten, sämtliche Männer auf der anderen. Die Lobbyarbeit hatte alle Ausschußmitglieder zu dem Schluß gebracht, daß die Angelegenheit Teil des Kampfes der Geschlechter sei, und deshalb bezogen sie entsprechend Aufstellung.

Hinterher tranken wir zusammen Kaffee, eine größere Gruppe von Frauen als üblich, und wollten eine neu entdeckte Solidarität gegenüber den vereinten Kräften der Opposition feiern. Allerdings meinte eine aus unserer Gruppe, sie fürchte, es würde so aussehen, als hätten wir gemauschelt, wovor wir uns doch so sorgfältig gehütet hatten. Unsere Feier war nur möglich, weil wir zahlenmäßig genauso stark waren wie die Männer, und allein schon diese Stärke unserer vereinten (ungeplanten) Front reichte aus, um den einen oder anderen Mann davon zu überzeugen, daß unsere Sache Unterstützung verdiente. Diese Geschichte unterstreicht vielleicht, warum es für viele Männer so wichtig ist, Zahlengleichheit zu vermeiden, wenn es um Entscheidungen geht.

Wenn der Krieg der Geschlechter als solcher explizit gemacht wird, möchten viele Männer lieber nichts damit zu tun haben. Doch Ausschüsse sind nicht so sehr Arenen, in denen Entscheidungen getroffen werden, sondern vielmehr »potente Formen sozialer Kontrolle«.[66] Wenn echte Diskussion und Unstimmigkeiten geheimgehalten werden, besteht in Ausschüssen ein enormer Zwang, ein Gefühl der Zusammengehörigkeit aufrechtzuerhalten und auf das zu vertrauen, was der Psychologe Irving Janis *Gruppendenken* nennt. Der Wunsch nach Einmütigkeit verhindert eine gründliche Diskussion und eine realistische Würdigung alternativer Vorgehensweisen. Das Konzept des Gruppendenkens ist schon oft zur Erklärung von Fehlentscheidungen herangezogen worden, etwa bei der Frage, wie eine Gruppe von intelligenten Männern zu einer so katastrophalen Entscheidung wie im Fall des US-Fiaskos in der kubanischen Schweinebucht gelangen konnte.[67] Offensichtlich kann der Druck, mit dem übereinzustimmen, was die Mehrheitsmeinung zu sein scheint, Individuen selbst bei einfachen Entscheidungen überrollen.

Eine Frau lieferte einen detaillierten Bericht über eine Vorstandssitzung, bei der das Szenario des Geschlechterkriegs ein überraschendes Ergebnis zeitigte. Ihre Berufsorganisation war aufgefordert worden, einen Vertreter zu benennen, der in einem Ausschuß sitzen sollte, in welchem die Richtlinien der Politik bestimmt werden, und Namen und Lebensläufe ausgewählter Kandidaten machten unter den Vorstandsmitgliedern die Runde. Der Schriftführer, der den Antrag stellte, hatte bemerkt, daß die gegenwärtigen Mitglieder des die Richtlinien bestimmenden Ausschusses in ihrer Mehrheit weiß und männlichen Geschlechts waren, so daß ihnen besonders eine farbige Person und/oder eine Frau willkommen sein würde, die dazu beitragen könnte, eine ausgewogenen Perspektive herzustellen. Da trat eine starke Kandidatin auf den Plan: eine Frau asiatischer Herkunft, mit nützlichen Erfahrungen auf dem betreffenden Gebiet.

Es entspann sich eine Diskussion, in deren Verlauf klar wurde, daß einige Leute den starken Wunsch verspürten, einen Mann zu benennen, der »uns allen gut bekannt ist«. »Wer kennt diese Frau?« wurde der Vorstand gefragt. »Wie können wir also jemanden berufen, dem wir noch nie begegnet sind?« Eine der wenigen anwesenden Frauen legte dar, daß (a) ihre Referenzen dem Vorstand wohlbekannt seien, (b) die Tatsache, daß man jeden Kandidaten persönlich kennen müsse, unweigerlich bedeuten würde, daß auf sämtliche Posten immer dieselben Leute berufen würden, und (c) wenn dies ein wichtiger Punkt sei, warum fordere man sie dann nicht auf, sich dem Vorstand vorzustellen? »Diese Unbekannte zu wählen, nur weil sie keine weiße Hautfarbe hat und kein Mann ist, würde bedeuten, eine ungehörige Diskriminierung zu praktizieren.« Die Debatte wurde hitzig, der Schriftführer sagte, es müsse sofort zu einer Entscheidung kommen, und der Vorsitzende sagte, es sei Zeit für eine Abstimmung. Ein Mann schlug vor, daß die Abstimmung geheim durchgeführt werden sollte, und dafür gab es allgemeine Zustimmung. Die Frauen sahen einander an und zuckten die Achseln. Schon wieder eine verlorene Schlacht. Als die Stimmen ausgezählt wurden, stellte sich heraus, daß die Kandidatin gewonnen hatte. Das war für alle eine Überraschung. Wie war es dazu gekommen, und warum war dann überhaupt eine geheime Abstimmung nötig gewesen?

Meine Interpretation geht dahin, daß die meisten Geistesarbeiter den Gedanken, daß sie selbst in irgendeiner Weise mit Vorurteilen behaftet sein könnten, weit von sich weisen. Sie sind sich oft der Diskriminierungen aufgrund des Geschlechts und der Rasse schmerzlich bewußt, und selbst wenn es ihnen nicht immer gelingt, ihre unbewußten, aber festgefügten Vorstellungen mit Stumpf und Stiel auszumerzen, werden sie, wenn sie auf bestimmte Probleme aufmerksam gemacht werden, jede Anstrengung unternehmen, sich korrekt zu verhalten. Gleichzeitig wollen sie in einer Angelegenheit, die für sie persönlich keine große Bedeutung besitzt, nicht so dastehen, als würden sie sich gegen die Mehrheitsmeinung stemmen. Das heißt, die Sache war für die meisten der mehr als zwanzig Männer im Vorstand ohne persönliche Bedeutung, während sie für die Handvoll Frauen – drei Mitglieder plus eine Assistentin, die Notizen machte (ohne Stimmrecht) – immer mehr an Bedeutung gewann. Der Mann, der die geheime Abstimmung vorschlug, wußte, daß er für die starke Kandidatin stimmen würde, wollte aber nicht, daß man ihm eine Unterminierung der üblichen bequemen Einmütigkeit des Ausschusses vorwarf. Die Diskussion hatte das Ausmaß, in dem Männer wie Frauen die Kandidatin unterstützten, nicht offengelegt, weil die Geschlechterkarte (»Sie ist nicht eine von uns«) gespielt wurde.

Es gibt überall Menschen guten Willens. Aber die Zwänge zur Konformität, die wirksam werden, wenn Entscheidungen anstehen, können persönliche Überzeugungen über den Haufen werfen, und der Platz von Frauen wird in jeder Organisation vom zustimmenden Verhalten gegenüber dem abhängen, was ihren Feinden als *political correctness* bekannt ist.

Die Harridan-Fraktion

»… natürlich gehört sie zur Harridan-Fraktion.« Auf diesen Satz stieß ich zum ersten Mal in einer Fernsehsendung irgendwann im Jahre 1991, als ein konservatives Mitglied des Parlaments aufgefordert wurde, auf kritische Anmerkungen der Labour-Abgeordneten Ann Clwyd zu antworten. Viele andere Männer schienen davon auszugehen, daß dieser Begriff eine gute Möglichkeit biete, abzuqualifizieren, was eine Frau sagt. Im Lauf der folgenden Jahre be-

merkte ich, daß immer mehr konservative Abgeordnete diesen Ausdruck benutzten, wenn sie sich mit der Meinung einer Frau konfrontiert sahen, die sie ablehnten – und schließlich begannen auch Abgeordnete der Labour-Opposition, sich dieser Floskel zu bedienen. Der Begriff »Harridan-Fraktion« schien eine Eigendynamik entwickelt zu haben.
Was ist an diesem Ausdruck so bedeutsam? Ursprünglich leitet sich der Begriff von einem französischen Wort her, das soviel wie »Schindmähre« und im weiteren Sinne »ausgemergelt«, »verbraucht« und »alt« bedeutet. Inwiefern schwächt man die Argumente einer Frau, wenn man ihre Urheberin »ausgemergelt, verbraucht und alt« nennt? Warum sollte man mit der Bezeichnung »häßliche alte Schindmähre« der Kritik, die von einer Frau geäußert wird, den Biß nehmen können? Hätte die Tatsache, daß man einen Mann als »ausgemergelt, verbraucht und alt« charakterisiert, dieselbe Wirkung?
Als ich das Wort »Harridan«, seinen etymologischen Ursprung und den Kontext seiner Verwendung untersuchte, kam ich zu dem Schluß, daß es nur auf eine ältere Frau angewandt wird, die als gleichberechtigt behandelt werden will. Ferner soll mit dem Gebrauch dieses Ausdrucks darauf angespielt werden, die in Frage stehende Frau sei so alt und häßlich, daß sie nicht einmal mehr mit ihren sexuellen Reizen hausieren gehen könnte.
Der Schlüssel zum Verständnis der Wirkung des Begriffs »Harridan« ist die ihm zugrundeliegende Annahme, daß die Hauptfunktion einer Frau die eines Sexobjekts ist und daß sie, sobald sie ihren Zauber verloren hat, so unnütz und unliebsam ist wie ein verbrauchtes altes Pferd. Alles, was sie sagt, der laute, schrille Ton ihrer Stimme, ist unangenehm. Wenn eine Frau für Männer sexuell nicht attraktiv ist, kann sie keinen Wert haben; wenn eine sexuell unattraktive Frau eine Meinung äußert, ist die Wirkung unangenehm, und wenn sie widerspricht, ist sie streitsüchtig. Irgendwie hat sich in die Vorstellung von Alter, Klapprigkeit und Häßlichkeit die einer lauten und schrillen Stimme, eines streitsüchtigen Wesens, einer giftigen und gehässigen alten Hexe eingeschlichen.
Mit dem Satz »Sie gehört zur Harridan-Fraktion« kann eine Frau auf elegante Weise beleidigt und erniedrigt werden, ohne daß man sich selbst dem Vorwurf der Verleumdung aussetzt. Was kann eine Frau tun? Sie weiß, und alle Zuhörer wissen es, daß die Implikationen beleidigend sind und auch demütigend wirken sollen. Der Satz soll versteckte Assoziationen wecken, und wenn fachkundige Bedeutungsmanipulatoren wie Politiker ihn verwenden, kann man sicher sein, daß die Sache funktioniert.

Alles, was die Frau nun sagt, wird abgetan. Männer aller politischen Couleurs verspüren vielleicht ein heimliches Gefühl der Erleichterung, daß es hier endlich eine Frau gibt, die sie nicht ernst nehmen müssen. Frauen bemerken, daß öffentliche Kritik an einem Mann dazu führen kann, als »Harridan« bezeichnet zu werden, und wenige wollen mit irgendeiner »Fraktion« assoziiert werden. Während Extremisten beider Geschlechter die unglückliche Frau, die spricht, sofort eingeordnet haben, werden andere Zuhörer die Beschimpfung bemerken und, je nachdem, lachen oder nicht und in ihrem Tun fortfahren. Was die Frau tatsächlich sagte, wird aber höchstwahrscheinlich der Vergessenheit anheimfallen.

Frauen aller Altersklassen werden häufig diffamiert, wenn sie beschließen, Ansichten zu äußern, die ein Mann ablehnt. Die meisten Frauen sind schon irgendwann einmal mit verschiedenen Tiernamen – Gans, Kuh, Ziege, Spitzmaus – belegt worden. Viele sind zweifellos auch mit ganz fürchterlichen Adjektiven bezeichnet worden, z. B. »lusttötend« und »kastrierend«.

»Wer keinen Grund zum Streit hat, beschimpfe den Kläger.«

So lautete der Rat des Marcus Tullius Cicero an künftige Redner im alten Rom. Zweitausend Jahre später ist der psychologische Effekt genau derselbe. Beschimpfung funktioniert im öffentlichen Raum – im Gerichtssaal, im Parlament, im Fernsehen, in der Zeitung – deshalb so gut, weil das Ziel des Sprechers nicht darin besteht, einen Gegner zu überzeugen, seine oder ihre Meinung zu ändern, sondern die Zuhörerschaft auf seine Seite zu ziehen. Punkte zu machen ist Teil des Spiels. Wenn es um Ausschußsitzungen geht, bleiben solche Beschimpfungen am besten den Korridoren und der Herrentoilette vorbehalten, wo sie zwar nicht niedergeschrieben werden können, aber einem potentiell empfänglichen Publikum nicht verborgen bleiben. So manche Frau hat irrtümlicherweise geglaubt, sie würde mit Respekt behandelt, nur weil sie nicht die beleidigenden Kommentare hören konnte, die in der Abgeschiedenheit der Herrentoilette abgegeben wurden.[68]

Die Labour-Abgeordnete Clare Short berichtete mir über ihre Erfahrungen im Unterhaus:

»Ich hatte so etwas niemals zuvor erlebt, es gab eine unglaublich heftige Reaktion auf mich, weil ich ziemlich freimütig bin. Ich war eine unannehmbare ›Schindmähre‹ … Jetzt, da man mich wegen langjähriger Mitgliedschaft nicht mehr übergehen kann, spielen mir die Männer im Parlament direkt nicht mehr übel mit, sondern tragen ihre Feindseligkeit in die Medien. Es ist beides: Übertreibung in den Medien und das, was Männer privat äußern, uns nicht ins Gesicht sagen. Eine starke Frau erschüttert Männer in ihrem Innersten, ihre männliche Kultur erscheint bedroht.«

Clare Short sieht Frauen, die ernst genommen werden wollen, mit zwei Hindernissen konfrontiert:

»Das eine ist die Art und Weise, wie man Frauen beibringt und eintrichtert, nicht zu sagen, was sie denken. Jeder glaubt, daß es unweiblich ist, freimütig und rechthaberisch zu sein. Das andere ist, daß der Stimme einer Frau, die sich in einer Machtposition befindet, nicht dasselbe Gewicht beigemessen wird, als wenn sie ein Mann wäre. Der alternde Mann, dem die Haare ausgehen, ist in unserer Gesellschaft ein Symbol der Macht, die alternde Frau ist hingegen ein Auslaufmodell.«

Ihre Generation, »die glücklichste seit dem Krieg«, hat gewaltige Veränderungen in den Einstellungen gegenüber Frauen erlebt, und sie erwartet mit Zuversicht, daß sich in der nächsten Phase das Image der älteren Frau wandeln wird. Doch, wie wir gesehen haben, liegt da noch ein weiter Weg vor uns.
Als Brenda, eine renommierte, in der Forschung tätige Wissenschaftlerin, zur Vorsitzenden eines wichtigen Ausschusses gewählt wurde, in dem die Richtlinien der Politik festgelegt wurden, kam es in den oberen Rängen ihrer wissenschaftlichen Gesellschaft zu einem allgemeinen Schulterklopfen. Sie hatten die wissenschaftlichen Leistungen einer Frau anerkannt (Akademiker auf beiden Seiten des Atlantik sind sich der Forderungen, auf der höchsten Ebene aller ihrer Einrichtungen das Ungleichgewicht zwischen den Geschlechtern abzuschaffen, sehr wohl bewußt), *und* sie alle wußten, daß es sich bei ihr um eine schöne, warmherzige und charmante Person handelte. Doch dann gab sie öffentlich zu, ehrgeizig zu sein, und zerstörte mit diesem einzigen Wort ihr Image von der reizenden Dame. Plötzlich behaupteten ihre Kollegen, sie würden immer öfter abfällige Bemerkungen über ihre »Aggressivität« hören, über ihre »rücksichtslosen Ambitionen«, über die »Streitbarkeit«, mit der sie Ausschußsitzungen leite, sowie über die »Unliebenswürdigkeit ihrer Persönlichkeit«.
Brenda sagte mir:

»Es ist immer möglich, daß sie recht haben und man selbst sich irrt. *Ich* würde Unliebenswürdigkeit sicherlich zu meinen typischen Eigenschaften rechnen, wenn wir darunter eine Neigung zum Widerspruch verstehen!«

Auch hält sie sich zugute, daß sie bei Sitzungen die Tagesordnung »durchzieht« und zu akzeptieren bereit ist, daß dieser Umstand sie zu einer »streitbaren Vorsitzenden« macht.

Brenda praktiziert bereits das, wofür ich mich an anderer Stelle stark gemacht habe: Sie übernimmt das Vokabular, mit dem sie kritisiert wird und macht selbst aktiv Gebrauch davon.[69] Doch bevor wir einander wissend zunicken und eine Frau, die einen Ausschuß fest im Griff hat, für streitsüchtig erklären, wollen wir uns klarmachen, was wir da tun.

Würde ein Mann in derselben Situation als »streitsüchtig« bezeichnet werden? Ich bezweifle das. Sicherlich sind wir dem Begriff schon einmal im Zusammenhang mit einem Mann begegnet, der unter ähnlichen Umständen agiert. Männer, die Ausschüsse effizient leiten, nennt man »bestimmt« und »stark« – positive, männlich besetzte Begriffe, die im Gegensatz zu »schwach« für jene zahlreichen Männer stehen, die unfähig sind, Ausschußsitzungen im Griff zu behalten. Margaret Thatcher wiederum, die stark und bestimmt war, wurde häufig bezichtigt, streitsüchtig zu sein, und in Karikaturen wurde sie oft als Hexe dargestellt.

Frauen müssen jene männlich besetzten Begriffe so lange beharrlich auf Frauen anwenden, bis sie am Ende eben nicht mehr männlich besetzt sind. Wir wissen, daß Frauen stark sein können, daß sie bestimmt sein können, daß sie die Dinge erfolgreich im Griff haben können. Wir sollten es uns zur Gewohnheit machen, Frauen in einer Weise zu charakterisieren, die ihre Rede- und Handlungsfreiheit unterstützt, fördert und hochhält.

29

Über den Abgrund rufen

»Immer, wenn du dich eingeschüchtert fühlst, denk daran:
Die Arche wurde von einem Laien gebaut, die *Titanic* von einem Profi.«
VERNA WILKINS, Verlegerin

Bei einigen Auseinandersetzungen, bei denen es mir gelang, einen Kollegen davon zu überzeugen, daß mein Gesichtspunkt wichtig war und in Erwägung gezogen werden mußte, sagte ich abschließend in dem Wunsch, wieder eine Atmosphäre von Wärme und Freundlichkeit herzustellen:

»Es ist gut zu wissen, daß ich auf Ihr Verständnis gestoßen bin.«

Wahrscheinlich würden die meisten Frauen diesen Satz so interpretieren, wie er gemeint war: »Ich weiß, daß Sie mir am Anfang nicht zugestimmt haben, aber Sie waren bereit, mir zuzuhören und Kompromisse einzugehen, und ich weiß das zu schätzen.« Doch mein männlicher Kollege war über die Vorstellung, daß er so weiblich sein könnte, gar nicht glücklich, und beeilte sich mit einer Stimme, die zorniger klang als während des größten Teils unserer vorhergehenden Kontroverse, zurückzuweisen, was ich als Kompliment gemeint hatte:

»Ich bin nicht verständnisvoll! Ich bin ein vernünftiger Mann, ja, das bin ich, ich bin vernünftig!«

Natürlich bescheinigte ich ihm, ein vernünftiger Mann zu sein, und während er die aufgestellten Stacheln wieder einzog, bemerkte ich, daß sich in seiner

Reaktion viele der zwischen Frauen und Männern üblichen Kommunikationsprobleme widerspiegelten. Als Frau finde ich es verblüffend, daß ein Mann sich beleidigt fühlt, wenn man ihm eine verständnisvolle Haltung attestiert, was für mich einfach bedeutet, daß jemand bereit ist zuzuhören. Als Mann nahm mein Kollege Anstoß an einem Wort, das in der Männersprache normalerweise auf eine Frau gemünzt wird: Für ihn war es, als würde ich suggerieren, er habe seine Meinung nicht aus rationalen Gründen geändert.

Von den ersten Seiten an haben wir in diesem Buch gesehen, daß Frauen und Männer Unstimmigkeiten unterschiedlich interpretieren. In all den verschiedenen Situationen, in denen Menschen sich auf Streit einlassen, hängt die Tatsache, wie Frauen und Männer sich an das Geschehene erinnern, davon ab, wer jeweils die anderen sind: ob sie die anderen mögen oder mit ihnen auf vertrautem Fuß stehen; ob sie Zufallsbekannte sind oder ob sie miteinander arbeiten müssen, und wer von ihnen über Macht verfügt; ob es ein Publikum gibt, oder ob der Konflikt nur zwischen zwei Individuen entsteht. Dies alles wird jedoch von dem einen einzigen Unterschied überschattet, der niemals überwunden werden kann – der Geschlechterrolle.

Bei der Arbeit kann der Abgrund zwischen uns so tief wie der Grand Canyon sein. Wie wir gesehen haben, kämpfen Männer an ihrem Arbeitsplatz um die Macht; sie greifen zu allerlei Winkelzügen, um ihre männlichen Kollegen auszustechen. Und sie können, vielleicht verständlicherweise, den Gedanken nicht leiden, daß sich die Konkurrenz schlagartig verdoppelt, wenn Frauen in sämtlichen Bereichen als gleichberechtigt anerkannt werden. Eine einfache und wirksame Methode, die Hälfte der Konkurrenz zu schwächen, besteht darin, die »Geschlechterkarte« zu spielen.

Während Frauen, die mit ihren männlichen Kollegen streiten, ihren nüchternen, rationalen Ansatz und ihre logische Beweisführung hervorheben, neigen Männer dazu, so weit wie möglich zu ignorieren, was Frauen sagen, und wenn das nicht möglich ist, auf Klischees zurückzugreifen.

Selbst eine sorgfältige Erörterung des Standpunkts einer Frau erscheint leicht verzerrt – ob die Worte nun mündlich oder schriftlich vorgetragen werden. Der Journalist Kennedy Wilson vermutete in einem Artikel im *Glasgow Herald* (Oktober 1996), daß meine Forschungsarbeit »in feministischen Kreisen eine leichte Unruhe ausgelöst« habe, weil ich zu dem Ergebnis gelangt sei, daß »es Unterschiede zwischen den Geschlechtern gibt« und Frauen deshalb »in einem Streit mit einem Mann nicht so leicht die Oberhand gewinnen« könnten.[70] Dies führt dazu, daß ein anderer männlicher Journalist behauptete, ich hätte herausgefunden, »warum Frauen in der logischen Beweisführung nicht so gut sind«.[71] Nur für den Fall, daß einer meiner Leser demselben Mißverständnis aufsitzen sollte: Frauen sind in der logischen Beweisführung genauso gut wie Männer. Doch wie logisch und unaufgeregt eine Frau auch immer argumentieren mag – Männer beschließen oft, davon einfach keine Notiz zu nehmen.

Frauen wenden bei dem Versuch, Männer im Arbeitsleben davon zu überzeugen, daß sie rationale Wesen sind, große Mühe auf, während Männer sich ebensosehr abplagen, um sich selbst davon zu überzeugen, daß Frauen für Positionen ungeeignet sind, an denen sie eine Bedrohung darstellen könnten. Vorstellungen über grundlegende Unterschiede zwischen den Geschlechtern können verzerrt und in recht boshafte Winkelzüge verwandelt werden (sexuelle Belästigung, Mobbing, Flüsterkampagnen), und zwar eben deshalb, weil der Zusammenbruch der klassischen Arbeitsteilung Frauen veranlaßt, Positionen einzunehmen, die früher ausschließlich von Männern besetzt waren.

Alisa Cook wurde zum Leutnant der Royal Artillery ernannt: Ihre Vorgesetzten hielten sie für außerordentlich kompetent und konnten sich damit brüsten, eine Frau in einen Rang zu erheben, den noch nie zuvor eine Frau bekleidet hatte. Ihre Herren Kollegen Offiziere waren allerdings wütend. Sie berichtete dem *Guardian*:

»Ich hatte mir gar nichtklar gemacht, wieviel Groll sie angesichts der Tatsache empfanden, daß ich ein weiblicher Offizier in ihrem Regiment war. Eines Nachts trat ein Offizierskamerad in der Messe an mich heran und schrie: ›Du bist hier verdammt noch mal nicht erwünscht, du solltest abhauen!‹«[72]

Sie wurde Zielscheibe einer Kampagne schikanöser und sexistischer Spötteleien: Bei einem besonders aggressiven Vorfall wurden Kanister mit schwelendem CS-Gas in den Raum geworfen, in dem sie gerade duschte. 1997 erhielt sie als erster weiblicher Offizier in der britischen Armee vom Verteidigungsministerium eine Entschuldigung und eine Entschädigung wegen sexuellen Mißbrauchs.

Jüngere Frauen behaupten oft, sie würden im Büro versteckte sexuelle Anspielungen den Männern zurückgeben, und einige ältere und erfolgreiche Frauen setzen ihren Sex-Appeal und Charme wirkungsvoll ein, um ihre Pläne durchzusetzen. Eine gewisse sexuelle Spannung ist dort, wo Frauen und Männer zusammenarbeiten müssen, unvermeidlich. Wenn sie auf der Stufe bleibt, wo

Frauen und Männer an der Gesellschaft des anderen Geschlechts Spaß haben, würzt sie das Alltagsleben mit einem angenehmen Prickeln. Dort allerdings, wo Männer sich durch das Vordringen von Frauen bedroht fühlen, wie beim Militär und in allen Dienstleistungsbereichen, in denen Uniform getragen wird, wird diese sexuelle Spannung in den grausamen Wunsch verwandelt, deutlich zu demonstrieren, daß die Frau in einer traditionellen Machowelt der männlichen Macht unterworfen ist. Sexueller Mißbrauch und sexuelle Belästigung sind extreme Formen des Geschlechterkriegs: Wenn Frauen in neue Berufszweige drängen, sind solche Belästigungen weniger eine »natürliche Reaktion auf Hormone« als vielmehr Ausdruck von Männern, die ihr Revier verteidigen.

Die Auseinandersetzung wird raffinierter, je zahlreicher Frauen in jeder Branche vertreten sind, und die Tatsache, daß Frauen in Dienstleistungsberufen, wie in der Krankenpflege oder im Bürowesen, die Mehrheit stellen oder in großer Zahl in der Nahrungsmittel- und Textilindustrie am Fließband stehen, kann alte, festgefügte Vorstellungen über die »besonderen weiblichen Fähigkeiten« sogar noch verstärken. Eine angeblich genetisch bestimmte Fähigkeit zur Pflege und Erziehung sagt wenig darüber aus, wie gut eine Frau tippen, Dokumente ablegen oder Erbsen am Fließband aussortieren kann. Doch die zahlenmäßige Überlegenheit von Frauen in diesen Tätigkeitsbereichen hat es Arbeitgebern traditionell ermöglicht, niedrigere Löhne zu zahlen, als sie Männern hätten zahlen müssen (Frauen verdienen auf beiden Seiten des Atlantik rund 70 Prozent der Männerlöhne), während Männer in der Lage waren, die niedrige Position von Frauen in der Hierarchie als Beweis für deren Unterlegenheit zu werten. Wenn also eine Frau in einer untergeordneten Stellung es wagt, einen Mann, der auf der Treppe höher steht, zu verunsichern oder herauszufordern, kann sie extremen Zorn auf sich lenken.

Während Frauen in das Management einziehen und die höheren Sprossen der Leiter erklimmen, erfreuen sie mit ihrer Begeisterung und ihrer Ausdauer zwar ihren Vorgesetzten, beunruhigen aber ihre männlichen Kollegen. Für diejenigen, die ernsthaft glauben, daß Frauen weniger intelligent sind, daß sie gefühlsbetonter, aber unfähig sind, logisch zu denken, wird allein schon die Existenz von Frauen im Kreise derer, die bei Arbeitsentscheidungen ernst genommen werden müssen, zur Quelle ständiger Irritation und Belastung. Es ist daher kein Wunder, daß viele Männer möglichst ignorieren werden, was eine Frau sagt, denn es geht ihnen gegen den Strich, über das, was sie sagt, auch nur *nachzudenken*, geschweige denn, danach zu handeln. Bei weitem leichter ist es, ihr recht zu geben, wenn sie nicht locker läßt, und es dann zu vergessen, weil sie nicht wirklich wichtig ist, ja, gar nicht wichtig sein kann – weil sie eine Frau ist. Und wenn ein Mann Gefühle empfindet, die unter anderen Bedingungen als Wut interpretiert werden könnten, muß es sich dabei um die Wirkung *ihrer* überemotionalen Reaktion handeln; sie ist so unwichtig im Plan der Dinge, daß er, ein Mann, von ihr gar nicht gereizt werden könnte.

Wenn ein Mann das Pech hat, unter einem weiblichen Boß arbeiten zu müssen, dann gilt: Je eher er eine Möglichkeit findet, sie aus dem Weg zu kicken, desto besser. Manchmal funktioniert es, wenn man über ihren Kopf hinweg entscheidet, manchmal nicht. Natürlich bleibt, wenn sie die Geschäfte führt, kein Ausweg, aber sie ist eine Frau und von einem Mann leicht zu beeinflussen. Männer mit einem weiblichen Vorgesetzten legen eine ausgeprägte Neigung an den Tag, Widerspruch einzulegen, Entscheidungen in Frage zu stellen und unmißverständlich zu zeigen, daß sie ihrer Meinung nach den Job der Frau besser machen würden. Und wenn die Frau am Ende ihre Autorität zur Geltung bringt, neigen sie dazu, auf Klischees zurückzugreifen. Am meisten überrascht vielleicht, daß man ihr den Einsatz hierarchischer Macht als »grobes Verhalten« auslegt. Eine Frau, die Macht ausübt, wird als »herrische« Mutter oder als Kinderfräulein und Oberlehrerin betrachtet, was den Mann schlagartig auf die Stufe des Kindes stellt und kränkend wirkt. Wenn eine Frau die Mutterrolle spielen möchte, muß es schon die der warmherzigen, fürsorglichen Mutter sein, nicht die der grausamen, hexenähnlichen Mutter, die dem Kind sagt, was es zu tun hat. Oder man kann ihr selbstverständlich auch unterstellen, sie würde »vorgeben, ein Mann zu sein« – was an sich schon eine Beleidigung darstellt. Mythen über das andere Geschlecht stehen jedem Mann zur Verfügung, der sich durch die Präsenz von Frauen am Arbeitsplatz eingeschüchtert fühlt.

Auch Frauen bringen ihre eigenen festgefügten Vorstellungen an den Arbeitsplatz mit. Sie gehen davon aus, daß die Leute da sind, um eine Arbeit zu erledigen, und daß die Tatsache, eine Arbeit gut zu erledigen, Anerkennung nach sich zieht. Sie glauben, daß es besser ist, mit den Leuten auszukommen, als mit ihnen zu kämpfen. Sie meinen, daß guter Wille guten Willen zeugt, und nehmen an, daß bei einem Streit das Ziel darin besteht, die beste Lösung zu finden, mit der beide Parteien leben können, und nicht darin, unbedingt selbst zu »gewinnen«.

Ich habe in diesem Buch von vornherein betont, daß ich die Menschen, die über ihre Streitigkeiten berichteten, nicht gefragt habe: »Haben Sie den Sieg davongetragen?« Ich habe sie immer gefragt: »Hat der/die andere Person gehört, was Sie gesagt haben?« Doch als männliche Journalisten über meine Forschungsergebnisse berichteten, kamen sie stets zu dem Schluß: »Frauen können nicht gewinnen.« Vielleicht gewinnen Frauen nicht die Oberhand, weil sie es gar nicht erst *versuchen*. Aber Frauen beschweren sich, Männer hätten die Neigung, ihnen nicht *zuzuhören*, und das trifft in der Tat sehr oft zu. Frauen sind sich der Erwartungen an ihre Geschlechterrolle bewußt und behaupten, sie würden sich sehr bemühen, ein den Klischees entsprechendes Verhalten zu vermeiden. Sie meiden emotionale Reaktionen, legen Nachdruck auf Logik und klare Beweisführung und bleiben angesichts extremer Provokation durch wütende Chefs und feindselige Kollegen cool und beherrscht. Die meisten haben das Gefühl, am Arbeitsplatz zu allen gute Beziehungen zu pflegen, und versuchen, mit der Belegschaft Arbeitsbedingungen auszuhandeln, mit denen alle zufrieden sind. Was sie wütend macht, ist, betrogen zu werden oder unter irgendwelchen Ungerechtigkeiten zu leiden. Ansonsten sind sie bestrebt, Probleme zu lösen, ohne daß jemand Wutgefühle entwickelt oder sich verletzt fühlt.

In den Vorstellungen, die die Leute an ihren Arbeitsplatz mitbringen, spiegelt sich ihre Akkulturation in bezug auf die klassische Arbeitsteilung wider: Mit Menschen auszukommen, ist traditionell Aufgabe der Frau, während das Kriegführen Aufgabe des Mannes ist. Außerdem werden sie durch die Reaktionen der anderen in ihren Geschlechterrollen bestätigt. Viele Frauen in verantwortlichen Positionen behaupten, »aufzutreten wie ein Mann« sei kontraproduktiv, weil es sowohl bei männlichen als auch bei weiblichen Untergebenen Widerstand auslöse; wenn sie aber vorsätzlich in die Rolle einer warmherzigen, fürsorglichen Mutterfigur schlüpfen, scheinen ihre Untergebenen zufriedener und kooperationsbereiter zu sein. Wie es scheint, haben Männer, wenn sie sich an der Spitze der Hierarchie befinden, eine größere Freiheit, doch während sie auf dem Weg dorthin sind, kämpfen ihre Kollegen um die Macht, und solange sie auf ihrem Weg nach oben sind, müssen sie sich davor hüten, »schwach« zu erscheinen.

Erstaunlich, wie zählebig diese alten Mythen über die Geschlechter doch sind!

TEIL V

EINE GOLDENE BRÜCKE BAUEN

»Bau deinem Gegner eine goldene Brücke,
über die er sich zurückziehen kann.«
SUN TSU

Der Bau von Brücken ist unser abschließendes Bild. Selbst in dieser Tätigkeit spiegelt sich die Arbeitsteilung wider, die in allen unseren Analysen von Streit eine Rolle gespielt hat. Traditionell sind es Männer, die Brücken über Flüsse und Schluchten bauen, und es sind Frauen, die psychologische Brücken zwischen Menschen bauen, die abweichende Meinungen vertreten. Aber Brücken leisten mehr, als nur zwei durch Entfernung voneinander getrennte Positionen miteinander zu verbinden – sie stellen auch einen Ort dar, an den man gehen kann, wenn sich Verhandlungen schwierig gestalten und eine Konfrontation unvermeidlich erscheint. Frauen und Männer sind so lange Zeit durch die Arbeitsteilung voneinander getrennt gewesen, daß beide eine goldene Brücke brauchen, auf der sie sich treffen und über die sie sich in brenzligen Situationen zurückziehen können.

Brückenbauen erfordert Zeit, und deshalb sollte von beiden Seiten sofort mit dem Bau begonnen werden. Der Bau psychologischer Brücken erfordert natürlich genausoviel Wissen über Material, Widerstand und Belastung wie der von Brücken aus Beton und Stahl, und das vorliegende Buch ist eine einzige Analyse jener Art von Wissen, das wir brauchen, wenn wir zwischen den Geschlechtern eine dauerhafte Verbindung schaffen wollen.

Wissen läßt sich nicht leicht in den Griff bekommen, insbesondere dann, wenn wir von Psychologie sprechen. Einerseits gibt es in bezug auf Ereignisse und Handlungen objektive Tatsachen. Worte, die in ein Tagebuch geschrieben oder auf ein Tonband gesprochen wurden, existieren beispielsweise unabhängig von ihrem Schreiber oder Sprecher; sie können im Prinzip von jedermann gelesen oder gehört werden. Die Aussagen aller Frauen und Männer, die in diesem Buch zitiert werden, stellen also objektive Tatsachen dar, die wir alle überprüfen können. Andererseits kann es zu einer begründeten Kontroverse darüber kommen, wie wir objektive Tatsachen *interpretieren*. So verspüren Sie vielleicht den Wunsch, einen Großteil der Daten, die ich Ihnen vorgestellt habe, anders zu interpretieren.

Wie aber soll sich dann jemand zwischen Ihrer und meiner Interpretation entscheiden? Hier treten Logik und Theorie auf den Plan. Wenn Sie zwischen Interpretationen wählen wollen, müssen Sie zunächst drei Fragen beantworten:

1. Wird die Theorie durch die objektive Evidenz gestützt oder widerlegt?
2. Ist die Theorie logisch stringent?
3. Sind die Schlußfolgerungen recht und billig?

Wissenschaftlicher Beweis ist – vor allem in der Psychologie – eine irreführende Fiktion: Keine psychologische Theorie kann bewiesen werden. Aber man kann nachweisen, daß eine bestimmte psychologische Theorie die bestmögliche Interpretation der vorliegenden Evidenz liefert. Wie wir wissen, sind die Menschen alle verschieden, und obwohl es eine weitverbreitete Sehnsucht nach Gewißheiten gibt, können wir bestenfalls sagen, daß sich in den Daten wiederkehrende Muster finden, daß einige Muster in bestimmten Situationen statistisch wahrscheinlicher sind als in anderen, daß Männer dazu neigen, sich so zu verhalten, Frauen sich hingegen anders verhalten, weil wir feststellen, daß diese Muster in den von uns untersuchten Kontexten statistisch häufiger vorkommen. Statistische Häufigkeit und Wahrscheinlichkeit sind objektive Analysen, die von anderen Forschern wiederholt und auf diese Weise bestätigt oder eben auch widerlegt werden können. Können sie mehrfach nicht bestätigt werden, dürfen die ursprünglichen Berechnungen in Zweifel gezogen werden. Analytische Evidenz zur Unterstützung einer Theorie ist nützlich, aber sie *beweist* nicht, daß die Theorie richtig ist: Statistische Evidenz, die eine Theorie widerlegt, erfordert entweder einen Umbau der Theorie oder einen völlig neuen Ansatz.

Die Analyse kann auch qualitativer Natur sein, wie in weiten Teilen des Buches, und dann können verschiedene Interpretationen miteinander im Widerstreit liegen. Obschon Forscher sich vielleicht über die Muster in den Daten einig sein mögen, ist die qualitative Analyse im wesentlichen subjektiv. Bei dem Versuch, Kultur zu erklären, verläßt sich die qualitative Analyse auf gemeinsame kulturelle Postulate, die Bedeutungen klar festzulegen. Dies stellt sowohl eine Schwäche als auch eine Stärke dar. Die Schwäche besteht darin, daß solche Analysen der Kritik ausgesetzt sind, »unwissenschaftlich« zu sein, weil sie nicht auf »objektiven« Messungen beruhen, die von jedermann nachvollzogen werden können. Die Stärke liegt darin, daß Analysen, die Kultur aufgrund kultureller Postulate erklären, von den Trägern derselben Kultur in einer Weise verstanden werden, wie das eine Statistik niemals leisten kann. Daher werden Sie *wissen*, ob das, was ich in meinen Kommentaren über die Aussagen der Menschen gesagt habe, mit den Erfahrungen übereinstimmt, die Sie in der Gesellschaft, in der Sie leben, selbst gemacht haben.

Die logische Stringenz erfordert, daß sich in einer Theorie, die durch Beweise gestützt wird, verschiedene Elemente nicht widersprechen. Sie heißen vielleicht nicht alle meine Schlußfolgerungen gut, aber um meine Theorie insgesamt zu verwerfen und bei Ihrer eigenen zu bleiben, müssen Sie nachweisen können, daß (a) Ihre Theorie besser zu der objektiven Evidenz paßt (wobei alle Zitate in diesem Buch zu berücksichtigen sind!), und (b) daß Sie selbst keine widersprüchlichen Postulate aufstellen. Ein Beispiel: Sie sind womöglich der Meinung, Frauen seien im Grunde weniger intelligent, dafür aber gefühlsbetonter als Männer, weil sie so zur Welt kommen, und Sie haben sich bis hierher durch dieses Buch gekämpft, in der erklärten Absicht, zu beweisen, wie sehr sich die Autorin, eine Psychologin irrt. Um mir meine Fehler nachzuweisen, müssen Sie Ihrerseits aufzeigen, inwiefern die vorliegende Evidenz mit Ihrer eigenen Theorie zusammenpaßt, und Sie müssen dies tun, ohne irgendwie nahezulegen, daß die Frauen unter irgendwelchen Bedingungen intelligenter oder beherrschter sein könnten als die Männer, mit denen sie es zu tun hatten. Das mag in manchen Kontexten, wie zum Beispiel bei dem Krimi-Experiment, schwierig sein (wo die Versuchspersonen nach Alter und Bildungsgrad als Partner ausgewählt wurden), oder bei Frauen, die am Arbeitsplatz mit ihren Vorgesetzten zu tun haben (wo die Selbstbeherrschung der Frauen im Gegensatz zu der emotionalen Zügellosigkeit ihrer Chefs steht). Nicht zulässig jedoch ist, eine Theorie mit Hilfe eines Widerspruchs in einer anderen Theorie zu verwerfen.

Schließlich müssen die Schlußfolgerungen, zu denen eine Theorie führt, recht und billig sein. Dieser Begriff der Billigkeit gilt natürlich nicht für Theorien in den Naturwissenschaften, wie etwa in der Astronomie oder Chemie. Aber ich schließe mich der Philosophin Janet Radcliffe Richards an, die behauptet, daß akzeptable Theorien über zwischenmenschliche Beziehungen soziale Unvoreingenommenheit und Gerechtigkeit einschließen müssen.[1] Dieses Buch handelt von Frauen und Männern, die in vielen verschiedenen sozialen Beziehungen miteinander streiten, und deshalb müssen Unvoreingenommenheit und Gerechtigkeit berücksichtigt werden.

Meine Theorie geht dahin, daß die quasi in Fleisch und Blut übergegangene Arbeitsteilung zwischen Frauen und Männern ausreicht, um Unterschiede in den Einstellungen zu Streit, in den Kommunikationskanälen und im Sprachgebrauch zu erklären; daß die Arbeitsteilung gegenwärtig in sich zusammenbricht und die Folgen dieses Zusammenbruchs zu Ungerechtigkeiten führen; und daß das Verständnis der früheren Vorteile der Arbeitsteilung und der Frage, warum sie heute nicht mehr sinnvoll ist, eine wesentliche Voraussetzung für die Herstellung einer produktiven Kommunikation zwischen den Geschlechtern ist.

30

Die Macht der frühen Erfahrungen

»Frauen brauchen nicht mit Männern zu konkurrieren,
denn das, was sie allein tun können, ist wesentlicher:
Lieben, Kinder gebären und ein Heim einrichten sind kreative Tätigkeiten,
ohne die wir zugrunde gehen würden.«
ANTHONY STORR[2]

Vergessen wir nicht, warum es die berühmte Arbeitsteilung zwischen Frauen und Männern gibt. In Kapitel 4 haben wir gesehen, daß es in der menschlichen Psyche einen tiefgreifenden Konflikt zwischen zwei einander entgegengesetzten Elementen gibt. Wir haben ein großes Bedürfnis, unsere »In-Group« zu schützen und uns selbst gegen »Außenstehende« zu verteidigen, doch wir verspüren auch eine starke Sehnsucht danach, mit anderen in Frieden und Harmonie zu leben. Da sich diese gegensätzlichen Bedürfnisse im Alltagsleben nur schwer miteinander versöhnen lassen, hat die westliche Gesellschaft eine nützliche Trennung von Zuständigkeiten entwickelt, wobei Männer mit Außenstehenden umgehen und entscheiden, wann Feindseligkeiten angebracht sind, während Frauen sich um die Beziehungen innerhalb der Gruppe kümmern.
Wohlgemerkt: Von der Spaltung der Psyche sind sowohl Frauen als auch Männer betroffen. Obwohl wir kulturbedingt von Frauen Fürsorglichkeit und von Männern Aggressivität erwarten, können Psychologen nachweisen, daß Frauen genauso wie Männer dazu neigen, die In-Group zu schützen und Außenseitern kritisch gegenüberzustehen, daß Männer sich genauso nach Freundschaft und Liebe sehnen wie Frauen.
Nun glauben Sie vielleicht, daß diese Arbeitsteilung, der wir so oft begegnet

sind, sich genau deshalb herausgebildet hat, weil sich in ihr genetisch determinierte Unterschiede zwischen den Geschlechtern widerspiegeln. Der eine Unterschied, über den wir alle einig sein können, besteht in der Tatsache, daß Frauen Kinder gebären und Männer nicht. Es ist sinnvoll anzunehmen, daß das menschliche Wesen, dessen Aufgabe es ist, viele Monate lang für ein hilfloses Kleinkind zu sorgen, dafür programmiert ist, sich sanft, fürsorglich und gefühlsbetont zu verhalten – daß es also genau jene Eigenschaften aufweist, die benötigt werden, um Frieden und Harmonie zwischen allen Mitgliedern einer Gruppe zu fördern.

Uns für »programmiert« zu halten, würde jedoch bestenfalls dann einen Sinn ergeben, wenn wir Bienen oder Webervögeln glichen. Aber das Gehirn von Säugetieren, insbesondere das Gehirn menschlicher Säugetiere, ist viel komplexer. Wir kommen nicht vollkommen programmiert, sondern mit einem *Potential* zur Welt. Deshalb sind wir bei unserer Geburt hilflos und brauchen so lange, um uns zu entwickeln: Unser Gehirn muß die Welt, in der wir leben, erst *konstruieren*, damit wir lernen können, im Alltagsleben rasch und ohne Zögern damit umzugehen. Und das menschliche Gehirn ist von einer erstaunlichen Formbarkeit.

Wir alle wissen (oder sollten es wissen!), daß ein Baby die Sprache sprechen lernen wird, die seine Pflegepersonen sprechen. So wird das Kind einer englischsprachigen Mutter und eines Französisch sprechenden Vaters, das (aus irgendwelchen Gründen) in seinen ersten drei Lebensjahren in Japan von einem japanischen Kindermädchen erzogen wird, Japanisch sprechen. Dies ist so, weil alle (oder die meisten) Sprachlaute, die das Kind von seiner Geburt bis zum vollständigen Erlernen der Sprache hört, japanisch und nicht englisch oder französisch sind. Mit anderen Worten: Das Potential für Sprache ist in das Gehirn des Neugeborenen eingepflanzt, aber der tatsächliche Ausdruck dieses Potentials hängt von der Umgebung und nicht von den Genen der Eltern ab. Und haben Sie gewußt, daß selbst die Art, wie Sie die Welt *sehen*, maßgeblich davon abhängt, *was* Sie in Ihren ersten Lebensmonaten sehen? Wenn Sie zum Beispiel in der Zeit, in der die Neuronen im Gehirn ausgebildet werden, die dafür sorgen, daß Sie später mit Ihrer physischen Außenwelt umgehen können, wenn Sie also in dieser Zeit niemals scharfe Konturen sehen, werden Sie vielleicht auch in Zukunft niemals scharf sehen.[3]

Die Formbarkeit des menschlichen Großhirns ist sogar noch eindrucksvoller, wenn wir auf das soziale Verhalten zu sprechen kommen. Die Art, wie ein Erwachsener sich gegenüber einem Kleinkind verhält, hängt entscheidend davon ab, wie er oder sie in der frühen oder späteren Kindheit umsorgt worden ist. Hier haben wir in der Tat eine Erklärung für viele Mißstände in unserer Gesellschaft. Warum hier die Ergebnisse psychologischer Forschung nicht in die Praxis umgesetzt werden, ist mir ein Rätsel. Psychologen wissen spätestens seit den sechziger Jahren, daß fehlende elterliche Fürsorge im Kleinkindalter dazu führen kann, daß die Menschen als Erwachsene unfähig sind, zwischenmenschliche Beziehungen aufzubauen, und daß dieser Mangel später einmal Vernachlässigung, ja sogar körperlichen Mißbrauch der eigenen Kinder zur Folge haben kann.[4] Der sogenannte Mutterinstinkt bei Primaten und Menschen ist nicht angeboren, sondern hängt entscheidend von den Erfahrungen im frühen Kindesalter ab. Experimente zeigen, daß auch männliche Affen sich gegenüber ihren Partnerinnen und den Jungen freundlich verhalten können, doch auch das hängt von einer fürsorglichen Pflege im Kindesalter ab.

Wir können begreifen, warum Freundlichkeit und fürsorgliches Verhalten für die menschliche Gesellschaft so wichtig sind. Ohne liebevolle Zuwendung wachsen Individuen in ihr Erwachsenenleben hinein, ohne die Fähigkeit erworben zu haben, sich anderen gegenüber wie Menschen zu verhalten. Geschlechtsverkehr findet in Form von Vergewaltigung statt, und wenn eine Frau ein Baby bekommt, weiß sie möglicherweise gar nicht, wie sie für es sorgen soll. Eine sich ständig nach unten fortsetzende Spirale von Vernachlässigung, Grausamkeit und sogar Tod kann die Folge sein. Im Gegensatz dazu wächst ein Kind unter Bedingungen, die wir »normale« Fürsorge und Aufmerksamkeit nennen würden, in dem Bewußtsein zum Erwachsenen heran, daß andere Menschen ebenfalls denken und fühlen und daß Wärme und Freundschaft mit ausgewählten anderen gepflegt werden können. Der Mutterinstinkt, den so viele Leute für genetisch determiniert halten, wird am leichtesten durch eine positive Spirale guter mütterlicher Fürsorge geschaffen, die sich von Generation zu Generation »fortpflanzt«. Gute mütterliche Fürsorge läßt sich vielleicht gerade deswegen in bestimmten Familien beobachten, weil sie so stark von der Erfahrung und nicht von den Genen abhängt. Frühe Zuwendung lehrt das weibliche Kleinkind, unabhängig von der Pflegeperson, wie man für andere sorgt, und sie zeigt auch dem männlichen Kleinkind die Grundlagen guter elterlicher Fürsorge auf.

Warum lege ich hier so großen Nachdruck auf diesen Aspekt? Weil wir überall in diesem Buch gesehen haben, daß viele Schwierigkeiten, die wir miteinander bei der Kommunikation haben, auf festgefügte Vorstellungen über grundlegende Unterschiede zwischen Frauen und Männern zurückzuführen sind. Wir müssen die Grundlagen dieser Annahmen verstehen und begreifen, daß menschliche Wesen ein enormes Potential besitzen, ihr Verhalten zu ändern. Wenn, wie ich glaube, die gegenwärtige Arbeitsteilung nicht mehr von Nutzen ist, dann müssen wir zugleich wissen, daß wir uns verändern können.

31

Machtspiele

Viele Frauen in der westlichen Welt sind über die Vorstellung, prädestiniert für Gefühle und Pflege von zwischenmenschlichen Beziehungen zu sein, absolut glücklich. Beziehungen mit anderen Menschen sind wichtig, und andere gut verstehen zu können, ist eine Tugend. Es gibt keinen Grund, weshalb Frauen, die glauben, daß dies auf sie zutrifft, eine solche Vorstellung ablehnen sollten.

Nicht so glücklich sind sie allerdings über die damit verbundene Vorstellung, im Denken automatisch schlecht sein zu müssen, wenn sie in Gefühlen gut sind. Die Zählebigkeit der Idee, daß Frauen irrational, emotional und – trotz vielfacher Beweise des Gegenteils – unfähig seien, mit logischem Denken umzugehen, kann nur damit erklärt werden, daß es auch hier um Macht geht.

In Teil III haben wir verschiedene Arten von Macht untersucht und von der erzwingenden Macht, der Konsensmacht sowie der Macht aufgrund von Expertenwissen, von Status und Reichtum gesprochen. Hier möchte ich nun ein neues Modell vorstellen, das die Arbeitsteilung mit den drei wichtigeren Arten von Macht – der erzwingenden Macht, der Konsensmacht sowie der Expertenmacht – in Verbindung bringt. (Wer ein bißchen nachdenkt, wird erkennen, daß Status und Reichtum in der nachfolgenden Analyse unter die drei anderen Machttypen subsumiert werden können.) Das Diagramm auf Seite 362 zeigt schematisch die Beziehungen zwischen den verschiedenen Elementen auf, und diese werden im folgenden erklärt.

Wenn wir von der Biologie ausgehen, können wir sehen, daß Schwangerschaft und Kinderpflege einfache Beweise dafür liefern, wie nützlich eine Aufgabenteilung ist. Die Natur hat den Menschen vorgemacht, wie das funktioniert – so kennen nur primitive Organismen eine ungeschlechtliche Fortpflan-

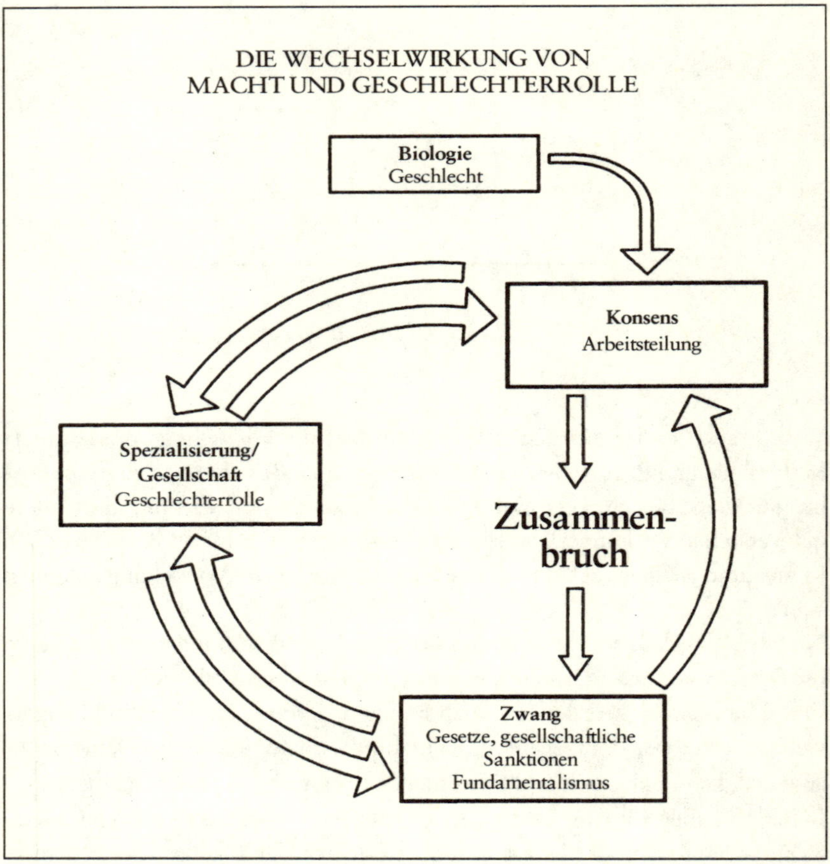

zung, und bei den meisten Lebewesen hängt das Überleben insofern von einer Form der Kooperation zwischen den Erwachsenen ab, als sie für die Versorgung mit Nahrung und den Schutz vor Räubern zuständig sind. Die in den westlichen Gesellschaften bekannte Arbeitsteilung zwischen den Geschlechtern, in der sich Frauen um die Kinder und die Beziehungen im privaten Bereich kümmern und Männer für die öffentliche Sphäre verantwortlich sind und Kriege führen, beruhte also fast mit Sicherheit auf einer Machtteilung im gegenseitigen Einverständnis. Es kam der Frau gelegen, einen Mann zu haben, der sie und ihre Kinder vor der Aggression durch andere schützte. Und es kam dem Mann entgegen, eine ständig zur Verfügung stehende Sexualpartnerin zu haben, die seine Nahrung zubereitete und ihm Kinder gebar, von denen er sicher sein konnte, daß sie seine eigenen waren, und die seinen sozialen Status hob – solange er sich außerhalb Handlungsfreiheit bewahren konnte. Wenn diese Arbeitsteilung einzelnen Paaren immer noch zusagt, so gründet sie nach wie vor auf gegenseitigem Einverständnis.

Ein Konsens, der über lange Zeit fortwirkt, führt in beiden getrennten Sphären zur Weiterentwicklung von Wissen und Sachkenntnis, so daß Frauen mit der Zeit ein viel größeres Wissen über sämtliche Aspekte der Schwangerschaft, der Kleinkinderpflege und Kindererziehung sowie ein tiefergehendes Verständnis von Intimität und zwischenmenschlichen Beziehungen erworben haben als Männer. Obwohl sich die Kultur über sehr lange Zeiträume bis zu einem gewissen Grad in die Evolution einschleichen kann (wir erinnern an die Theorie der kulturellen Ko-Evolution), werden erworbene Fertigkeiten nicht direkt vererbt. Vielmehr muß die über Jahrhunderte entwickelte Sachkenntnis an jede Generation neu weitergegeben werden. Daher rührt das Bedürfnis nach einer weiblichen Kultur, in der kleine Mädchen fast von der Wiege an in die weiblichen Geheimnisse eingeweiht werden. Kleine Mädchen bekommen Puppen zum Anziehen, Waschen und Füttern sowie Spielzeuggeschirr und -besteck, damit sie das Essen zubereiten können. Sie lernen, mit ihren Freundinnen zusammenzusitzen und zu plaudern; sie lernen es, zuzuhören und Geheimnisse miteinander zu teilen. Mädchen lernen unbewußt, wie man eine Frau ist, noch lange bevor sie sich der Tatsache bewußt sind, daß sie Frauen sind. Ihre Kenntnisse erwerben sie auf dem gleichen Weg, wie sie ihre Muttersprache lernen – durch jahrelanges Zuhören und Beobachten, durch Nachahmungsversuche und die Chance, aus Fehlern zu lernen.

Genau dasselbe trifft auf Jungen zu, obschon ihre Einweihung in männliche Geheimnisse wohl eher schubweise erfolgt. Die meisten Frauen, die sich um männliche Babys und Kleinkinder kümmern, »wissen«, daß Jungen anders sind als Mädchen, und deshalb scheint ihre Aufgabe darin zu bestehen, kleine Jungen davon abzuhalten, sich an den Aktivitäten der Mädchen zu beteiligen. »Kleine Jungen spielen nicht mit Puppen«, sie spielen mit Autos und Modelleisenbahnen, und später spielen sie Fußball. Aber kleine Jungen sind auch nur Menschen und brauchen ebenfalls Spielsachen zum Knuddeln – daher versorgt man sie mit Stofftieren und Geschichten über sprechende Lokomotiven. Es nimmt nicht wunder, daß Pu der Bär und Thomas, die sprechende Lokomotive, weltweit so heiß geliebt werden, denn sie gelten in der modernen Version der männlichen Kultur als akzeptable Freunde für kleine Jungen. Die männliche Kultur wird natürlich von Männern gefördert und geschützt. Während Frauen dazu neigen, kleinen Jungen beizubringen, daß sie »keine Mädchen« sind, und sie nach und nach von der weiblichen Kultur ausschließen, wenden sich die Jungen an ihre Väter, um von ihnen zu lernen, wie man ein Mann wird. Und weil der Vater die meiste Zeit abwesend ist und auswärts arbeitet, durchkämmen sie Comics und Fernsehsendungen und im zunehmenden Maße auch Computerspiele nach entsprechenden Informationen. Sie lernen, daß ein Mann zu sein heißt, Kriege zu führen (Nachrichtensendungen, Computerspiele, Comics), Sport zu treiben, Gesetze zu erlassen und die Welt zu lenken. Sie lernen, daß männlich sein soviel bedeutet wie cool, clever und stark zu sein.

Eltern, die bei dieser Art der Akkulturation nicht mitspielen wollen und ihren Jungen beibringen möchten, freundlich und fürsorglich zu sein, und die sich wünschen, daß ihre Mädchen echte »Wildfänge« werden, sehen ihre Bemühungen bei jeder Gelegenheit durch gesellschaftliche Zwänge durchkreuzt. Sobald die Kinder sich unter ihre Altersgenossen mischen, feiern eingefleischte Gewohnheiten fröhliche Urständ. Auf kleinen Jungen, denen man beigebracht hat, nicht zu kämpfen, wird sofort herumgehackt, und sie sehen sich allerlei Schikanen ausgesetzt. Bis zu seiner Einschulung muß ein Junge im Interesse seines eigenen Überlebens gelernt haben, für sich selbst einzutreten und zurückzuschlagen, wenn er angegriffen wird. Auch wenn Eltern die Tatsache beklagen mögen, daß ihre Töchter sich nicht für die Modelleisenbahn und den Chemiebaukasten interessieren, die sie ihnen in so guter Absicht gekauft haben, und statt dessen jene schwache Karikatur der weiblichen Figur, die Barbiepuppe, vorziehen, verursacht ihnen das dringende Bedürfnis ihrer Söhne, mit den Fäusten kämpfen zu lernen, wahre Qualen. Wie sollen wir lernen, friedlich miteinander zu leben, wenn man schon kleinen Jungen nicht beibringen kann, andere nicht zu schlagen (weil andere sie fast mit Sicherheit schlagen werden)? Dieses Dilemma ist eine direkte Folge der klassischen Arbeitsteilung und ein Beweis dafür, daß sie nicht mehr ihrem ursprünglichen Zweck dient.

Der Konsens, auf dem die Arbeitsteilung beruht, führt zur Entwicklung getrennter Kompetenzbereiche, die zu der auf gegenseitigem Einverständnis beruhenden Machtaufteilung zurückleitet. Wir lernen zu glauben, daß wir auf unseren Spezialgebieten besser sind als das andere Geschlecht – und das entspricht wahrscheinlich auch den Tatsachen. Es ist sehr wahrscheinlich, daß Frauen als Gruppe Gefühle besser verstehen als Männer, denn sie haben viel Zeit und Kraft investiert, um etwas über Gefühle zu lernen. Männer als Gruppe sind zweifellos im Kriegführen besser, weil sie darin mehr Erfahrung haben; sie haben besser ausgearbeitete Konzepte in bezug auf Taktik und Strategie und konzentrieren sich als Gruppe mehr auf den Sieg, als Frauen das tun. Männer haben auch erheblich mehr Erfahrung im Lenken jener Organisationen, auf die eine Gesellschaft sich gründet. Doch Dinge zu lenken bedeutet, rational über Bedürfnisse nachzudenken, Prioritäten zu setzen, zu planen, mit der Zeit und mit Ressourcen zu jonglieren, damit die wesentlichen Aufgaben erfüllt werden. Dies sind alles Qualitäten, die Frauen in ihrer eigenen Sphäre ebenfalls entwickelt haben, und exakt an diesem Punkt, wo sich männliche und weibliche Kenntnisse überschneiden, bricht heute die auf Konsens beruhende Teilung der Macht in sich zusammen. Und wenn ein Konsens zusammenbricht, nimmt der mächtigere Partner gewöhnlich Zuflucht zum Zwang.

Viele Untersuchungen feministischer Autoren haben auf die institutionellen Kontrollen hingewiesen, die Männer im Laufe der Jahrhunderte eingeführt haben, um Frauen daran zu hindern, sich ihrem Aufgabenbereich zu entziehen. Solche Kontrollen wären nicht nötig, wenn Frauen mit den Gegebenheiten vollkommen glücklich wären, was nahelegt, daß sich seit langer Zeit viele Frauen gegen die gegenwärtige Arbeitsteilung zur Wehr gesetzt haben. Auch wenn die Biologie und die menschliche Psychologie zu einem frühen, auf fundamentalen Bedürfnissen beruhenden Konsens geführt haben mögen, gab es in der bekannten Geschichte der abendländischen Gesellschaft regelmäßig Versuche von Frauen, aus ihrer begrenzten Sphäre auszubrechen. Die »Gegenreaktionen« in Form von Kontrolle folgten auf dem Fuße.

Im Laufe des 20. Jahrhunderts hat sich ein großer Teil des Streits über die Beziehungen zwischen den Geschlechtern auf die Frau als Hausfrau konzentriert und auf die Frage, ob sie »auswärts arbeiten« gehen sollte oder nicht. Aber wie Bonnie Anderson und Judith Zinsser in ihrer bewundernswerten Geschichte der Frauen in Europa nachweisen, hatten die Frauen bis zur industriellen Revolution ihre Arbeitskraft immer in die Produktion wesentlicher Güter eingebracht. Erst im 18. und 19. Jahrhundert entzog der wachsende Reichtum der Mittelschichten der Gesamtbevölkerung eine große Anzahl weiblicher Erwerbstätiger; er verbannte sie ins Haus und schnitt sie so vom Handels- und Geschäftsleben ab, zu dem sie bis dahin immer ihren Beitrag geleistet hatten. Anders als ihre Schwestern aus der Arbeiterklasse, die in Fabriken und Bergwerken oder Kellerküchen arbeiten mußten, um zu überleben, hatten viele Frauen aus dem Bürgertum kaum mehr zu tun, als sich um die Kinder zu kümmern, das Haus zu versorgen und für ihre Männer »einen unschätzbaren Zufluchtsort vor den Sorgen der männlichen Welt von Geschäft und Industrie« zu schaffen.[5] Allein der Reichtum, der es der Frau aus bürgerlichem Haus erlaubte, sich auf die häuslichen Angelegenheiten zu konzentrieren, gestattete es der Gesellschaft, die traditionellen Unterschiede zwischen den Geschlechtern auf die Spitze zu treiben.

»In den neuen Enzyklopädien des 18. Jahrhunderts wurden Frauen und Männer als Gegenpole definiert. Frauen waren emotional, Männer waren rational; Frauen waren passiv, Männer waren aktiv; Frauen waren sanft, Männer waren aggressiv. Die Tugenden einer Frau waren Keuschheit und Fügsamkeit, die eines Mannes Mut und Ehre. Frauen waren für das Haus bestimmt, Männer für das öffentliche Leben.«[6]

Ähnliche Veränderungen fanden in den Vereinigten Staaten statt. Die Psychiaterin Carol Zisowitz Stearns und der Historiker Peter Stearns haben gezeigt, daß die Kontrolle über Wutgefühle dann zu einem wichtigen Thema wurde, als das Haus die Funktion einer Zufluchtsstätte vor der Außenwelt übernahm.[7] Bei ihrer Hochzeit wurden Frauen wie Männer gewarnt: »Niemals Streit ... er ist der Tod des Glücks.«[8] Aber insbesondere Frauen wurden eindringlich ermahnt, für eine freundliche Atmosphäre zu sorgen und jede Kontroverse, jeden Widerspruch und jeden Streit mit ihren Männern zu vermeiden. Ein einziger Streit könne, so warnten Geschichten in Frauenzeitschriften, in die Katastrophe, zur Trennung, ja sogar zum Tod führen.
Zwang mündet in Fachkompetenz, und so wurde der Frau des 19. Jahrhunderts beigebracht, daß sie einfach schon deshalb über besondere Tugenden verfügte, weil sie weiblichen Geschlechts war. Die ideale Frau war wie Coventry Patmores »Engel im Haus« – eine Frau, die besänftigte und fürsorglich war, die die Wiege schaukelte und der Welt mit ihrer freundlichen Tugend begegnete. Einige Autoren gelangten zu der Überzeugung, daß Mädchen gar keine Wutgefühle empfinden und man sie nur in »Fröhlichkeit« zu unterweisen brauche; die Knaben hingegen bedurften eines Trainings in der Unterdrückung von Wutgefühlen.[9] Frauen kämpften darum, ihren aufmüpfigen Geist niederzuhalten und so zu sein, wie sie ihrer Meinung nach sein »sollten«: ruhig, sanft, konziliant, Unterschiede ausbügelnd und stets um das Glück anderer besorgt. Doch der drohende Unterton vieler Autoren legt nahe, daß die Frauen sich damals wie heute nicht so leicht an die vorherrschenden Vorstellungen von der idealen Weiblichkeit anpaßten, wie man hätte

erwarten können, wenn diese Ideale tatsächlich von der Biologie bestimmt oder gottgegeben wären.

Sofern Frauen akzeptieren, daß sie über besondere Eigenschaften verfügen, die sie für häusliche Arbeiten geeigneter machen als Männer, führt dies zu einem neuen Konsens. Viele Leute glauben, Frauen seien »besser« als Männer, weil sie fürsorglicher und spiritueller sind, und tatsächlich gibt es eine Schule des radikalen Feminismus, der zufolge Männer ihrem Wesen nach gewalttätig, aggressiv und frauenfeindlich und Frauen ohne sie besser dran sind. Doch auf die Mehrheit jener Frauen, die mit den Männern in ihrem Leben gute Beziehungen aufrechterhalten wollen, kann eine Arbeitsteilung, die ihnen selbst hohe Qualitäten zuschreibt, durchaus attraktiv wirken.

Das Buch der Schriftstellerin Beatrix Campbell über Anhängerinnen der konservativen Partei zeigt, daß viele traditionell orientierte Frauen sehr zufrieden sind mit einer Arbeitsteilung, die ihnen in ihrer eigenen Sphäre der Fürsorge um andere Menschen Autonomie zuweist: Sie erkennen, daß sie in intimen und familiären Beziehungen über erheblich mehr Macht verfügen, als ihnen zustünde, wenn man ihren komplementären Aufgaben keinen Wert beimessen würde.[10] Sie fühlen sich nicht unterlegen. Innerhalb ihres eigenen, weiblichen Territoriums wissen sie, daß Männer das schwächere Geschlecht sind, daß sie »wie Babys« sind, die gehätschelt werden müssen und denen man helfen muß, ihre unbewußten aggressiven oder sexuellen Bedürfnisse in den Griff zu bekommen. Sie wissen, daß sie den unkontrollierten Trieben der Männer ungeschützt ausgesetzt sind, und halten sich selbst für »rationaler, reifer, beherrschter und ruhiger als die meisten Männer«.[11]

Diese Analyse erklärt, wieso es über den richtigen Platz von Frauen und Männern in der Gesellschaft gleichzeitig so viele widersprüchliche Auffassungen geben kann. Diejenigen, die meinen, der Status quo würde ihnen sehr gut passen, sperren sich gegen jeden Versuch, Veränderungen herbeizuführen, die, wie sie befürchten, ihren bequemen Lebensstil stören oder sogar ihr Verständnis von der Art und Weise, wie die Gesellschaft gelenkt werden sollte, untergraben könnten. Im Gegensatz dazu werden diejenigen, die glauben, der derzeitige Zustand beschränke ihre Handlungsfreiheit, versuchen, Veränderungen zu bewirken. Angesichts des seit langem eingependelten Machtungleichgewichts in der öffentlichen Sphäre sind es fast immer Frauen, die versuchen, Veränderungen in die Wege zu leiten, und fast immer sind es Männer, die versuchen, die alte Ordnung mit Hilfe von Zwangsmaßnahmen aufrechtzuerhalten. Diese Analyse erklärt auch, warum Männer so oft Aspekte von Geschlecht und Niederkunft heraufbeschwören, um sie unter Kontrolle zu halten, wenn Frauen anfangen, in männliche Domänen vorzudringen; denn dies ist der einzige Aspekt der menschlichen Biologie, in dem sich die beiden Geschlechter voneinander unterscheiden.

Aufmerksame Leser werden bemerkt haben, daß ich mich in diesem Abschnitt fast durchgängig auf das biologische »Geschlecht« beziehe, und nicht, wie im Rest des Buches, von kulturell definierten Geschlechterrollen spreche. Dies hat seinen Grund darin, daß die Arbeitsteilung auf dem biologischen Geschlecht beruht, aber der Konsens, der diese Teilung aufrechterhalten hat, die Geschlechterrolle erst *hervorgebracht* hat. Wie man auf dem Diagramm auf Seite 362 schematisch sehen kann, führt der Zusammenbruch im Konsens zur Anwendung von Zwang. Die Verletzlichkeit der Frauen in der Zeit von Schwangerschaft und Kinderaufzucht, die zu dem frühen Einverständnis führte, wird als Waffe eingesetzt, um Gesetze sowie soziale und religiöse Sanktionen einzuführen, die ihrerseits ein Leben außerhalb der Arbeitsteilung unerträglich, wenn nicht unmöglich machen und daher zu einem neuen Konsens führen. Diese erzwingenden Maßnahmen, die die Geschlechterrollen festlegen, können auch zu neuen Vorstellungen über geschlechtsspezifische Fähigkeiten führen, die ihrerseits dem neuen Konsens helfen – bis mehr und mehr Frauen feststellen, daß die Einschränkungen unerträglich sind, und mehr Freiheit fordern, so daß der Konsens erneut zusammenbricht und ein neuer Kreislauf beginnt.

Was heute, da wir uns an der Schwelle zu einem neuen Jahrtausend befinden, neu zu sein scheint, ist folgendes: Frauen haben entdeckt, daß sie realistischer die Macht an der Spitze anstreben können. Obwohl es in der ganzen bekannten Geschichte weibliche Monarchen gegeben hat und Königin Elisabeth I. ein glanzvolles Symbol dafür ist, was eine entschlossene Frau leisten kann, waren nur wenige imstande, unabhängig von ihren Gemahlen oder männlichen Beratern zu handeln. Erst in der zweiten Hälfte unseres Jahrhunderts sind Frauen in bemerkenswerter Zahl imstande gewesen, in Positionen zu gelangen, wo ihre Entscheidungen sich maßgeblich auf die Gesellschaft auswirken können. Je mehr Frauen im Bereich der Entscheidungsfindung Macht erlangen, desto schwieriger ist es, die früheren erzwingenden Sanktionen anzuwenden, und desto wahrscheinlicher ist es, daß die Arbeitsteilung vollständig in sich zusammenbrechen wird.

In ihrem Buch über fünfzehn *Women World Leaders* weist die amerikanische Rechtsanwältin Laura Liswood auf eine 1992 veröffentliche Studie des Center for the American Woman and Politics hin, in der nachgewiesen wird, daß in der Politik tätige Frauen tatsächlich auf die politische Linie und die Rechte der Frauen Einfluß nehmen. In dem Bericht wurde auch behauptet, daß »Beamtinnen die Funktionsweise der Regierung verändern. Die weiblichen Gesetzgeber bringen Bürger wohl eher als ihre männlichen Kollegen in den politischen Prozeß ein, um eine Regierung, die in aller Öffentlichkeit und nicht hinter geschlossenen Türen agiert, zu begünstigen und um gegenüber Gruppen verantwortlich zu sein, denen zuvor der volle Zugang zum politischen Entscheidungsprozeß verwehrt war.«[12]

Versuche, einen solchen Einfluß zu verhindern und Zwang ausüben zu wollen, sind sehr gut dokumentiert. Man vergleiche dazu Susan Faludis Studie *Backlash*[13] oder die gehässigen Attacken auf Hillary Clinton seit ihrem Einzug ins Weiße Haus. Revisionen der alten Übereinkunft bezüglich der Aufteilung der Macht lassen sich immer schwerer aushandeln, da Frauen inzwischen selbst feststellen, wie vorteilhaft es ist, in der außerhäuslichen Welt Macht zu besitzen. Immer mehr Frauen wollen ihre Zukunft selbst gestalten, und sie fordern eine Stimme, die zählt, und wollen bei den Entscheidungen über die Gesellschaft mitreden.

Die alte Arbeitsteilung ist ein Auslaufmodell und zu einem raschen Ende verurteilt.

32

Ein Aufruf zum Waffenstillstand

Wenn nun grundlegende Fragen über die Gesellschaft aufgeworfen werden, könnte der Eindruck entstehen, daß wir uns ziemlich weit vom Thema dieses Buches – der Psychologie des Streits – entfernt haben. Aber genau deshalb, weil der Streit ein so zentraler Teil unserer Beziehungen zu anderen Menschen ist, muß auch untersucht werden, welcher Art diese Beziehungen sind und welche Bedeutung dabei den Geschlechterrollen zukommt. Unsere Einstellungen zum Streit beruhen auf kulturellen Postulaten, die ursprünglich von unseren Eltern oder anderen wichtigen Bezugspersonen in unserer Kindheit vertreten wurden, und die raschen Veränderungen, die sich heute in der Gesellschaft vollziehen, lösen wohl in vielen von uns Gefühle der Verwirrung und des Verdrusses aus.

Wohin führt uns diese Entwicklung? Genau zu dem Punkt, von dem wir ausgegangen sind, nämlich in eine Gesellschaft, die Frauen fast automatisch unfair behandelt, wenn es zum Streit kommt. Die Vorstellungen über Unterschiede zwischen Frauen und Männern sind, wie wir gesehen haben, fest verankert. Wenn eine Frau mit beliebigen anderen streitet, gleich über welches Thema, sind stets Stereotype zur Hand, die es den Zuhörern ermöglichen, die Ansichten der betreffenden Frau abzutun. Vor allem Männer neigen dazu, auf überholte Klischees über Frauen zurückzugreifen, denn dies bietet ihnen die Gelegenheit, dauerhaft zu ignorieren, was eine Frau sagt. Frauen sind sich dieser herabsetzenden Meinungen vielleicht gar nicht bewußt. Aber die Forschung zeigt, daß sie oft auf gönnerhafte Weise verhätschelt werden, solange sie jung und schön sind. Als reife Frauen qualifiziert man sie als unbedeutend ab, und im fortgeschrittenen Alter werden Frauen schließlich übergangen oder auf beleidigende Weise herabgesetzt. Fast könnte man sagen, daß dies einem Angriff auf die Redefreiheit gleichkommt.

Nicht jeder Mann macht sich eines solch herablassenden Verhaltens schuldig. Es gibt ehrbare Ausnahmen, sowohl in unserem Privatleben als auch am Arbeitsplatz. Manche Männer erkennen ihre weiblichen Kollegen wirklich als gleichberechtigt an. Wer sich entschließt, eine Frau in eine Position zu berufen, die ihr faktische Macht verleiht, ist vielleicht bereit, sein ursprüngliches Urteil wohlbegründet zu finden und ihrer Argumentation zuzuhören, wenn sie ihrerseits darauf achtet, ruhig, logisch und unaufgeregt zu sein. Aber Klischees sind immer zur Hand, wenn sie sich nicht als so »zuverlässig« erweist wie erhofft. Viele Männer neigen dazu, abzutun, was eine Frau sagt, und männliche Vorgesetzte neigen dazu, wütend zu werden, wenn ihnen eine weibliche Angestellte zu widersprechen wagt.

Es überrascht nicht, daß die besten Beziehungen zwischen Männern und Frauen in unserem Privatleben zustande kommen. Männer, die in glücklichen Langzeitbeziehungen mit einer Ehefrau oder einer Geliebten leben, können entdecken, daß die Auseinandersetzung mit einer Frau ein positives Erlebnis sein kann, wenn sie sich nicht mehr von allgemeinen Vorurteilen über Frauen leiten lassen. Das Geheimnis einer guten, streitbeständigen Beziehung zwischen einem Mann und einer Frau liegt darin, daß beide den hervorstechenden Unterschied zwischen ihnen – Geschlecht / Geschlechterrolle – vergessen und einander als *Menschen* zuhören.

Das ist vielleicht nicht ganz einfach. Eine Freundin, die sich großzügig bereit erklärte, einige Kapitel dieses Buches in Manuskriptform zu lesen, sagte mir, daß sie versucht habe, meine Ergebnisse und ihre Erfahrungen mit dem neuen Mann in ihrem Leben in Übereinstimmung zu bringen.

»Er scheint zu glauben, ich wäre bloß gefühlsbetont, wenn ich versuche, ihm etwas zu erklären. Aber ich stelle fest, daß es mir Spaß macht, daß er ein Mann, um nicht zu sagen, ein Macho ist, deshalb ist es so verzwickt. Ich werde eine neue Art zu reden finden müssen und darauf bestehen, daß er mir zuhört. Ich möchte das, was uns gehört, nicht verderben.«

Was wollte sie mit »Macho« sagen? In Wirklichkeit wohl »Mensch männlichen Geschlechts«. Sollten aber jene herrlichen Unterschiede zwischen uns, die uns im Bett so große Wonnen bereiten, ausgerechnet beim *Streiten* keine Rolle spielen? Wir haben gesehen, daß wir dazu neigen, uns auf tiefverwurzelte, oft unbewußte Vorstellungen darüber zu stützen, was einen »richtigen Mann« und eine »echte Frau« ausmacht, und natürlich sind es Liebende, die von solchen Sorgen am meisten betroffen sind.

Wie sollen wir also jene goldene Brücke zwischen uns bauen?

Selbstverständlich bin ich nicht in der Lage, eine Blaupause für den Bau dieser Brücke anzufertigen, aber ich hoffe, genug Material geliefert zu haben, damit Sie einen Versuch wagen können. Wir müssen anerkennen, daß weder das biologische Geschlecht noch die kulturelle Geschlechterrolle viel mit Intellekt zu tun haben und daß die alte Arbeitsteilung auf einer praktischen Trennung von Aufgaben beruhte, die früher den meisten Menschen behagte, jetzt aber in sich zusammenbricht.

Wir müssen begreifen, daß die Geschlechterrollen, die wir durch unsere Erziehung verinnerlicht haben, nicht nur auf einer einfachen Arbeitsteilung bei der Fortpflanzung der Spezies Mensch, sondern auf einem Konflikt in der Psyche jedes einzelnen Menschen beruhen. Wir müssen nicht nur mit dem Intellekt, sondern in unserem tiefsten Inneren wissen, daß Männer Wärme und Nähe brauchen und Frauen Feindseligkeit gegenüber denjenigen empfinden können, die »nicht zu uns gehören«. Dann brauchen wir uns nicht mehr ganz so verschieden voneinander fühlen, wie die Kultur uns gemacht hat. Als menschliche Wesen haben wir in der Art zu denken und zu fühlen mehr gemeinsam, als wir dann anzunehmen geneigt sind, wenn die Frage des Geschlechts ins Spiel kommt. Paare, die glücklich zusammenleben, sind imstande, einander eher als Individuen zu sehen denn als *Vertreter* des jeweils anderen Geschlechts. Sie hören einander zu und sind genug umeinander bemüht, um zu verstehen, was gesagt wird.

Während ich dieses abschließende Kapitel niederschrieb, hatte ich plötzlich ein absurdes Bild vor Augen. Goggelmoggel hockt als Janus auf der Brüstung einer Behelfsbrücke. Mit einem Gesicht blickt er finster und mürrisch drein, während das andere wohlwollend strahlt (es ist nicht ganz klar, welches Gesicht in welche Richtung schaut). Von beiden Seiten strömen Stachelschweine in langen Reihen zielstrebig auf die Brücke zu. An der Brücke selbst stehen zwei Stachelschweine, je eines auf einer Seite, zögernd, als würden sie sich fragen, wie sicher diese unvollendete Brücke wohl sei. Bedeutungsvoll winken sie einander mit ihren spitzen Stacheln zu. Ich nehme an, daß es auf der einen Seite alles Weibchen, auf der anderen alles Männchen waren, obwohl ich es nicht sagen kann. Für mich sahen sie alle gleich aus.

Anmerkungen

Vollständige Quellenangaben finden sich in der Bibliographie

Worum es in diesem Buch geht

1 P. G. Wodehouse, 1933: *Heavy Weather*. London: Herbert Jenkins. Penguin, 1966, S. 229.

2 F. Nietzsche, 1901: *Der Wille zur Macht*. Zitat: Aus dem Nachlaß der Achtzigerjahre; F. Nietzsche, Werke in drei Bänden, hrsg. von Karl Schlechta, München: Hanser, 1994, Band III, S. 903.

3 Virginia Woolf, »Professions for Women«. Vortrag vor der National Society for Women's Service, 21. Januar 1931. Posthum veröffentlicht. Nachdruck in: Woolf, 1995, S. 4–5.

4 E. Mapstone, 1996.

5 G. Wheatcroft, 1996. »An argument for a cool debate between sexes«, *Daily Express*, 11. Juni, S. 8.

6 Siehe unter anderem Uta Frith, 1989: *Autism: Explaining the Enigma*. Oxford: Blackwell; S. Baron-Cohen, A. M. Leslie und U. Frith, 1985: »Does the autistic child have a theory of mind?« *Cognition*, 21, S. 37–46.

7 Sir James Mackintosh (1765–1832), zitiert in Anon., 1835.

Meine Untersuchungsmethode

1 Die Methode der Analyse ist eine Erweiterung von Dell Hymes' ethnomethodologischer Analyse der »Kommunikationskompetenz« erklärender Erzählungen (Hymes, 1972, 1974; siehe auch Rom Harré, 1979; Deborah Schiffrin, 1994; Einzelheiten siehe unten). Muster »kompetenter Kommunikation« werden nicht in der Struktur des Austauschs von Meinungen gesucht, sondern vielmehr im Inhalt sowie in der Frage, inwiefern der Inhalt in verschiedenen Kontexten variiert. Berichte werden dahingehend analysiert, daß sie erkennbar bedeutsame Antworten auf die gestellten Fragen liefern sollen, und zwar im Rahmen eines von einem Psychologen durchgeführten, der Forschung dienenden Interviews.

Ich weise darauf hin, daß es sich hierbei ebensowenig um eine Form der Konversationsanalyse (Heritage und Atkinson, 1984) handelt wie um jene Art von Diskursanalyse, die in dem einflußreichen Buch von Jonathan Potter und Margaret Wetherell (1987) propagiert wurde. Hier konzentrieren wir uns nicht auf die Dynamik des Interviews selbst, sondern vielmehr auf den Inhalt dessen, was gesagt wird. Das Ziel war, aussagekräftige Muster in dem zu finden, was die Interviewten in verschiedenen Kontexten sagten. Wie Schiffrin (1994: 139) es im Zusammenhang mit einer Diskussion über die Ethnographie der Kommunikation ausdrückt: »Die Art, wie wir miteinander kommunizieren, unterliegt den Zwängen der Kultur (einfach deshalb, weil sie ein Teil der Kultur ist), aber sie legt auch Kultur offen und trägt sie. Von einem analytischen Standpunkt aus gesehen trägt also eine Analyse der Muster, die gebildet werden, wenn wir miteinander kommunizieren, zu unserem Verständnis von Kultur bei.«

R. Harré, 1979: *Social Being*. Oxford: Blackwell; J. Heritage und J. Atkinson. (Hrsg.), 1984: *Structure of Social Action.* Cambridge University Press; D. Hymes, 1972: »Models of the interaction of language and social life«, in: J. Gumperz und D. Hymes (Hrsg.), *Directions in Sociolinguistics: An Ethnographic Approach.* University of Philadelphia Press; J. Potter und M. Wetherell, 1987: *Discourse and Social Psychology.* London: Sage; D. Schiffrin, 1994: *Approaches to Discourse*. Oxford: Blackwell.

2 E. Mapstone, 1992a.

3 Vollständige Details finden sich bei Mapstone, 1992a.

Teil I: Streit und Goggelmoggel

1 Die Zitate stammen aus Streittagebüchern.

2 Heider, 1958, S. 195.

3 Ebda., S. 230.

4 Zum Beispiel: Billig, 1985, 1987.

5 Zu den Details vgl. E. Mapstone, 1992a, 1995.

6 Im Englischen bedeutet das Wort *argument* nicht nur »Begründung«, sondern, wie die Autorin unter Berufung auf verschiedene Wörterbücher der englischen Sprache erläutert, unter anderem auch »Beweis«, »Beweisgrund«, »Beweisführung«, »Aussage«, »These«, »Diskussion«, »Disput«, »Meinungsverschiedenheit«, »Auseinandersetzung« und »Streit«. Für die deutsche Übersetzung bot es sich in den meisten Fällen an, *argument* durch »Streit« und *to argue* durch »streiten« wiederzugeben. [A. d. Ü.]

7 Siehe zum Beispiel die sokratischen Dialoge in Platons *Meno*, ins Englische übersetzt von W. K. C. Guthrie; oder *Gorgias*, ins Englische übersetzt von W. Hamilton; beide erschienen bei Penguin.

8 P. F. Strawson, 1952: *Introduction to Logical Theory*. London: Methuen. A. N. Whitehead, zitiert in S. Stebbing, 1952: *A Modern Elementary Logic*, 5. überarbeitete Auflage. London: Methuen, S. 21.

9 A. Flew, 1975: *Thinking About Thinking*. London: Fontana, S. 17.

10 J. Piaget, 1924: *Le Jugement et le raisonnement chez l'enfant*. Neuchâtel und Paris: Delachaux & Niestle, S. 92.

11 Toulmin, 1958: englische Ausgabe S. 254.

12 M. McConville, 1987: »Silence in court«, *New Law Journal*, 138, S. 1169/70. Zitiert in M. King, 1988: »Use of video in child abuse trials«, *The Psychologist: Bulletin of the British Psychological Society*, 1, S. 168.

13 Brown, 1965: S. 551.

14 Siehe zum Beispiel G. Paicheler, 1977: »Norms and attitude change II. The phenomenon of bipolarisation«, *European Journal of Social Psychology*, 9, S. 85–96.

15 M. Kington, 1989: Christmas Quiz, *Independent*, 26. Oktober 1989.

16 I. Lakatos in I. Lakatos und A. Musgrave (Hrsg.), 1970: *Criticism and the Growth of Knowledge*. Cambridge University Press, S. 178.

17 Billig, 1985, 1987.

18 Siehe zum Beispiel P. Du Preez (1980), E. Frazer (1988) sowie G. M. Gilbert und M. Mulkay, 1984. Ebenso J. Potter und S. Reicher, 1987: »Discourses of community and conflict: the organization of social categories in accounts of a ›riot‹«, *British Journal of Social Psychology*, 26, S. 25–39.

19 Polly Toynbee in *Radio Times*, 28. September bis 4. Oktober 1996, S. 14.

20 H. Tajfel, 1978, 1981.

Teil II: Das Stachelschwein-Dilemma

1 Konfuzius, zitiert in R. Wilhelm (Übersetzer), *I Ching*. 3. Auflage 1968. London: Routledge & Kegan Paul, S. 59.

2 Tysoe, 1992: S. 1.

3 D. H. Lawrence: Brief an Dr. Trigan Burrow vom 3. August 1927, zitiert in A. Stibbs, 1992: *Like a Fish Needs a Bicycle*. London: Bloomsbury.

4 Viele dieser Interviews wurden in E. Mapstone, 1995, abgedruckt. Andere wurden zwischen 1987 und 1997 durchgeführt. Da Anonymität zugesichert wurde, sind die Namen geändert worden, mit Ausnahme jener Fälle, bei denen Vor- und Nachname genannt werden.

5 Siehe zum Beispiel D. Schiffrin, 1984: »Jewish argument as sociability«, *Language in Society*, 13, S. 311–335.

6 AAUW-Report, Greenberg-Lake: The Analysis Group, herausgegeben im Januar 1991 und abgedruckt in *APA Monitor, American Psychological Association*, April 1991, S. 29.

7 Linda T. Sanford und Mary Ellen Donovan, 1984. Das Zitat stammt aus der Penguin-Ausgabe von 1993, S. XIII.

8 Sue Lees, 1993.

9 Ebda., S. 77.

10 Ebda., S. 32.

11 Alle Zitate aus: L. M. Brown und C. Gilligan, 1993: »Meeting at the crossroads«, *Feminism & Psychology*, 3, S. 13. Vgl. auch Carol Gilligan, 1982 (1992): *In a Different Voice*. Cambridge, MA.: Harvard University Press; [deutsche Übersetzung: *Die andere Stimme: Lebenskonflikte und Moral der Frau*. München/Zürich: Piper, 1993]. J. B. Miller, 1976: *Toward a New Psychology of Women*. Boston: Beacon Press.

12 Zitiert in *Daily Mail*, 16. November 1989.

13 Sanford und Donovan, 1984.

14 Dale Spender, 1980/1985. Zitat aus der zweiten Auflage der Originalversion, S. 112.

15 *Guardian*, 10. August 1995. Gesellschaftskolumne, S. 14.

16 Sanford und Donovan, 1984, S. 110 der englischen Ausgabe. Zitiert aus *New York Times Book Review*, 9. Januar 1983.

17 T. Falbo und L. A. Peplau, 1980: »Power strategies in intimate relationships«, *Journal* of *Personality and Social Psychology*, 38, S. 618–628.

18 Persönliche Mitteilungen.

19 Mike Dickin Shaw: *London Talk Back*, London Broadcasting Corporation, September 1994.

20 Dissertation, 1992.

21 Zum Beispiel Celia Kitzinger und Adrian Coyle, 1995: »Lesbian and gay couples: speaking of difference«, *The Psychologist: Bulletin of the British Psychological Society*, 8, S. 64–69.

22 Dorothy Parker, »Somebody's Song«, in *Enough Rope*, 1926. Abdruck aus *The Collected Dorothy Parker*, mit freundlicher Genehmigung von Gerald Duckworth and Co. Ltd., London, und aus *The Portable Dorothy Parker*, Einleitung von Brendan Gill, mit freundlicher Genehmigung von Viking Penguin.

23 Tysoe, 1992, S. 97.

24 Falbo und Peplau, 1980.

25 John Rowan, 1989: »On being irrational«, *Clinical Psychology Forum*, 24, S. 27–28.

26 Sanford und Donovan, 1984, englische Originalversion S. 120.

27 Das Zitat des gewalttätigen Ehemanns lieferte den Titel für das »Handbook for Victims of Domestic Violence«, in den neunziger Jahren herausgegeben vom Plymouth Women's Refuge und der Plymouth Guild of Community Services.

28 J. Archer und V. Rhodes, 1993: »The grief job loss: a cross-sectional study«, *British Journal of Psychology*, 84, S. 395–410.

29 Zitiert in Tavris, 1989, S. 221.

30 James Averill, 1982; Carol Tavris, 1989.
31 Tavris, 1989, S. 250.
32 Gray, 1992; S. 152 in der Paperback-Ausgabe.
33 J. Veroff, E. Douvan und R. A. Kulka, 1981: *The Inner American: A Self Portrait from 1957 to 1976*. Zitiert in Stearns und Stearns, 1986, S. 211.
34 Stearns und Stearns, 1986.
35 D. Morris, zitiert in »Sulkers and screamers«, *MS London*, 3. Juli 1989, S. 18.
36 Siehe zum Beispiel *More!* [Zeitschrift], »What's a nice couple like you doing in a fight like this?«, 11.–24. November 1992; *Independent on Sunday*, »For the kids' sake have a row«, 23. März 1997.
37 Rezension im *Observer*, 26. Februar 1995.
38 Barney Hoskyn, Rezension von Simon Reynolds und Joy Press, 1995: *The Sex Revolts: Gender, Rebellion and Rock 'n' Roll*. London: Serpent's Tail.
39 Buchtitel von Carol Tavris und Carole Wade, 1977/1984.
40 Zitiert in R. W. Southern, 1970: *Western Society and the Church in the Middle Ages*. Harmondsworth: Penguin, S. 314.
41 Zitiert in Joan Smith, 1989, S. 3.
42 G. Greer, 1970. Zitiert nach der Paladin-Ausgabe, S. 249.
43 Dinnerstein, 1976.
44 Melanie Klein, 1935: *Love, Guilt and Reparation*. London: Hogarth.
45 Jukes, 1993, S. 316.
46 Ebda., S. 64.
47 Siehe zum Beispiel H. E. Gruber und J. J. Voneche (Hrsg.), 1977: *The Essential Piaget*. London: Routledge & Kegan Paul; Alice Rossi in Walsh, 1987, in einer Debatte über Nancy Chodorows Theorie über mütterliche Fürsorge (»Mothering«, Chodorow, 1978). Im Gegensatz zu Rossi glaube ich nicht, daß Mütter ein biologisch bestimmtes Potential für ein stärkeres Engagement gegenüber dem Kind besitzen als Väter, da die tiefsitzende Arbeitsteilung genügt, um die Rolle der Frauen zu erklären; Margaret Donaldson, 1978: *Children's Minds*. London: Fontana; Annette Karmiloff Smith, 1994: *Baby It's You* (Begleitbuch zu einer TV-Serie über frühkindliche Entwicklung). London: Ebury Press. Frau Professor Karmiloff Smith wurde übrigens als erste Entwicklungspsychologin in die Royal Society aufgenommen.
48 Chodorow, 1978.
49 Ebda., S. 260.
50 Joseph Pleck, 1981, weist in seinem Buch *The Myth of Masculinity*, Cambridge, MA: MIT Press, ebenfalls darauf hin.
51 Chodorow, 1978, S. 250.
52 Im Jahre 1912 veröffentlichten Cyril Burt und R. C. Moore den ersten Artikel in Großbritannien, in dem nachgewiesen wurde, daß objektive Messungen keine signifikanten Unterschiede in den Leistungen von Jungen und Mädchen ergaben. Siehe C. Burt und R. C. Moore, 1912: »The mental differences between the sexes«, *Journal of Experimental Pedagogy*, 1, S. 273–284 und 355–388.
53 Halla Beloff, 1992: »Mother, Father and Me: Our IQ«, *The Psychologist*, 5, S. 309–311.
54 John Campion in »Letters«, *The Psychologist*, Oktober 1992, S. 456.
55 Siehe auch Louise Higgins, 1987: »The unknowing of intelligence«, *Guardian*, 10. Februar 1987; H. W. Hogan, 1973: »IQ: self-estimates of males and females«, *Journal of Social Psychology*, 106, S. 137–138; T. A. Roberts, 1991: »Gender and the influence of evaluations on self-assessment in achievement settings«, *Psychological Bulletin*, 109, S. 297–308.
56 Siehe J. D. Willms und P. D. Kerr, 1988: »Changes in sex differences in Scottish examination results since 1976«, *Journal of Early Adolescence*, 7, S. 85–104; Department of Education in Northern Ireland, *Statistical Bulletin*, Dezember 1991.

57 Alle Zitate, die nicht namentlich gekennzeichnet sind, stammen aus Interviews, Briefen und Tagebüchern.
58 Payne, 1983; Zitate aus der Virago-Ausgabe, S. 54.
59 Professor Robert Abelson, Seminar am Institut für Experimentelle Psychologie der Universität Oxford, Sommer 1985.
60 Payne, 1983, S. 382: Brief von Ann Scott an Payne.
61 Robert Bly: *Eisenhans*, 1993. München: Kindler, S. 41.
62 Ebda., S. 314.
63 Ebda., S. 44.
64 Ebda., S. 27.
65 Ebda., S. 322.
66 In S. French, 1992, S. 60–61.
67 *The Times*, 14. Mai 1994: »The positive force in family feuds«.
68 Philip Larkin, 1988: »This Be the Verse«, in *Collected Poems*. London: Faber & Faber, S. 180. Zuerst veröffentlicht in *High Windows*, 1974. Abdruck mit freundlicher Genehmigung von Faber & Faber, London.
69 S. Calman, 1992: »You're still a child to them«, *The Times*, 19. Mai.
70 Sean French, 1994: »About man, about women«, *Observer*, 27. Februar.

Teil III: Janusgesichtig in einer »postfeministischen« Welt

1 Siehe *New Larousse Encyclopedia of Mythology*. London: Hamlyn, 1968.
2 George Orwell, 1949: *Nineteen Eighty-Four*. London: Secker & Warburg [deutsche Übersetzung: *Neunzehnhundertvierundachtzig*. 10. Auflage, Frankfurt/Berlin: Ullstein, 1993].
3 Ursula L. Le Guin, 1974: *The Dispossessed*. London: Panther, S. 44.
4 BBC Southern Counties Radio, 12. September 1994.
5 James Boswell, *Life of Samuel Johnson*. Band I, 31. Juli 1763.
6 Zitiert in L. Peter (Hrsg.), 1978: *Quotations for Our Time*. London: Souvenir Press.
7 Oliver Goldsmith, Bemerkung zitiert in Boswell, op. cit., 26. Oktober 1769.
8 Marc Nicholls, 1993: »What he really tells other men«, *Cosmopolitan*, Mai, S. 55.
9 Zitiert in L. Peter, 1978.
10 Seidler, 1989, S. 126.
11 Henry David Thoreau, 1849: »Wednesday«, in *A Week on the Concord Merrimack Rivers*: siehe *Concise Oxford Dictionary of Quotations*, 1964.
12 S. Calman, 1992: »I think, he knows, so who wins?«, *The Times*, 19. Februar.
13 Trudy Govier, 1988: »Tu quoque, credibility and argument«, *Newsletter of the International Society for the Study of Argumentation*, 3, S. 4.
14 Ebda., S. 7.
15 Seidler, 1989, S. 62.
16 Le Guin, 1974., S. 44.
17 Tannen, 1990: *Du kannst mich einfach nicht verstehen*. Hamburg: Kabel, S. 185.
18 Oscar Wilde, 1895: *The Importance of Being Earnest*, 1. Akt.
19 Miller und Boster, 1988, S. 283, 285.
20 Ebda., S. 283.
21 Leo Bruce, 1945: *Case for Three Detectives*. Harmondsworth: Penguin.
22 Vollständiger Bericht siehe Mapstone, 1992a.
23 Kipnis, 1976; Kipnis und Smith, 1985. Siehe auch: D. Kipnis, P.J. Castell, K. Gergen und D. Mauch, 1976: »Metamorphic effects of power«, *Journal of Applied Psychology*, 61, S. 127–135; D. Kipnis, S. Schmidt und I. Wilkinson, 1980: »Intraorganisational influence tactics: explorations in getting one's way«, *Journal of Applied Psychology*, 65, S. 440–452.

24 Rupert Crawshay-Williams, 1970: *Russell Remembered.* Oxford: Oxford University Press, S. 17 bis 19. Ich danke Prof. Edward M. Wise von der Wayne State University Law School, Detroit, der dieses Zitat für mich auffand.
25 Hochschild, 1983.
26 *Independent*, 8. September 1990.
27 Zitiert in Rosalind Miles, 1985. Futura-Ausgabe, S. 31.
28 Persönliche Mitteilung.
29 Lakoff, 1990.
30 Kennedy, 1992.

Teil IV: Das Spiel der Geschlechter am Arbeitsplatz

1 Wendy Hollway, 1991: »The psychologization of feminism or the feminization of psychology?«, *Feminism & Psychology*, 1, S. 35.
2 *She* [Zeitschrift], Februar 1993.
3 Suzette Haden Elgin, 1989, S. 54.
4 Glynis Breakwell, 1985.
5 Ebda., S. 35.
6 Ebda., S. 109.
7 Deidre schloß das Examen als Zweitbeste ab.
8 Siehe zum Beispiel John Archer und Barbara Lloyd, 1985; Donna Eder, 1990; Marjorie H. Goodwin, 1990; Eleanor Maccoby, 1990.
9 Tannen, 1990.
10 Kipnis und Schmidt, 1985, S. 45.
11 John Major, zitiert in *Independent*, 19. Juni 1991.
12 Tannen, 1994.
13 Beverley Alimo-Metcalfe, 1992: »Gender, leadership and assessment«. Vortrag bei der Konferenz der Sektion für Arbeitspsychologie der British Psychological Society, Liverpool.
14 C. J. Margerison und A. P. Kakabadse, 1984: *How the American Chief Executive Succeeds* (American Management Association Monograph). New York: AMA Membership Publications Division; A. P. Kakabadse, 1987: »Performance and the top executive: gender differences of management style«, *The Occupational Psychologist*, 3, S. 15–17. Leicester: British Psychological Society.
15 Kakabadse, 1987., S. 16.
16 Erika Apfelbaum, 1986: The Henri Tajfel Memorial Lecture: »Women in leadership positions«. Veröffentlicht im Newsletter der Sozialpsychologischen Sektion der British Psychological Society, Frühjahr 1987.
17 Zitiert in *Bloomsbury Dictionary of Quotations*, 1987, S. 235. Zitate aus der Taschenbuchausgabe, 1989.
18 Zitiert in Apfelbaum, 1986.
19 Joy Billington, 1993: »The First Granny«, *Woman's Journal*, Juni, S. 62.
20 *Observer*, 26. Februar 1995.
21 Weitere Einzelheiten in Mapstone, 1992c, 1993a, 1993b.
22 Apfelbaum, 1986.
23 *Fortune*, 5. August 1996.
24 Joan Smith, 1989, über Thatcher.
25 Zitiert in *Guardian*, 25. Januar 1997.
26 *Today*, 26. November 1990.
27 Margaret Thatcher, 1993: *The Downing Street Years*. London: HarperCollins, englische Ausgabe, S. 129 [deutsche Übersetzung: *Downing Street No. 10: die Erinnerungen*. Düsseldorf/Wien: Econ, 1993].

28 Margaret Thatcher, zitiert in Ian Aitken, 1982: »Family life best, says Thatcher«, *Guardian*, 27. Juli.
29 Helen Haste, Gastvortrag beim Seminar »Images of Women«, Oxford University Department of Continuing Education, Sommer 1985.
30 »Does your age work against you?«, *New Woman*, Juni 1990, S. 86–87.
31 Sarah Hegarty, 1992: »Snakes on the way up the ladder«, *Independent*, 2. November.
32 Miles, 1985, S. 225.
33 P. Johnson, 1976: »Women and power: toward a theory of effectiveness«, *Journal of Social Issues*, 32, S. 99–110.
34 Baron Acton, Brief, 3. April 1887, in *Oxford Dictionary of Quotations*, 1964.
35 Bericht im *Daily Telegraph*, 6. Dezember 1996.
36 *GQ*, Oktober 1994, S. 160.
37 Estelle Phillips und D. S. Pugh, 1987: *How to Get a PhD*. Milton Keynes: Open University Press, S. 138.
38 *Guardian*, 18. Januar 1997.
39 Zitiert in »Talking Dirty«, *Guardian*, 6. Februar 1997.
40 Brief an die Autorin, 2. August 1995.
41 Erste Untersuchung, 54 Tagebücher, Statistik veröffentlicht in Mapstone, 1992a.
42 Hester Lacey, 1996: »Why women always lose the argument«, *Independent on Sunday*, 16. Juni.
43 Iain Carruthers-Jones, 1992, zitiert in *Independent*, 2. November.
44 Geburtshelferin, 1985 von ihrem Job suspendiert, im folgenden Jahr wieder eingestellt. Siehe Wendy Savage, 1986.
45 *Daily Telegraph*, 27. Mai 1994.
46 Zitat aus der Futura-Ausgabe, 1986, S. 117.
47 Ginny Dougary, 1994, S. XII.
48 Ebda., S. 197.
49 Apfelbaum, 1986., S. 11, 12.
50 S. Schachter und J. E. Singer, 1962: »Cognitive, social and physiological determinants of emotional state«, *Psychological Review*, 69, S. 379–399.
51 Siehe unter anderem die hervorragende Erörterung in Roger Browns *Social Psychology*, 1965.
52 Lacey in *Independent on Sunday*, 16. Juni 1996.
53 H. C. Metcalf und L. Urwicki (Hrsg.), 1941: *The Collected Papers of Mary Parker Follett*. London: Pitman.
54 Vgl. dazu Margaret Neale und Max Bazerman, 1985: »Perspectives for understanding negotiation: viewing negotiation as a judgmental process«, *Journal of Conflict Resolution*, 29, S. 33–55; Richard Wendell Fogg, 1985: »Dealing with conflict: a repertoire of creative, peaceful approaches«, *Journal of Conflict Resolution*, 29, S. 330–358; Dean Pruitt und Peter Carnevale, 1993: *Negotiation in Social Conflict*. Buckingham: Open University Press.
55 Siehe Elgin, 1989: S. 81.
56 Veröffentlicht in Mapstone, 1995.
57 Brainin zitiert im Begleitheft zu Schallplatten mit Mozarts Streichquartetten, Deutsche Grammophon, o.J.
58 *The Levin Interview*, BBC TV, 5. September 1987; Erstsendung 1981.
59 Karikatur von Riana Duncan in *Punch*, 8. Januar 1988.
60 Cecilia Ridgeway, 1993. Vortrag vor der American Association for the Advancement of Science, Boston. Abgedruckt in *APA Monitor*, April, S. 19.
61 Lacey in *Independent on Sunday*, 16. Juni 1996.
62 *First Sex*, ausgestrahlt am 19. Juli 1995.
63 Linda Carli, Ansprache vor der American Association for the Advancement of Science, Boston, Februar 1993, abgedruckt in *APA Monitor*, April.

64 Coates, 1993.
65 Cathy Cassell in Zusammenarbeit mit Sue Walsh: »Internal und external barriers to women's progression at work: integrating clinical and organisational perspectives«. Konferenz über »Psychology of Women«, Juli 1994.
66 Hedy Brown, 1985: S. 44.
67 Janis, 1982.
68 Beruht auf Aussagen vieler männlicher Informanten.
69 Mapstone, 1990, 1992b, 1992c, 1993a, 1993b.
70 Kennedy Wilson, 1996: »Time to have justice for all«, *Herald*, Glasgow, 30. Oktober, S. 20.
71 Um Unschuldige zu schützen, nenne ich den zweiten Journalisten nicht beim Namen, da er seine Frage auf der Grundlage des Berichts des ersten formulierte.
72 *Guardian*, 22. Februar 1997.

Teil V: Eine goldene Brücke bauen

1 Richards, 1980.
2 Anthony Storr, 1968: *Human Aggression*. Harmondsworth: Penguin; Zitat nach der Pelican-Ausgabe, 1970, S. 89.
3 Vgl. dazu D. H. Hubel und T. N. Weisel, 1962: »Receptive fields, binocular interaction and functional architecture in the cat's visual cortex«, *Journal of Physiology*, 160, S. 106; C. Blakemore und G. G. Cooper, 1970: »Development of the brain depends on the visual environment«, *Nature*, 258, S. 477–478.
4 Siehe zum Beispiel die Experimente mit neugeborenen Rhesusaffen: H. Harlow, 1959: »Love in infant monkeys«, *Scientific American*, Juni; H. Harlow, 1962: »The heterosexual affectional system in monkeys«, *American Psychologist*, 17, S. 1–9.
5 Anderson und Zinsser, 1988, S. 143. Zitate nach der Penguin-Ausgabe, Band 2.
6 Ebda.
7 Stearns und Stearns, 1986, 1988.
8 Ehrwürden John Brandt, 1895: *Marriage and the Home*, zitiert in Stearns und Stearns, 1986. Von der englischen Autorin Sarah Stickney Ellis stammten ähnliche Warnungen in *The Women of England, their Social Duties and Domestic Habits*. London und Paris: Fisher, Son & Co., 1845.
9 Stearns und Stearns, 1986, S. 76, 77.
10 Campbell, 1987.
11 Haste, 1993, S. 106.
12 Liswood, 1995. Einleitung, S. XI–XII.
Dr. Susan Greenfield, Dozentin für Synaptische Pharmakologie an der Universität Oxford, lenkte in ihrer Kolumne im *Independent on Sunday* (»Under the microscope«, 6. Juli 1997) die Aufmerksamkeit ihrer Leser auf eine Forschungsarbeit, über die zwei schwedische Wissenschaftlerinnen in *Nature* (Mai 1997) berichteten. Die Mikrobiologin Christine Wenneras und die Immunologin Agnes Wold stellten fest, daß eine Wissenschaftlerin selbst dann, wenn ihre veröffentlichte Arbeit von anderen oft zitiert und folglich als wichtig angesehen wird, von denjenigen, die Forschungsmittel und -förderung bewilligen, kaum höher eingeschätzt wird als der am wenigsten qualifizierte ihrer männlichen Kollegen. Diese Untersuchung sollte jenen zu denken geben, die meinen, daß alte Vorurteile im Aussterben begriffen seien, zumal Schweden von den Vereinten Nationen im Hinblick auf die Chancengleichheit der Geschlechter als führend in der Welt eingestuft wurde.
13 Faludi, 1992.

Bibliographie

Abdela, Lesley, 1994: *What Women Want*. London: The Body Shop.

Anderson, Bonnie S. und Zinsser, Judith P., 1988: *A History of Their Own: Women in Europe from Prehistory to the Present*. New York: Harper & Row; Penguin, 1990. Deutsche Übersetzung: *Eine eigene Geschichte: Frauen in Europa*. Zürich: Schweizer Verlagshaus, 1992.

Anonym, 1835: *Woman: As She Is and As She Ought To Be*. London: James Cochrane.

Archer, John und Lloyd, Barbara, 1985: *Sex and Gender*. Cambridge University Press.

Averill, James, 1982: *Anger and Aggression: An Essay on Emotion*. New York: Springer Verlag.

Avramides, Anita (Hrsg.), 1995: *Women of Ideas*. London: Duckworth.

Billig, M., 1985: »Prejudice, categorization and particularization: from a perceptual to a rhetorical approach«, *European Journal of Social Psychology*, 15, S. 79–103.

Billig, Michael, 1987: *Arguing and Thinking: A Rhetorical Approach to Social Psychology*. Cambridge University Press.

Bly, Robert, 1990: *Iron John: A Book about Men*. New York: Addison Wesley; Vintage Books, 1992. Deutsche Übersetzung: *Eisenhans. Ein Buch über Männer*. München: Kindler 1993.

Breakwell, Glynis, 1985: *The Quiet Rebel*. London: Century.

Brown, Hedy, 1985: *People, Groups and Society*. Milton Keynes: Open University Press.

Brown, Roger, 1965: *Social Psychology*. London: Collier Macmillan.

Campbell, Anne, 1993: *Out of Control: Men, Women and Aggression*. New York: Basic Books. Deutsche Übersetzung: *Zornige Frauen, wütende Männer: Geschlecht und Aggression*. Frankfurt/Main: Fischer, 1995.

Campbell, Beatrix, 1987: *The Iron Ladies: Why Do Women Vote Tory?* London: Virago.

Carnegie, Dale, 1981: *How to Win Friends and Influence People*, überarbeitete Ausgabe. Tadworth, Surrey: World's Work. Deutsche Übersetzung: *Wie man Freunde gewinnt*. Bern: Scherz, 1986.

Chodorow, Nancy, 1978: *The Reproduction of Mothering: Psychoanalysis and the Sociology of Gender*. Berkeley: University of California Press.

Clark, Romy, Fairclough, Norman, Ivanic, Roz, McLeod, Nicki, Thomas, Jenny and Meara, Paul (Hrsg.), 1990: *Language and Power*. British Association for Applied Linguistics & Centre for Information on Language Teaching and Research.

Coates, Jennifer, 1993: *Women, Men and Language*. 2. Auflage. Harlow, Essex: Longman.

Danzinger, Kurt, 1976: *Interpersonal Communication*. Oxford und New York: Pergamon Press.

Dietz, Mary G., 1977: »Hannah Arendt and feminist politics«, in: Mary L. Shanley und Carole Pateman (Hrsg.): *Feminist Interpretations and Political Theory*. Oxford: Blackwell/Polity Press.

Dinnerstein, Dorothy, 1976: *The Rocking of the Cradle and the Ruling of the World*. New York: Harper & Row.

Dougary, Ginny, 1994: *The Executive Tart and Other Myths: Media Women Talk Back*. London: Virago.

Du Preez, Peter, 1980: *Social Psychology of Politics: Ideology and the Human Image*. Oxford: Blackwell.

Eder, Donna, 1990: »Serious and playful disputes: variations in conflicts talk among female adolescents«, in: A. Grimshaw (Hrsg.): *Conflict Talk*. Cambridge University Press.

Elgin, Suzette Haden, 1989: *Success with the Gentle Art of Verbal Self-Defense*. Englewood Cliffs, NJ: Prentice-Hall.

Faludi, Susan, 1992: *Backlash: The Undeclared War against Women*. London: Chatto & Windus. Deutsche Übersetzung: *Backlash*. Reinbek: Rowohlt, 1995

Frazer, E., 1988: »Teenage girls talking about class«, *Sociology*, 22, S. 343–358.

French, Sean (Hrsg.), 1992: *Fatherhood*. London: Virago.

Gilbert, G. M. und Mulkay, M., 1984: *Opening Pandora's Box: A Sociological Analysis of Scientists' Discourse*. Cambridge University Press.

Goodwin, Marjorie H., 1990: *He Said She Said: Talking as Social Organisation among Black Children*. Bloomington: Indiana University Press.

Gray, John, 1992: *Men are from Mars, Women are from Venus*. New York: HarperCollins. Deutsche Übersetzung: *Männer sind anders. Frauen auch*. München: Goldmann, 1992.

Greer, Germaine, 1970: *The Female Eunuch*. London: MacGibbon & Kee; Paladin, 1971. Deutsche Übersetzung: *Der weibliche Eunuch*. Frankfurt/M: Fischer, 1974.

Griffiths, Sian (Hrsg.), 1996: *Beyond the Glass Ceiling*. Manchester University Press.

Grimshaw, Allen D. (Hrsg.), 1990: *Conflict Talk*. Cambridge University Press.

Haste, Helen, 1993: *The Sexual Metaphor*. Hemel Hempstead: Harvester Wheatsheaf.

Heider, Fritz, 1958: *The Psychology of Interpersonal Relations*. Hillsdale, NJ: Lawrence Erlbaum.

Hen Co-op, 1993: *Growing Old Disgracefully*. London: Piatkus.

Hochschild, Arlie R., 1983: *The Managed Heart*. Berkeley: University of California Press.

Hochschild, Arlie und Machung, Anne, 1990: *The Second Shift*. London: Piatkus. Deutsche Übersetzung: *Der 48-Stunden-Tag: Wege aus dem Dilemma berufstätiger Eltern*. München: Droemer Knaur, 1993.

Hooks, Bell, 1989: *Talking Back: Thinking Feminist, Thinking Black*. Boston: South End Press.

Janis, Irving, 1982: *Victims of Group Think*. 2. Auflage. Boston: Houghton Mifflin.

Jukes, Adam, 1993: *Why Men Hate Women*. London: Free Association Books.

Kennedy, Helena, 1992: *Eve Was Framed*. London: Chatto & Windus.

Kinnock, Glenys und Millar, Fiona, 1993: *By Faith & Daring: Interviews with Remarkable Women*. London: Virago.

Kipnis, David, 1976: *The Power Holder*. University of Chicago Press.

Kipnis, David und Schmidt, Stuart, 1985: »The language of persuasion«, *Psychology Today*, 4, S. 40–46.

Kuhn, Deanna, 1991: *The Skills of Argument*. Cambridge University Press.

Lakoff, Robin, 1990: *Talking Power: the Politics of Language*. New York: Basic Books.

Lees, Sue, 1993: *Sugar and Spice: Sexuality and Adolescent Girls*. Harmondsworth: Penguin.

Liswood, Laura A., 1995: *Women World Leaders*. London: HarperCollins.

Maccoby, Eleanor, 1990: »Gender and relationships: a developmental account«, *American Psychologist*, 45, S. 513–520.

Miles, Rosalind, 1985: *Women and Power*. London: Macdonald; Futura-Ausgabe, 1986.

Miller, Gerald R. und Boster, Frank, 1988: »Persuasion in personal relationships«, in S. Duck (Hrsg.): *Handbook of Personal Relationships*. Chichester und New York: Wiley.

Okin, Susan Moller, 1979: *Women in Western Political Thought*. Princeton University Press; Virago-Ausgabe, 1980.

Payne, Karen (Hrsg.), 1983: *Between Ourselves: Letters between Mothers and Daughters*. London: Michael Joseph; Virago-Ausgabe, 1994.

Pruitt, Dean G. und Carnevale, Peter J., 1993: *Negotiation in Social Conflict*. Buckingham: Open University Press.

Richards, Janet Radcliffe, 1980: *The Sceptical Feminist*. London: Routledge & Kegan Paul; Penguin-Ausgabe, 1982.

Sanford, Linda T. und Donovan, Mary Ellen, 1984: *Women and Self-Esteem: Understanding and Im-*

proving the Way We Think and Feel about Ourselves. Anchor Press/Doubleday; Penguin-Ausgabe, 1985. Deutsche Übersetzung: *Frauen und Selbstachtung*. Hamburg: Klein, 1994.

Savage, Wendy, 1986: *A Savage Enquiry: Who Controls Childbirth?* London: Virago.

Seidler, Victor, 1989: *Rediscovering Masculinity: Reason, Language and Sexuality*. London: Routledge.

Smith, Joan, 1989: *Misogynies*. London: Faber.

Spender, Dale, 1985: *Man Made Language*. 2. Auflage. London, Boston und Henley: Routledge & Kegan Paul.

Stearns, Carol Z. und Stearns, Peter N., 1986: *Anger: The Struggle for Emotional Control in America's History*. University of Chicago Press.

Stearns, Carol Z. und Stearns, Peter N. (Hrsg.), 1988: *Emotion and Social Change: Towards a New Psychohistory*. New York: Holmes & Meier.

Tajfel, Henri, 1978: *Differentiation between Social Groups: Studies in the Social Psychology of Intergroup Relations*. London: Academic Press.

Tajfel, Henri, 1981: *Human Groups and Social Categories*. Cambridge University Press.

Tannen, Deborah, 1990: *You Just Don't Understand*. New York: William Morrow. Deutsche Übersetzung: *Du kannst mich einfach nicht verstehen*. Hamburg, Kabel, 1990.

Tannen, Deborah, 1994: *Talking from 9 to 5*. New York: William Morrow. Deutsche Übersetzung: *Job-Talk*. Hamburg: Kabel, 1994.

Tavris, Carol, 1989: *Anger: The Misunderstood Emotion*. 2. Auflage. New York: Simon & Schuster/Touchstone.

Tavris, Carol, 1992: *The Mismeasure of Woman*. New York: Simon & Schuster/Touchstone.

Tavris, Carol und Wade, Carole, 1977/1984: *The Longest War: Sex Differences in Perspective*. New York: Harcourt Brace Jovanovich.

Toulmin, Stephen, 1958: *The Uses of Argument*. Cambridge University Press. Deutsche Übersetzung: *Der Gebrauch von Argumenten*. 2. Auflage. Weinheim: Beltz, Athenäum, 1996.

Tysoe, Maryon, 1992: *Love Isn't Quite Enough: The Psychology of Male-Female Relationships*. London: Fontana.

Tysoe, Maryon, 1995: *The Good Relationship Guide*. London: Piatkus.

Vallely, Bernadette (Hrsg.), 1996: *What Women Want*. London: Virago.

Walsh, Mary Roth (Hrsg.), 1987: *The Psychology of Women: Ongoing Debates*. New Haven, CT: Yale University Press.

White, Kate, 1995: *Why Good Girls Don't Get Ahead, But Gutsy Girls Do*. London: Century.

Woolf, Virginia, 1995: »Professions for women«, in: R. Bowlby (Hrsg.): *Killing the Angel in the House: Seven Essays*. Harmondsworth: Penguin.

Veröffentlichungen der Autorin zum selben Thema

Mapstone, Elizabeth, 1988a: »A new acid test?«, *The Psychologist: Bulletin of the British Psychological Society*, 1 (10), S. 387.

Mapstone, Elizabeth, 1988b: »Defending freedom of speech«. Leitartikel in *The Psychologist: Bulletin of the British Psychological Society*, 1 (11), S. 427.

Mapstone, Elizabeth, 1989: »Secrets, security and freedom«. Leitartikel in *The Psychologist: Bulletin of the British Psychological Society*, 2 (3), S. 91.

Mapstone, Elizabeth, 1990: »Rational men and disagreeable women«. Vortrag vor einem Symposium zum Thema »Gender Relations«, British Psychological Society London Conference, City University.

Mapstone, Elizabeth, 1991: »Special issue on animal experimentation«. Leitartikel in *The Psychologist: Bulletin of the British Psychological Society*, 4 (5), S. 195.

Mapstone, E. R., 1992a: »Rational men and disagreeable women: the social construction of argument«. Dissertation (PhD), Universität Oxford.

Mapstone, Elizabeth, 1992b: »Disagreeable women and rational men: stereotypes in diary accounts of argument«. Vortrag beim 25. Internationalen Kongreß für Psychologie, Brüssel, 24. Juli.

Mapstone, Elizabeth, 1992c: »Stereotypes in human relations«. Vortrag beim Forum über »Relationships between women and men«. Nuffield College, Oxford, 17. November.

Mapstone, Elizabeth, 1993a: »On disagreeing and being disagreeable: gender stereotypes in argument diaries«. Vortrag vor der Jahreskonferenz der Sektion »Psychology of Women«, British Psychological Society, Sussex University. Juli.

Mapstone, Elizabeth, 1993b: »Against separatism«, in Sue Wilkinson und Celia Kitzinger (Hrsg.): *Heterosexuality*. London: Sage.

Mapstone, Elizabeth, 1995: »Rational men and conciliatory women: graduate psychologists construct accounts of argument«, in: *Feminism & Psychology*, 5 (1), S. 61–83.

Mapstone, Elizabeth, 1996: »Division of labour in the social construction of argument«, *British Journal of Social Psychology*, 35, S. 219–231.